Felix von Cube / Dietger Alshuth

Fordern statt Verwöhnen

SERIE PIPER
Band 949

Zu diesem Buch

Der Mensch strebte schon immer nach Verwöhnung, nach Lust ohne Anstrengung. Technik, Wohlstand, Freizeitkonsum machen dies heute möglich. Aggressive Langeweile, Gewalt, Drogenkonsum sind die Folgen. Wir zerstören die Umwelt und uns selbst.

Müssen wir Verzicht üben und Askese? Die Erkenntnisse der Verhaltensbiologie zeigen einen eigenen Weg: Aktivität statt Apathie, Abenteuer statt Langeweile, lustvoller Einsatz natürlicher Energien statt Schonen, Abschlaffen, Bewegungslosigkeit.

Erziehung muß zur Selbstforderung befähigen, Führung nutzt dies für gemeinsames Handeln.

»Das ist es wohl auch, was dieses Buch so sympathisch macht: Hier wird der Mensch nicht mit guten Nachrichten über sich selbst und entsprechend schlechten über die Verhältnisse verwöhnt, sondern er wird gefordert.« Die Welt

Felix von Cube, geboren 1927 in Stuttgart. Studium der Mathematik und Naturwissenschaften. Professuren für Pädagogik in Berlin und Bonn, seit 1974 Ordentlicher Professor für Erziehungswissenschaften an der Universität Heidelberg. Als Autor wurde von Cube bekannt mit seinen Veröffentlichungen zur kybernetischen Pädagogik und durch seine Auseinandersetzung mit bildungspolitischen Problemen.
Dietger Alshuth, 1939–1995, Studium der Erziehungswissenschaften, der Psychologie und der Musik. Seit 1970 Leitungsfunktionen in Wirtschaftsunternehmen.

Felix von Cube/Dietger Alshuth

Fordern statt Verwöhnen

Die Erkenntnisse der Verhaltensbiologie in Erziehung und Führung

Piper
München Zürich

Von Felix von Cube liegt in der Serie Piper außerdem vor:
Besiege deinen Nächsten wie dich selbst (1745)

ISBN 3-492-10949-7
Neuausgabe Oktober 1988
9. Auflage, 50.–53. Tausend Januar 1996
(7. Auflage, 37.–39. Tausend dieser Ausgabe)

Umschlag: Federico Luci,
unter Verwendung des Gemäldes »Schlaraffenland« (1567)
von Pieter Breughel
(Alte Pinakothek München)
Grafik: Jutta Winter
Gesamtherstellung: Clausen & Bosse, Leck
Printed in Germany

Inhalt

Einleitung

Zwei große Übel beherrschen unsere Zeit: zunehmende Aggression und Umweltzerstörung.

Aggression richtet sich gegen andere: Gewalt, Brutalität, Terrorismus, Krieg, und gegen das eigene Selbst: Alkoholismus, Drogenkonsum, Selbstmord. Wir sind aufgeschreckt und suchen nach Ursachen und Schuldigen. Um die Ursache der Aggression zu erforschen, wurden zahlreiche Untersuchungen durchgeführt und Kommissionen eingesetzt.

Die Ergebnisse sind unbefriedigend. Shell-Studie, Enquete-Kommission, Sinus-Bericht u. a. stellen widersprüchliche Ursachen fest: Streß? Überforderung? Langeweile? Wertwandel? Die biologische Verhaltensforschung wird nicht erwähnt.

Nur im Rahmen der Bundestagsdebatte über den Jugendprotest fiel einmal der Name Konrad Lorenz. Prompt rief ein Abgeordneter aus: »Der Mensch ist doch keine Graugans!« (Applaus). Mit derartigen Argumenten wird die Verhaltensforschung kurzerhand als unzuständig abgetan.

Wenig später geschah das Massaker im Brüsseler Fußballstadion. Auch hier wurden Psychologen, Soziologen und Pädagogen bemüht. Die biologische Verhaltensforschung wurde nicht erwähnt.

Die Umweltzerstörung reicht von der Vergiftung von Luft, Wasser und Boden bis zur Versiegelung unserer Landschaft, zur Ausrottung von Tieren und Pflanzen. Wir sind aufgeschreckt und suchen nach Ursachen und Rettung. Als Ursache werden Emissionen aus Auspuffen und Schloten genannt, als Rettung der Katalysator und andere Entgiftungstechniken. Aber wer verursacht die Emissionen? Ist es nicht unser eigenes Verhalten, mit dem wir die Welt zerstören: Bevölkerungsexplosion, Energieverbrauch, Anspruchshaltung?

Tatsächlich liefert die Verhaltensbiologie nicht nur eine fundierte Erklärung für die Übel in unserer Wohlstandsgesellschaft, sie liefert zugleich die Basis für eine humane und dennoch realistische Lebensweise und eine ebensolche Erziehung und Führung.

Erkenntnisse der Verhaltensbiologie

Das stammesgeschichtliche Programm des Menschen besteht nicht nur in seiner Anatomie, seinen Körperformen und Sinnesorganen, sondern auch in seinen Trieben und Instinkten. Diese sind aber nicht nur einfach da, sie sind vielmehr, wie Lorenz sagt, »spontan«, ihr Potential nimmt unabhängig von der Umwelt zu: Wir werden auch ohne äußere Reize hungrig, sexuell gestimmt oder aggressiv. Wird der Trieb stärker, kommt es zum »Appetenzverhalten«: Tier (und Mensch) suchen die auslösenden, zur Triebbefriedigung führenden Reize aktiv auf, suchen nach Nahrung, nach Sexualpartner oder Rivalen. Lorenz nennt das Appetenzverhalten »ein urgewaltiges Streben, jene erlösende Umweltsituation herbeizuführen, in der sich ein gestauter Instinkt entladen kann«.[94*]

Dafür, daß auch die Aggression ein (spontaner) Trieb ist mit auslösenden Reizen und Appetenzverhalten, spricht zweierlei: Zum einen widersprechen die anderen Aggressionstheorien, die Frustrations-Aggressions-Theorie und die Lerntheorie der Aggression, der Triebtheorie nicht: Frustration erweist sich als auslösender Reiz, ein aggressives »Modell« löst keinen Lernprozeß aus, sondern stellt – ähnlich wie ein sexuelles Modell – einen hohen auslösenden Reiz dar. Zum andern verleihen die von Lorenz angegebenen Gründe – Revierverhalten, Rivalenkämpfe, Rangordnungskämpfe – dem Triebcharakter der Aggression eine hohe Wahrscheinlichkeit. Goethe hatte jedenfalls keinen Zweifel an der Spontaneität der Aggression:

»Nach Burgdorf kommt herauf, gewiß dort findet ihr
die schönsten Mädchen und das beste Bier,
und Händel von der ersten Sorte.«

* Die hochgestellten Anmerkungsziffern im Text verweisen auf das durchnumerierte Literaturverzeichnis im Anhang.

Zentral ist folgende Erkenntnis: Triebpotentiale sind der Umwelt angepaßt, sie stehen mit ihr im Gleichgewicht. Tier und Mensch »erwarten« eine bestimmte Umwelt: Luft und Licht, angemessene Temperatur- und Druckverhältnisse, Sinneseindrücke, Nahrung, Sexualpartner, Rivalen; sie erwarten aber auch »Abenteuer«, Anstrengung und Gefahr.

Aggression wird deswegen spontan produziert, weil sie in einer natürlichen Umwelt immer wieder abgerufen wird: Jederzeit kann ein Rivale auftauchen, der Nahrung, Revier oder Partner streitig macht. Von der Evolution her gesehen ist es sogar zweckmäßig, einen Überschuß an Triebenergien zu produzieren. Das Überleben wird eher garantiert, wenn ein Überschuß abreagiert wird, als wenn das vorhandene Triebpotential nicht ausreicht.

Wir sprechen von einem »verhaltensökologischen« Gleichgewicht; es ist Teil des gesamten biologischen Gleichgewichts. Selbstverständlich ist das spontane Trieb- und Aktionspotential des Menschen seiner ursprünglichen, natürlichen Umwelt angepaßt, einem aktiven und anstrengenden Leben als Jäger und Sammler. Dies gilt auch für den heutigen Menschen: Ein paar Jahre Zivilisation sind stammesgeschichtlich bedeutungslos.

Verwöhnung führt zu Anspruchshaltung und Aggression

Unter Verwöhnung verstehen wir rasche und leichte Triebbefriedigung (mit dem damit verbundenen Lusterlebnis) ohne Anstrengung. Der verwöhnte Mensch braucht, um den Nahrungstrieb zu befriedigen, nicht mehr auf anstrengende und gefährliche Nahrungssuche zu gehen; er braucht, um den Sexualtrieb zu befriedigen, nicht mehr (unter Anstrengung und Gefahr) die Leiter ans Fenster der Umworbenen zu schleppen; er braucht, um seine Neugier zu befriedigen, die Welt nicht mehr (unter Anstrengung und Gefahr) zu erforschen; er genießt das Abenteuer im Lehnstuhl. Rasche und leichte Triebbefriedigung zieht aber immer höhere Reizintensitäten nach sich. Nach dem Gesetz der doppelten Quantifizierung kommt nämlich eine Triebhandlung (und das damit verbundene Lusterlebnis) nur dann zustande, wenn entweder die Triebstärke oder die Reizintensität (oder beide) genügend hoch sind. Das bedeutet: Zur Triebbefriedigung bei niedriger Triebstärke bedarf es eines entsprechend hohen Reizes und in der Folge, da sich der Reiz »abschleift«, immer stärkerer Reize. Wenn wir satt sind und doch die Lust des Essens noch einmal erleben wollen, brauchen wir etwas besonders Delikates – und dies gilt nicht nur für den Nahrungstrieb.

Im übrigen ist die Nutzung der Reizerhöhung für einen Lustgewinn auf niedrigem Triebniveau keine Erfindung der Industriegesellschaft. Schon die alten Römer wußten die Frage »Was essen wir, wenn wir satt sind?« zu beantworten; und was sich der Marquis de Sade einfallen ließ, um seinen gesättigten Sexualtrieb noch einmal auszukosten, kann sich neben den heutigen Pornoproduktionen durchaus sehen lassen. Nein – die Fähigkeit, sich durch immer höhere Reize zu verwöhnen und dabei der Anstrengung aus dem Wege zu gehen, ist ein Charakteristikum des Menschen, sie ist Bestandteil seiner reflexiven Fähigkeit schlechthin.

Verwöhnung führt aber nicht nur zu höheren Reizen und Ansprüchen, sondern auch zur Steigerung des Aggressionspotentials: Unser Aktivitäts- und Aggressionspotential wird von Natur aus immer wieder aufgebaut, um durch die vorgesehenen Anforderungen immer wieder abgebaut zu werden. Entfallen Anstrengung und Kampfverhalten, so werden die Triebpotentiale nicht etwa geringer – sie werden aufgrund ihrer spontanen Produktion immer größer. Der verwöhnte Mensch, oder auch der zum Nichtstun verurteilte, ist aggressiv. Es kommt zu einer »Schwellenerniedrigung« aggressionsauslösender Reize oder gar zum Appetenzverhalten. Die Ereignisse im Fußballstadion von Brüssel sind hierfür ein schreckliches Beispiel.

Halten wir fest: In unserer heutigen technischen Zivilisation und Massengesellschaft ist das natürliche Gleichgewicht des Verhaltens empfindlich gestört. Der Mangel an Anstrengung, an »Abenteuer«, an Spannung – sei es, daß uns die Technik alle Anstrengung abnimmt, wie etwa beim Autofahren, sei es, daß wir uns im Sinne einer raschen und leichten Triebbefriedigung verwöhnen – führt zu einem Aktivitäts- und Aggressionsstau, der nach auslösenden Reizen sucht. Die Folgen von Verwöhnung oder auch erzwungenem Nichtstun werden insbesondere bei Jugendlichen deutlich. Aggressive Langeweile kann durch Schwellenerniedrigung zur Gewalt führen (Straßenbanden, Rockerbanden, Gewalttätigkeit gegen Sachen etc.), durch dogmatische Überzeugungen abgebaut werden (Terrorismus oder andere politisch motivierte Gewaltanwendung), sie kann sich gegen die eigene Person richten (Alkoholismus, Drogenkonsum, Selbstmord) oder für alternative Zielsetzungen genutzt werden (Friedensbewegung, Ökobewegung, alternative Lebensformen). Tatsächlich läßt sich ein erheblicher Teil des abweichenden Verhaltens Jugendlicher, über das heute so vielfältig geklagt wird, auf Verwöhnung und Unterforderung zurückführen und nicht auf Streß oder Überforderung.

Widerstand gegen die Verhaltensbiologie

Es ist erstaunlich: Obwohl die Verhaltensbiologie entscheidende Erkenntnisse zur Entstehung von Aggression und Anspruchshaltung in der Wohlstandsgesellschaft liefern kann, wird sie tabuiert oder mit fadenscheinigen Argumenten abgelehnt. Tierisches Verhalten als Erkenntnisquelle für menschliches Verhalten oder auch nur für Verhaltenstendenzen heranzuziehen, erscheint vielen als absurd (»der Mensch ist doch keine Graugans«) – nur für unmenschliches Verhalten wird es bemüht: In der Diskussion um die Ereignisse von Brüssel hagelte es nur so von Bemerkungen wie »tierisch«, »animalisch«, »bestialisch«; die Fans benahmen sich wie »reißende Wölfe«, »wilde Tiere« oder dergleichen.

Woher kommt diese Ignoranz oder gar Ablehnung der biologischen Verhaltensforschung?

Fällt es religiösen Denkern (noch immer) schwer, den Menschen als Produkt der Evolution zu sehen? Fällt es marxistischen Denkern (noch immer) schwer, den Menschen nicht nur als machbares Produkt einer sozialen Umwelt zu sehen, sondern auch als Wesen mit spontanen Trieben und Instinkten, insbesondere mit Aggressionstrieb und Rangordnungsverhalten? Sind es Trugschlüsse wie der, daß (angeborene) Aggression Gewalt rechtfertige oder gar Krieg?

Wir haben eine andere Vermutung: Vielleicht ahnen viele Menschen, daß Lorenz recht hat, wenn er sagt, daß die Evolution uns fallen ließ und daß der Mensch nun selbst verantwortlich ist für sein Handeln, für die Gestaltung oder auch Zerstörung der Welt. Jetzt, wo die Zerstörung der Welt, wo zunehmende Aggression, maßlose Ansprüche, schrankenlose Vermehrung unser Überleben gefährden, erkennen wir uns als Ursache, als verantwortliche Instanz.

Aber es ist sinnlos, sich an Illusionen zu klammern, an metaphysische Vorstellungen oder an ein historisches Gesetz. Wir haben nur eine Chance: die Grenzen zu erforschen, die uns die Natur gesetzt hat, und unser Leben in diesen Grenzen in eigener Verantwortung zu gestalten.

Selbstverwirklichung durch Selbstforderung

Wir müssen also unsere Ansprüche reduzieren und unsere Aktions- und Aggressionspotentiale abbauen. Tun wir das nicht, kommt es zur Zerstörung der Umwelt, zu Aggressionsstau und Selbstzerstörung. Aber genügt diese Einsicht? Wir strengen uns doch nur dann an, wenn die Triebbefriedigung es verlangt. Wird uns das Essen serviert, sexuelles Handeln leicht gemacht, der Sieg geschenkt, so haben wir kein Motiv, keinen »Beweggrund« mehr, unser Aktions- und Kampfpotential einzusetzen.

Es gibt zwar Menschen, die sich aus purer Einsicht für ihre Gesundheit abstrampeln oder sich aus moralischer Überzeugung Anstrengung abverlangen; wir sind indessen nicht sicher, ob nicht auch sie letzten Endes eine Belohnung erwarten – sei es durch die Lust am gesunden Körper, sei es durch Anerkennung, die mit Macht und Prestige verbunden ist.

Reden wir doch im Klartext! Der Mensch strebt seit jeher nach Lust ohne Anstrengung – das beweist nicht nur die Geschichte der Zivilisation, das zeigen auch die Vorstellungen vom Schlaraffenland und vom Paradies, die es bei allen Völkern gibt. Selbst wenn wir nun einsehen, daß Anstrengung eine verhaltensökologische Notwendigkeit ist, so wird doch niemand aus freien Stücken auf Lust verzichten wollen. Die Devise des verhaltensökologisch denkenden Menschen heißt denn auch weder »Lust ohne Anstrengung« noch »Anstrengung ohne Lust«, sondern, um mit Lorenz zu sprechen: »ausgeglichene Lust-Unlust-Ökonomie«.[98]

Ein solcher Mensch reflektiert auf die Zusammenhänge, in denen er steht; er fordert vor allem sich selbst, ohne darum auf Lebensfreude und Lust zu verzichten. Wir wollen ihn *Anēr* nennen; dies Wort aus dem Griechischen bezeichnet den erwachsenen, reifen, souveränen Menschen.

Der *Anēr* ißt und trinkt lustvoll und meist wohl auch ohne vorausgehendes Appetenzverhalten – aber er weiß, daß er sein Bewegungspotential abbauen muß. So schafft er sich Bewegung, etwa durch Sport, Spiel oder Wandern, und schöpft Lust aus diesen Aktivitäten. Das mag anfangs auch mal »Anstrengung ohne Lust« sein; mit der Zeit aber entwickelt er eine Perfektion, die er als »Funktionslust«[101] erlebt. Tut er sich bei solchen Aktivitäten mit anderen zusammen, so kommt er in den zusätzlichen Genuß von Gemeinschaft und Bindung.

Der *Anēr* verzichtet im sexuellen Bereich auch dann nicht auf Werbung (im weitesten Sinne), wenn er es der reinen Triebbefriedigung wegen gar nicht nötig hätte. Er weiß, daß sich diese Anstrengung lohnt, daß das Kennenlernen eines Menschen ein aufregendes Abenteuer sein kann – ganz abgesehen von dem Selektionsmechanismus, der mit der sexuellen Werbung verbunden ist.

Der *Anēr* schöpft vor allem den menschlichsten aller Triebe aus: den Neugiertrieb. Zwar gibt es schon bei höheren Tieren ein ausgeprägtes Neugierverhalten – das Abenteuer des Erkundens, Erforschens, Erfindens ist jedoch weitgehend dem Menschen vorbehalten. Daher ist das explorative Verhalten auch besonders geeignet, Aktions- und Triebpotentiale human einzusetzen.

Der *Anēr* läßt sich auch den Sieg nicht schenken. Er weiß, daß der Kampf im weitesten Sinne notwendig ist, um seine Werkzeuginstinkte zu befriedigen. Ist sein aggressionsspezifisches Potential nicht ausgelastet, so setzt er es im Kampfspiel ein, beim Tennis, Judo, Fußball oder ähnlichem.

Der *Anēr* weiß um seine Zugehörigkeit zu Sozietäten. Er weiß den Bindetrieb zu schätzen, der gemeinsames Handeln ermöglicht. Schon in der menschlichen Urhorde bestand ein ausgeglichenes Verhältnis zwischen Aggression – sei es die gemeinsam nach außen oder die nach innen auf die Rangordnung gerichtete – und Bindung. Auch dieses Gleichgewicht hat der moderne Mensch in Unkenntnis der stammesgeschichtlichen Programme gestört oder gar zerstört.

Entscheidend aber ist: Der *Anēr* weiß um die größte Versuchung, die mit der Mutation des Großhirns verbunden ist: die Verwöhnung, das Streben nach Lust ohne Anstrengung. Am wichtigsten ist also die Einsicht in die Notwendigkeit, uns selbst zu fordern – auch dann, wenn wir erleben, daß solche Anstrengung lustvoll sein kann.

Erziehung zum Anēr: vom Fordern zum Selbstfordern

Der *Anēr* ist mit Sicherheit nicht ohne Erziehung erreichbar. Sich selbst zu fordern ist mit Anstrengung verbunden und solche Anstrengung ohne Not auf sich zu nehmen, ist gewiß nicht selbstverständlich. Jeder läßt sich gerne verwöhnen, genießt das Abenteuer vom Lehnstuhl aus oder das schnelle Fahren ohne eigene Anstrengung. Die Erziehung zum *Anēr* besteht also in jedem Falle in der Vermittlung verhaltensökologischer Erkenntnisse, in der Einsicht in die Notwendigkeit. Aber Einsicht allein reicht nicht aus, sich in angemessener Weise selbst zu fordern. Außerdem entspricht der sich verbissen der Notwendigkeit Beugende nicht dem Bild des *Anēr*. Man muß Kindern also auch vermitteln, daß es lustvoll sein kann, eigene Aktionspotentiale einzusetzen, ganz gleich, ob man sich bei Sport oder Spiel anstrengt oder Probleme eigenständig löst.

Grob gesehen läßt sich die Erziehung zum *Anēr* in drei sich überlappende Phasen aufgliedern: Unterstützung natürlicher Aktivitäten, Fordern auf der Basis von Funktionslust und Triebmotiven, Erkenntnis verhaltensökologischer Zusammenhänge zum Zwecke eigenverantwortlicher Selbstforderung.

Probleme gibt es in unserer Wohlstandsgesellschaft in sämtlichen Phasen: Auch wenn man Kindern nicht aus Bequemlichkeit oder Furcht vor Aggression oder Liebesentzug jeden Wunsch erfüllt und jedes Problem wegräumt, ist es schwierig, Verwöhnung zu vermeiden. Die starken Reize der technischen Zivilisation, vom Spielzeug bis zum Mofa, lassen sich nicht abdecken; den ausgeklügelten Reizen des Videomarktes ist nicht so leicht etwas Spannendes entgegenzusetzen.

Noch größer sind die Probleme in der Phase des Forderns. Davon weiß jeder Lehrer, der einen Schulausflug leitet, ein Lied zu singen. Schon nach wenigen Metern hebt das Gestöhne an: Die Kinder verlangen nach Trinken, Essen, Eis, beklagen sich über das Laufen, finden es langweilig und unnötig. Hier muß der Lehrer versuchen, die Durststrecke zu überwinden und den Erfolg, das gesteckte Ziel erreicht zu haben, erlebbar zu machen. Dasselbe gilt für den problemorientierten Unterricht: Wird den Schülern der Lehrstoff nur vorgekaut und in kleinen Häppchen verabreicht, dann kommt es nie zur Neugier. Nie erlebt der Schüler die intensive Lust, eigenständig und mühevoll Probleme zu lösen. Aber – welche Probleme reizen die Neugier? Wofür lohnt sich die Anstrengung?

Die Erziehung zur verantwortlichen Selbststeuerung, insbesondere zur Selbstforderung, birgt weitere Probleme: Jede gezielte Maßnahme stellt nämlich einen Eingriff in ein vernetztes, kybernetisches System dar. So ist es beispielsweise falsch, Aggression dadurch vermeiden zu wollen, daß man sich möglichst wenig Frustrationen aussetzt: Wird Aggression durch die vorgesehenen Reize nicht abgerufen, steigt sie durch ihre Spontaneität an und führt zu einer gefährlichen Schwellenerniedrigung. Die kognitive Leistung geht aber noch weiter; sie umfaßt die Suche nach humanen, kulturellen und umweltfreundlichen Einsatzmöglichkeiten für die Aktions- und Aggressionspotentiale; gelernt werden müssen etwa die Ritualisierung aggressiver Handlungen, die Antizipation der Folgen, die souveräne Steuerung.

Eine verhaltensökologische Erziehung, die insbesondere den großen Übeln unserer Zeit, Umweltzerstörung und Aggression, entgegentreten möchte, muß auch die Organisation der Institutionen von Erziehung und Ausbildung einbeziehen: Schule, betriebliche Ausbildung, sozialpädagogische Einrichtungen. Tatsächlich erfüllen die traditionellen Institutionen keineswegs die notwendigen Bedingungen. Die heutige Schule hält die Schüler immer noch viel zu sehr in einer passiv-rezeptiven Haltung. Die Leistung ist vorwiegend reproduktiv. Reproduktive Leistung allein baut aber die Aktions- und Aggressionspotentiale nicht ab – im Gegenteil, durch das passive Verhalten werden Aggressionen eher aufgebaut als abgebaut. Das natürliche Lernen funktioniert anders: es ist ein problemorientiertes Lernen, ein Lernen, das auf Exploration und Kooperation beruht, auf Anforderungen, wie sie eine natürliche Umwelt stellt.

Bedeutende Pädagogen – von Sokrates über Montessori bis zu Kerschensteiner und anderen Reformpädagogen – haben immer wieder eine Schule des produktiven und kritischen Denkens und

Handelns gefordert – aber das waren nur einzelne Töne im Chor zahlreicher anderer Stimmen. Heute weist die Verhaltensbiologie mit naturwissenschaftlichen Methoden nach, daß diese Pädagogen recht hatten, daß eine Pädagogik der Forderung und Selbstforderung für unser Überleben ebenso notwendig ist wie die ungestörte Entwicklung der Mutterbindung.

Anērische Führung

Gewiß: Viele wollen das Wort Führung am liebsten gar nicht hören, da sich die Assoziation mit dem »Führer« aufdrängt. Andererseits kommen wir auch in einer Demokratie nicht ohne Führung aus: Gemeinsames Handeln setzt logischerweise eine Entscheidungsinstanz voraus. So wird eben doch von Führung gesprochen, in Politik und Wirtschaft, in Militär und Wissenschaft; man spricht von Führungsqualitäten, von »Führungsschwäche« (das Wort »Führungsstärke« wird geflissentlich vermieden); es gibt Führungskräfte und Führungstheorien.

Im übrigen ist es in einer freiheitlichen Demokratie ein gutes Zeichen, wenn auf den Begriff Führung empfindlich reagiert wird: Führung schränkt nämlich, da sie sich auf das gemeinsame Handeln einer Sozietät bezieht – sei es eine Nation, eine Partei, ein Betrieb oder ein Verein – den individuellen Spielraum zwangsläufig ein. Die Einschränkung der eigenen Entscheidung trifft aber auf die Würde des Menschen, auf seine Souveränität.

Aber gerade deswegen, weil gemeinsames Handeln und damit Führung an den Kern der menschlichen Existenz rühren, müssen Begriff, Aufgabe und Funktion von Führung sorgfältig diskutiert und geklärt werden. Tatsächlich mangelt es auch nicht an Versuchen, das Problem Führung anzugehen – es gibt bereits eine Fülle von Literatur zu diesem Thema –, sie lassen jedoch allesamt eine wesentliche Erkenntnisquelle außer acht: die biologische Verhaltensforschung.

Zunächst ist klar, daß Erziehung und Führung ineinandergreifen müssen: Der Erzogene oder Ausgebildete tritt in Sozietäten ein, in Arbeits- und Freizeitsozietäten, in Firmen oder Sportvereine, und nimmt damit teil am gemeinsamen Handeln. Die Sozietäten ihrerseits, insbesondere deren Führung, sind verantwortlich für Erziehung und Ausbildung ihrer (künftigen) Mitglieder. Wir haben angedeutet, welche Aufgaben eine Erziehung zum *Anēr* hat; wir skizzieren nun, welche Aufgaben sich für die Führung einer anerischen Sozietät stellen.

Zum einen muß der individuelle Freiraum für eigenverantwortliches Handeln in den Sozietäten erweitert oder überhaupt erst geschaffen werden. Nur in solchen Freiräumen kann es zu explorativem, internkonkurrierendem und vereinbartem kooperativem Verhalten kommen. Gewiß kann die Sozietät dabei an Straffheit einbüßen, was manche Manager schrecken mag; auf der anderen Seite sind aber nur Sozietäten mit ausreichenden individuellen Freiräumen mutationsfähig. Das bedeutet: Die Stärke solcher Sozietäten liegt weniger in der Schlagkraft nach außen als in der Möglichkeit positiver System-Mutationen. Gehen zwei Stämme mit Pfeil und Bogen aufeinander los, ist sicher die Schlagkraft entscheidend; wird jedoch in dem einen Stamm das Gewehr erfunden, dann ist diese »Mutation« entscheidend.

Zum zweiten muß der *Anēr* als derjenige, der ganz bewußt seine Aktions- und Triebpotentiale einsetzen möchte und zwar, soweit es geht, in eigener Regie, auf der Ebene der Ratio angesprochen und geführt werden, auf der Ebene seiner kognitiv-reflexiven Fähigkeiten. Das bedeutet nicht, daß das Triebsystem auszuklammern ist, im Gegenteil: Es muß in jedem Falle berücksichtigt werden – aber nicht manipulativ am Großhirn vorbei, sondern über die kognitive Steuerungsinstanz.

Versteht man mit dem amerikanischen Pädagogen R. F. Mager unter »Verhaltensmanagement« die Steuerung des Menschen über das Arrangement von Umweltreizen – materielle, sexuelle, positionelle[105] –, so funktioniert das Verhaltensmanagement gewiß auch beim *Anēr* – die Beteiligten sind sich dessen jedoch bewußt, sie kennen ihr stammesgeschichtliches Programm, sie kennen ihr »Es«.

In jedem Falle hat der *anērische* Führer (neben allen sonstigen Funktionen) die Aufgabe, verhaltensökologische Bedingungen für die Mitglieder der Sozietät zu schaffen und mit diesen auf der Ebene zu kommunizieren, auf der sie sich selbst als Individuen mit Eigenverantwortung steuern: auf der Ebene höchstmöglicher Rationalität.

I
Erkenntnisse der Verhaltensbiologie

Die Triebtheorie bei Tier und Mensch

Die Sonderstellung des Menschen in der Evolution

Biologisch gesehen ist der Mensch ein Säugetier. Er gehört zur Ordnung der Primaten; seine nächsten Verwandten sind Schimpanse, Gorilla, Orang-Utan (Waldmensch). Zugleich aber unterscheiden wir uns sehr wesentlich von diesen Verwandten – und erst recht von anderen Tierarten – durch die Fähigkeit, auf uns selbst zu reflektieren, auf unsere eigene Existenz, unsere Gefühle, Wünsche, Verhaltensweisen. Mit dieser Fähigkeit nehmen wir eine Sonderstellung in der Evolution ein: Wir sind gespalten in Körper und Geist, in Leib und Seele oder wie auch immer diese Spaltung in der Geschichte der Menschheit bezeichnet wurde. Daß wir auf uns selbst reflektieren können, ist einerseits unser Glück – wir wüßten ja sonst nichts von unserer eigenen Existenz –, andererseits aber auch unser mögliches Unglück, denn wir haben mit der Freiheit der Entscheidung auch das Risiko von Fehlentscheidungen, ja des völligen Scheiterns.

Im folgenden wollen wir die Konsequenzen dieses Dualismus von Triebsystem und Reflexion aufzeigen: die Eigenverantwortung des Menschen, das Ende seiner Evolution.

Triebsystem und Reflexion als Quelle menschlichen Verhaltens

Wie unsinnig es ist, von tierischem auf menschliches Verhalten zu schließen oder dies K. Lorenz zu unterstellen, zeigen ganz einfache Beobachtungen und Selbstbeobachtungen. Wenn wir einen Hund beobachten, der die Zähne fletscht, bedrohlich knurrt und schließlich zubeißt, so besteht kein Zweifel: das Tier ist aggressiv. Ähnlich »verhält« es sich bei allen Tieren: Sie bringen ihre Aggressivität, wie man treffend sagt, »zum Ausdruck«. Sie drohen, plustern sich auf, zeigen ihre Waffen, beißen, stoßen, treten, hacken.

Gewiß können sich auch Menschen spontan so verhalten, »im Affekt« handeln; sie können ihr Verhalten aber auch, bevor es zum »Ausdruck« kommt, reflektieren, können sich, wie die Umgangssprache treffend sagt, beherrschen. Ein Untergebener etwa, der innerlich vor Wut kocht, bleibt äußerlich ruhig, lächelt vielleicht »verbissen«, macht verbindliche Gesten. Der Unterschied zum tierischen Verhalten liegt also nicht darin, daß der Mensch nicht ebenfalls aggressiv sein kann; der Unterschied liegt darin, daß er seine Aggressivität nicht unbedingt zeigt, allgemein: daß er sein Verhalten mit dem Großhirn steuern, daß er bewußt handeln kann. Bestätigt wird dieser Sachverhalt durch Kinder, deren Triebverhalten noch unreflektiert zum Audruck kommt, durch das Verhalten Betrunkener, die die Kontrolle des Großhirns verloren haben, und nicht zuletzt durch die Vielzahl jener, die ihre Aggression später dann doch an irgend jemandem »auslassen«.

Wir leben ständig mit diesem inneren Verhaltensdrang und unserer Fähigkeit, reflektiert damit umzugehen. Wenn wir beispielsweise mit dem Auto hinter einem Lastwagen herfahren müssen und ihn nicht überholen können, so werden wir – ob wir wollen oder nicht – aggressiv. Man spürt es förmlich, trommelt mit den Fingern auf das Lenkrad, schimpft oder flucht. Glücklicherweise meldet sich dann die Reflexion: Wir bemerken, daß wir aggressiv sind und welche Gefahren damit verbunden sind. Also suchen wir nach Alternativen: Wir machen eine Pause, fahren einen Umweg, hören Musik oder tun sonst etwas »Vernünftiges«.

Ähnliches gilt für das sexuelle Verhalten. Auch hier wird das tatsächliche, nach außen in Erscheinung tretende Verhalten aus zwei Quellen gespeist: aus dem Triebsystem und der Großhirnsteuerung. So sucht etwa ein Mensch mit hoher sexueller Bereitschaft mehr oder weniger unbewußt nach auslösenden Reizen, in der Regel also nach potentiellen Sexualpartnern oder nach Hinweisen auf solche. Er zeigt, wie die Verhaltensforscher sagen, »Appetenzverhalten«. Ob es schließlich zur Triebhandlung kommt, hängt dann aber doch im allgemeinen von der Reflexionsfähigkeit ab, von der Gesamtsituation, von den durchdachten Folgen, den Alternativen usw. Ergebnis dieser Reflexion ist häufig der Triebaufschub. Wie stark allerdings das Triebsystem nach der »vorgesehenen« Triebhandlung drängt, kann u. a. an den sexuellen Träumen abgelesen werden: Ohne Kontrolle der Reflexion produziert das Triebsystem die unterschiedlichsten auf Auslösung der Triebhandlung zielenden Reizbilder.[17, 162]

Daß unser tatsächliches Verhalten durch ein spontanes Triebsystem einerseits und durch reflexive Steuerung andererseits zustande kommt, bringt auch die Umgangssprache zum Ausdruck: Redewendungen wie »sich beherrschen«, »sich zügeln« (z. B. beim Essen) beschreiben sowohl die Reflexion als auch die Tatsache, daß die treibende Kraft von einer reflektierenden Instanz gesteuert wird – oder zumindest gesteuert werden kann.

Mit der »Beherrschung« wird allerdings nur ein Teil unserer reflexiven Möglichkeiten angesprochen, ein anderer besteht im Aufschaukeln der Reize zum Zwecke einer vermehrten Lustempfindung. So ist etwa im Bereich des Nahrungstriebes oder des Sexualtriebes das bewußte Aufsuchen hoher Reize zum nochmaligen Erleben einer Triebhandlung wohlbekannt: der exquisite Nachtisch, die sexuelle Variante. Aber auch aggressive Handlungen können lustvoll erlebt werden, sei es der Sieg im sportlichen Wettkampf, das »Fertigmachen« eines Untergebenen oder gar der Lustmord. Tatsächlich erzeugt schon das Mitansehen solcher Handlungen lustvolle Erregungszustände; nicht umsonst strömten und strömen die Menschen zu öffentlichen Hinrichtungen, nicht umsonst gibt es einen so großen Markt für Porno- und Gewaltfilme.

Im übrigen gehen wir – die Sprache verrät es! – milde mit uns selbst um: So geben wir in der gehobenen Umgangssprache sogar zu, daß wir manchmal »unbeherrscht« sind oder auch gelegentlich »die Zügel schießen lassen«. Daß wir unsere Lustempfindungen aber auch bewußt durch Reize anstacheln können, kommt nur in der Vulgärsprache zum Ausdruck: man gibt sich der Völlerei hin, geilt sich auf, »weidet« sich am Unglück anderer usw.

Das Verhalten des Menschen resultiert also aus zwei Quellen: aus dem Triebsystem in seiner Vernetzung mit den auslösenden Reizen der Umwelt und der Reflexion als Fähigkeit, die triebhaft bedingten Verhaltenstendenzen bewußt zu steuern. Diese Tatsache macht zugleich klar, daß man nicht naiv oder »unreflektiert« (!) von tierischem auf menschliches Verhalten schließen kann; sie

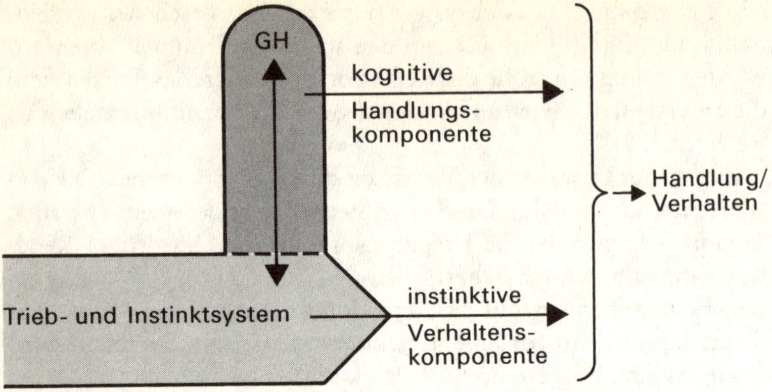

Abbildung 1. *Beim Menschen wird die instinktive Verhaltenskomponente durch das Großhirn (GH) reflektiert und mit kognitiven Überlegungen kombiniert. Auch bei ihm bricht allerdings gelegentlich das instinktive Verhalten durch.*

macht aber auch klar, daß wir über die Triebkomponente unseres Verhaltens sehr wohl durch Tierforschung Erkenntnisse gewinnen und für unser eigenes Handeln nutzen können.

Stammesgeschichtliche Entwicklung von Triebsystem und Reflexion

Die zentralen Probleme, um die es uns geht, sind folgende: Wie ist unser Trieb- und Instinktsystem als Produkt unserer Evolution beschaffen und welche Möglichkeiten und Gefahren sind mit der Mutation des (reflektierenden) Großhirns verbunden? Unser Problem ist nicht die Evolution überhaupt oder die Evolution des Menschen.

Wir betonen dies so ausdrücklich, weil in neuerer Zeit an der Theorie der Evolution selbst gerüttelt wird. Wir meinen damit nicht die der Naturwissenschaft verpflichteten Forscher, die den Prozeß der Evolution genauer erforschen, einzelne Theorien revidieren und neue Aspekte einbringen (C. Bresch, H. v. Ditfurth, M. Eigen/R. Winkler, F. Gutmann, H. Haken, G. Radnitzky,

R. Riedl, F. Schmidt, C. F. v. Weizsäcker); wir meinen die Autoren, die aus religiösen oder politischen Gründen die Evolution schlechthin negieren (E. Blechschmidt, A. E. Smith, B. Vollmert u. a.) oder in einen metaphysischen Zusammenhang bringen (E. Fromm, J. Illies, A. Portmann und vor allem die Kreationisten in den USA).

Wir schließen uns dem Verhaltensbiologen E. Mayr an, der sagt, daß heute kein unterrichteter Biologe noch Zweifel an der Evolution hege. »Tatsächlich ist die Evolution in den Augen der meisten Biologen keine Theorie mehr, sondern eine simple Tatsache ... Jeglicher Widerstand gegen die Evolution, der heute noch besteht, beschränkt sich auf Personen mit religiösen Bindungen ... Eine rationale Debatte zwischen Wissenschaftlern und Fundamentalisten ist unmöglich, da das eine Lager die übernatürliche Offenbarung ablehnt, das andere die wissenschaftlichen Tatsachen.«[107] In ähnlicher Weise äußern sich M. Dzwillo, H. Mohr, J. Monod, G. R. Taylor, G. Vollmer, F. M. Wuketits u. a.

Wir haben dem nur noch eins hinzuzufügen: den Hinweis auf die Gefahr, die mit der Leugnung der Evolution und damit auch unseres stammesgeschichtlichen Instinktsystems verbunden ist.

Worin besteht nun das stammesgeschichtliche Programm des Menschen?

Zunächst einmal kommt der Mensch mit einer bestimmten äußeren Form zur Welt, die sich von verwandten Formen vor allem durch das große Hirn (und die Füße) unterscheidet; er hat bestimmte Sinnesorgane, mit denen er die Welt in charakteristischer Weise wahrzunehmen vermag (viele Tiere haben ein anderes oder breiteres Spektrum der Wahrnehmung, etwa Hunde, Fledermäuse, Insekten); er hat bestimmte Bewegungsorgane mit (programmierten) Bewegungsinstinkten, wie Saugen, Greifen, Schlagen, Laufen, Springen, und er hat – sogar – angeborene Ausdrucksformen wie Lachen, Weinen, Drohen, Schmollen.[33,34,35] Gewiß ist der Mensch ein besonders lernfähiges Tier, aber die Grundausstattung des Organismus, wozu auch die Lernfähigkeit gehört, ist dem Homo sapiens angeboren. Er hat sich durch Mutation und Selektion über Jahrmillionen in spezifischer Weise an die Umwelt angepaßt. Lorenz benützt zur Veranschaulichung den Begriff der »Erwartung«, den er selbstverständlich in Anführungszeichen setzt: Der Mensch »erwartet« Licht und Luft, er »erwartet« bestimmte Temperatur- und

Druckverhältnisse, er »erwartet« eine Umwelt, in der er mittels seiner Sinnesorgane und Bewegungsorgane überleben kann. B. Hassenstein weist in diesem Zusammenhang darauf hin, daß Kamele mit Schwielen am Bauch zur Welt kommen. Hier wird die Anpassung an eine bestimmte Lebenswelt besonders deutlich: Das Kamel »erwartet« heißen und steinigen Boden.[139] Gewiß ist der Mensch aufgrund seiner Lernfähigkeit flexibler in der Anpassung; aber die Grundausstattung ist relativ konstant – die Sinnesleistungen sind unveränderlich, der Bewegungsapparat nur in Grenzen trainierbar.

Wie exakt das phylogenetische Programm des Menschen mit der Umwelt verzahnt ist, geht auch daraus hervor, daß sich die einzelnen Stufen der individuellen Entwicklung (Wachstum, sexuelle Reifung, Fortpflanzung usw.) nur dann verwirklichen, wenn die notwendigen Umweltbedingungen vorhanden sind.[129,153]

Wenn man bedenkt, mit welch einem ausgefeilten Überlebensprogramm Tier und Mensch in die für sie jeweils »vorgesehene« Umwelt hineingeboren werden[31,58,95], so liegt die Annahme nahe, daß auch überlebensnotwendige Verhaltensmuster in diesem Programm enthalten sind. Tier und Mensch »erwarten« ja nicht den gedeckten Tisch und lauter friedliche Zeitgenossen, sie erwarten vielmehr Feinde, Kampf, Flucht, Anstrengung. Sie sind nicht nur mit Bewegungsorganen ausgestattet, sondern auch mit Aktionspotentialen für deren angemessenen Gebrauch. Der Wolf ist nicht nur zu schnellem Lauf befähigt, er hat auch ein Laufpensum »mitbekommen«. Auch bei Haustieren sind diese spontanen Potentiale durchaus noch vorhanden – trotz »Zivilisation«! Hunde und Pferde muß man regelmäßig ausführen, und der Hamster braucht sein Laufrad.

In diesem Zusammenhang ist es wichtig, die Begriffe Instinkt, Trieb und Werkzeuginstinkt zu unterscheiden: Unter Instinkt verstehen wir angeborene Verhaltensmuster, wie z. B. das Saugen, unter Trieb die endogen (nicht durch äußere Reize) erzeugte Bereitschaft, ein bestimmtes Verhalten, z. B. Nahrungsaufnahme oder sexuelles Verhalten, durchzuführen. Als angeborene Verhaltenspotentiale können Triebe auch als besondere Instinkte angesehen werden. Werkzeuginstinkte sind diejenigen Instinkte, die im Dienste von Triebhandlungen stehen. So gehören etwa zum Nahrungstrieb Werkzeuginstinkte wie Laufen, Beißen, Springen, Reißen, zum Sexualtrieb Werkzeuginstinkte wie Balzen, Werben, Begatten. Wir wissen, daß die Begriffe Instinkt und Trieb nicht unumstritten sind. Umwelttheoretiker lehnen sie von vornherein ab, Verhaltensforscher haben Schwierigkeiten, sie exakt zu definieren. Nichtsdestoweniger ist es erforderlich, die beschriebenen Phänomene auch zu bezeichnen, daher werden diese Begriffe von K. Lorenz, N. Tinbergen, P. Leyhausen, I. Eibl-Eibesfeldt, B. Hassenstein u. a. verwendet. Wesentlich für uns ist vor allem die Tatsache, daß Tier und Mensch nicht nur über programmierte Verhaltensmechanismen verfügen, sondern auch über eine »spontane Produktion«[94], deren Größenordnung auf das Überleben zugeschnitten ist. Jeder, der Tiere beobachtet, Kinder oder sich selbst, wird an dieser spontanen Produktion nicht zweifeln.

Halten wir folgendes fest: Der Mensch ist (wie andere »Tiere« auch) mit Trieben und Werkzeuginstinkten ausgerüstet, die nach Funktion und Spontaneität einer natürlichen Umwelt angepaßt sind.

Bezüglich des Instinktsystems nimmt der Mensch also keine Sonderstellung ein. Wir sind, wie Lorenz sagt, keine »Instinktkrüppel«. Die Sonderstellung des Menschen in der Evolution hat sich vielmehr durch zwei folgenschwere Mutationen ergeben, durch die Entwicklung des Ichbewußtseins und die später erfolgte Entwicklung des reflexiven Bewußtseins, kurz: der Reflexion. Das einfache Ich ist dadurch gekennzeichnet, daß es Empfindungen hat, sich freut oder traurig ist, stolz oder aggressiv. Diese Stufe des Ichbewußtseins findet sich schon bei höheren Tieren. Es ist sicher richtig, zu sagen: Der Hund freut sich, er will Gassi gehen, er will spielen. Höhere Tiere drücken ihre Empfindungen ja auch durchaus verständlich für uns aus. Außerdem ist die Anatomie der zuständigen Hirnteile (Hypothalamus und limbisches System) bei höheren Tieren ganz ähnlich wie die unsrige. »Ein Mensch«, sagt Lorenz, »der ichbewußt ist, der macht genau das gleiche wie der Hahn am Mist. Er kräht, er imponiert, er will den Weibern imponieren, die Männer unterbuttern.«[101]

Charakteristisch für den Menschen ist somit nicht die erste Stufe des Ich-Bewußtseins, sondern die zweite: die Reflexion. Hier erst erhält der Mensch die Fähigkeit, sich selbst zum Objekt zu machen, hier erst kommt er zur Fähigkeit einer ganz neuartigen Steuerung des Verhaltens, der Steuerung durch das Großhirn. Der reflektierende Mensch ist nicht einfach aggressiv, er weiß, daß er aggressiv ist; er hat nicht nur Hunger, er weiß, daß er Hunger hat, und er weiß auch, daß er immer wieder Hunger haben wird. Damit stößt der Mensch in völlig neue Verhaltensdimensionen vor. Er sorgt für seine Zukunft, er will auch in Zukunft Sicherheit und Garantien für seine Triebbefriedigung. So ist die Reflexion letztlich die Ursache für die Gestaltung der Welt, für Besitz, Kultur, Technik – und für die Zerstörung der Natur. »Die Selektion«, sagt Lorenz, »hat den Menschen unter die Arme gefaßt und ihn auf die Füße gestellt und dann die Hände von ihm weggezogen. Und jetzt: Stehe oder falle – wie es dir gelingt!«[101]

Die Mutation der Reflexion war die eigentliche Menschwerdung. Sie ist ein Produkt der Evolution, zugleich aber deren Ende.

Der reflektierende Mensch ist es jetzt, der die weitere Gestaltung seines Lebens und der Welt in die Hand nimmt, der Pflanzen und Tiere züchtet oder ausrottet, der Landschaften verändert (und meist zerstört), der sich eine technische, eine künstliche Umwelt schafft. Dadurch aber, daß der Mensch seine Umwelt selbst schafft, gibt es für ihn keine objektive Selektionsinstanz mehr; er paßt sich sozusagen an sich selbst an. Eventuelle Mutationen selektiert der Mensch selbst, ja, mit Hilfe der Gentechnologie ist er bereits in der Lage, selbst Mutationen zu erzeugen.

Verhaltensbiologie als Rettungsanker

Sehen wir uns einmal an, was der Mensch mit seinem charakteristischen Organ, dem Großhirn, alles gemacht hat: Er hat die Welt erforscht und verändert, hat Naturgesetze entdeckt, technische Erfindungen gemacht und sich die Welt nach seinen Wünschen gestaltet. Er machte sich die Erde »untertan«. Aus der Spannung von Triebsystem und Reflexion entstanden dabei – gegenüber dem Tier – neuartige Bedürfnisse: vorausplanende Sicherheit und Bequemlichkeit, Konsum, aber auch Kultur, Kunst, Religion.[90] Der Mensch empfand sich zunehmend als Geistwesen und verlor sein stammensgeschichtliches Programm immer mehr aus dem Auge, er

»transzendierte die Natur«, wie E. Fromm sagt.[47] Die Körperlichkeit empfand er eher als notwendiges Übel, sie behinderte sein »eigentliches« Menschsein.

Die Errichtung der technischen Zivilisation und der Massengesellschaft verlief lange Zeit reibungslos. Der Mensch hatte keinen Grund, das technisch Machbare nicht auch zu machen, sich das Leben noch bequemer zu gestalten, die Erde als unerschöpflich anzusehen.[37, 69]

Erst in den letzten Jahren wurden die Nebenwirkungen immer deutlicher: Zivilisationskrankheiten, Verhaltensstörungen, destruktive Aggression, Vermassung, Umweltzerstörung. Offenbar hat sich der Mensch mit seiner reflektierenden Denkfähigkeit in eine gefährliche Situation hineinmanövriert. Die euphorische Bewunderung des eigenen Geistes ist der Angst gewichen, dem Bewußtsein des Verlassenseins. Fromm drückt diesen Zustand so aus: »Das Bewußtsein seiner selbst hat den Menschen zu einem Fremdling in der Welt gemacht, von allen abgesondert, einsam und angsterfüllt.«[47]

So sehr wir diese Auffassung teilen, so wenig können wir Fromms »progressiver Lösung« zustimmen. Fromm meint, »daß man nicht durch Regression, sondern durch die volle Entwicklung aller menschlichen Kräfte, der Menschlichkeit in uns selbst, zu einer neuen Harmonie gelangt«.[47] Dieser Gedankengang scheint uns von naturwissenschaftlichen Erkenntissen wegzuführen und erneut metaphysische Instanzen anzurufen.

Nein – in unserer Situation gibt es nur einen Rettungsanker: die Wiederherstellung der Rückkopplung zu unserem evolutionär gewordenen Triebsystem, die Einbeziehung unserer eigenen Natur in die naturwissenschaftliche Forschung. Da wir nicht mehr wie die Tiere mit der Natur eins sind, bleibt uns keine andere Wahl. Der Mensch kann nur sein Großhirn gebrauchen, um nicht zu »fallen«.

Dieses rationale Vorgehen ist keineswegs hoffnungslos; es hat aus zwei Gründen gute Chancen. Zum einen sind wir, wie Lorenz ausgeführt hat, mit unseren Denkkategorien durchaus in der Lage, Wirklichkeit zu erkennen: Schließlich ist auch das logische Denken des Menschen durch Anpassung an die Realität entstanden. Zum anderen sind wir, wenn wir mit K. Popper Wissenschaft als revidierbare, an der Wirklichkeit rückgekoppelte Erkenntnisprozesse verstehen[131,132], durchaus in der Lage, Fehler zu korrigieren. Der Fehler war die Abkopplung des Geistes, die Ignoranz unserer evolutionär gewordenen, natürlichen Lebensbedingungen.[164]

Konkret bedeutet dies folgendes: Der Mensch muß die ökologischen Lebensbedingungen seiner Umwelt untersuchen, die Grenzen erforschen, innerhalb deren er sich die Welt noch gestalten kann. Hierher gehören Überlegungen zur Begrenzung der Weltbevölkerung, zur Reduzierung von Schadstoffen, zu umweltfreundlichen Techniken etc. Das reicht indessen nicht aus: Wir müssen sehen, daß es letztlich unser eigenes Verhalten ist, das zu der bedrohlichen Umweltsituation geführt hat. Wir müssen also unser eigenes Verhalten erforschen, die stammesgeschichtlichen Gesetze in uns, um unseren Lebensraum und uns selbst nicht (weiter) zu zerstören.

Dies bedeutet wiederum in groben Zügen: Wir können unsere Ansprüche nicht ins Unermeßliche steigern, und wir können uns den Anforderungen, für die wir von Natur aus geschaffen sind, nicht auf Dauer entziehen; wir müssen die vorgesehenen Aggressionspotentiale einsetzen, sonst richten sie sich gegen uns selbst; wir müssen uns für unser Lusterlebnis anstrengen, sonst kommt es zu aggressiver Langeweile, zu positiver Rückkopplung von Anspruchshaltung und Aggression.

Bei der naturwissenschaftlichen Erforschung der stammesgeschichtlich programmierten Komponente unseres Verhaltens lassen sich unterschiedliche Methoden anwenden. Die Erforschung tierischen Verhaltens, insbesondere des Verhaltens unserer nächsten Verwandten, ist deswegen so aufschlußreich, weil die Tiere über ein ähnliches Triebsystem verfügen wie wir und das daraus resultierende Verhalten in Reinkultur, also ohne zusätzliche Großhirnsteuerung, zum Ausdruck bringen. Hier liegt die nicht zu unterschätzende Erkenntnisquelle der Verhaltensforschung bei Tieren. Eine weitere Erkenntnisquelle stellt die vergleichende Verhaltensforschung bei unterschiedlichen Volksstämmen dar; sie wurde vor allem von I. Eibl-Eibesfeldt genutzt. Dazu kommen Zwillingsforschung, Untersuchungen taub-blind geborener Kinder und Humangenetik. Nicht zuletzt liefert uns die Selbstbeobachtung wichtige Erkenntnisse, sofern wir unseren reflektierenden Verstand zur Ehrlichkeit verpflichten.

Triebstärke und Reizstärke: das Prinzip der doppelten Quantifizierung

Jeder weiß aus eigener Erfahrung, daß er, wenn er großen Hunger hat, auch mit wenig zufrieden ist. »Hunger ist der beste Koch«, sagt das Sprichwort knapp und treffend. Umgekehrt lassen wir uns aber, auch wenn wir schon satt sind, von einem besonders delikaten Nachtisch noch einmal zum Essen bewegen – es sei denn, wir kasteien uns aus Einsicht in die Notwendigkeit. Dasselbe gilt, noch viel mehr, für das Trinken: Was wird in unserer Wohlstandsgesellschaft nicht alles getrunken – ohne jeden Durst! Wir lassen uns aber auf allen Triebebenen von Leckerbissen nicht nur verführen, wir suchen sie auch der Lust wegen aktiv auf. So greifen wir in unser Triebsystem ein und unterwerfen es unseren eigenen Absichten.

Das Prinzip der doppelten Quantifizierung bei Tieren

K. Lorenz beschreibt Versuche mit Lachtaubenmännchen, denen das Weibchen für immer längere Zeiträume entzogen wurde. Der Zweck des Versuchs bestand darin, herauszufinden, welche Objekte eben noch imstande waren, das Balzen des Taubers hervorzurufen: »Wenige Tage nach Verschwinden des artgleichen Weibchens war der Lachtauber bereit, eine weiße Haustaube anzubalzen, die er vorher völlig ignoriert hatte. Einige Tage später ließ er sich herbei, vor einer ausgestopften Taube seine Verbeugungen und sein Gurren vorzuführen, noch später vor einem zusammengeknüllten Tuch und schließlich, nach Wochen der Einzelhaft, richtete er seine Balzbewegungen in die leere Raumecke seines Kistenkäfigs, in der das Zusammenlaufen der geraden Kanten wenigstens einen optischen Anhaltspunkt bot.«[94] Lorenz schreibt dazu: »In die Sprache der Physiologie übersetzt, besagen diese Beobachtungen, daß bei längerem Stillegen einer instinktiven Verhaltensweise, im geschilderten Falle der des Balzens, der Schwellenwert der sie auslösenden Reize absinkt.«[94]

Schlüsselt man diese und ähnliche Verhaltensweisen in ihre Komponenten auf, so lassen sich drei Sachverhalte erkennen.

Zunächst bestätigt sich wiederum die Tatsache, daß Triebe spontan sind: Die Triebstärke nimmt in Abhängigkeit von der Dauer des stillgelegten Triebverhaltens zu. Dies wird besonders deutlich, wenn man den Reiz konstant hält: auf den Reiz »weiße Haustaube« erfolgt nämlich zunächst keine Reaktion. Daß dann wenige Tage später die weiße Haustaube als Reiz akzeptiert wurde, läßt sich nur durch ein Anwachsen der Triebstärke erklären.

Die Tatsache, daß die Triebstärke spontan anwächst, läßt sich täglich beobachten: Ein Hund, der eben erst getrunken hat, wird durch Wasser nicht mehr gereizt – einige Zeit später kann derselbe Reiz jedoch die Triebhandlung erneut auslösen. B. Hassenstein schreibt hierzu: »Während also bei den schnellen Schutzreflexen außer der allgemeinen Funktionsfähigkeit nur eine Voraussetzung für die Reaktion besteht, die auslösenden Sinnesreize, müssen in dem eben genannten Beispiel (Verhalten eines durstigen und nicht durstigen Hundes, d. V.) zwei Bedingungen für den Ablauf des Verhaltens gegeben sein: die äußeren auslösenden Sinneswahrnehmungen und zusätzlich ein innerer Zustand der Bereitschaft. Dies gilt für die große Mehrzahl aller Reaktionen: Sie brauchen zu ihrer Auslösung bestimmte äußere Reize und setzen außerdem bestimmte innere Bedingungen voraus.«[68]

Zum zweiten ist festzustellen, daß auch die auslösenden Reize verschiedene Stärkegrade aufweisen können. Dies läßt sich dann erkennen, wenn man die Triebstärke (annähernd) konstant hält, also unmittelbar nacheinander unterschiedliche Reize darbietet. Aus dem Lachtaubenversuch läßt sich entnehmen, daß zu Beginn des Versuchs das artgleiche Weibchen ein auslösender Reiz war – nicht aber die weiße Haustaube oder gar ein zusammengeknülltes Tuch.

Die Untersuchung der unterschiedlichen Stärke auslösender Reize führte zur Erkenntnis der »Reizsummen-Regel«[99]: Sie besagt, daß die Gesamtwirkung eines komplexen auslösenden Reizes, also beispielsweise des artgleichen Weibchens, in etwa der Summe der Wirkungen der Einzelreize entspricht. Stellt man sich etwa – nur zur Veranschaulichung – einen attraktiven Sexualpartner vor, so sind bekanntlich schon gewisse Einzelheiten, beispielsweise einzelne Körperformen oder Bewegungen, reizvoll; das gesamte »Objekt« wirkt jedoch im allgemeinen noch erheblich stärker.

Die Frage, wie ein Objekt (Artgenosse, Teile eines solchen wie Farben oder Formen, Freßfeinde, Nahrungsmittel etc.) überhaupt zum Reiz werden kann, ist nicht einfach zu beantworten. Woher weiß das Tier angeborenermaßen, welche Objekte für eine Triebhandlung erforderlich sind?

Diese Frage wird von den Verhaltensforschern folgendermaßen beantwortet: Tiere besitzen angeborene auslösende Mechanismen (AAM), die beim Vorhandensein hierzu passender Objekte die entsprechenden Instinkthandlungen in Gang setzen. So löst etwa ein Objekt, das in das angeborene Raster »Kindchenschema« paßt, Brutpflegeverhalten aus; beim männlichen Stichling löst die Farbe Rot aggressives Verhalten aus; beim jungen Kuckuck wirkt der blutrote Rachen als AAM für die »Pflegeeltern« usw. Objekte, die über einen AAM bestimmte Reaktionen auslösen, nennt man Schlüsselreize. Sie wirken unter natürlichen Bedingungen sparsam und zweckmäßig, unter künstlichen Bedingungen können sie die Tiere zu sinnlosen Handlungen veranlassen, etwa zum Kampf gegen Attrappen, zu sexuellen Handlungen mit untauglichen Objekten usw.

Schlüsselreize können im übrigen schon bei Tieren mittels Konditionierung durch andere Reize ersetzt werden. (Beim Menschen als besonders lernfähigem »Tier« spielen die bedingten Auslöser eine wichtige Rolle.)

Entscheidend für die nachfolgenden Überlegungen ist die Tatsache, daß es überhaupt unterschiedliche Reizstärken zur Auslösung von Triebhandlungen gibt: Bei konstanter Triebstärke wächst dabei die Intensität der Triebhandlung mit zunehmender Reizstärke.

Der dritte Sachverhalt beschreibt die Beziehung zwischen den beiden Variablen Triebstärke und Reizstärke. Eine Triebhandlung, also eine auf einem Trieb beruhende Instinkthandlung, kommt zustande, wenn eine hohe Triebstärke auf einen geringen Reiz stößt, wenn – umgekehrt – eine geringe Triebstärke auf einen hohen Reiz stößt, und natürlich dann, wenn eine hohe Triebstärke auf einen hohen Reiz stößt. Zusammengefaßt kann man sagen: Eine Triebhandlung kommt dann zustande, wenn die Summe der Quantitäten (von Trieb- und Reizstärke) ausreichend groß ist. Außerdem hängt die Intensität der Triebhandlung von dieser Summe ab: je höher sie

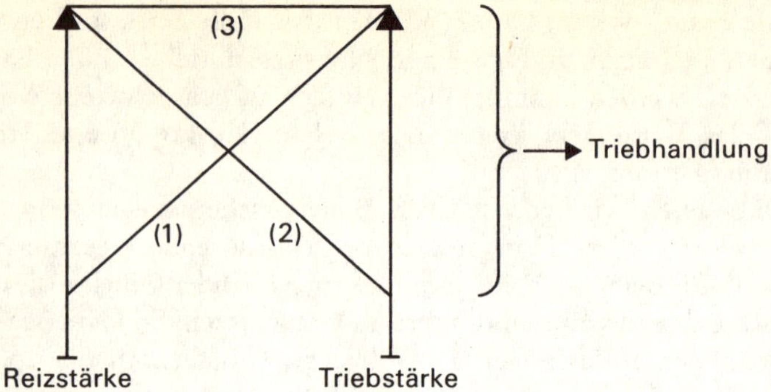

Abbildung 2. *Das Prinzip der doppelten Quantifizierung besagt: Eine Triebhandlung kommt zustande bei (1) niedriger Reizstärke und hoher Triebstärke, (2) niedriger Triebstärke und hoher Reizstärke und (3) hoher Trieb- und Reizstärke; hier ist die Intensität am höchsten.*

ist, um so intensiver erfolgt die Handlung, um so lustvoller wird sie (aller Wahrscheinlichkeit nach) erlebt.

Nach B. Hassenstein lautet das »allgemeine« Prinzip der doppelten Quantifizierung so: »Die Reaktionsstärke ergibt sich aus zwei Bedingungen, der Reizbeschaffenheit und dem Aktivierungsgrad der Bereitschaft. Diesen Sachverhalt bezeichnet man seit den Anfängen der Verhaltensforschung als doppelte Quantifizierung der Reaktionsstärke durch äußere Reize und innere Bedingungen.« Anstelle von »inneren Bedingungen« spricht Hassenstein auch von inneren Zustandsvariablen, »die die Reaktionsstärke auf äußere Reize bestimmt (oder auch spontanes Verhalten in Gang setzt)...«[68]

Was Hassenstein hier in Klammern hinzufügt, ist von zentraler Bedeutung: Funktioniert das Prinzip der doppelten Quantifizierung auch dann, wenn eine der Komponenten nahezu oder vollständig verschwindet? Für den Fall einer extrem hohen Triebstärke trifft dies offenbar zu. In dem Balzversuch mit dem Lachtaubenmännchen genügte zuletzt »die leere Raumecke des Kistenkäfigs«. Auch bei männlichen Hunden, Katzen und anderen Säugetieren lassen sich sexuelle Leerlaufreaktionen feststellen: Es kommt vor, daß ihr Penis während des Schlafes erigiert und es sogar zum

Samenerguß kommt. Dabei erhebt sich freilich die Frage, ob die Triebhandlung wirklich ohne auslösenden Reiz abläuft oder ob nicht im Traume entsprechende Reize hergestellt werden. Tierexperimente scheinen letzteres auszuschließen.[17]

Lorenz drückt sich entsprechend vorsichtig aus, wenn er sagt, daß »u. U. die betreffende Instinktbewegung ohne nachweisbaren äußeren Reiz losgehen kann«.[94] Er selbst schildert, wie ein aufgezogener Star, der sein Fressen stets aus einem Näpfchen bezog, plötzlich auf Insektenjagd ging mit allen dazugehörigen Instinktbewegungen – ohne daß irgendwelche Insekten vorhanden gewesen wären.

Tatsächlich kommt auch die andere Möglichkeit vor: eine Triebhandlung bei extrem hoher Reizstärke und vollständig abgebautem Trieb. So kann man zumindest bei Haustieren beobachten, daß sich ein gesättigtes Tier durch einen ganz besonderen Reiz doch noch verleiten läßt, weiterzufressen und sich damit zu überfressen: durch einen fressenden Artgenossen.

Beim Prinzip der doppelten Quantifizierung handelt es sich um ein stammesgeschichtlich gewordenes »gesetzmäßiges Geschehen«[99]; es ist daher zu fragen, worin die Selektionsvorteile dieses Prinzips liegen.

Tatsächlich bringt das Prinzip zwei Selektionsvorteile mit sich: Zum einen kann das Tier auch unter ungünstigen Verhältnissen, also bei schlechter Reizsituation, aufgrund der sich steigernden Triebstärke doch noch Triebhandlungen durchführen; zum andern wird es – unter günstigen Umständen – die leckerste Nahrung fressen und die reizvollsten Sexualpartner aussuchen. Auch dies wirkt sich positiv auf die Selektion aus.

Das Prinzip der doppelten Quantifizierung beim Menschen

Wir erinnern daran, daß der Mensch dasselbe stammesgeschichtliche Instinktsystem besitzt wie andere Säugetiere, insbesondere Primaten, daß er aber mit Hilfe seines Großhirns mit diesem System reflektierend umgehen kann. Dies zeigt sich besonders deutlich beim Prinzip der doppelten Quantifizierung. Wir meinen, daß jeder Mensch, der auf sein eigenes Triebsystem reflektiert, der also den

»animalischen« Teil seiner selbst beobachtet und registriert, dieses Prinzip bestätigen wird. Gewiß kann die Selbst-Beobachtung durch die Beobachtung anderer Menschen ergänzt werden – aber sie ist in diesem Falle nicht ersetzbar: Das Verhalten der Menschen ist ja auch durch das Großhirn beeinflußt, so daß der Anteil des Triebsystems nicht ohne weiteres isoliert werden kann.

Man kann doch weder bestreiten, daß auch wir nur zu trockenem Brot greifen, wenn wir großen Hunger haben, noch, daß wir, wenn wir satt sind, nur dann noch einmal zulangen, wenn uns etwas besonders Leckeres geboten wird. Es trifft auch zu, daß die Intensität der Triebhandlung (und damit auch die Lustempfindung) besonders stark ist, wenn Trieb- und Reizstärke besonders hoch sind.

Dabei ist die Lorenzsche Bezeichnung »gesetzmäßiges Geschehen« bei Tieren sicher gerechtfertigt; beim Menschen gilt das Gesetz zwar weiterhin für das Triebsystem, da der Mensch jedoch durch seine Reflexion in dieses eingreifen kann, ist die ausgeführte Handlung nicht vorhersagbar und damit auch nicht »gesetzmäßig«. Wir sprechen daher mit Hassenstein insgesamt von einem Prinzip.

Was die Beobachtung des Prinzips beim Menschen erschwert (und auch die Selbstbeobachtung), ist die Tatsache, daß wir über eine sehr viel reichhaltigere Palette von Reizen verfügen als Tiere. Dies haben wir unserer Kreativität und Lernfähigkeit zu verdanken. Was hat der Mensch nicht alles an Objekten geschaffen, die auf dem Wege der Konditionierung zu (erlernten) Reizen werden können. Man denke an die Kochkunst mit ihren kulinarischen Genüssen, an Kleidung und Mode, die sexuelle Reize ausstrahlen können, an Wohlgerüche und Prestigeobjekte usw. Treten solche Reize in besonders sensiblen Phasen zusammen mit Schlüsselreizen auf, so kann es zu Prägungen kommen. Ein Beispiel dafür ist der Fetischismus, aber auch Homosexualität kann auf diese Weise entstehen.

Charakteristisch für den Menschen ist jedoch seine (reflexive) Fähigkeit, das Prinzip der doppelten Quantifizierung zur Steigerung seiner Lust einzusetzen. Es ist richtig, wenn E. Winkler und J. Schweikhardt schreiben: »Die sinnlichen Lustgefühle haben sich vom ursprünglichen Zweck der Begattung, nämlich der Fortpflanzung, gelöst, und die Lust selbst ist zum Ziel des Sexualverhaltens geworden.«[179] Die Aussage muß allerdings dahingehend erweitert werden, daß das Streben nach »Lust um der Lust willen« für alle Triebe gilt und daß dieses Streben durch das Prinzip der doppelten Quantifizierung realisiert werden kann. Hierfür hat der Mensch zwei Strategiekomplexe entwickelt: der eine arbeitet mit erhöhter Triebstärke, der andere mit erhöhter Reizstärke.

Eine Strategie der erhöhten Triebstärke besteht darin, die Triebhandlung absichtlich aufzuschieben, auch wenn dies zunächst mit Unlust verbunden ist, um dann die angestaute Triebstärke für den Lustgewinn zu nutzen. Die bekannte Methode der alten Römer, das Gegessene zu erbrechen, gehört ebenfalls zur Strategie der erhöhten Triebstärke: dadurch nämlich, daß die Nahrung dem Körper sofort wieder entzogen wird, bleibt die Triebstärke erhalten oder steigt sogar der vergangenen Zeit wegen an. Auf diese Weise läßt sich die Lust der Endhandlung ein zweites oder gar drittes Mal erleben. In den USA soll diese Strategie wieder in Mode gekommen sein. Eine direkte Maßnahme, die Triebstärke zu erhöhen, besteht in der Einnahme allerlei Kräuter oder obskurer Mittel. Die so entstehende Schwellenerniedrigung beschreibt Goethe im Faust: »Mit diesem Trank im Leibe, siehst Helen Du in jedem Weibe.« (Wieviel stärker muß erst die Erregung beim Anblick von Gretchen sein!)

Wie wichtig dem Menschen die Steigerung seiner (sexuellen) Lust ist, zeigt sich besonders deutlich darin, daß er das Nashorn (nahezu) ausrottete, weil sein Horn angeblich ein potenzsteigerndes Mittel enthält.

Bequemer und wirkungsvoller ist jedoch der andere Strategiekomplex des Lustgewinnes: die Erhöhung der Reizstärke. Der Vorteil liegt darin, daß man keinen Triebverzicht zu erbringen braucht. Die Strategie wirkt auch bei geringer Triebstärke, der Reiz muß nur genügend hoch sein. An solchen Reizen, und immer neuen Reizen, herrscht in unserer zivilisierten Welt gewiß kein Mangel.

Wenn wir satt sind und aus Gründen des Lustgewinnes noch weiteressen wollen, so stehen uns erlesene Delikatessen zur Verfügung. Hier scheut der Mensch nicht davor zurück, ganze Tierarten auszurotten: Hasen, Frösche, Austern, angeblich sogar die Pythonschlange. In den letzten Jahren verzeichnete die Nahrungsbranche in der Bundesrepublik Deutschland im Bereich der Delikatessenrestaurants den größten Gewinn. Häufig bezahlt man freilich die zusätzliche Lust durch Fettleibigkeit oder andere Zivilisationskrankheiten.

Ganz ähnlich funktioniert die Strategie der Reizerhöhung beim Sexualtrieb. Um auf geringem Triebniveau zu einem Lusterlebnis zu gelangen, müssen besondere Reize herhalten: Abwechslung, Partnertausch, Gruppensex, Perversitäten verschiedenster Art – und sei es nur in filmischer Darstellung.

Ausgesprochen findig bei der Herstellung sexueller Reize sind die »Kreativen« aller Branchen, besonders der Werbebranche. In etwa 70 Prozent aller Werbeanzeigen finden sich offene oder verhüllte sexuelle Reize.

Es ist jedoch ein Irrtum, zu glauben, die Strategie der Reizerhöhung sei eine Erfindung der Industriegesellschaft. Man braucht nur die alten Kulturen zu betrachten – ob in Europa, Asien oder Amerika –, um über den Einfallsreichtum auf diesem Gebiet zu staunen. Als Paradebeispiel dieser Strategie scheint uns der Marquis de Sade noch immer unübertroffen. Er war es auch, der den Lustgewinn aus dem Aggressionstrieb mit aller Raffinesse zur Perfektion entwickelt hat.

Halten wir fest: Der Mensch nutzt mit seiner »Vernunft« das Prinzip der doppelten Quantifizierung seit jeher zum Lustgewinn durch hohe Reize aus. Da Reize abflachen, müssen sie immer höher und höher geschraubt werden. Die Ansprüche steigen ins Unermeßliche. Betrachtet man den Umgang des Menschen mit dem Prinzip der doppelten Quantifizierung, so drängt sich das Goethewort auf: »Er nennt's Vernunft und braucht's allein, nur tierischer als jedes Tier zu sein.« Dennoch: Wir können auch aus diesem Teufelskreis nur mit – höherer – Vernunft wieder herauskommen.

Spontaneität der Triebe: das Appetenzverhalten

Auch das Appetenzverhalten ist dem Menschen wohl bekannt. Wenn wir Hunger haben, suchen wir uns etwas Eßbares, wir kaufen ein, gehen in ein Restaurant oder zumindest an den Kühlschrank, bereiten uns ein Mahl. Sind wir sexuell gestimmt, suchen wir – auch wenn es uns nicht sofort bewußt ist – sexuelle Reize auf oder nehmen sie zumindest im verstärkten Maße wahr. Haben wir längere Zeit nichts Neues erlebt, suchen wir es auf – seien es neue Informationen, neue Menschen, neue Länder oder auch neue Probleme!

Tatsächlich handelt es sich beim Appetenzverhalten um ein stammesgeschichtliches Programm, das sich zwangsläufig aus der Spontaneität der Triebe und dem Gesetz der doppelten Quantifizierung ergibt.

Das Appetenzverhalten bei Tieren

Anders als der Mensch in der Wohlstandsgesellschaft kann sich das wildlebende Tier im allgemeinen nicht an den gedeckten Tisch setzen, wenn es Hunger bekommt. Es ist vielmehr gezwungen, sich aufzumachen und aktiv nach jener besonderen Reizsituation zu suchen, die geeignet ist, die Triebhandlung auszulösen. Ein Raubtier geht auf Beutesuche, Beutejagd und Beutefang; ein Pflanzenfresser sucht sich seine Freßpflanzen und nimmt dabei ebenfalls Anstrengungen auf sich. Ein brünftiges Tier scheut keine Mühe, den Sexualpartner aufzusuchen und zu umwerben. Dieses Verhalten ist nahezu selbstverständlich, wenn man bedenkt, daß die Triebstärke – gleichgültig, um welchen Trieb es sich handelt – spontan zunimmt und daß das Tier einen auslösenden Reiz braucht, um zur Triebbefriedigung zu kommen. Stehen solche Reize nicht bereit, müssen sie eben aufgesucht werden: das Tier zeigt Appetenzverhalten.

Dabei kann es lange dauern, bis das Aufsuchen des Reizes zum Erfolg führt. Ein Raubvogel muß oft mehrmals zustoßen, bis ihm ein Fang gelingt. Ein Wolf muß ausdauernd laufen, bis er seine

Beute erjagt hat, ein Pflanzenfresser muß »laufend« (!) nach Nahrung suchen.

Je länger aber der Triebaufschub dauert, umso mehr wächst die Triebstärke an, umso intensiver wird das Appetenzverhalten. Lorenz nennt daher das Appetenzverhalten »ein urgewaltiges Streben, jene erlösende Umweltsituation herbeizuführen, in der sich ein gestauter Instinkt entladen kann«.[94]

Das Appetenzverhalten darf nicht mit der Triebhandlung verwechselt werden; wir wollen es daher im Zusammenhang des gesamten Triebverhaltens darstellen. Dieses läuft im allgemeinen in vier Stufen ab.

Wachsende Triebstärke: Objektiv sind es endogene Reizquellen (leerer Magen, steigender Testosteronspiegel), die das Tier über die wachsende Triebstärke informieren; subjektiv werden solche Reize als Gefühle (Hunger, sexuelles Bedürfnis) wahrgenommen. Die Gefühle sind mit Unlust verbunden, sie verursachen Unzufriedenheit, Unruhe, Unrast. Das Tier ist zur Triebhandlung bereit.

Appetenzverhalten: Stößt die Handlungsbereitschaft auf keinen auslösenden Reiz, dann kommt es zum Appetenzverhalten, das in zwei Phasen abläuft: Nach Hassenstein besteht die erste Phase darin, »daß das Lebewesen durch sein Verhalten ... die Begegnung mit den Gegenständen (Nahrung, Nistmaterial) oder Lebewesen, auf die sich der betreffende Antrieb (die Bereitschaft) bezieht, wahrscheinlicher macht. ... Die zweite Phase besteht in der gezielten Annäherung an den Gegenstand oder das Lebewesen, auf das das Verhalten zugeschnitten ist.«[68]

Findet das Tier sehr rasch auslösende Reize – die der noch geringen Triebstärke wegen entsprechend hoch sein müssen – wird das Suchverhalten abgebrochen, die Anstrengung bleibt gering. Findet das Tier keine auslösenden Reize, so wird das Suchverhalten intensiviert, es richtet sich der angewachsenen Triebstärke wegen auch auf geringere Auslöser. Das Tier nimmt unter Umständen große Anstrengungen auf sich.

Bei wildlebenden Tieren tritt – im Gegensatz zu Haustieren oder Zootieren – auch dieser Extremfall immer wieder ein. Insgesamt dürfte das »erwartete« Appetenzverhalten, das Laufen, Werben, Erkunden, den durchschnittlichen Anforderungen einer natürlichen Umwelt angepaßt sein.

Triebhandlung: Der Zweck des Appetenzverhaltens ist die durch den gefundenen auslösenden Reiz bewirkte Triebhandlung, wie Fressen, Paaren, Kämpfen, Erkunden. Die Aktivitäten der Triebhandlung selbst sind durch Erbkoordination programmiert; sie münden in der sogenannten Endhandlung.

Endhandlung: Die Triebhandlung wird durch die Endhandlung abgeschlossen. Sie bewirkt die mehr oder weniger schlagartige Reduktion der Triebstärke: Der Hunger wird gestillt, der Durst gelöscht; der Samen wird ausgestoßen, der Rivale wird besiegt.

Die Endhandlung und das damit verbundene Verschwinden der inneren Bereitschaft ist aber nur der objektive Tatbestand. Maßgebend für das Tier ist, wie zu Beginn des gesamten Vorgangs, ein Gefühl: Die Triebhandlung selbst wird als lustvoll empfunden, die aufgelöste Triebspannung erzeugt Zufriedenheit.

Zwar wissen wir nur beim Menschen ganz sicher, daß er solche Lust verspürt; es gibt jedoch Anzeichen dafür, daß die Triebreduktion auch bei Tieren Lustempfindungen verursacht, etwa das Masturbieren von Zootieren, wenn sie allein gehalten werden.[118]

Auf folgendes möchten wir beim Appetenzverhalten noch einmal besonders hinweisen, da es für die Analyse und Steuerung des menschlichen Verhaltens von fundamentaler Bedeutung ist: Sowohl die Instinktbewegungen des Appetenzverhaltens (beispielsweise Laufen, Springen, Fliegen, Schwimmen, Scharren) als auch diejenigen der Triebhandlung selbst (Saugen, Beißen, Kauen, Begatten) besitzen ihre eigene Spontaneität. Lorenz spricht hier von Werkzeuginstinkten[94] und schreibt: »... Es entspricht einem weitverbreiteten Prinzip natürlicher Ökonomie, daß z. B. bei einem Hund oder Wolf die spontane Produktion der Einzelantriebe zum Schnüffeln, Spüren, Laufen, Jagen und Totschütteln ungefähr auf den Bedarf eingestellt ist, die der Hunger an sie stellt.« Die Spontaneität der Werkzeugbewegungen wird freilich erst dann sichtbar (im wörtlichen Sinne), wenn Appetenzverhalten oder bestimmte Aktivitäten bei der Triebhandlung nicht erforderlich sind. »Schaltet man den Hunger als Antrieb durch die einfache Maßnahme aus, den Futternapf dauernd mit leckerstem Futter gefüllt zu halten, so wird man alsbald gewahr, daß das Tier kaum weniger schnüffelt, spürt, läuft und jagt, als wenn diese Tätigkeiten nötig sind, um sein Nahrungsbedürfnis zu stillen.«[94]

Jedem Zoobesucher ist das sogenannte »Tigern« bekannt: auch hier handelt es sich um ein nicht benötigtes Appetenzverhalten, das das Tier sozusagen nachträglich absolviert. D. Morris berichtet über eine ganze Reihe solcher Beispiele.[118]

Wird also das Appetenzverhalten nicht abgerufen, so bleibt trotz Triebbefriedigung Spannung übrig; durch den mangelnden Einsatz von vorgesehenen Instinktbewegungen bleiben Aktionspotentiale erhalten, es bleiben Unruhe, Unlust und Unzufriedenheit.

Das Appetenzverhalten beim Menschen

Für das Trieb- und Instinktsystem des Menschen gilt dasselbe »gesetzmäßige Geschehen« wie bei Tieren: Die Spontaneität der Triebe und Instinkte führt – beim Fehlen auslösender Reize – zwangsläufig zum Appetenzverhalten. Zweifellos wurde in früheren Lebensformen des Menschen, in einem Leben als Jäger und Sammler, das Appetenzverhalten ebenso eingesetzt wie bei den Tieren. In den noch verbliebenen sogenannten primitiven Kulturen und in den armen Ländern der Dritten Welt muß das Appetenzverhalten noch (oder wieder) eingesetzt werden – oft genug ohne Erfolg.

In der technischen Zivilisations- und Wohlstandsgesellschaft ist das Appetenzverhalten im Sinne des »urgewaltigen Strebens« nach auslösenden Reizen überflüssig geworden. Wir brauchen uns nicht mehr anzustrengen, um unsere Triebe zu befriedigen. Das Appetenzverhalten reduziert sich auf die von den Psychologen schon seit langem entdeckte »selektive Wahrnehmung«: Gehen wir hungrig durch die Straßen der Stadt, so nehmen wir vor allem Nahrungsreize und entsprechende Hinweisreize wie Wirtshausschilder etc. wahr; sind wir sexuell gestimmt, so nehmen wir vor allem sexuelle Reize oder Hinweisreize wahr.

Wenn wir überhaupt noch etwas aufsuchen, so sind es besonders hohe Reize, die uns auch bei niedriger Triebstärke Lust verschaffen können: wir suchen nicht Nahrung, sondern kulinarische Köstlichkeiten, wir suchen nicht Wasser zum Trinken, sondern Bier, Wein oder Limonade. Unsere Umwelt reizt uns (verständlicherweise) nicht zur Neugier, also fliegen wir nach Afrika oder Thailand.

Gelegentlich läßt allerdings auch der zivilisierte Mensch noch ein Verhalten erkennen, daß man als symbolisches Appetenzverhalten interpretieren kann: so wird etwa ein Spaziergang von einigen Kilometern gerne in Kauf genommen, wenn am Ende die Einkehr in die Gaststätte winkt. Auch das Pilzesammeln oder das Jagen kann als ritualisiertes Appetenzverhalten angesehen werden. Im Bereich der Sexualität findet sich noch eine ganze Reihe symbolischer Verhaltensweisen: Das Aufsuchen des Partners geschieht zwar meist mit dem Auto, das Tanzen hingegen oder andere persönliche Werbehandlungen benötigen durchaus den Einsatz von Werkzeuginstinkten.

Den Unterschied zwischen echtem und ritualisiertem Appetenzverhalten macht diese kleine Geschichte deutlich: Ein Lord geht am frühen Morgen in seinem großen Park spazieren, trifft auf einen Landstreicher und fragt ihn, was er in seinem Park zu suchen habe. Der Landstreicher antwortet: »Ich suche ein Frühstück für meinen Appetit.« Darauf der Lord: »Und ich suche nach Appetit für mein Frühstück.«

Insgesamt haben uns jedoch technische Zivilisation und Wohlstandsgesellschaft die Anstrengung des Appetenzverhaltens abgenommen. Das ist ja auch der erklärte Sinn von Technik und Zivilisation: rasche und leichte Triebbefriedigung, Lust ohne Anstrengung. Was wir nicht bedacht haben und was uns jetzt erst die Verhaltensbiologie in aller Deutlichkeit zeigt, ist die Spontaneität des Trieb- und Instinktsystems. Das bedeutet: Die Aktionspotentiale werden nicht eingesetzt, sie erzeugen Unlust und Unzufriedenheit. Hier liegt das Problem: Warum sollen wir uns anstrengen, wenn es nicht unbedingt notwendig ist? Nachträgliches Appetenzverhalten, wie es bei Zootieren zu beobachten ist, funktioniert offenbar nur noch bei Kindern. Erwachsene brauchen andere Motive, um sich selbst zu fordern.

Die Triebtheorie der Aggression bei Tieren

Niemand wird bestreiten, daß Tiere miteinander kämpfen, und zwar mit den Waffen, die ihnen jeweils zur Verfügung stehen, mit Zähnen, Krallen, Schnäbeln, Hörnern, Hufen usw.; es wird gebissen, gekrallt, gehackt, gestoßen und geschlagen. Zweck des Kämpfens ist es, den Gegner zu schädigen, zu verletzen, zu vertreiben, zu unterwerfen oder auch zu töten. Zusammenfassend kann man sagen: Zweck der Aggression ist es, den Gegner zu besiegen, der Sieg ist die Endhandlung der Aggression.

Solche Kampfhandlungen nennt man aggressiv – so wie man Handlungen, die zur Begattung führen, sexuell nennt. Im allgemeinen bezeichnet man auch Verhaltensweisen, die Kampfhandlungen vorbereiten oder androhen, als aggressiv: Zähnefletschen, Knurren, Fauchen, Drohhaltung einnehmen usw. Dasselbe gilt für den sexuellen Verhaltensbereich: auch hier bezeichnet man vorbereitende Handlungen ebenfalls schon als sexuell.

Im übrigen gibt es hier wie dort Handlungen, die nicht ohne weiteres als aggressiv oder sexuell eingestuft werden können. Bestimmte Laute, mimische Ausdrücke, Bewegungen etc. sind für den Menschen nicht immer eindeutig verständlich; Tiere wissen sicher besser, was aggressiv »gemeint« ist.

Wenn wir uns hier so ausführlich mit der Triebtheorie der Aggression bei Tieren befassen, so deshalb, weil die Triebtheorie der Aggression beim Menschen – um die es uns ja eigentlich geht – nur im Zusammenhang mit dem »Kontinuum« des Triebsystems verständlich (nicht ableitbar!) ist.

Die stammesgeschichtliche Funktion der Aggression

Lorenz unterscheidet zunächst einmal extra- und intraspezifische Aggression: Die extraspezifische Aggression richtet sich auf Tiere anderer Arten, auf Beutetiere oder auf den Freßfeind, die intraspezifische auf Tiere derselben Art; man bezeichnet sie daher auch als innerartliche Aggression. Die beiden Aggressionsweisen sind streng auseinanderzuhalten, ja, Lorenz ist der Auffassung, daß die extraspezifische Aggression im Grunde keine echte Aggression sei: »Der Büffel, den der Löwe niederschlägt, ruft dessen Aggression nicht hervor.«[94] Lorenz räumt indessen ein, daß es auch zwischen Freßfeinden zu echten Aggressionen kommen kann, insbesondere dann, wenn das Beutetier nicht fliehen kann.

Lorenz macht aber nicht nur die wichtige Unterscheidung von außer- und innerartlicher Aggression, er untersucht überhaupt den Zusammenhang aggressiven Verhaltens mit der jeweiligen Situation. So kommt er unter anderem durch Beobachtungen bei Fischen zu dem Ergebnis, daß aggressives Verhalten oder Aggression ankündigendes Drohverhalten beispielsweise dann auftritt, wenn ein Fisch sein Revier verteidigt. Eindringlinge werden angegriffen, bekämpft, verjagt. Die Erklärung, die Lorenz hierfür gibt, ist verblüffend einfach: Aggression ist lebenswichtig, weil es sich – bei derselben Art – um Nahrungskonkurrenten handelt, das Revier aber nur beschränkt Nahrung bietet. »Jeder dieser Fische aber ist ausschließlich daran interessiert, daß sich in seinem kleinen Revier kein anderer der gleichen Art ansiedelt.«[94] Oft wird die Aggressionsbereitschaft von vornherein markiert, sei es durch eine auffällige Färbung, durch Duftmarken, durch Gesang oder anderes.

Der Sinn der Revieraggression liegt also in der Erhaltung der notwendigen Lebensbedingungen einer Art. »Die Gefahr, daß in einem Teil des zur Verfügung stehenden Biotops eine allzu dichte Bevölkerung einer Tierart alle Nahrungsquellen erschöpft und Hunger leidet, während ein anderer Teil unbenutzt bleibt, wird am einfachsten dadurch gebannt, daß die Tiere einer Art einander abstoßen. Dies ist, in dürren Worten, die wichtigste arterhaltende Leistung der intraspezifischen Aggression.«[94]

Revierverteidigung und -eroberung ist aber nicht die einzige Funktion der intraspezifischen Aggression. Die zweite besteht in der Auswahl besonders kräftiger und wehrhafter Tiere durch den Rivalenkampf um den Geschlechtspartner. Im allgemeinen sind es die Männchen, die den Rivalen im Kampf besiegen müssen, ehe sie Nachkommen zeugen können. Dabei sind nicht nur Größe und Körperkraft von Vorteil – auch die Bereitschaft zum Kämpfen, das aggressive Potential, kann von »entscheidender« Bedeutung sein.

Spielt beim Rivalenkampf im allgemeinen die Aggression der männlichen Tiere die tragende Rolle, so gilt dies bei der Brutverteidigung häufig für die weiblichen. Jeder weiß, wie aggressiv oft Muttertiere ihre Jungen verteidigen. Bei Tieren, bei denen nur ein Geschlecht Brutpflege treibt, ist dieses deutlich aggressiver als das andere.

Für soziallebende Tiere ist noch eine weitere Funktion der Aggression zu nennen: der Kampf um den höheren Rang. Die Rangordnung, oder, wie sie bei Hühnern genannt wird, die »Hackordnung«, ist für das einzelne Individuum und für die gesamte Sozietät von großer Bedeutung: Der einzelne verschafft sich mit einem hohen Rang Vorteile wie Freßprivilegien oder Fortpflanzungsprivilegien; die Tiere reiben sich nicht durch ständige Kämpfe, etwa um Beute oder Nistplätze, auf. »Das Ergebnis des Kampfes«, schreibt B. Hassenstein, »wirkt als Dressursituation und wird erlernt. Das hat zur Folge, daß der Unterlegene den Sieger für längere Zeit nicht mehr bekämpft, ihm überall den Vortritt läßt, kurz, ihn als Überlegenen anerkennt.«[68] Das Aggressionspotential der Sozietät kann sich somit nach außen richten – sei es zur Verteidigung oder zum Angriff.

Aggression steht also im Dienste des Überlebens des einzelnen Tieres und der gesamten Art; Aggression ist notwendig zur Sicherung des Lebensraumes, zur Sicherung der Fortpflanzung, zur Verbesserung der eigenen Lebensbedingungen und derjenigen der Sozietät.

Aggression als spontaner Trieb

Die charakteristische Eigenschaft eines Triebes ist seine Spontaneität, d. h. das Vorhandensein und Anwachsen einer »inneren Bereitschaft«. Aufgrund der Spontaneität unterscheidet sich die Triebhandlung von einer reinen Reaktion. Sie unterscheidet sich durch das Zusammenwirken von Reizstärke und Triebstärke nach dem Prinzip der doppelten Quantifizierung, durch das Appetenzverhalten beim Fehlen eines Reizes und das spontane Auftreten zugeordneter Instinktbewegungen, wenn diese nicht zum Einsatz kommen.

Für die Spontaneität der Aggression sprechen zunächst einmal die drei schon genannten Aufgaben: Reviere werden ja nicht nur verteidigt, sie werden auch erobert, der Rivale im Kampf ums

Weibchen wird aufgesucht und »angenommen«; der Ranghöhere wird aktiv angegriffen, um ihn aus seinem Posten zu verdrängen.

Für die Spontaneität sprechen aber auch die zahlreichen Beobachtungen der Schwellenerniedrigung aggressiver Reize. Lorenz berichtet über Fische, die mangels Artgenossen Exemplare der nächst verwandten Art als Aggressionsobjekte akzeptierten, ja, sogar völlig anders geartete Fische, die nur noch einen auslösenden Reiz, z. B. die Farbe, mit dem Artgenossen gemein hatten. Ähnlich ist auch der aus Mangel an männlichen Aggressionsobjekten auftretende »Gattenmord« zu erklären. Insgesamt kommt Lorenz zu folgender Feststellung: »Schwellenerniedrigung und Appetenzverhalten sind nun, leider muß es gesagt werden, bei wenigen instinktmäßigen Verhaltensweisen so deutlich ausgeprägt, wie gerade bei denen der intraspezifischen Aggression.«[94]

Ob die Schwellenerniedrigung bei der Aggression letztlich so weit geht, daß es zu sogenannten Leerlaufhandlungen kommt, ist nicht erwiesen. Wir halten dieses Kriterium aber auch nicht für so zentral, wie es gelegentlich eingeschätzt wird: Physiologische Prozesse können nicht einfach durch physikalisch-technische Modelle, wie etwa das Dampfkesselmodell, dargestellt werden. So ist es durchaus denkbar, daß die Wachstumskurve der Triebstärke sich asymptotisch einem Maximum nähert. Außerdem wissen wir nicht, inwieweit aggressive Reize gespeichert oder in der Vorstellung aufgebaut werden können.

Die Spontaneität der Aggression zeigt sich aber auch bei den zugehörigen Werkzeugaktivitäten. Tiere, die über längere Zeit hinweg nicht zum Kampf oder zum Erlegen von Beute gezwungen waren, führen die zugeordneten Bewegungsmuster – springen, beißen, stoßen etc. – spontan aus. Bei wildlebenden Tieren geschieht dies in der Regel nur im Spiel der Jungtiere, bei Zootieren können solche »unausgelebten« Aggressionen tödliche Wirkung haben.

Damit kommen wir zu einem weiteren Indiz für die Spontaneität der Aggression: die Hemmungsmechanismen.

Umstritten, aber recht überzeugend, ist die Erklärung der »Bindung« durch die Triebtheorie der Aggression. »Keine Liebe ohne Aggression«, sagt Lorenz, und zeigt anhand zahlreicher Beobachtungen, daß sich die Aggression – zunächst jedenfalls – auch auf Geschlechtspartner richtet und sich erst »umorientiert«, wenn durch das individuelle Kennenlernen die unvermeidlich vom Partner ausgehenden aggressionsauslösende Reize erheblich an Wirksamkeit verlieren. Geht man von diesem sehr plausiblen Effekt der Bindung aus, so ergibt sich alles weitere aus dem Gesetz der doppelten Quantifizierung: Nehmen die aggressionsauslösenden Reize an Intensität ab, kommt es diesem Partner gegenüber nicht mehr zu aggressivem Verhalten – es sei denn, das Aggressionspotential steigt überdurchschnittlich an. Entscheidend ist, daß das aggressive Verhalten durch eine Herabsetzung der auslösenden Reize (oder auch durch besondere aggressionshemmende Reize) verhindert wird, nicht aber durch eine Herabsetzung des lebensnotwendigen Aggressionspotentials. Dieses muß ja aus guten Gründen erhalten bleiben. Erhärtet wird diese Annahme durch die schon erwähnten Versuche bei Fischen, die ihr Weibchen dann angreifen und sogar töten, wenn ihnen der Rivale entzogen wird.

Andere Verhaltensforscher, etwa I. Eibl-Eibesfeldt und B. Hassenstein, sind in bezug auf das Phänomen der Bindung anderer Auffassung als Lorenz. Sie erklären Bindung mit der »Erfindung der Brutpflege«[35]. Unseres Erachtens steht diese Erklärung nicht im Widerspruch zu der Lorenzschen Theorie, wenn man bedenkt, daß es sich bei der Brutpflege um ein stammesgeschichtlich späteres Ereignis handelt. So sagt ja auch Eibl-Eibesfeldt: »Die Erfindung der Brutpflege steht gewiß am Ausgangspunkt der Entwicklung differenzierter höherer Sozialsysteme.«

Die Triebtheorie der Aggression steht also nicht nur mit zahlreichen Beobachtungen im Einklang; sie erklärt auch viele unterschiedliche Verhaltensweisen und erlaubt – was für eine Theorie entscheidend ist – unter bestimmten Bedingungen, z. B. Tierhaltung im Zoo, recht exakte Vorhersagen. Wir wollen sie daher – mit einem Wort von K. Popper[131, 132] – »weiterverwenden« und mit den erforderlichen Ergänzungen und Abweichungen auf den Menschen anwenden.

Die Triebtheorie der Aggression beim Menschen

Daß auch Menschen aggressives Verhalten zeigen – vom Schlagen, Beißen, Stoßen über brutale Gewalttätigkeiten mit und ohne Waffen bis zu Terror und Krieg –, wird niemand bestreiten. Zum aggressiven Verhalten rechnen wir auch die unterschiedlichen Arten des Drohens – etwa die drohende Haltung, geballte Fäuste oder verbales »Ausstoßen« von Drohungen.

Im übrigen gibt es zahlreiche Handlungen, die nicht ohne weiteres als aggressiv eingestuft werden können – ein Anheben der Augenbrauen, ein durchdringender Blick etc. Das führt gelegentlich zu Definitionsschwierigkeiten.[71, 121, 172] Dabei geht es um das generelle Problem, aus beobachtbaren Handlungen auf dahinterstehende Absichten zu »schließen«. War der Stoß im Gedränge beabsichtigt? War der Hieb beim Spielen ernst gemeint? Das kann nur die Entschuldigung klären.

Die aggressiven Handlungen des Menschen lassen sich als eine Kombination von Trieb und Großhirnsteuerung erklären, wie wir sehen werden. Die Triebtheorie der Aggression beim Menschen ist also keine »naive Übertragung« vom Tier auf den Menschen.

Der Aggressionstrieb beim Menschen

Da das aggressive Verhalten des Menschen aufgrund der zahlreichen Komponenten – Triebstärke, Reizstärke, Lernzustand, Reflexion, künstliche Umwelt – sehr komplex ist, werfen wir zunächst einen Blick auf die Aggression bei Primaten. Hierzu hat H. Kummer festgestellt, daß es bei den einzelnen Arten zwar erhebliche Unterschiede im aggressiven Verhalten gibt, daß aber seines Wissens keine freilebende Population untersucht wurde, »in der überhaupt nicht geschlagen oder gebissen wurde«.[87] Gekämpft wird vor allem um höhere Ränge und Sexualpartner. Futterkonkurrenz wird häufig mit Drohung erledigt. Im übrigen sind die Männchen bei den Primaten deutlich aggressiver als die Weibchen; dementsprechend übernehmen die Männchen auch überwiegend die Schutz- und Angriffsfunktionen in der Sozietät.

Zwei Ergebnisse der Untersuchungen Kummers sprechen für einen spontanen Aggressionstrieb. Das erste besagt, daß sowohl die höhere Aggressivität der Männchen als auch das Erkennen der arttypischen Drohmimik sehr wahrscheinlich angeboren sind; das zweite Ergebnis besteht in der Tatsache, daß im Zoo lebende Affen wesentlich aggressiver sind als freilebende. Offenbar führen die unnatürlichen Bedingungen – Raummangel, Nahrungsangebot, eintönige Umwelt – zu einer unnatürlichen Aggression. H. Kummer sagt: »Wir wissen noch nicht, warum die im Freileben harmlose Aggression der Primaten unter abnormen Bedingungen mörderische Formen annehmen kann. Die Tatsache selbst jedenfalls beweist, daß die destruktive Form der Aggression im Modifikationsbereich nicht nur des Menschen, sondern auch anderer Primaten liegt.«[87]

Nimmt man einen angeborenen Aggressionstrieb von »angemessener« Stärke an, so liegt die Vermutung nahe, daß äußere Reize, z. B. enges Zusammensein, auf ein hohes Maß an unverbrauchtem Triebpotential treffen.

Aber nicht nur die spontane Aggression bei Primaten[88, 117, 118] spricht für das Weiterbestehen des Aggressionstriebes beim Menschen. Weitere Indizien müssen bei solchen Menschen zu finden sein, deren Großhirnsteuerung entweder noch nicht ausgereift oder (vorübergehend) gestört ist.

H. Montagner beobachtete und dokumentierte das Verhalten von Kindern und stellte dabei zahlreiche aggressive Verhaltensweisen fest. Schon kleine Kinder (28–36 Monate) zeigen typische Drohgebärden, wenn sie ein Objekt verteidigen: plötzliche Vorwärtsbewegungen des Oberkörpers, Aufreißen des Mundes, schrille Schreie, Schütteln der Arme etc. Später werden die Gesten stärker symbolisiert, es kommt zum Anstarren, Stirnrunzeln und selbstverständlich zur Sprache. Nun bestreitet sicher niemand, daß auch Kinder – oder gerade Kinder – aggressiv sein können; es geht hier ja um die Frage der Spontaneität der Aggression. Dazu schreibt Montagner: »In einer großen Zahl der Fälle haben manche Kinder im Alter von zwei bis drei Jahren Aggressionen gezeigt, wenn sie in der Krippe oder in der Vorschule eintrafen, oder wenn sie gerade eine Situation hinter sich hatten, in der sie allein beschäftigt waren oder beruhigende Verhaltenssequenzen ausgetauscht hatten; aber es läßt sich unmöglich irgendeine Korrelation zwischen dieser scheinbar spontanen Manifestation und bestimmten Typen von Situationen oder Interaktionen herstellen. Es hat ganz den Anschein, als handelte es sich um willkürliche Aggressionen ohne ersichtlichen äußeren Grund, als besäßen die Kinder ›von Natur aus‹ eine innere Kraft, die sie zur Aggression triebe ... Nach Isolierung kommt es (beispielsweise in Folge einer mehrdeutigen Gebärde) leichter zu Aggression als nach einer Interaktion, die wenig heftige Aggressionen – oder keine – umfaßt. Die Aggression ist dann häufig sehr heftig oder langlebig: Jene Kinder, die die längsten Isolierungsphasen durchleben ... sind zugleich jene, die die heftigsten Aggressionen manifestieren.«[115]

Diese Feststellung von Montagner darf als weitere Bekräftigung der Lorenzschen Triebtheorie angesehen werden.

Auch bei Erwachsenen kann Aggression gelegentlich »durchbrechen«, wie die Umgangssprache treffend sagt, nämlich dann, wenn die Kontrolle durch das Großhirn versagt. Betrunkene, die ihre kognitive Kontrolle und ihre Über-Ich-Hemmungen verloren haben, verhalten sich bekanntlich sexuell aufdringlich oder »suchen Streit«. Durch dieses Appetenzverhalten erweist sich also auch in diesem Falle die Aggression – neben dem Sexualtrieb – als (spontaner) Trieb. Auch H. J. Kornadt meint, daß eine – aus welchen Gründen auch immer – geringe kognitive Kontrolle zum Ausgangspunkt einer aggressiven Affekthandlung werden könne.[84]

Aber auch ohne offensichtliche Störung der Großhirnfunktion kann es zum Appetenzverhalten kommen. Der Mensch verteidigt nicht nur sein bestehendes Revier, seinen Raum im Büro, seinen Platz im Restaurant, seine Wohnung oder sein Haus, er versucht auch, spontan sein Revier auszudehnen, seinen Rivalen auszuschalten oder seinen Rang zu erhöhen und benutzt dabei ein ganzes Arsenal aggressiven Handelns. W. Angst sagt, daß spontane Aggression beim Menschen nachgewiesen sei.[4] Eibl-Eibesfeldt drückt sich vorsichtiger aus: »Für die Annahme eines primären, uns Menschen angeborenen Aggressionstriebes gibt es zwar keinen strengen Beweis, wohl aber eine Reihe starker Indizien.«[33]

Als solche führt er seine eigenen Untersuchungen in sogenannten primitiven Kulturen an, in denen er überall spontanes aggressives Verhalten beobachten konnte. So weist er z. B. nach, daß Buschmannkinder bereits im Alter von einem Jahr eine Reihe aggressiver

Verhaltensweisen zeigen. Diese werden nicht nur reaktiv ausgelöst (Verteidigung von Spielzeug oder eines Platzes), sondern äußern sich auch spontan (Rauben von Gegenständen, spielerisches Schlagen, provozierende Attacken). Im einzelnen beobachtete Eibl-Eibesfeldt: »Schlagen mit der flachen Hand, mit einem Stock oder anderen Objekten, Werfen mit Gegenständen und Sand, Hiebe und Stöße mit der Faust, Fußtritte, aus der Schulter geführte Rammstöße, aus der Hüfte geführte Rammstöße, Zwicken, Beißen, Spukken, Kratzen ... Ringen.«[33,35] Der Forscher sagt, daß das aggressive Verhalten erst allmählich sozialisiert werde. Weitere Indizien für die Spontaneität aggressiver Verhaltensweisen finden sich bei taub-blind geborenen Kindern, die eine angeborene Aggression gegenüber Fremden entwickeln, und in den Ergebnissen der Neurophysiologie.[35]

Die Großhirnsteuerung der Aggression

Gehen wir also davon aus, daß der Aggressionstrieb mit dem damit verbundenen »gesetzmäßigen Geschehen« – Prinzip der doppelten Quantifizierung, Schwellenerniedrigung, Appetenzverhalten, Triebhandlung etc. – im stammesgeschichtlichen Programm des Menschen verankert ist, so erhebt sich jetzt die Frage, wie der Mensch aufgrund seiner Reflexionsfähigkeit mit dem Aggressionstrieb umgeht, wie er (ähnlich wie beim Sexualtrieb) die Aggression steuert und für seine Zwecke einsetzt. Dabei scheinen uns drei »Umgangsformen« von besonderer Bedeutung zu sein: Beherrschung, Grausamkeit, strategischer Einsatz.

Zur Beherrschung der Aggression ist es zunächst einmal notwendig, sie wahrzunehmen und auf ihre Auswirkung hin abschätzen zu können. Nun kann man über längere Zeit hinweg »aufkeimende« Aggression relativ leicht spüren und deren Steuerung rechtzeitig an das Großhirn abgeben. Man weiß dann, daß bald das »Maß voll« ist, man weiß, daß zur Auslösung der aggressiven Handlung nur noch die »Fliege an der Wand« fehlt. Man weiß aber auch, daß im allgemeinen die Beherrschung allein, der Triebaufschub, nicht ausreicht, die Situation zu »entspannen«, daß vielmehr konstruktiv in das Aggressionsprogramm eingegriffen werden muß. So kann man beispielsweise weitere aggressionsauslösende Reize vermeiden, man kann, wenn dies nicht mehr möglich ist, Ersatzobjekte suchen etc. Solche und andere gelernte Alternativen ändern aber nichts an der Tatsache des Aggressionstriebes und an der – je nach Triebstärke – unterschiedlichen Wirkung von Außenreizen. Das Lernen bezieht sich auf die kognitive Steuerung der Aggression, auf das tatsächlich ausgeübte Verhalten, es bezieht sich nicht auf die Aggression als solche – diese ist vorhanden wie Hunger oder Sexualität.

Im übrigen ist es schwieriger, eine instinktiv fällige aggressive Haltung zu beherrschen und (kognitiv) zu steuern, wenn die Aggression durch plötzlich auftauchende Reize aktiviert wird. Man »reagiert« hier, wie die Umgangssprache sagt, auf einen plötzlichen Reiz, ein böses Wort, ein Auslachen oder dergleichen. In solchen Augenblicken ist auf die Reflexion kein Verlaß – das erwünschte Verhalten muß vielmehr durch Erziehung »bereitgestellt« sein.

In seinem Buch »Anatomie der menschlichen Destruktivität« versucht E. Fromm, die Triebtheorie der Aggression beim Menschen mit dessen Grausamkeit zu widerlegen.[45] Zunächst unterscheidet er zwei Arten von Aggression: die defensive (gutartige) und die destruktive (bösartige). Die defensive Aggression ist auch nach Fromm ein »phylogenetisch programmierter Impuls, anzugreifen (oder zu fliehen), sobald lebenswichtige Interessen bedroht sind; die bösartige Aggression, das heißt Destruktivität und Grausamkeit hingegen ist spezifisch für den Menschen, sie ist nicht phylogenetisch programmiert und nicht biologisch angepaßt. Sie dient keinem Zweck und ihre Befriedigung ist lustvoll«.[46] Fromm legt auf dieses Argument großen Wert; er sagt: »Der Mensch unterscheidet sich vom Tier dadurch, daß er ein Mörder ist ... Diese bösartige Aggression ist das wirkliche Problem und die Gefahr für das Fortleben der Spezies Mensch.«[46] Ohne Zweifel hat Fromm recht – nur widerlegt er damit nicht die Lorenzsche Triebtheorie, im Gegenteil! Der Aggressionstrieb funktioniert exakt nach dem Prinzip der doppelten Quantifizierung: Der Mensch ist, wie beim Nahrungstrieb oder Sexualtrieb auch, in der Lage, durch Steigerung der Reize die Triebhandlung auszulösen und seine Lusterlebnisse zu steigern. Er kann Aggression bewußt »auskosten«, er kann sie, wie Fromm richtig sagt, lustvoll genießen!

Auch H. Kummer erwähnt die potentielle Grausamkeit menschlicher Aggression: »Allgemein fällt auf, daß in den Definitionen der menschlichen Aggression Elemente der Grausamkeit und der Zerstörung erscheinen, die von den Zoologen nicht erwähnt werden ... Die menschliche Aggression ist tatsächlich in manchen ihrer Formen und Anwendungsbereiche von der Aggression eines Buntbarsches verschieden.«[87] Gewiß – aber worin liegt der Unterschied? Er liegt mit größter Wahrscheinlichkeit darin, daß der Mensch zwar denselben (!) Triebmechanismus besitzt, daß er aber reflektiert, also auch »böse« oder »destruktiv« in diesen eingreifen kann.

Daß Aggression tatsächlich lustvoll erlebt werden kann – es geht hier um Fakten und nicht um Moral –, wird auch in der Kunst, in der Dichtung, in der Satire immer wieder hervorgehoben. Wir erinnerten schon an den Marquis de Sade. Aber auch Wilhelm Busch greift das Thema der Lust an der Grausamkeit immer wieder auf. Wir führen zwei Verse an:

»Ha! Jetzt wird er grausam heiter.
Er entdeckt die beiden Streiter.«
»Doch schon erscheint mordgierig heiter
und steigt durchs Loch der Räuber zweiter.«

Um den Einsatz kognitiver Strategien im Bereich der Aggression zu verstehen, muß man sich klar machen, worin letztlich der Zweck aggressiven Handelns liegt. Der Zweck der Nahrungsaufnahme liegt auf der Hand, ebenso der Zweck der sexuellen Triebhandlung, genauer der Endhandlung. Worin besteht aber die aggressive Endhandlung?

Die aggressive Triebhandlung besteht im Kampf – dieser ist jedoch nicht Selbstzweck, sondern Mittel zum Sieg über den Gegner. Die aggressive Endhandlung ist die Unterwerfung, Vertreibung oder Vernichtung des Gegners: der Sieg.

Tiere können (aller Wahrscheinlichkeit nach) die Endhandlung der Aggression nur über die Triebhandlung, den Kampf, erreichen – beim Menschen ist dies anders: Der Mensch kann seine Gegner sehr wohl auch mit kognitiven Waffen besiegen, in der offenen »Redeschlacht«, mit List oder auch mit Hinterlist; er kann sie ausstechen, bloßstellen, lächerlich machen.

Auf das Phänomen, daß durch einen kognitiven Sieg zwar der Aggressionstrieb selbst reduziert werden kann, nicht aber das spontane, aktionsspezifische Kampfpotential, gehen wir später ein; hier sei nur festgehalten, daß der Mensch auch kognitive Strategien zur Befriedigung des Aggressionstriebes einsetzen kann. In unserer Gesellschaft ist er sogar darauf angewiesen, da diese das Gewaltmonopol an den Staat abgetreten hat.

Mit kognitiven Strategien kann sich der Mensch auch – wie über andere phylogenetisch programmierte Verhaltenstendenzen – über die »Beißhemmung« hinwegsetzen, sofern er eine solche überhaupt besitzt. Ein Einbrecher, der vom Eigentümer überrascht wird, kann diesen notfalls töten, um der antizipierten Strafe zu entgehen. Allgemein kann man sagen: Der Mensch kann angeborenen Hemmungen zuwiderhandeln, wenn er zukünftige Zwecke höher einstuft.

Wie komplex das aggressive Verhalten des Menschen durch seine reflexive Fähigkeit wird, zeigt sich auch in scheinaggressiven Handlungen: So kommt es durchaus vor, daß eine nach außen hin aggressive Handlung überhaupt nichts mit Aggression zu tun hat. Wenn etwa ein Bankräuber einen unbeteiligten Kunden wegstößt oder sogar tötet, so tut er dies nicht aufgrund von Aggression, sondern aus strategischen Überlegungen heraus.

Das schwierigste Kapitel der menschlichen Aggression ist zweifellos der Krieg. Versteht man stammesgeschichtlich den Krieg als Kampf zwischen artgleichen Sozietäten, so gibt es auch bei Tieren Krieg; insbesondere auch – wie J. Goodall neuerdings beschrieben hat – bei Affen. Die Aggression der Sozietäten wird dabei – das ist ja der Sinn der Sozietätsbildung – nach außen konzentriert. Stammeskriege bei sogenannten primitiven Völkern werden im übrigen meist ritualisiert durchgeführt – man schlägt mit Stöcken aufeinander ein, benutzt aber keine gefährlichen Waffen. Die Ritualisierung kann grotesk anmutende Formen annehmen, so z. B. die Ohrfeigenduelle der Eskimos.

Allerdings kommt es auch vor, daß Stammeskriege in Brutalität »ausarten«, in ein Gemetzel, das auch Frauen und Kinder nicht verschont. Dies alles deutet darauf hin, daß der Mensch zwar Tötungshemmungen besitzt, daß er sich aber mit seiner Kognition darüber hinwegsetzen kann.

Bestätigt wird diese Auffassung durch die Situation, die mit der Erfindung des Gewehres geschaffen wurde. Der Gegner wird anonym, Tötungshemmungen fallen weg, die kognitive Strategie wird entscheidend.[101] Nun gibt es leider auch in heutigen Kriegen – an Beispielen ist gewiß kein Mangel – aggressive Grundstimmungen der Gegner. Man denke etwa an Glaubenskriege oder an Rassenhaß. Die Aggression wird dabei oft noch geschürt und auf bestimmte Feindbilder konzentriert. Auf der anderen Seite gibt es aber auch Kriege, die in erster Linie, oder sogar ausschließlich, aus strategischen Gründen geführt werden. Solche Gründe sind etwa der Zugang zu Nahrungs- oder Energiequellen.

In keinem Falle führt der moderne Krieg zum Abbau aggressiver Aktionspotentiale: Die Auslösung von Bomben oder Raketen hat mit den vorgesehenen Werkzeuginstinkten der Aggression nichts (mehr) zu tun.

Das verhaltensökologische Gleichgewicht

Die entscheidende Erkenntnis der Triebtheorie besteht in der Feststellung der »spontanen Produktion« des Triebsystems. Tiere und Menschen produzieren aufgrund ihres phylogenetischen Programms Aktionspotentiale zur Verwirklichung vorgesehener Triebhandlungen. Da sich diese Aktionspotentiale – zusammengesetzt aus Triebpotentialen und Werkzeugaktivitäten – durch die jahrmillionenlange Anpassung an eine ursprünglich konstante Umwelt herausgebildet haben, liegt der Gedanke nahe, daß sie auf die Anforderungen jener Umwelt (Nahrungssuche, Fortpflanzung, Rivalitätskämpfe etc.) zugeschnitten sind, daß sie mit ihr im Gleichgewicht stehen. Daß man diesen naheliegenden Gedanken erst jetzt zu denken beginnt, hat seinen Grund in den existenzbedrohenden Übeln unserer Zeit: Durch die Überbevölkerung der Erde, die ausufernde Aggression, die steigenden Ansprüche, die Zerstörung der Lebensbedingungen wurde deutlich, daß etwas »aus dem Gleichgewicht gekommen« sein muß, aus einem Gleichgewicht, das bis vor wenigen Jahrzehnten offenbar noch funktionierte.

»Unter Ökologie«, schrieb E. Haeckel schon 1866, »verstehen wir die gesamte Wissenschaft von den Beziehungen des Organismus zur umgebenden Außenwelt, wohin wir im weiteren Sinne alle Existenzbedingungen rechnen können. Diese sind teils organischer, teils anorganischer Natur; sowohl diese als jene sind ... von der größten Bedeutung für die Form der Organismen, weil sie dieselben zwingen, sich ihnen anzupassen. Zu den anorganischen Existenzbedingungen, welchen sich jeder Organismus anpassen muß, gehören zunächst die physikalischen und chemischen Eigenschaften seines Wohnortes, das Klima (Licht, Wärme, Feuchtigkeits- und Elektrizitätsverhältnisse der Atmosphäre), die anorganischen Nahrungsmittel, Beschaffenheit des Wassers und des Bodens etc.«[61]

Haeckel macht in seiner Definition ausdrücklich auf die anorganischen Existenzbedingungen für die Lebewesen aufmerksam. Das ist insofern bemerkenswert, als der Mensch bald darauf begann, durch die Vergiftung von Wasser, Luft und Boden diese Existenzbedingungen zu ruinieren.

So eng die Wechselbeziehungen zwischen Organismus und Umwelt sind, so eindeutig läßt sich die Welt des Lebendigen gegenüber der physikalisch-chemischen Umwelt – die Bezeichnung Umwelt bringt diese Trennung schon zum Ausdruck – abgrenzen: Das Lebendige ist gekennzeichnet durch Ordnung, Fließgleichgewicht und Homöostase.

Während in der physikalischen Welt nach dem zweiten Hauptsatz der Thermodynamik die Entropie und damit die Unordnung immer größer wird, wird das Lebendige durch das gegenteilige Prinzip charakterisiert: die Ordnung nimmt kontinuierlich zu. Man denke etwa an die Phylogenese und die Ontogenese des Menschen. Das Prinzip zunehmender Ordnung gilt im übrigen auch für geistige Prozesse: für das Lernen und Denken. Es läßt sich eindeutig nachweisen, daß durch Lernen und Denken die Information der Umwelt subjektiv abgebaut wird, daß also Ordnung erzeugt wird. Je rascher dabei ein Lebewesen Information abbaut, um so rascher erlangt es Sicherheit und damit wiederum freie Kapazität zur Bewältigung neu auftauchender Probleme. Interessant ist, daß nur der Mensch über die Fähigkeit verfügt, geistige Ordnung auch wieder zu zerstören, nämlich durch Kritik und Kreativität.[19]

Ein weiterer Aspekt des Lebendigen ist der Verbrauch von Energie: Alles Lebendige braucht für seine Existenz die Zufuhr von Energie. Lorenz weist immer wieder auf diese fundamentale Eigenschaft des Lebendigen hin, auf die Sonne als Energiespender und auf die Fähigkeit der grünen Pflanzen, diese Energie zu nutzen.

Tatsächlich hängen Energiezufuhr und Ordnungsgewinn aufs engste zusammen: Die Zunahme von Ordnung ist, wie sich eindeutig nachweisen läßt, nur durch die Zufuhr von Energie möglich.

Ein entscheidendes Merkmal des Lebendigen ist die eigentlich sehr erstaunliche Tatsache, daß sich die einzelnen Organismen sowie die Wechselbeziehungen zwischen den Organismen in ihrer Gesamtheit erhalten, obwohl die Generationen ja immer wieder vergehen, obwohl ein ewiger Kreislauf von Geburt und Tod stattfindet, obwohl – wie Heraklit sagte – alles im Fluß ist. Man spricht daher auch von einem »Fließgleichgewicht«.[8]

Für unsere Überlegungen hier ist dabei nicht nur das Fließgleichgewicht der einzelnen Organismen wichtig, sondern das ökologische Gleichgewicht des Lebendigen: die Aufrechterhaltung der Wechselwirkungen zwischen Pflanzen und Tieren, zwischen Jäger und Beute, zwischen Aggression und Bindung über die enormen Zeiträume der Stammesgeschichte hinweg. Selbstverständlich hängt das Fließgleichgewicht, die Aufrechterhaltung von Ordnung trotz Materialfluß, wiederum aufs engste mit der Energiezufuhr zusammen.

Evolution kann sich nur in der Anpassung an eine Umwelt vollziehen – wobei die Anpassung allerdings nur eine notwendige Bedingung darstellt. Der Regenwurm ist der Umwelt ebenso angepaßt wie der Schimpanse oder der Mensch. Anpassung als Selektion ist ja auch nicht das einzige Prinzip der Evolution – für den »Fortschritt« sorgt die Mutation, die Systemveränderung. Anpassung kann sich wiederum nur ereignen, wenn die Umwelt über längere Zeit hinweg relativ konstant bleibt. Plötzliche Änderungen der Umwelt machen die Anpassung zunichte; die dann nicht mehr Angepaßten gehen zugrunde.

Um die Schwankungen der Temperatur, des Drucks, der Feuchtigkeit, des Nahrungsangebotes usw. ausgleichen zu können, haben die Organismen eine Fülle von Anpassungsmechanismen entwikkelt, insbesondere Regelungs- und Steuerungsmechanismen. Für die Eigenschaft der Organismen, optimale Zustände den Störungen der Umwelt zum Trotz aufrechtzuerhalten, hat der amerikanische Physiologe W. B. Cannon den Begriff Homöostasis geprägt.[176]

Die Anpassungsflexibilität von Pflanzen und Tieren ist übrigens recht unterschiedlich. Höhere Flexibilität ist dabei ein Selektionsvorteil. In diesem Sinne hat der Mensch ohne Zweifel einen hohen Selektionsvorteil »mitbekommen«.

Das Lebendige, gekennzeichnet durch Energiezufuhr, durch Fließgleichgewicht und Homöostase, bildet also in der relativ konstanten Umwelt ein dynamisches, ökologisches Gesamtsystem. In diesem Zusammenhang verstehen wir unter Verhaltensökologie den Teil des Gesamtsystems, der sich auf das Verhalten von Tier und Mensch bezieht.

Das Verhalten umfaßt sämtliche im Dienste der Appetenz und der Triebhandlung stehenden Werkzeugaktivitäten, nicht aber die automatisch ablaufenden Prozesse wie Atmung oder Verdauung. Verhalten in diesem Sinne ist mit der organischen und anorganischen Umwelt vernetzt: Das Tier muß laufen, fliegen, klettern, graben, um Wasser und Nahrung zu bekommen, es muß saufen, fressen und mit anderen Tieren kämpfen, um zu überleben und sich fortzupflanzen, es muß Material sammeln für die Brutpflege usw. Die einzelnen Verhaltensweisen sind aber auch durch das Parlament der Instinkte miteinander verknüpft: Sie können sich gegenseitig unterstützen, ergänzen, hemmen usw.

Die Verhaltensökologie stellt aber nicht nur fest, daß das Verhalten in vielfältiger Weise mit dem eigenen Organismus, anderen Organismen und der anorganischen Umwelt vernetzt ist, und daß die einzelnen Verhaltensweisen im höchsten Maße an die Anforderungen der Umwelt angepaßt sind – die zentrale Aussage besteht in der Feststellung der spontanen Produktion der Werkzeugaktivitäten. Werden diese Aktivitäten nicht abgerufen, so machen sie sich selbständig: Die Katze, die keine Mäuse mehr zu fangen braucht, spielt Mäusefangen; der Tiger im Zoo, der seine Beute nicht mehr jagen muß, »tigert« in seinem Käfig; der Fisch, dem sein Rivale entzogen wird, bringt sein Weibchen um. Besonders eindrucksvoll ist das

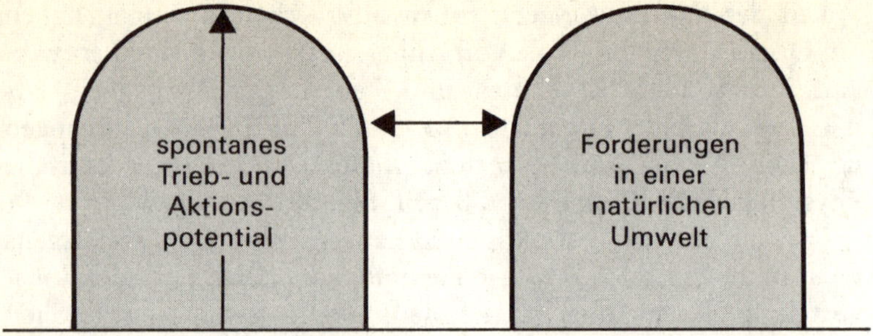

Abbildung 3. *Das spontane Trieb- und Aktionspotential steht mit den Forderungen in einer natürlichen Umwelt im verhaltensökologischen Gleichgewicht.*

Beispiel des Säuglings, dem die Milch ohne Saugbewegungen zufließt: Er nuckelt weiter, auch wenn er schon satt ist – und das womöglich lebenslänglich.

Wie groß ist nun diese spontane Produktion?

Nach Lorenz ist »die Menge der spontanen Produktion einer bestimmten Instinktbewegung stets annähernd auf den zu erwartenden Bedarf zugeschnitten«.[94]

Die evolutionäre Anpassung an die Umwelt besteht also nicht nur in äußeren Formen, Eigenschaften und Mechanismen – »wasserdichte Haut, Erwartung von Regen; Haare in der Nase, Erwartung von Staub; Pigmentierung der Haut, Erwartung von Sonne; Schweißabsonderungsmechanismus, Erwartung von Hitze; Gerinnungsmechanismus, Erwartung von Verletzungen an der Körperoberfläche; das eine Geschlecht, Erwartung des anderen; Reflexmechanismus, Erwartung der Notwendigkeit schnellen Reagierens«[93] –, die Anpassung besteht in einem »angemessenen«, sich stets erneuernden Trieb- und Aktionspotential. Dies ist das »verhaltensökologische Gleichgewicht«, ein zentraler Bestandteil des gesamtökologischen Gleichgewichts überhaupt.

Im übrigen dürfte das Quantum an spontaner Produktion eher größer sein als unbedingt notwendig, insbesondere dann, wenn die Anforderungen schwanken. »Am reichlichsten«, sagt Lorenz, »muß der verfügbare Produktionsüberschuß von Werkzeugaktivitäten dort bemessen sein, wo am wenigsten voraussagbar ist, wieviel im Einzelfall von ihnen verbraucht wird, ehe die arterhaltende Leistung der Gesamthandlung vollbracht ist.«[94]

Andererseits ist anzunehmen, daß der Überschuß wiederum nicht zu hoch bemessen wird, da die Aufrechterhaltung eines solchen Potentials Energie verbraucht.

Es versteht sich von selbst, daß insbesondere das spontane Aggressionspotential mit den ihm zugeordneten Werkzeugaktivitäten und dem eventuell vorausgehenden Appetenzverhalten mit den Anforderungen der Umwelt im Gleichgewicht steht. Das Potential muß jederzeit für Revierkämpfe, Rivalenkämpfe, Rangordnungskämpfe, aber auch für die Durchsetzung anderer Triebhandlungen wie Fressen oder Fortpflanzung abrufbereit sein.

Das verhaltensökologische Gleichgewicht muß um einen weiteren, für den Menschen ganz besonders wichtigen Aspekt ergänzt werden: um das Lust-Unlust-Gleichgewicht oder, wie Lorenz sagt, die »Lust-Unlust-Ökonomie«[98]. Der mit Lust empfundenen Endhandlung – Nahrungsaufnahme, Orgasmus, Sieg über den Rivalen – geht im allgemeinen eine Phase von mit Unlust verbundener Anstrengung voraus. Je größer dabei die Anstrengung ist, um so mehr also die Triebstärke ansteigt, desto größer ist auch die »Belohnung« durch Lust. »Daß die einander entgegenwirkenden Prinzipien von Lohn und Strafe, Lust und Unlust tatsächlich dazu da sind, den zu bezahlenden Preis gegen den zu erwerbenden Gewinn abzuwägen, geht eindeutig dadurch hervor, daß die Intensität beider mit der ökonomischen Situation des Organismus schwankt.«[97]

Der Überlebensvorteil einer angemessenen spontanen Produktion liegt auf der Hand: Ein Tier, das, wenn keine Nahrung zur Verfügung steht, unwiderstehlich getrieben wird, Nahrung aufzusuchen, hat gegenüber einem passiven, nur reagierenden Individuum einen klaren Überlebensvorteil. Ein Tier, das, wenn kein Sexualpartner zur Verfügung steht, unwiderstehlich getrieben wird, den Partner aufzusuchen, hat einen eindeutigen Fortpflanzungsvorteil. Dasselbe gilt für aggressive Tiere, die nicht nur reagieren, sondern Rivalen aufsuchen, ihr Revier vergrößern, ihren Rang verbessern. Der Vorteil liegt auch, um dies vorwegzunehmen, auf der Hand, wenn ein Tier nicht nur auf etwas Neues reagiert, sondern aktiv und spontan seine Umgebung erkundet und dadurch Sicherheit gewinnt oder sogar neue Nahrungsquellen.

Die treibende Kraft ist dabei ursprünglich die Vermeidung von Unlust, die Vermeidung von Hunger, von sexueller oder aggressiver Spannung. Inwieweit bei höheren Tieren bereits ein Antizipieren von Lust hinzukommt, ist schwer zu sagen. Nach dem Gesetz der Belohnung wirkt die mit der Endhandlung verbundene Lust jedoch sicher verstärkend. Für den Menschen ist das Wissen um die Lust der zentrale Antrieb; wir sind der Auffassung, daß sich jede Motivation letztlich auf die ursprünglichen Triebe – Nahrungs-, Sexual-, Aggressions-, Flucht- und Neugiertrieb – zurückführen läßt.

Zerstörung des verhaltensökologischen Gleichgewichts

Die Evolution des Menschen vollzog sich, das wird gelegentlich vergessen, logischerweise in der Anpassung an eine natürliche, vom Menschen noch unberührte Umwelt. Ob dies eher der Urwald war oder die Savanne, ist im Zusammenhang der Verhaltensökologie nicht so wichtig – entscheidend sind die Forderungen, die die natürliche Umwelt an den Menschen stellte. Diese Forderungen waren nach allem, was man von der Paläontologie und durch die Erforschung der sogenannten Primitivkulturen weiß, aus unserer Perspektive gesehen hoch: Das Leben als Jäger und Sammler war hart und entbehrungsreich. Die Menschen mußten ein enormes Laufpensum zurücklegen, um sich die nötigen Pflanzen, Wurzeln, Knollen, Beeren etc. zusammenzusuchen oder die Beute zu erjagen. In einigen Untersuchungen wird dieses Pensum auf etwa 20 bis 30 Kilometer täglich geschätzt. Sie mußten mit Raubtieren kämpfen, mit anderen Sozietäten, mußten Jagdgründe erkunden und erobern. Sie führten ein anstrengendes, gefährliches, abenteuerliches und risikoreiches Leben. Einem solchen Leben ist der Mensch angepaßt, oder, anders ausgedrückt, unsere stammesgeschichtlich gewordenen Trieb- und Aktionspotentiale erwarten den Vollzug dieses Pensums an Laufen und Kämpfen, an Appetenzverhalten und Triebhandlungen.

Nun hat der Mensch schon früh versucht, das naturgegebene Gleichgewicht von Anstrengung und Lust zu seinen Gunsten zu verschieben: Er erfand Waffen, um die Anstrengungen der Jagd zu reduzieren und sie gleichzeitig ergiebiger zu machen; er entwickelte Ackerbau und Viehzucht, um sich seine Nahrung auch für morgen und übermorgen zu sichern; er erfand Techniken wie Hausbau, Wasserleitungen und Rad, um sich das Leben bequemer zu machen; er erfand die Zubereitung von Nahrung, um sich zusätzliche Lust zu verschaffen. Gewiß – diese Maßnahmen zerstörten zunächst weder die Umwelt noch das verhaltensökologische Gleichgewicht: Die Eingriffe in die Umwelt waren aufgrund der geringen Anzahl von Menschen und der rein mechanischen Werkzeuge nur regional und wurden von der Umwelt ausgeregelt. Die überschüssigen Aktionspotentiale wurden für kulturelle oder zivilisatorische Handlungen eingesetzt, also für den Fortschritt im Sinne steigender Ansprüche. Verwöhnung als rasche und leichte Triebbefriedigung ohne Anstrengung konnten sich nur wenige leisten.

Technischer Überfluß und allgemeiner Wohlstand unserer Zeit haben die Verwöhnung zu einer Massenerscheinung gemacht. Wir haben es – dank unseres Großhirns – erreicht, ohne Anstrengung auf das angenehmste zu speisen, uns mühelos und bequem fortzubewegen etc. Wir können uns Lust ohne Anstrengung verschaffen, genauer: Wir brauchen uns Lust gar nicht zu »verschaffen« – hier kommt ja noch die alte Regel von Anstrengung und Fleiß zum Ausdruck –, wir können sie ohne Schaffen genießen.

Damit haben wir aber das verhaltensökologische Gleichgewicht zerstört: Vorgesehene Potentiale werden nicht mehr gebraucht, sie stauen sich durch ihre Spontaneität an, Aktions- und Aggressionspotentiale werden »überschüssig«!

Da die Erkenntnis der Zerstörung des verhaltensökologischen Gleichgewichtes für die nachfolgenden Analysen und Strategien grundlegend ist, wollen wir noch einmal die Voraussetzungen nennen, auf denen diese Erkenntnis beruht.

Zum einen sind Triebe und Werkzeuginstinkte spontan; sie wachsen auch ohne äußere Reize an. (Das bedeutet selbstverständlich nicht, daß Triebhandlungen nicht auch durch entsprechende Reize ausgelöst werden, die Spontaneität ist eine zusätzliche Größe!) Wer die Spontaneität des Triebsystems nicht erkennt (oder ignoriert), wer aggressives Handeln nur als Reaktion oder als Ergebnis von Lernprozessen sieht, der kann auch nicht auf den Ge-

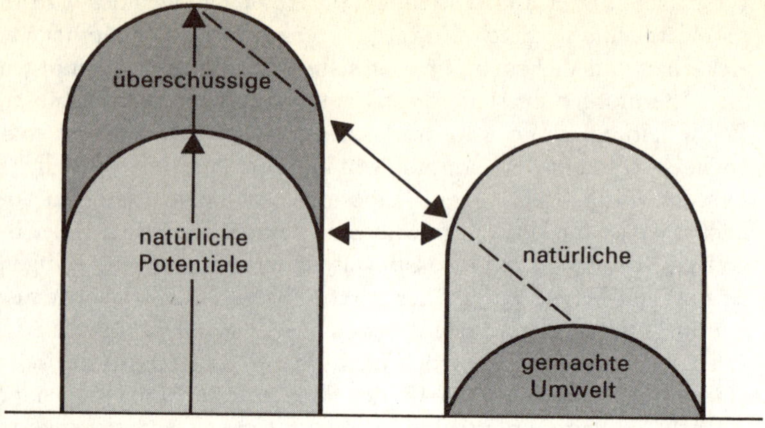

Abbildung 4. *In unserer technischen Zivilisation werden die spontanen Aktions- und Triebpotentiale nicht mehr abgerufen, sie werden überschüssig.*

danken kommen, daß sich ein Aggressionspotential bei Nichtgebrauch in gefährlicher Weise anstaut. Tatsächlich hängen noch zahlreiche Sozialwissenschaftler einer reinen Reaktionstheorie oder Lerntheorie des Verhaltens an – und zwar nicht nur bezüglich der Aggression, sondern auch der Sexualität. So behaupten etwa C. B. Broderick, R. Fricker, J. Lerch u. a. allen Ernstes, Sexualität werde gelernt.[13,44]

Zum zweiten gilt die Voraussetzung, daß das spontane Trieb- und Instinktsystem des sogenannten modernen Menschen selbstverständlich dasselbe ist wie beim Urmenschen oder beim Uraffen. J. Liedloff spricht hier sehr anschaulich von einem »Kontinuum«. Nicht der Mensch hat sich verändert, sondern die (von ihm geschaffene) Umwelt. Gewiß ist die Konstruktion dieser Umwelt nicht planvoll verlaufen, insgesamt ist sie aber doch ein Produkt des Großhirns, wobei das Streben nach Lust ohne Anstrengung eine wesentliche Rolle spielte und spielt.

Die Kritik an Konrad Lorenz und ihre Widerlegung

Unsachliche und falsche Kritik

Selbstverständlich muß eine Theorie ständig und hart kritisiert werden – das ist Teil des Wissenschaftsverständnisses überhaupt. Nur so kann ja ein Erkenntnisfortschritt erzielt werden. Diese Auffassung vertritt auch Lorenz. Zur Begründung verweist er ausdrücklich auf K. Popper, der den Wissenschaftsbegriff des Kritischen Rationalismus in zahlreichen Schriften dargelegt und diskutiert hat. Ebenso selbstverständlich muß sich aber eine solche Kritik an die sachlichen Kriterien der Wissenschaft halten: an Logik und Empirie. Folgende Äußerung von E. Fromm entspricht diesen Kriterien sicher nicht: »Lorenz, ein prominenter Gelehrter auf dem Gebiet der tierischen Verhaltensforschung, besonders im Bereich des Verhaltens von Fischen und Vögeln, beschloß, sich auf ein Gebiet vorzuwagen, auf dem er wenig Erfahrung und Kompetenz besaß: auf das des menschlichen Verhaltens.«[45]

Gewiß: Es gibt eine Reihe echter wissenschaftlicher Einwände gegen die Triebtheorie der Aggression – und wir werden auf diese Einwände auch eingehen –, bei der Masse der Kritik an Lorenz handelt es sich jedoch um polemische, unsachliche, unzutreffende, falsche, ja geradezu absurde Aussagen und Behauptungen. So wird Lorenz – völlig unhaltbar – vorgeworfen, er ziehe Analogieschlüsse vom Tier auf den Menschen, er rechtfertige oder »feiere« mit seiner Triebtheorie Gewalt oder gar Krieg.

Fromm behauptet, Lorenz habe »die Idee, daß menschliches Verhalten unter die tierischen Verhaltensformen zu subsumieren sei.«[45] Diese Behauptung ist schlicht falsch: Lorenz weist mehrfach darauf hin, daß der Mensch über kognitive Fähigkeiten verfügt wie Lernen, Denken, Reflexion, die ihn grundlegend von jedem Tier unterscheiden. Er sagt ausdrücklich, daß der Mensch ein »Kulturwesen« sei, das zwei Systeme in sich vereinige: die »instinktiven Antriebe« einerseits und deren »kulturbedingte, verantwortliche Beherrschung« andererseits.[98]

G. Pilz und H. Moesch schreiben: »Lorenz ist der Vorwurf zu machen, sich zu wenig mit der Lektüre anthropologischer Bücher beschäftigt und sich zu viel um Rückschlüsse von niederen Tieren, z. B. seinen Graugänsen, auf menschliches Verhalten bemüht zu haben.«[130] Auch dieser Vorwurf ist falsch und unsinnig: Zum einen untersucht Lorenz nicht nur niedere Tiere, sondern auch Vögel und Säugetiere, zum zweiten sind Graugänse keine niederen Tiere und zum dritten »schließt« Lorenz nicht von Graugänsen auf Menschen. Im übrigen sollte jeder froh und dankbar sein, wenn ein Forscher die Wirklichkeit untersucht und nicht nur Buchwissen weitererzählt.

Auch W. Schmidbauer unterstellt Lorenz die »Überzeugung, daß man menschliches Verhalten unter tierische Verhaltensformen subsumieren könne«.[144]

R. Verres und J. Sobez schreiben: »Die durch induktives Verfahren gewagten Generalisierungen werden von Lorenz nahezu bedenkenlos in feuilletonistisch anmutenden Analogieschlüssen auf alle Tierarten und schließlich auch auf den Menschen im Industriezeitalter ausgedehnt.«[161]

Tatsächlich macht Lorenz nirgendwo derartig naive Analogieschlüsse von tierischem auf menschliches Verhalten – im Gegenteil: Er differenziert die beiden »Untersysteme« des Menschen sehr genau, erkennt aber auch, daß das Untersystem der Triebe und Instinkte nicht ignoriert werden darf, wenn man verantwortungsbewußt handeln will. So schreibt er: »Weit davon entfernt, die Verschiedenheit zwischen den beschriebenen Verhaltensweisen höherer Tiere und jenen menschlichen Leistungen zu unterschätzen, die von Vernunft und verantwortlicher Moral gesteuert sind, behaupte ich: Niemand ist imstande, die Einzigartigkeit dieser spezifisch menschlichen Leistungen so klar zu sehen wie derjenige, der sie abgehoben von dem Hintergrund jener weit primitiveren Aktions- und Reaktionsnormen sieht, die uns auch heute noch mit höheren Tieren gemeinsam sind.« [96]

Daß trotz solch eindeutiger Aussagen sogar im »Handbuch psychologischer Grundbegriffe« unter dem Stichwort »Aggression« der »Analogieschluß« gegen Lorenz angeführt wird [147], gibt zu denken. Man muß sich fragen, was mit dieser Unterstellung bezweckt werden soll. Oder sind die Kritiker dem Lorenzschen Humor zum Opfer gefallen, seinen gelegentlichen Seitenhieben (»beim Menschen soll es ebenso sein«, »mit diesem Trank im Leibe ...«)? Oder haben sie den Didaktiker Lorenz falsch verstanden, der das Revierverhalten der Tiere mit dem Beispiel vom Zahnarzt verdeutlicht, der nichts dagegen hat, daß sich im selben Dorf ein Fahrradhändler niederläßt, aber aggressiv wird, wenn sich ein weiterer Zahnarzt ansiedelt?

Nein – die Unterstellung des Analogieschlusses hat, so meinen wir, Methode. Hier geht es um die Abwehr unerwünschter Erkenntnisse, es geht um die Verteidigung bestimmter Menschenbilder und Ideologien.

Die »Rechtfertigung von Gewalt durch den Aggressionstrieb«

Fromm schreibt: »Was könnte für Menschen, die sich fürchten und die sich unfähig fühlen, den zur Zerstörung führenden Lauf der Dinge zu ändern, willkommener sein als eine Theorie, die uns versichert, daß die Gewalt aus unserer tierischen Natur kommt, einem unzähmbaren Trieb zur Aggression entspringt, und daß wir – wie Lorenz behauptet – nichts Besseres tun können, als das Evolutionsgesetz zu verstehen, auf das die Macht dieses Triebes zurückzuführen ist.« Hier springen zwei gedankliche Fehler ins Auge: Zum einen sagt Lorenz zwar, daß wir mit dem Aggressionstrieb leben müssen (weil wir ihn haben), daß wir ihn aber reflektiert und nach moralischen Maßstäben steuern können, daß er also keineswegs »unzähmbar« ist; zum zweiten ist es absurd, eine wissenschaftliche Theorie danach zu beurteilen, ob sie willkommen ist oder nicht.

G. Pilz und H. Moesch lassen ihr Buch mit einem fiktiven Brief beginnen, gerichtet von einem ehemaligen »Kampfgenossen« an den »führenden Kopf einer Militärdiktatur«, der mit Folterungen Geständnisse erzwang, immer neue Foltermethoden ersann und nun im Exil von seinem Gewissen geplagt wird: »Aufgrund von jahrelangen Beobachtungen und Experimenten an Tieren kommt der Autor zu dem Schluß, daß die Aggression ein Trieb sei, und zwar sowohl beim Tier als auch beim Menschen. Das heißt, daß in jedem von uns die Gewalt, die Grausamkeit schlummert, die beim Menschen besonders gefährlich ist, da wir nicht wie die Tiere mit Tötungshemmungen versehen sind. Wenn nun dieser Trieb nicht fortwährend abreagiert wird, etwa durch Fußballspielen oder so, wird die Stauung immer größer, und die Aggression überkommt uns periodisch ganz spontan, ohne daß wir es wollen, meist in einer tätlichen Form, die natürlich bis zum Mord führen kann. Ich kann mir vorstellen, daß diese neueste – und wie der Autor durch einleuchtende Beispiele belegt – wissenschaftliche Erkenntnis der Verhaltensforschung auch Dir für unser früheres Verhalten eine vollkommen logische und einsichtige Erklärung liefert. Bis heute hatte ich so etwas wie Gewissensbisse und fragte mich zuweilen, ob wir damals wie normale Menschen gehandelt hatten oder ob wir irgendwie entartet waren? Jetzt jedoch bin ich ganz beruhigt. Seit ich dieses Buch gelesen habe, schlafe ich wie ein Murmeltier. Die quälenden Erinnerungen sind fort, und wenn ich zufällig einmal an diese Zeit denke, so erscheint sie mir wie verklärt, in einem ganz humanen Licht. Der einzige Schluß, den die Ergebnisse des Autors zulassen, kann nur sein, daß unsere damaligen Taten, deren wir uns hinterher schämten und die alle Leute verurteilten, einzig und allein unserem Aggressionstrieb zuzuschreiben sind. Gegen ihn können wir nun bestimmt nichts machen, ja, wir sind ihm ohnmächtig ausgeliefert und können deshalb für nichts verantwortlich gemacht werden.«[130]

Dies spricht den wiederholten Hinweisen Lorenz' auf die Gefahr eines phylogenetisch programmierten Aggressionstriebes und der damit verbundenen Verantwortung des Menschen Hohn.

R. Verres und J. Sobez schreiben über die »gesellschaftliche Funktion des ethologischen Ansatzes«, daß »eine Akzeptierung der als unabänderlich verstandenen menschlichen Aggressivitäten nahegelegt« würde.[161] Sie sprechen von einer »potentiell entschuldigenden Sichtweise« und behaupten, daß »die zentralen Aussagen der ethologischen Autoren auf eine Rechtfertigung aggressiver Verhaltensdispositionen als naturgegeben und verhaltensbestimmend« hinausliefen. A. Plack behauptet gar, daß Lorenz »den Kampf als Lebensprinzip feiere«.[127]

Doch verzichten wir auf weitere Zitate und hören demgegenüber Lorenz: »Wir haben guten Grund, die intraspezifische Aggression in der gegenwärtigen kulturhistorischen und technologischen Situation der Menschheit für die schwerste aller Gefahren zu halten. Aber wir werden unsere Aussichten, ihr zu begegnen, gewiß nicht dadurch verbessern, daß wir sie als etwas Metaphysisches und Unabwendbares hinnehmen, vielleicht aber dadurch, daß wir die Kette ihrer natürlichen Verursachung verfolgen. Wo immer der Mensch die Macht erlangt hat, Naturgeschehen willkürlich in bestimmte Richtung zu lenken, verdankt er es seiner Einsicht in die Verkettung der Ursachen, die es bewirken.«[94]

Trotz dieser schlüssigen und eindeutigen Argumentation wird im »Handbuch psychologischer Grundbegriffe« von H. Selg das »Argument« angeführt, daß »Triebmodelle einer autoritären Gesellschaftsstruktur eine quasi-biologische Rechtfertigung liefern« würden.[147] Merkwürdig: Aus der Triebhaftigkeit der Sexualität wird keine Rechtfertigung der Vergewaltigung abgeleitet, aus dem Nahrungstrieb keine Rechtfertigung dafür, sich zu überfressen – nur der Aggressionstrieb soll eine autoritäre Gesellschaftsstruktur oder gar Gewalt rechtfertigen.

Polemik

Die Vorwürfe, Lorenz ziehe Analogieschlüsse von tierischem auf menschliches Verhalten und rechtfertige, ja feiere Gewalt, sind nachweislich unhaltbar. Dennoch werden sie ständig wiederholt, dennoch wird behauptet, Lorenz sei reaktionär oder stelle seine Theorie reaktionären Ideologien zur Verfügung.[144,147] Damit aber nicht genug: Manches, was kritisiert wird, beruht auf dem Gegenteil dessen, was Lorenz tatsächlich gesagt hat. So schreibt z. B. Fromm: »Die mit dem Kampf und der Flucht als Verteidigungsreaktionen verknüpften Daten lassen die Aggressionstheorie der Instinkt- und Triebforscher in einem seltsamen Licht erscheinen ... Es besteht kein Grund zur Annahme, die Aggression sei natürlicher als die Flucht. Warum sprechen aber die Instinkt- und Triebforscher wie Konrad Lorenz von der Intensität der angeborenen Aggressionsimpulse und nicht von dem angeborenen Fluchtimpuls?«[46]

Tatsächlich sprechen sowohl Lorenz als auch P. Leyhausen ausdrücklich von einem Fluchttrieb. W. Wickler hält Fromm im »Bild der Wissenschaft« entgegen: »Niemand nimmt an, Aggression sei natürlicher als Flucht. ... Auch hier ist Erich Fromm deutlich unterinformiert.« Eibl-Eibesfeldt wirft Fromm vor: »Es ist geradezu erstaunlich, wie flüchtig jene, die Lorenz kritisieren, seine Werke zu lesen scheinen.« Und Leyhausen meint: »Kein einziger Satz trifft zu.«

In der Polemik gegen Lorenz wird neben eher harmlosen Gehässigkeiten (Fromm: »Lorenz' Wissen über den Menschen geht nicht über das eines Durchschnittsbürgers hinaus«) eine besonders unfaire Waffe eingesetzt: die angebliche Unwissenschaftlichkeit seiner Theorien. So schreibt Schmidbauer: »Problematisch ist ... seine publizistische Aktivität, in der er vorwissenschaftliche Meinungen über psychologische, zeitgeschichtliche Fragen mit dem Pathos des Naturforschers verkündet und damit einer reaktionären Ideologie zur Verfügung stellt.«[144] Nun hat, wie schon gesagt, Lorenz niemals menschliches Verhalten unter tierisches subsumiert; er verkündet keine »vorwissenschaftlichen Meinungen«, sondern geht streng wissenschaftlich vor, sofern man Wissenschaft als überprüfbares Aussagensystem versteht und nicht daran mißt, ob die Ergebnisse bequem oder unbequem sind. Daß seine Theorien von Dogmatikern für eine Pseudorechtfertigung herangezogen werden, ist ein Schicksal, das Lorenz mit vielen anderen Wissenschaftlern teilt.

Dies nun aber Lorenz anzulasten, liegt etwa auf dem Niveau, dem Erfinder des Hammers vorzuwerfen, daß gelegentlich jemand mit einem Hammer umgebracht wird.

Auch H. Selg findet die Theorien Lorenz' »vorwissenschaftlich anmutend«. Die Triebtheorie wird als »veraltet«, »überholt« oder »abgetan« bezeichnet.

Angesichts der polemischen und unsachlichen Kritik an Lorenz muß man die persönlichen Vorwürfe, die ihm im Zusammenhang mit Äußerungen während der nationalsozialistischen Diktatur gemacht werden, sorgfältig prüfen. Eine ausführliche Kritik an Lorenz' Äußerungen zu dieser Zeit legte Theodora W. Kalikow vor.[81] Abgesehen von subjektiven Vermutungen der Verfasserin – »meines Erachtens«, »mir scheint«, »könnte dazu geführt haben«, »ich vermute« –, finden sich in der Arbeit allerdings nur wenige Formulierungen Lorenz', die mit ideologischen Begriffen jener Zeit durchsetzt sind.

Bezüglich des Inhalts der damaligen Schriften muß man unseres Erachtens zwei Aussagenkomplexe auseinanderhalten: der erste betrifft das wissenschaftliche Problem der »Domestikation«, der zweite betrifft politische Vorschläge zu dessen Lösung. Das Problem der Domestikation ergibt sich zwangsläufig aus der Tatsache, daß, wie Lorenz heute sagt, die Selektion den Menschen fallengelassen hat. Wenn aber keine natürliche Selektionsinstanz mehr da ist, so kann die menschliche Art durchaus an schädigenden Mutationen zugrundegehen.

Lorenz blieb bei dieser Feststellung jedoch nicht stehen, er meinte, daß dann eben die Auswahl vom Menschen selbst getroffen werden müsse. Den von Lorenz angeführten Weg lehnen wir entschieden ab. Mit dem Problem selbst, z. B. Geburtenregelung oder Eugenik, wird sich die Menschheit noch intensiv auseinandersetzen müssen.

Die Machthaber des Nationalsozialismus haben die Lorenzschen Vorschläge einer Selektion begierig aufgegriffen, sie haben den gedanklichen »Hammer« benutzt und in verbrecherischer Weise zugeschlagen.

Die Konzeption des Abbaus von Aktionspotentialen durch Forderung und Selbstforderung stellt ebenfalls eine Überlebensnotwendigkeit dar. Wir, die Autoren, können nur hoffen, daß dieser »Hammer« nie von einem totalitären System mißbraucht wird.

Absurde und gefährliche Kritik

Die Einwände, Lorenz ziehe Analogieschlüsse vom Tier auf den Menschen und rechtfertige Gewalt oder gar Krieg, können immerhin anhand von Tatsachen und logischen Folgerungen als falsch entkräftet werden; eine Kritik aber, die von einem wertenden Wissenschaftsbegriff aus operiert, ist mit logischen oder empirischen Kategorien nicht mehr widerlegbar. Hier kann man nur die angebliche wissenschaftliche Kritik als das entlarven, was sie ist: als hilflose oder raffinierte Abwehr von Tatsachen, die einem nicht ins politische oder moralische Konzept passen. Zu diesem Zwecke sei zunächst der Begriff der Wissenschaft kurz dargestellt.

Der Begriff der Wissenschaft

Eine Wissenschaft besteht aus einem System von Theorien, wobei der Begriff der Theorie durch folgende Methode charakterisiert wird: Aufgrund (nicht als Folge!) von Daten und Beobachtungen werden Hypothesen aufgestellt, das sind Ansätze oder Vermutungen, mit denen man einen Wirklichkeitsbereich zu erklären versucht. Die Hypothesen müssen in ihrer Gesamtheit widerspruchsfrei sein; dann können mit Hilfe logischer Regeln allgemeine und überprüfbare Sätze (oder Aussagen) aufgestellt werden. Die Sätze einer Theorie müssen somit eine doppelte Bedingung erfüllen: sie müssen logisch wahr sein, d. h. aus den Hypothesen deduziert werden können, und sie müssen empirisch überprüfbar sein, d. h. an den untersuchten Wirklichkeitsbereichen durch Experimente oder Beobachtungen nachgeprüft werden können. (Für formale Theorien, beispielsweise die Mathematik, gilt nur das logische Kriterium; sie brauchen nicht unbedingt auf einen Wirklichkeitsbereich zuzutreffen.) Erweist sich ein Satz einer Theorie als falsch, so müssen die zugrundeliegenden Hypothesen abgeändert werden.

Eine der wichtigsten Aufgaben des Wissenschaftlers besteht also darin, Theorien stets aufs schärfste zu kritisieren, sie in ständiger Kommunikation mit anderen zu überprüfen und gegebenenfalls zu falsifizieren. »Die sogenannte Objektivität der Wissenschaft«, sagt

K. Popper, »besteht in der Objektivität der kritischen Methode; d. h. aber vor allem darin, daß keine Theorie von der Kritik befreit ist, und auch darin, daß die logischen Hilfsmittel der Kritik – die Kategorie des logischen Widerspruchs – objektiv sind.«[131]

Entscheidend für die nachfolgenden Überlegungen ist die Wertfreiheit wissenschaftlicher Aussagen – nicht der Anwendung wissenschaftlicher Erkenntnisse! Wissenschaftliche Aussagen unterliegen einzig und allein den Kriterien der Logik und der Empirie; sie sind grundsätzlich wahr oder falsch, sie sind objektiv, d. h. unabhängig vom einzelnen, unabhängig von Wertung oder Anwendung.

Für den Naturwissenschaftler war dieses Verständnis von Wissenschaft seit jeher selbstverständlich. Nehmen wir als Beispiel K. Lorenz: Ihm fallen die bunten Farben der Korallenfische auf; er fragt nach deren arterhaltender Leistung, setzt besonders bunte Exemplare in ein Aquarium, stellt fest, daß nach harten Kämpfen nur einer überlebt, beobachtet ähnliche Kämpfe im freien Meer ohne tödlichen Ausgang; daraufhin stellt er die Hypothesen der innerartlichen Aggression auf, vermutet bei anderen Tieren ähnliches Verhalten, beobachtet und überprüft solche Verhaltensweisen bei Vögeln, Säugetieren usw.

In seiner Erkenntnistheorie reflektiert und begründet Lorenz das wissenschaftliche Vorgehen.[97] Interessant ist, daß er – über Kant hinausgehend – die Erkenntniskategorien selbst als evolutionär entstanden und damit der Wirklichkeit adäquat erklärt. Die (Natur-)Wissenschaft kann so grundsätzlich nicht nur Erscheinungen beschreiben, sondern Wirklichkeit. Diese Auffassung hat leider ihre Bestätigung in der Zerstörung der Ökologie erhalten. Das sollte all den Wissenschaftlern zu denken geben, die mit ihrem Wissenschaftsverständnis von der Realität abheben und sich damit einer Kontrolle an der Wirklichkeit entziehen.

Auch B. Hassenstein formuliert ganz im Rahmen des angeführten Wissenschaftsbegriffes, daß aus Tatsachen keine Werte folgen.[67] Er unterscheidet sorgfältig die naturwissenschaftlich erforschbaren »biologisch bedingten Verhaltenstendenzen« von den Inhalten und Zielen der freien Entscheidung des Menschen. Allerdings sagt Hassenstein, daß diese »Gegenstand anderer Wissenschaftsrichtungen« seien, »etwa der Ethik«.[67] Hier sind wir – in Übereinstimmung mit K. Popper[131] – anderer Auffassung: Ethik macht normative Aussagen und erfüllt damit nicht die Kriterien einer Wissenschaft.

Eine wertende Aussage ist immer eine subjektive; sie bezieht sich nicht auf einen Sachverhalt, einen Gegenstand, ein Gesetz, sondern auf die (subjektive) Empfindung des Wertenden (etwa: dieses Bild gefällt mir, Aggression lehne ich ab). Da wertende Aussagen zum Sachverhalt selbst nichts aussagen, kann es auch keine wertende Wissenschaft geben. Die Tatsache, daß jemand Aggression ablehnt (oder befürwortet), sagt über Aggression oder deren Ursachen nichts aus.

Wer eine wertende Wissenschaft vertritt, macht zwei gravierende Fehler: Er bezeichnet Aussagen als wissenschaftlich, die mit Wissen von Wirklichkeit nichts zu tun haben, die also auch auf die Kontrolle durch die Wirklichkeit verzichten, und er verabsolutiert eine subjektive Empfindung zu einer quasi-allgemeinen Aussage. Die Aussage »Aggression ist böse« liefert keinen Beitrag zur Erforschung der Aggression; sie ist wissenschaftlich illegitim, da eine subjektive Wertung in die Form einer allgemeinen Aussage gebracht wird.

Wertende Wissenschaften sind aber nicht nur wissenschaftstheoretisch unzulässig – es gäbe dann so viele »Wissenschaften« wie Wertungen –, sondern auch politisch gefährlich! Wer seine eigenen Überzeugungen mit dem Anspruch der Wissenschaftlichkeit ausstattet, also mit dem Anspruch der Erkenntnis von Wirklichkeit, wird zum Dogmatiker. Er stellt allgemeine Behauptungen auf, die sich der Überprüfung grundsätzlich entziehen. Die »parteiliche Wissenschaft« des »wissenschaftlichen Sozialismus« ist dafür ebenso ein Beispiel wie die »Kritische Theorie«, die sich der wissenschaftlichen Kritik dadurch entzieht, daß sie ihre Wahrheitskriterien selbst produziert.

Wir sind schon früher auf die Unzulässigkeit und die Gefahren wertender Wissenschaftsbegriffe eingegangen.[2,19,22] Dabei kritisierten wir, daß sich wertende Wissenschaften – aus Prestigegründen – ebenfalls als Wissenschaften bezeichnen, sich also neben die von allen anerkannte Naturwissenschaft stellen. Wir wußten damals noch nicht, daß sich wertende »Wissenschaftler« sogar zu Richtern über naturwissenschaftliche Erkenntnisse aufwerfen.

R. Verres und J. Sobez schreiben: »Die Ergebnisse (naturwissenschaftlicher Forschung) können, obwohl die Theorie zutreffend und schlüssig ist, im Lichte eines übergeordneten ethischen Wertsystems, z. B. dem Wertsystem der humanistischen Psychologie oder dem Wertsystem der Menschenrechtscharta, inakzeptabel sein. Dieser Fall kann besonders dann leicht eintreten, wenn die zugrundeliegende Theorie selbst nicht explizit auf ein solches Wertsystem bezogen ist, also vom Postulat der Wertfreiheit wissenschaftlicher Forschung ausgeht oder lediglich ihrer technischen Relevanz Bedeutung beimißt.« [161]

Man muß sich klar machen, was hier ausgesagt wird: Wissenschaftliche Ergebnisse – zutreffend und schlüssig – werden nicht akzeptiert, weil sie nicht in ein »ethisches Wertsystem« passen! Ein angeborener Aggressionstrieb – selbst wenn er wissenschaftlich noch so abgesichert wäre – kann aus ethischen Gründen nicht akzeptiert werden! Wem fiele da nicht Christian Morgensterns Palmström ein: ... und sie schließen messerscharf, daß nicht sein kann, was nicht sein darf.

Man muß sich weiterhin klar machen, daß eine solche Argumentation jede Wissenschaft überflüssig macht: Nicht die wertfreien Kriterien der Logik und der empirischen Überprüfbarkeit an der Wirklichkeit sind entscheidend, sondern das Werturteil einiger selbsternannter Richter. Eine Theorie, also ein wissenschaftliches Aussagensystem, wird dann akzeptiert, wenn ihre Ergebnisse willkommen sind, sie wird abgelehnt, wenn sie nicht ins Wertsystem der Richter passen!

Nun könnte man mit dem berühmten Morgenstern-Zitat über ein derart absurdes Wissenschaftsverständnis einfach hinweggehen, wenn Lorenz nicht allen Ernstes mit solchen »Argumenten« kritisiert würde. »Da die zentralen Aussagen der ethologischen Autoren auf eine Rechtfertigung aggressiver Verhaltensdispositionen als naturgegeben und verhaltensbestimmend hinauslaufen ... und da wir diesen Effekt im Rahmen dieser Zielsetzung als inakzeptabel ansehen, ergibt sich die Folgerung, daß eine kritische Auseinandersetzung mit den ethologischen Auffassungen bereits per se zu den essentiellen Bestandteilen aufklärerischer Beiträge zur Aggressionsbewältigung gehört.«[161]

Das »Palmström-Argument«, das sich auch bei anderen Kritikern Lorenz' findet, ist jedoch nicht nur wissenschaftlich absurd; es ist auch gefährlich, und zwar in zweifacher Hinsicht. Einmal wird der Dogmatismus einer »wertenden Wissenschaft« auf die Spitze getrieben. Es werden ja nicht nur weitere Wahrheitskriterien neben die naturwissenschaftlichen Kriterien der Logik und der Empirie gestellt, wie dies etwa in der Hermeneutik der Geisteswissenschaften oder im Diskurs der Kritischen Theorie der Fall ist, – die Wertung übertrumpft vielmehr die wertfreie Erkenntnis. Damit ist man auf der Ebene des russischen Autors Lysenko angelangt, dessen nachgewiesen falsche Erbtheorie in das Wertsystem der sowjetischen Ideologie paßte und daher als wahr deklariert wurde. Ähnliche Beispiele gab es in der nationalsozialistischen Diktatur. Man denke etwa an die »Rassentheorie« oder die »Deutsche Physik«.

Zum zweiten kann eine, wie auch immer legitimierte, Unterdrückung wissenschaftlicher Erkenntnisse verheerende Folgen haben. Man denke etwa an die neuen Erkenntnisse der Ökologie! Würde man die wissenschaftlich erforschten (und noch zu erforschenden) Zusammenhänge von Emissionen und Waldsterben, von Bevölkerungsanzahl, Ernährung, Verwüstung usw. als nicht akzeptabel verwerfen, wäre das Ende programmiert.

Tatsächlich tauchen heute zunehmend neue »Palmströms« auf, für die die Evolutionstheorie nicht »sein kann« oder auch die schlichte Tatsache, daß jedes expotentielle Wachstum zwangsläufig zur Katastrophe führen muß.

Damit keine Mißverständnisse aufkommen: Eine bestimmte *Anwendung* wissenschaftlicher Erkenntnisse abzulehnen, hat nichts mit dem »Palmström-Argument« zu tun! So ist es durchaus legitim, wenn jemand aufgrund der Erkenntnisse der Atomphysik die Nutzung von Atomenergie ablehnt, weil seiner Meinung nach nicht sein darf, was möglicherweise sein kann.

Ein sehr aktuelles Beispiel dafür, daß man nicht alles machen darf, was man machen kann, ist die Gentechnologie. Hier ist es ganz und gar nicht absurd, aus moralischen Gründen etwas zu unterlassen, was machbar wäre, etwa das Klonen von Menschen, Eingriffe in das Erbgut oder Ähnliches.

Sachliche Kritik

Wir wenden uns nunmehr der sachlichen Kritik an Lorenz zu, genauer: der wissenschaftlichen Kritik an der Triebtheorie, insbesondere der Triebtheorie der Aggression beim Menschen. Dabei lassen sich zwei Stufen wissenschaftlicher Kritik unterscheiden: der Versuch der Widerlegung der Triebtheorie durch entsprechende Beobachtungen oder Experimente und die Aufstellung anderer, »besserer« Theorien. Eine bessere Theorie wäre eine, die die Phänomene menschlicher Aggression schlüssig beschreiben, eindeutige und überprüfbare Vorhersagen machen kann und ihrerseits nicht widerlegt ist. Tatsächlich werden in der wissenschaftlichen Literatur im wesentlichen zwei weitere Aggressionstheorien diskutiert: die Frustrations-Aggressions-Theorie und die Lerntheorie der Aggression.[84, 147] Im folgenden wollen wir nachweisen, daß die Argumente, mit denen diese Theorien die Triebtheorie zu widerlegen versuchen, nicht stichhaltig sind, und daß die beiden alternativen Aggressionstheorien keineswegs im Widerspruch zur Triebtheorie stehen – im Gegenteil, sie erweisen sich eindeutig als deren Bestandteil; die Triebtheorie stellt sich als die umfassende Theorie heraus.

Nicht stichhaltige Gegenargumente

Um die Frage zu klären, ob Aggression durch angemessene Aktivitäten tatsächlich abgebaut werden kann, z. B. durch Beschimpfungen, Drohung, Kampf, Ersatzreaktionen, sportliche Tätigkeiten etc., muß man sehr deutlich zwischen Triebhandlung, Endhandlung, Lusterlebnis, Appetenzverhalten, Reizsituation und kognitiver Steuerung unterscheiden.

Wenn beispielsweise ein Sieg über den Rivalen ohne Kampfhandlung erreicht wird, so kann eine befriedigende Endhandlung stattfinden – die zugehörigen Werkzeuginstinkte sind deswegen noch lange nicht befriedigt. Ist nun eine »Katharsis« eingetreten? Ist der Säugling befriedigt, der satt ist, aber die Instinktbewegung des Saugens noch lange Zeit durchführt?

Umgekehrt kann folgendes der Fall sein: Ein Mensch, der auf

einen anderen wütend ist, boxt auf einen Sandsack ein. Die Werkzeuginstinkte werden befriedigt, nicht aber die Endhandlung. Der Betreffende ist zwar erschöpft, bleibt aber aggressiv. Bekommt er nun seinen Gegner zu »fassen«, kann die Kampfhandlung erneut aktiviert werden. Kann man hier sagen, es hat keine Katharsis stattgefunden, der Sandsack hat nicht geholfen?

Und noch ein Beispiel: Aggressiv gemachte Personen werden zum Laufen animiert. Nach mehreren Runden mißt man den Adrenalinspiegel und stellt fest, daß er sich nur geringfügig erniedrigt hat. Ist damit die Lorenzsche Triebtheorie widerlegt? Gewiß nicht: Zum einen fand keine Endhandlung statt im Sinne eines Siegs über den Gegner, zum andern ist Laufen nicht die aktionsspezifische Aktivität für Aggression.

Nein – die Katharsis stellt sich nach der Triebtheorie nur ein, wenn Triebhandlung und Endhandlung stattfinden, wenn also der Rivale durch Kampfhandlungen besiegt wird.

Bedenkt man, daß der Mensch sein tatsächliches Verhalten noch den unterschiedlichsten kognitiven Überlegungen unterwirft – Beherrschung, langfristiger Aufschub, kurzfristige Alternativen etc. –, so ist, wie H.-J. Kornadt sagt, »das unklare und widersprüchliche ›Bild‹ der Aggressionsforschung« nicht verwunderlich. Er schreibt: »In mehreren Untersuchungen zu diesen Problemen … konnte gezeigt werden, daß nach Zielerreichung im strengen, von der Motivationstheorie geforderten Sinne tatsächlich eine eindeutige Katharsis auftrat und daß nach Erreichung von Handlungseffekten, die nur einen Teil der kognitiven Zielmerkmale hatten, auch nur höchstens eine partielle Desaktivierung eintrat, und ferner, daß die bloße Ausführung von ›aggressionsartigen‹, eine gewaltsame Kraftentladung verlangenden sportlichen Handlungen ohne Zielbezug und ohne aggressionsthematische Einbettung keine Katharsiswirkung hat (wie das bestimmten Annahmen der Triebtheorie entsprochen hätte).«[84]

So zutreffend dies ist, so wenig zutreffend ist die in Klammern gemachte Bemerkung. Tatsächlich entspricht die Äußerung vollständig und in allen Teilen der Lorenzschen Triebtheorie.

Die Frustrations-Aggressionstheorie sieht im aggressiven Verhalten des Menschen eine Reaktion auf Frustration. Unter Frustration versteht man dabei die Störung einer »bestehenden zielgerichteten Aktivität«.[147] Die Theorie geht auf J. Dollard u. a. zurück und hat im Laufe der Zeit manche Modifikation erfahren. Frühere Fassungen sahen in der Aggression immer eine Folge von Frustration und die Frustration immer als Ursache für Aggression. Die Theorie wurde dann dahingehend modifiziert, daß Aggression zwar immer auf Frustration zurückgeht, Frustration aber nicht unbedingt zu Aggression führen muß – sie kann auch zu Resignation führen oder anderen Verhaltensformen. Neuere Ansätze sagen, daß Frustration nicht unbedingt einen gezielten aggressiven Antrieb auslöst, sondern eine generelle Aktivierung.[147]

Die Frustrations-Aggressionstheorie wurde vielfach empirisch überprüft (und kritisiert); eine Erklärung, warum auf Frustration im allgemeinen aggressives Verhalten folgt, wird jedoch nicht gegeben.

Tatsächlich läßt sich die Frustrations-Aggressionstheorie sehr einfach durch die Triebtheorie erklären, wenn man Frustration als aggressionsauslösenden Reiz erkennt. Betrachten wir zunächst die Situation bei Tieren: Zielgerichtete Aktivitäten sind hier Triebhandlungen oder solche anstrebende Appentenzaktivitäten. Stören können dabei – neben außerartlichen Feinden – nur die Rivalen der eigenen Art. Die Schlüsselreize sind hier also, stammesgeschichtlich gesehen, die Rivalen: Sie machen die Nahrung streitig, den Sexualpartner, den sozialen Rang.

Dies gilt zunächst auch für den Menschen; auch für ihn sind ja Triebhandlungen zielgerichtete Aktivitäten. Der Rivale, der diese stört, der einem das Schnitzel vom Teller nimmt oder den Sexualpartner ausspannt, wird zum aggressionsauslösenden Reiz. Beim Menschen erweitert sich jedoch – aufgrund seiner kognitiven Fähigkeiten – der Bereich möglicher Frustrationen ganz erheblich.

So braucht die Störung nicht direkt von einem Rivalen auszugehen; es kann sich auch um anonyme Störungen handeln. Die Wirkung ist dieselbe: Wird jemand nicht befördert, obwohl er es erwartet hat, so wird sein Streben nach höherem Rang (und den

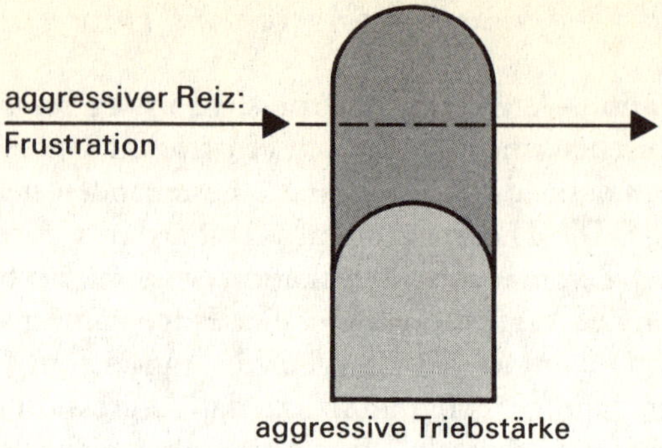

Abbildung 5. *Trifft eine Frustration auf eine niedrige aggressive Triebstärke, so führt dies in der Regel nicht zur Reaktion. Trifft derselbe Reiz auf eine hohe Triebstärke, kommt es zur aggressiven Verhaltenstendenz. Beim Menschen unterliegt diese noch der reflexiven Kontrolle.*

zugehörigen Privilegien) gestört; gerät er mit dem Auto in einen Stau, wird sein Appetenzverhalten gestört usw. Entscheidend bleibt die Störung durch einen wirklichen oder anonymen Rivalen.
Eine selbstverschuldete Störung löst im allgemeinen keine Aggression aus. So stellte A. H. Buss fest, daß ein Versagen beim Versuch, bessere Studienleistungen zu erbringen, nicht zur Aggression führte.[14] Daß Kinder (und manchmal auch Erwachsene) gelegentlich auch auf Gegenstände aggressiv sein können, beispielsweise wenn sie sich daran stoßen, trägt eher zur Bestätigung der Hypothese bei: Kinder (bzw. Erwachsene) hauen auf den Gegenstand ein, sie vermenschlichen ihn kurzfristig zu einem bösartigen Gegner.

Frustrationen als vom Rivalen ausgehende aggressionsauslösende Reize haben aber, wie dies bei anderen auslösenden Reizen, z. B. sexuellen auch der Fall ist, unterschiedliche Stärke: Es ist ein Unterschied, ob einem eine Boulette vom Teller genommen wird oder das ganze Essen. Es ist ein Unterschied, ob man verspätet zu einem Rendezvous kommt oder gar nicht.

Damit erklärt sich die Frustrations-Aggressionstheorie durch das Prinzip der doppelten Quantifizierung: Trifft eine geringe Frustration auf ein niedriges Aggressionspotential, so folgt nicht unbedingt eine aggressionsspezifische Handlung; trifft die Frustration dagegen auf ein hohes Aggressionspotential, kommt es zu aggressiven Handlungen, wobei diese (selbstverständlich) darin bestehen, den störenden Rivalen zu besiegen. Besteht die Frustration nicht in einem persönlich faßbaren Rivalen, sondern in einer anonymen Störung, so müßte nach der Triebtheorie die Situation des Frustrierten schlimmer sein: er kann niemanden besiegen und wird seine Aggression nicht los. Nur der Einsatz aggressiver Werkzeuginstinkte kann ihm etwas Erleichterung bringen.

Hohe Frustration führt (nach dem Prinzip der doppelten Quantifizierung) mit größter Wahrscheinlichkeit zu einer aggressiven Handlung, wobei die Intensität der Handlung zudem mit der Stärke des Aggressionspotentials wächst.

Zwei weitere verhaltenssteuernde Komponenten kommen hinzu: die Aggressionshemmung und (beim Menschen) die kognitive Steuerung. Wir haben ja schon festgestellt, daß tendenziell aggressive Handlungen nicht unbedingt zum Ausdruck kommen (Hemmung) oder zum Ausdruck gebracht werden (Großhirnkontrolle).

Hinsichtlich der Wirkung von Frustration ist also die Frustrations-Aggressionstheorie nichts anderes als ein Bestandteil der Triebtheorie. Hinsichtlich der Ursache von Aggression geht die Triebtheorie jedoch einen entscheidenden Schritt weiter: Aggression ist hier nicht allein die Folge von Frustration, sondern des Zusammenwirkens von Frustration und spontanem Triebpotential. Das bedeutet, daß aggressives Handeln unter Umständen auch ohne Frustration erfolgen kann, oder zumindest ohne erkennbare Reize.

Lerntheorien der Aggression

Für den Lerntheoretiker gibt es, bei aller Unterschiedlichkeit im einzelnen, »Im Grunde nichts Aggressionsspezifisches« [84], Aggression wird erlernt; »... es gibt beim Menschen keinen spezifischen Aggressionstrieb und keine spezifischen Aggressionsauslöser.« [147]

Nach Auffassung der Lerntheoretiker wird aggressives Handeln im wesentlichen durch drei unterschiedlich akzentuierte Lernprozesse erworben: durch Lernen am Erfolg, durch Lernen am Modell, durch kognitives Lernen.

Lernen am Erfolg bedeutet, daß aggressives Verhalten wiederholt und beibehalten wird, wenn es zum Erfolg führt – sei es unmittelbar oder durch Belohnung von Autoritätspersonen. Diese Art des Lernens reicht allerdings zur Erklärung nicht aus, da sich der Erfolg ja erst nach der Durchführung der aggressiven Handlung einstellen kann. Die zentrale Konzeption der Lerntheorie besteht daher auch im Lernen am Modell, d. h. im Nachahmen aggressiver Vorbilder – seien es unmittelbare menschliche Vorbilder, etwa die Eltern, seien es Darstellungen aggressiver Handlungen durch die Medien, etwa durch Bild oder Film.[147]

Besonders wirksam sind denn auch (nach Auffassung der Lerntheoretiker) Modelle dann, wenn die Aggression im Modellverhalten noch zusätzlich belohnt wird, z. B. durch Zuwachs an Besitz, Macht, Prestige. Im übrigen sollen auch die Verhaltensmuster des Modells übernommen werden. In neuerer Zeit stellen die Lerntheoretiker vor allem die kognitive Verarbeitung von Erfahrungen heraus: Durchspielen und Abwägen von Konsequenzen, symbolisches Probeverhalten, Bereitstellen von Rechtfertigungsmustern etc.

Aus der Sicht der Triebtheorie der Aggression ist vorneweg eines zu sagen. Die Tatsache, daß aggressive Modelle beim Beobachter oft ebenfalls zu Aggression führen, ist sehr einfach zu erklären: Die Beobachtung aggressiver Akte wirkt als auslösender Reiz für Aggression. Dies gilt ebenfalls für die Sexualität: Auch sexuelles Modellverhalten wirkt beim Beobachter als Reiz für sexuelles Verhalten – sonst gäbe es keine Pornographie.

Die Beobachtung von Triebhandlungen (Fressen, Begatten, Kämpfen, Fliehen etc.) kann schon bei Tieren als auslösender Reiz wirken und zum Nachahmen führen. Man spricht hier von »Stimmungen«, beispielsweise von Fluchtstimmung oder aggressiver Stimmung. Der Grund hierfür dürfte im Rivalenverhalten zu suchen sein: Wenn der Rivale frißt oder kämpft, ist ein entsprechendes Verhalten erforderlich. Im übrigen stehen Lernprozesse in keinem Falle im Widerspruch zur Triebtheorie. Betrachten wir zunächst das Lernen am Erfolg.

Eine aggressive Triebhandlung wird dann mit Lust erlebt, wenn die Endhandlung erfolgreich ist, wenn also der Rivale besiegt ist.

Solche Handlungen werden somit, wie etwa erfolgreiche sexuelle Triebhandlungen, zu wiederholen versucht. Gelernt wird nicht die aus Triebpotentialen und spezifischem Reiz zusammengesetzte Handlungstendenz, gelernt wird eine bestimmte zur Endhandlung führende Durchführung. So lernen etwa Kinder im Alter von zwei bis drei Jahren, ihre körperliche Unterlegenheit durch Beißen auszugleichen, oder indem sie den großen Bruder zu Hilfe holen.

Beim Lernen am Modell wird nicht Aggression (oder Sexualität) als solche gelernt, die Nachahmung bezieht sich vielmehr auf die Art der Durchführung der Triebhandlung und die verwendeten Mittel. So benutzen etwa schon kleine Kinder Schimpfworte, die sie noch gar nicht verstehen. Aber – und das ist entscheidend – die Schimpfwörter werden zur Durchführung trieb- und reizbedingter aggressiver Handlungen genutzt.

Die kognitiven Lernmodelle sind im verhaltensbiologischen Ansatz von vornherein enthalten. Die zentrale Erkenntnis dieses Ansatzes besteht ja nicht nur darin, daß (auch) der Mensch ein spontanes Trieb- und Instinktsystem besitzt, sondern auch darin, daß er dieses System mit seiner reflektiven Denkfähigkeit zu steuern vermag. So hat der Mensch zahlreiche kognitive Strategien entwickelt, das zu erreichen, was er will: die mit Lust verbundene Endhandlung. Dies gilt auch für die Aggression. Was wurde nicht schon erfunden, um den Gegner möglichst ohne Kampf zu besiegen! Er wird überlistet, lächerlich gemacht, mit »geistigen Waffen« besiegt. Der Schachweltmeister Bobby Fischer hat einmal gesagt, daß es ihm Lust bereite, »das Ego eines Mannes zu zerbrechen«.

Die kognitiven Sieger kennen oft nicht den verhaltensökologischen Sachverhalt, daß nämlich auch die aggressiven Werkzeuginstinkte spontan sind, daß also auch sie – und sei es nur spielerisch – abgebaut werden müssen.

Insgesamt ist zu sagen, daß die Lerntheorien der Aggression die durch Lernen und Denken erworbenen Modifikationen aggressiven Handelns beschreiben, Modifikationen triebbedingter Verhaltenstendenzen. Es wäre gut, wenn die Lerntheoretiker diese Triebquelle erkennen würden, denn dann würde sie (vielleicht) nicht immer wieder so vehement durchbrechen: von Drohgebärden über das Aufplustern oder imponierende Kleidung bis hin zur Triumphgebärde. Wie sagt D. Morris? »Nicht einmal die gescheitesten Professoren sind immun gegen den Antrieb, bei feierlichen Anlässen mit Glanz und Gloria von Amtsketten und Talaren zu prunken.«[118]

Kritik im Rahmen der Verhaltensbiologie

Wir haben festgestellt, daß die an Lorenz, insbesondere an seiner Triebtheorie der Aggression, geübte Kritik zum größten Teil polemisch ist, unsachlich und unzutreffend. Viele Kritiker arbeiten mit Unterstellungen, falschen Behauptungen und falschen Schlußfolgerungen. Besonders aufschlußreich ist die Ablehnung der Triebtheorie aus »wissenschaftstheoretischen«, in Wirklichkeit aber ideologischen Gründen – aufschlußreich deswegen, weil hier der Schlüssel der vehementen Ablehnung liegt. Es scheint manchem Denker schwerzufallen, den Menschen als Produkt der Evolution zu »akzeptieren« – sei es aus religiösen Gründen oder aus Gründen eines utopischen Bildes vom neuen Menschen.

Hinsichtlich der wissenschaftlichen Kritik haben wir festgestellt, daß sich die durchaus fundierten alternativen Theorien nahtlos in die Triebtheorie einfügen; sie beschreiben Teilbereiche und Modifikationen erworbenen menschlichen Handelns.

Nicht eingegangen sind wir auf die kritische Auseinandersetzung innerhalb der Disziplin der Verhaltensbiologie. So weit wir dies beurteilen können, handelt es sich dabei aber auch nicht um eine Widerlegung der triebtheoretischen Konzeption, sondern um Tieferlegungen oder um besondere Aspekte. So führt z. B. W. Wickler aus, daß es für das Tier den »Artgenossen« gar nicht gibt. Dieser ist vielmehr »in viele verschiedene Sozialkumpane unterteilt«.[174] Wickler bezweifelt dabei die von Lorenz postulierte Tötungshemmung gegen den Artgenossen. Außerdem weist er nach, daß es durchaus zu solchen Tötungen kommen kann, sogar bei den eigenen Jungen. Wickler berichtigt hier die Theorie von Lorenz mit dem von ihm so bezeichneten »Prinzip Eigennutz«.[175] Hier handelt es sich um ein ökonomisches Prinzip zur Maximierung der Chancen für eigene Nachkommen. Die Belege, die Wickler für diese Theorie anführt, sind ohne Zweifel stichhaltig, aber sie widersprechen der Lorenzschen Theorie nicht: Das Prinzip Eigennutz dient ja letztlich auch der Arterhaltung.

Es trifft auch zu, daß Wickler die Hypothese eines spontanen Aggressionstriebes skeptisch beurteilt. Um zu einer klaren Antwort zu kommen, verlangt er mit Recht weitere Untersuchungen mit isolierter Aufzucht von Tieren, vorübergehender Isolation etc.

W. Wieser meint, daß der Triebbegriff wissenschaftstheoretisch nicht nötig wäre.[177] Man könne auch ohne solche hypothetische Konstrukte auskommen. Er selbst arbeitet mit kybernetischen Begriffen wie Struktur oder Modell. Hunger oder Durst beschreibt er daher als Differenz zwischen Ist- und Sollwert. Sicher hat der kybernetische Aspekt seine volle Berechtigung; es handelt sich jedoch von vornherein um einen strukturellen Aspekt. Als Wissenschaft von den Strukturen und strukturellen Prozessen kann die Kybernetik nichts aussagen über physiologische Inhalte, biologische oder chemische Vorgänge. Man kann auch den Menschen als Modell betrachten, z. B. als lernendes Modell. Andere Eigenschaften werden bei dieser Betrachtungsweise nicht erfaßt.[19]

Insgesamt kann man sagen: Die Triebtheorie ist eine gut fundierte, bisher nicht widerlegte Theorie. Zudem gewinnt sie dadurch an Wahrscheinlichkeit, daß sie in den größeren Zusammenhang der Evolutionstheorie eingebettet werden kann. Ein weiteres Indiz besteht in der Erklärungskraft für menschliches Verhalten, insbesondere auch für menschliches Verhalten in unserer heutigen Gesellschaft. Auf diese Konsequenzen wollen wir im folgenden eingehen.

II
Anspruchshaltung und Aggression in der Wohlstandsgesellschaft

Fehlverhalten in unserer Gesellschaft

Fehlverhalten Jugendlicher

Niemand kann bestreiten, daß es in der gesamten zivilisierten Welt, insbesondere aber bei Jugendlichen, ein erschreckendes Maß an Gewalttätigkeit gibt – sei es politischer Terror, seien es Straßenbanden, Raub, Vergewaltigung, ziellose Zerstörung. Dasselbe gilt für Alkoholismus und Drogenkonsum. Bestreiten kann man allenfalls, daß dies ein neues Problem sei, ein Problem unserer technischen Zivilisation. Optimisten, die das Problem nach dem Motto »das war schon immer so« herunterspielen wollen, verweisen gern auf Sokrates, der sich schon damals mit herben Worten beklagte: »Die Schüler lieben heute den Luxus, sie haben schlechte Manieren, verachten die Autorität, haben keinen Respekt vor älteren Leuten und plaudern, wo sie arbeiten sollten. Sie verschlingen bei Tische die Speisen, legen die Beine übereinander und tyrannisieren ihre Eltern.«

Aber der Hinweis auf Sokrates sticht nicht – im Gegenteil: Welche Schüler meinte denn Sokrates? Waren es nicht nur die von Sklaven versorgten und verwöhnten Kinder der Oberschicht?

Gewiß gab es, insbesondere bei Jugendlichen, schon immer Gewalt, Ausschweifung, Verweigerung, Protest – aber niemals in dieser Dichte und in diesem globalen Ausmaß. (Wir haben hier dasselbe Phänomen wie bei der Umweltzerstörung: Regionale Sündenfälle gab es schon früher, als globales Problem ist die Umweltzerstörung neu.)

Zahlreiche Wissenschaftler und Politiker haben das neue Jugendproblem erkannt und aufgegriffen (D. Baacke, M. Haller, W. Hornstein, W. Bärsch, J. Zinnecker u. a.); mehrere Studien wurden vorgelegt. Die Untersuchungen haben allerdings einen gravierenden

Mangel: sie ignorieren fast durchweg die Erkenntnisse der Verhaltensbiologie.

Wir werden uns mit diesen Untersuchungen noch eingehender befassen. Zunächst wollen wir das abweichende Verhalten, oder – vom Standpunkt der Anpassung an unsere Gesellschaft gesehen – Fehlverhalten vieler Jugendlicher systematisch auflisten. (Daß wir uns hier vor allem mit den Jugendlichen beschäftigen, soll nicht heißen, daß am Verhalten der Erwachsenen nichts auszusetzen wäre!)

Gewalttätige

An Beispielen für Gewalttätigkeit ist kein Mangel; man kann davon täglich in der Zeitung lesen, in den Nachrichten hören, oder muß sie selbst erleben. Daß es in der Familie zu Gewalttätigkeiten kommt, daß Männer ihre Frauen mißhandeln und Eltern ihre Kinder, ist nicht neu. In den Vereinigten Staaten werden laut Zeitungsbericht 2000 bis 4000 Frauen jährlich von ihren Männern totgeschlagen, das sind 40 Prozent aller ermordeten Frauen. Daß es auch in Deutschland Gewalt gegen Ehefrauen gibt, zeigt die Einrichtung der Frauenhäuser und die Erlebnisse der dorthin Geflüchteten. Daß aber auch Kinder in zunehmendem Maße ihre Eltern angreifen und mißhandeln, ist offenbar neu: Nach langjährigen Untersuchungen in Krankenhäusern sowie der Auswertung von Polizei- und Gerichtsakten hat R. Gelles von der Kingston Universität im US-Bundesstaat Rhode Island festgestellt, daß in den USA jährlich rund 2,5 Millionen Eltern von ihren eigenen Kindern im Alter ab zehn Jahren körperlich angegriffen werden. In fast einer Million der Fälle erlitten Eltern meist durch Schuß- und Stichwaffen erhebliche, teilweise sogar tödliche Verletzungen. (Mag sein, daß die USA der Bundesrepublik hier vorausgeht – der Theorie der Verwöhnung und der verwöhnenden Erziehung würde dies jedenfalls nicht widersprechen.)

Daß es in den Schulen Gewalt gibt, ist auch nicht neu. Aber erst in neuester Zeit haben sich aufgrund gefährlicher Körperverletzungen mit Knochenbrüchen, ausgeschlagenen Zähnen und Schädigungen der Sehfähigkeit die Eltern in mehreren Städten der Bundesrepublik in Bürgerinitiativen zusammengeschlossen, um die Gemeindeparlamente zur Gewährleistung der Sicherheit ihrer Kinder zu veranlassen. In Hessen führten die Klagen von Schulleitern, Lehrern und Erziehungsberechtigten über das Anwachsen von Gewalttätigkeiten unter Schülern zu einer großen Anfrage an die Landesregierung. In Rheinland-Pfalz wurde von der Bezirksregierung Rheinhessen eine Untersuchung vorgelegt, in der eine »besorgniserregende Brutalisierung im Umgang der Schüler miteinander« dokumentiert wird. In den USA ist Gewalt in den Schulen schon seit Jahrzehnten ein ungelöstes Problem.

Ebenfalls neu in der Gewaltszene der Bundesrepublik sind die Straßenschlachten der auch bei uns so genannten »Streetgangs«. Ende des Jahres 1984 fanden zwei große Schlachten statt, in Frankfurt und in München. In Frankfurt trafen sich laut Polizeibericht rund 250 Mitglieder dreier verfeindeter Straßenbanden unter einer Autobahnbrücke und »rechneten miteinander ab«. Mit von der Partie war auch der radikale Fußballfanclub »Adlerfront«. Die Jugendlichen im Alter zwischen 13 und 20 Jahren gingen mit Baseballschlägern, Fahrradketten, Schlagstöcken, Messern und Tränengaspistolen aufeinander los. Es gab zahlreiche Verletzte und erheblichen Sachschaden.

Bei der »blutigen Rockerschlacht« zwischen Mitgliedern der »Dirty Angels« aus München und des »Flying-Motor-Clubs« aus Geretsried gab es ebenfalls mehrere Verletzte. Zeitungsberichten zufolge hatten die Münchner Rocker ohne Vorwarnung begonnen, mit Eisenstangen und Stahlruten auf die Anwesenden einzuschlagen, die sich ihrerseits zur Wehr setzten.

Zur gleichen Zeit fanden noch »kleinere Gewalttaten« statt: Zwölf Rocker aus Niederbayern nahmen eine Gaststätte in Simbach an der Isar auseinander. Die Schläger bedrohten zunächst die Gäste und warfen sie aus dem Lokal. Dann schlugen sie die Einrichtung kurz und klein.

In den Fußballstadien vergeht fast kein Wochenende ohne Krawalle und Gewalttaten. Sogenannte Fans mit kurz geschorenen Haaren in schwarzen Lederjacken, »Skinheads« genannt, lärmen, verkünden neonazistische Parolen, fuchteln mit Messern herum, schwingen Ketten und provozieren Schlägereien. Es kommt immer wieder zu Zusammenstößen mit der Polizei. Das Massaker in Brüssel im Sommer 1985, bei dem 39 Menschen getötet wurden, ist nur die Spitze des Eisbergs.

Gewalttätigkeit auf den Straßen kann man täglich im Straßenverkehr erleben – rücksichtsloses Überholen, Auffahren auf der Überholspur, Schneiden, Vogel zeigen usw. Vor einigen Tagen wurden erschreckende Unfälle gemeldet. Im Nebel rasten über 100 Autos ineinander, verkeilten sich und brannten aus. Die Polizei stellte »unvernünftiges Fahren« fest.

Der Verhaltensbiologe kann nicht umhin, unvernünftiges und aggressives Fahren als Abbau von Aggression zu sehen. Hier werden Kämpfe ausgefochten, Siege errungen und Niederlagen erlitten. Besonders gefährlich sind die im Augenblick Besiegten: Mit den Worten »Ich laß mich doch nicht überholen« nehmen sie den Kampf auf. Da aber die Werkzeugaktivitäten so nicht abgebaut werden können, geht das »Spiel« immer weiter.

Nun kann man natürlich sagen, es handle sich um Einzelfälle, der prozentuale Anteil von Gewalttaten sei nach wie vor gering. Damit wird man aber der Bedeutung und der Auswirkung der Gewalt auf der Straße (im weitesten Sinne) nicht gerecht. Das zeigte schlagartig der berühmte Vorfall in New York: Vier Jugendliche wollten einem Mann in der U-Bahn fünf Dollar abknöpfen. Sie waren, wie sich später herausstellte, mit präparierten Korkenziehern bewaffnet. Der Mann zog eine Pistole und schoß mit den Worten »Ich habe für jeden von euch fünf Dollar« die jugendlichen Räuber nieder. Gewiß – auch dies ist ein Einzelfall, aber die Reaktion der New Yorker Bevölkerung ist es sicher nicht. Der Schütze wurde – wie vor Jahren der Held des Films »Ein Mann sieht rot« – in einem Maße gefeiert, das nur mit einem enormen Potential an Wut, Haß und Angst bei Millionen Einwohnern erklärt werden kann.

Bezüglich der (registrierten) Jugendkriminalität verweisen wir auf G. Kaiser.[79, 80] Er stellt bei Gewaltdelikten eine mehrfach so hohe Steigerungsrate fest wie bei der Gesamtdelinquenz.

Einer Aussage des Bundesfamilienministeriums zufolge gibt es in der Bundesrepublik Deutschland zur Zeit etwa zwei Millionen Alkoholiker; mehr als 100000 Kinder und Jugendliche leiden an gesundheitlichen Folgeschäden durch Alkoholmißbrauch. Nach dem Sinus-Bericht soll es schon 1981 etwa 80000 rauschgiftsüchtige Jugendliche gegeben haben, heute dürfte die Zahl erheblich höher sein.

Bedenkt man, daß im Alkohol- und Drogenbereich die Dunkelziffer besonders hoch ist, so sind diese Zahlen erschreckend und gewiß nicht mit dem Hinweis, daß die Jugend schon immer so war, abzutun. Wir stimmen eher dem Sinusbericht zu, der diese Form von »abweichendem Verhalten« als für die Gesellschaft gefährlicher und kostspieliger ansieht als den gesamten Bereich der Jugendkriminalität. Dies gilt um so mehr, als die Jugendkriminalität durch Alkoholismus und Drogenkonsum zusätzlich angeheizt wird, wobei dies für Verkehrsdelikte unter Alkoholeinfluß ebenso gilt wie für Gewalttaten zur Beschaffung von »Stoff«.

Ein deutlicher Anstieg ist auch bei der dritten Gruppe von Selbstzerstörern zu verzeichnen, den Selbstmördern. Nach einer Mitteilung des Bundesministeriums für Jugend, Familie und Gesundheit stiegen die Selbstmorde allein der Kinder unter 15 Jahren von 1972 bis 1978 von 58 auf 108, also fast um das Doppelte; die Selbstmorde bei Jugendlichen haben mittlerweile die Zahl 1000 pro Jahr weit überschritten – ganz zu schweigen von den zahllosen Versuchen.

Deutet man mit S. Freud Alkoholismus, Drogenkonsum und Selbstmordversuch, zum Teil jedenfalls, als Aggression gegen sich selbst, so muß man feststellen, daß die Aggression auch in diesem Bereich erheblich zugenommen hat und noch immer ansteigt.

Gelegentlich werden sogenannte Verweigerer, Aussteiger, Null-Bock- und Tunix-Anhänger, Mitglieder von Öko- und Friedensgruppen, von Sekten und Kommunen zusammenfassend als »Alternative« bezeichnet. Wir meinen jedoch, daß zwischen denen, die im passiven Protest aus der Gesellschaft aussteigen oder sich ihr von vorneherein verweigern und denjenigen, die sich über den Protest hinaus aktiv in einer »Gegenkultur« engagieren, genau zu unterscheiden ist. Wir sprechen daher im erstgenannten Fall von (passiven) Verweigerern – die Bezeichnung »Alternative« verwenden wir nur für die aktiven Mitglieder einer Gegenkultur.

Wodurch läßt sich die Gruppe der Verweigerer, die der Sinus-Studie zufolge zwischen zwölf und zwanzig Prozent der Jugendlichen umfaßt, kennzeichnen?

Zunächst ist die vielbeklagte Staatsverdrossenheit zu nennen. So schreiben H. und Th. Castner: »Seit drei, vier Jahren ist bei allen Gewerkschaften, Jugendverbänden und politischen Parteien ein vehementer Rückgang an aktiven und engagierten Jugendlichen zu beobachten ...«[16]

Tatsächlich richtet sich die Staatsverdrossenheit nicht nur gegen Parteien und Verbände, sondern gegen die »Herrschaftsstruktur« der Gesellschaft schlechthin, gegen »Technokratie«, »Konsumverhalten« und die damit verbundenen Wertvorstellungen der Gesellschaft. (Dabei sei noch einmal betont, daß die Verweigerer nicht, wie die Alternativen, eigene Aktivitäten entwickeln, Parteien gründen oder Initiativen; sie steigen einfach aus.)

Im Verhalten selbst zeigen sich die Verweigerer abweisend, herausfordernd, latent aggressiv. G. Kaiser spricht treffend von »freischwebender Aggressivität«.[79] Sie lassen ihren Protest erkennen, insbesondere im Umgang mit etablierten Vertretern der Gesellschaft, mit Politikern, Wissenschaftlern, Lehrern. Ihre Haltung – unkonventionell, betont lässig, schlaksig, großspurig – soll Desinteresse und Mißachtung zum Ausdruck bringen.

Befragungen nach ihrem eigenen subjektiven Empfinden ergeben ein deprimierendes Bild: Sie fühlen sich mies, gelangweilt und beschissen. Sie sind uninteressiert, sehen nicht ein, wozu sie lernen oder sich überhaupt anstrengen sollen. Von den Leistungsanforderungen der Gesellschaft fühlen sie sich unter Druck gesetzt, gestreßt, frustriert. Sie begründen ihre Ablehnung der Gesellschaft häufig damit, daß sie Angst haben, Angst vor der Zukunft, vor Krieg und Umweltzerstörung.

Auf der anderen Seite haben die Verweigerer aber auch ihre Wunschvorstellungen. Sie wollen Geborgenheit und, vor allem, Lust ohne Anstrengung. In der Untersuchung von H. und Th. Castner wird dieses Bedürfnis mehrfach angesprochen. Beispielhaft hierfür ist der passive Musikkonsum. Viele Schüler hören – oft durch Kopfhörer von der Außenwelt abgeschirmt – täglich über drei Stunden Musik.

Nach D. Baacke hat die Verweigerung als Massenbewegung Mitte der fünfziger Jahre in England begonnen.[5] Dabei geht es hier – anders als bei den gewalttätigen »Teddyboys« – um eine »der Augenblicksekstase und der Unmittelbarkeit hingegebene Gegenwelt gegen die Erwachsenen...«. Solche Verweigerer können auf ihrer Suche nach Lust ohne Anstrengung natürlich leicht in die Gewalt- oder Drogenszene abrutschen. Gefühle von Sinnlosigkeit können die Neigung zum Selbstmord verstärken.

Die neue Shell-Studie zeigt eine im ganzen gesehen positivere Einstellung der Jugendlichen, zumindest, was den »Null-Bock« betrifft, die Verweigerung. Auch die Einstellung zur Arbeit hat sich geändert: Die Hälfte der Befragten sieht Arbeit wieder »eher positiv«; 35 Prozent der Interviewten betrachten die Arbeit nur als Job. Ebenfalls die Hälfte (dieselbe ?) blickt wieder »eher zuversichtlich« in die Zukunft, obwohl nach wie vor die Angst vor Krieg, Vergiftung und Zerstörung der Umwelt weit verbreitet ist.

Die leichte Abnahme der Verweigerer geht offenbar auf den verstärkten inneren Druck brachliegender Aktionspotentiale zurück, wobei die freigesetzten Aktivitäten sich zum Teil in der aktiven Alternativszene entfalten, zum Teil in der bisher so verhaßten Leistungsgesellschaft. Beide Tendenzen sind, wie wir noch zeigen werden, verhaltensbiologisch nicht unproblematisch.

Im übrigen sitzen die Ursachen jugendlichen Fehlverhaltens so tief, nämlich in der Störung des verhaltensökologischen Gleichgewichts durch Technik und Wohlstand, daß Schwankungen im einzelnen keine grundsätzliche Bedeutung haben. Der Terrorismus wurde vor einigen Jahren ebenfalls totgesagt, heute ist er in vielfältiger Form wieder auferstanden: Die Öko-Bewegung bedient sich gelegentlich der Gewalt (Anschläge auf Kraftwerke, Überlandleitungen etc.) und wird ihrerseits mit Gegenterror bekämpft. Das letzte Ereignis war die Versenkung eines Schiffes von Greenpeace.

Alternative

Im Gegensatz zu den passiven Verweigerern entwickeln die Alternativen oft eine enorme Aktivität: vom biologisch-dynamischen Ackerbau über die eigene Brotbäckerei oder die kollektiv betriebene Werkstatt bis zur Übernahme von Bildungs- und Sozialaufgaben. Zur »alternativen Szene« gehören umweltbewußte Ernährungs- und Lebensweise, kritisches Konsumverhalten und oft das Zusammenleben in Wohngemeinschaften. Die Alternativen engagieren sich für Ökologie, Frieden und Kultur, wobei sie sich in Bürgerinitiativen und Selbsthilfegruppen zusammenschließen. Der Sinusbericht spricht in diesem Zusammenhang von einer »Do-it-yourself-Politik«. Zweifellos finden sich unter den Grünen zahlreiche Alternativen. Nicht umsonst bezeichnen sich die Grünen ja selbst als alternativ.

Die Alternativen bilden heute einen relativ hohen und noch steigenden Anteil der Jugendlichen und jungen Erwachsenen. Zahlenmäßig engagieren sich etwa 30 Prozent aller Jugendlichen (bei Sinus die 15–30jährigen) aktiv in der Friedens- oder Ökobewegung, Bewegungen, die leicht in die Gefahr ideologisch legitimierter Gewalt geraten. Insgesamt genießen die Alternativen die Sympathie großer Bevölkerungsteile, auch wenn diese nicht selbst alternativen Gruppen angehören.

Gelegentlich wird der Begriff »alternativ« auf das politische Feld eingeengt. Nun trifft es zwar zu, daß die Alternativen kollektivistische Konzeptionen entwickeln und zu realisieren versuchen – meist gelingt dies nicht im erwarteten Sinne –, der Begriff »alternativ« reicht jedoch weiter: er bezieht sich auf die gesamte Lebensweise. Vergleicht man die so beschriebenen aktiven Alternativen mit den vorhin angeführten Gruppen der Gewalttätigen, der Selbstzerstörer und Verweigerer, so kann man zwar übergreifend von einem abweichenden Verhalten sprechen – abweichend vom tradierten und etablierten Wertsystem unserer Gesellschaft; keinesfalls aber kann man den Alternativen Fehlverhalten vorwerfen. Im Gegenteil: Sie schaden weder der Gesellschaft noch sich selbst, sondern verhalten sich – auch im Gegensatz zum Normalbürger – verhaltensökologisch richtig, denn sie reduzieren ihre Ansprüche und bauen ihre Aktionspotentiale ökologisch-kulturell ab.

Unzulängliche Ursachenforschung

Was sind nun die Ursachen für das abweichende Verhalten Jugendlicher und junger Erwachsener? Zahlreiche Jugendstudien und andere Veröffentlichungen geben Antwort auf diese Frage. Jedoch sind die angeführten Ursachen im einzelnen unzureichend, in ihrer Gesamtheit unsystematisch, widersprüchlich und gelegentlich auch falsch. Das liegt auch daran, daß die theoretischen Ansätze der Untersucher unterschiedlich sind, daß verschiedene Formen von Verhalten untersucht wurden und daß man die Erkenntnisse der Verhaltensbiologie ganz außer acht läßt. So wird etwa behauptet, der Jugendprotest richte sich gegen die Unfähigkeit des politischen Systems und der Politiker, lebenswichtige Probleme wie Umweltzerstörung, Kriegsgefahr und Arbeitslosigkeit zu lösen. Gewiß – aber erklärt das Gewalt auf dem Fußballplatz, Straßengangs oder Alkoholismus? Andere Untersuchungsergebnisse sprechen von Überforderung bei Jugendlichen, von Streß und Leistungsdruck. Andererseits sagen aber viele Jugendliche, daß sie sich langweilen, daß sie aus Langeweile mit dem Moped herumrasen oder in Kneipen gehen.

Ein viel diskutierter Ansatz postuliert die sogenannten postmateriellen Werte. Der Jugend gehe es nicht mehr um Wohlstand, Sicherheit und Luxus, sondern um nichtmaterielle Werte wie Kommunikation, Identitätsfindung, Selbstverwirklichung. Nimmt man aber Befragungen über die Wunschvorstellungen von Jugendlichen zur Kenntnis, so liest man mit Erstaunen, daß nach wie vor viel Geld, teure Autos und große Villen auf der Wunschliste stehen.

Im folgenden wollen wir die wichtigsten Erklärungskomplexe zusammenstellen.

Protest gegen das »kranke System«

Als typisch für einen Teil der protestierenden Jugendlichen bezeichnet die Enquete-Kommission folgenden Brief des »Schöneberger Besetzerrats«: »Die Jugend könnt ihr nicht zum Patienten machen, wenn das System krank ist. Massive Kriegsvorbereitung, permanentes Risiko radioaktiver Verseuchung, Ausbeutung der Dritten Welt, Umweltschmutz überall, legales Spekulantentum mit unserem Wohnraum, Lügen der Politikermäuler, das sind die Symptome der Krankheit, die wir bekämpfen.«

Zu diesen in jugendlich-provokanter Sprache formulierten Mißständen ist inzwischen noch die Arbeitslosigkeit, insbesondere die Jugendarbeitslosigkeit, hinzugekommen. Nun wird niemand bestreiten, daß hier zentrale Probleme angesprochen werden, die auch von den etablierten Parteien inzwischen gesehen und angegangen werden. Es wird auch niemand ableugnen, daß man unterschiedliche Auffassungen über die Lösung der Probleme haben kann, und daß es triftige Gründe gibt, gegen eine jeweilige Regierungspolitik zu protestieren. Ein solcher Protest gehört zu den konstitutiven und durchaus benutzten Regeln unserer Demokratie. Der gewaltsame Protest, die »politisch motivierte Gewalt«[38], ist so nicht zu erklären.

Die Erklärung für politische Gewalt liegt in der Abweichung von der Demokratie, im politischen Dogmatismus. Unter politischem Dogmatismus verstehen wir eine verabsolutierte politische Ideologie (Nationalsozialismus, Kommunismus u. a.), die eben durch diesen Absolutheitsanspruch die Auffassungen Andersdenkender von vornherein als falsch ablehnt. Es ist logisch, daß damit die Grundregeln der Demokratie überflüssig werden, ja, abgelehnt werden müssen: Wer die Wahrheit besitzt, braucht keine Abstimmung. Der Wahrheitsanspruch legitimiert sich durch sogenannte höhere Einsichten, durch das »historische Gesetz«, durch die »Emanzipation der Menschengattung«, durch »parteiliche Wissenschaft« etc. Für die Dogmatiker ist das demokratische System widersinnig; die richtigen (!) Lösungen müssen durchgesetzt werden – und sei es mit Gewalt.

Sicher ist es verständlich, daß angesichts der lebensbedrohenden Umweltsituation oder der atomaren Rüstung manche Jugendliche Angst vor der Zukunft haben, daß sie den technischen Forschritt überhaupt verdammen, daß sie aus der »beschissenen Gesellschaft« aussteigen. Der politische Protest Jugendlicher erklärt aber nicht die Kämpfe der Straßengangs, die Aggressionen im Straßenverkehr, die Brutalität auf Videocassetten etc. Außerdem ist es unwahrscheinlich, daß so viele Jugendliche aus politischem Protest zur Flasche greifen oder zur Droge – und dies oft schon mit zwölf Jahren.

Überforderung, Streß, Triebunterdrückung

Ein ganz anderer Ursachenkomplex, der in nahezu allen einschlägigen Studien und Untersuchungen angegeben wird, ist die Leistungsgesellschaft mit ihrer »Herrschaftsstruktur«, die zur Überforderung der Jugendlichen führe, zu Streß und Triebunterdrükkung. So kommen aufgrund einer empirischen Untersuchung H. und Th. Castner zu folgendem Ergebnis: »Die Mehrzahl der Schüler beklagt den starken Leistungsdruck, unter dem sie stehen, spricht von Streß, von ständigem Lernen-müssen und ist voller Zorn auf die meisten Lehrer, die wenig Verständnis für die Schülersituation aufbringen.« Ferner schreiben diese Autoren, daß überall dort, wo »Leistungsdruck und Disziplinierung auf die Jugendlichen zukommen, sie sich überfordert fühlen und sich verweigern« ... »Die Fixierung der Eltern und Schüler auf numerische Leistungen torpediere jegliches Bemühen, aggressive und unsoziale Verhaltensweisen zurückzudrängen.« [16]

Die Enquete-Kommission stellt fest: »Viele Menschen fühlen sich überfordert und klagen gleichzeitig über die Behinderung eigenverantwortlicher Tätigkeiten«. Auf den zweiten Teil dieser Aussage kommen wir noch zurück; hier sei nur ergänzt, daß die Kommission außerdem von einer »geringen Belastbarkeit« der Jugendlichen spricht.[38] Auch im Sinus-Bericht wird der Leistungsdruck als Ursache jugendlichen Fehlverhaltens angeführt.[148]

Einen interessanten Beitrag zum Themenkomplex Überforderung liefert A. Plack. Er macht auf den Zusammenhang zwischen permanenter Triebfrustration und Herrschaft aufmerksam; nach Plack sind es die vitalen Antriebe, die am unmittelbarsten von Zwang und Unterdrückung betroffen werden. Nun ist diese Erkenntnis sicher nicht neu. Bemerkenswert ist jedoch, daß Plack überhaupt die Triebe in die Diskussion bringt – bemerkenswert deswegen, weil die gesamte übrige Jugenddiskussion die Triebhaftigkeit des Menschen ignoriert oder sogar tabuiert. Plack schreibt zu Recht: »Es ist schon mehr oder weniger bewußte Aversion, mit dem konfrontiert zu werden, was uns als leibhafte Wesen antreibt. In den Medien kommt am ehesten zu Wort, wer von vitalen Beweggründen, von triebhaften Neigungen am besten abzulenken versteht ... Wenn wir statt dessen hinter jugendlichem Aufbegehren eine kulturell unterdrückte Triebhaftigkeit vermuten, dürfen wir gewärtig sein, den Linken als ›unkritisch‹ zu gelten ...« [128] Nun besteht kein Zweifel: Streß, Überforderung, Triebunterdrückung führen zu Frustration, Frustration zu Aggression. Deutet man Alkoholismus, Drogenkonsum und Selbstmord als Aggression gegen sich selbst und das Aussteigen als den Versuch, dem Druck der Leistungsgesellschaft zu entgehen, so kann man mit der Überforderungstheorie tatsächlich einen großen Teil des abweichenden Verhaltens erklären. Es fragt sich nur, ob die Hypothese von der Überforderung richtig ist. Wir meinen, das Gegenteil trifft zu.

Sehen wir einmal davon ab, daß es heute keine höheren Leistungsanforderungen (etwa im Vergleich zur Nachkriegszeit) gibt, so sind es vor allem drei Punkte, die unsere Behauptung stützen: Es geht hier zum einen nicht um objektiv feststellbare Überforderung, sondern um das subjektive Gefühl, überfordert zu sein. Die Jugendstudien sprechen von »geringer Belastbarkeit« und wenig Durchhaltevermögen. Eigene Erfahrungen bestätigen das: Viele Studenten versuchen, den Weg des geringsten Widerstandes zu gehen. Ähnliches zeigt sich in der reformierten Oberstufe. Es ist klar: Wer nicht gewohnt ist, Anforderungen zu erfüllen, Widerstände zu überwinden, Leistungen durchzuhalten, empfindet schon geringe Anstrengungen als frustrierend.

Zum zweiten wird in den Jugendstudien immer wieder festgestellt, daß sich viele Jugendliche langweilen. Diese Feststellung paßt nicht ins Bild der Überforderung und wird daher weitgehend ignoriert. Tatsächlich bedeutet ja Langeweile nicht Erschöpfung oder Ruhebedürfnis – was nach einer Überforderung eigentlich zu erwarten wäre –, Langeweile bedeutet vielmehr, daß man etwas tun will, man weiß nur nicht, was. Diese Langeweile aber führt – als unterbundene Handlung – zu Frustration und diffuser Aggression.

Der dritte Punkt bestätigt die schon genannten: Die Jugendstudien stellen fest, daß sich Jugendliche überall dort anstrengen, wo sie die Anstrengung – auch in Form von Arbeit – als lustvoll erleben. Schüler, die sich in Computer-Arbeitsgemeinschaften kaum beteiligen und gelangweilt herumsitzen, stehen oft stundenlang mit Begeisterung am Computer im Kaufhaus. Hier erleben sie das Abenteuer, den Computer zu erforschen, seine Funktionsweise, seine Möglichkeiten. Nein – von Überforderung der Jugendlichen kann im allgemeinen wohl kaum die Rede sein.

Auch die Triebunterdrückung gehört angesichts unserer liberalen Wohlstandsgesellschaft für den größten Teil der Jugendlichen der Vergangenheit an, eher gilt das Gegenteil: rasche und leichte Triebbefriedigung, Unterforderung und Langeweile.

Daß sich Jugendforscher so schwer tun, Unterforderung und Langeweile als Ursache von Aggression zu sehen, liegt an der Vernachlässigung oder Ablehnung triebtheoretischer Erkenntnisse.

Narzißmus, Unterforderung

Einige Jugendforscher (L. v. Balluseck, T. Ziehe u. a.) führen das Aussteigen vieler Jugendlicher auf eine narzißtische Grundeinstellung zurück, die sich durch den Verlust der Vaterfigur und eine starke Mutterbindung entwickelt habe. Nach Ziehe führt die hohe Erwartung des narzißtischen Menschen an Glück und Erfüllung, verbunden mit der Fehleinschätzung der eigenen Fähigkeiten, zu Mißerfolg, zu einer »latenten Dauerunzufriedenheit mit sich selbst« und schließlich zu Depressionen. Die Konsumgesellschaft komme zudem dem Bedürfnis des Sich-verwöhnen-Lassens entgegen, die Jugendlichen sehen keine Notwendigkeit zum Erlernen von Genußverzicht oder -aufschub.

Tatsächlich widersprechen sich aber diese Hypothesen. Im ersten

Fall werden die (narzißtischen) Jugendlichen durch die real existierende Gesellschaft frustriert, im zweiten Fall werden sie weiterhin verwöhnt.

Auch L. v. Balluseck erklärt den Drang nach Geborgenheit, nach blindem Glauben und Gehorsam (und damit auch die Anziehungskraft einiger Sekten), das Phänomen der »maßlosen Ansprüche« und des Niedergangs von Leistung, mit »zu wenig Vater« und damit zu wenig Kampf. Die »vaterlose Gesellschaft« ist es, die Extremismus und Exodus hervorbringt, den »Drop out« durch Alkoholismus, Drogen oder Sekten, »nicht soziales Elend und Ausbeutertum«. Die Frage allerdings, warum der eine zum Terroristen wird, der andere zum Alkoholiker, zum Sektenanhänger oder Selbstmörder, kann, wie von Balluseck selbst sagt, aus diesen Ursachen noch nicht beantwortet werden. Das Engagement der Alternativen ist eher zu erklären: Hier gibt es offenbar Leute, die von ihrer Reflexion Gebrauch machen.

Unseres Erachtens ist die Narzißmus-Hypothese für die Erklärung der »maßlosen Ansprüche«, der Unfähigkeit zu Triebverzicht oder auch nur Triebaufschub, der leichten Frustrierbarkeit (und daher auch der latenten Aggression), der Leistungsverweigerung etc. gar nicht nötig – es genügt das Gesetz der doppelten Quantifizierung: Rasche und leichte Triebbefriedigung führt – zwangsläufig – zu immer höheren Ansprüchen. Wenn Ansprüche auch ohne Anstrengung erfüllt werden – warum sollte man sich dann bemühen? Daß man ohne Anstrengung, ohne Auseinandersetzung mit anderen, ohne Überwindung von Widerständen, ohne Forderung an sich selbst keine »Selbstverwirklichung« erreichen kann, steht auf einem anderen Blatt.

Postmaterielle Werte

Eine interessante, allerdings, wie wir zeigen werden, falsche Erklärung abweichenden Verhaltens ist die Annahme einer sogenannten postmateriellen Werthaltung. Nach R. Inglehart neigen Jugendliche, die in einer Wohlstandsgesellschaft aufgewachsen sind, dazu, materielle Werte (existentielle und soziale Sicherheit, Konsum und Lebensstandard) als selbstverständlich zu betrachten und postmaterielle Werte (Selbstverwirklichung, gesellschaftliche und politische Mitsprache und Mitgestaltungsrechte) in den Vordergrund zu stellen. Neben einer zunehmend kritischen Einstellung gegenüber den Leistungsanforderungen der Industriegesellschaft und der schrittweisen Abkehr von den bürgerlichen Tugenden und Ordnungsvorstellungen zeichne sich die »Wohlstandsjugend« durch die Suche nach neuen und qualitativen Lebensweisen aus.[75] Auch die Enquete-Kommission spricht vom »Unbehagen der Wohlstandsgesellschaft«.[38]

Tatsächlich zeigen aber Befragungen, daß – abgesehen von den aktiven Alternativen – die Jugendlichen keineswegs auf ihren Lebensstandard verzichten wollen, im Gegenteil: viele Wunschvorstellungen gehen teilweise noch darüber hinaus. Gefragt sind an erster Stelle Sicherheit und Wohlstand, gefragt ist die Villa mit allen Wohlstandsattributen, die sich nur denken lassen. An zweiter Stelle steht der »alternative Raum«, etwa das Fischerdorf, das einsame Blockhaus, der Bauernhof. »Von solchen Alternativräumen träumen besonders ältere Jugendliche mit besserer Schulbildung ... Eher unter Arbeiterjugendlichen verbreitet ist die Umwandlung des Alltags in einen Ort des Vergnügens und der Spannung (auf einem guten Motorrad durch die ganze Welt kommen, sich im Nachtleben einer großen Stadt zu Hause fühlen).«[77]

Nein – nicht die Wohlstandsideale sind zurückgedrängt, sondern die Bereitschaft, sich für die Lust an materiellen Werten anzustrengen. Hier liegt der entscheidende Unterschied zu der sogenannten älteren Generation: Für die meisten Älteren bestand zwischen den asketischen Werten des Verzichts, der Arbeit, der Anstrengung einerseits und der dadurch erreichten Triebbefriedigung, dem materiellen Wohlstand, der Lust andererseits ein Gleichgewicht. Freilich basierte dieses Gleichgewicht bei der älteren Generation (und bei allen Generationen davor) nicht auf freiwilligem Verzicht oder auf Einsicht in verhaltensökologische Zusammenhänge – die Anstrengung war entweder notwendig oder moralisch geboten. Alte Sprichwörter drücken dies plastisch aus: »Saure Wochen, frohe Feste«, »Ohne Fleiß kein Preis«, »Vor den Preis haben die Götter den Schweiß gesetzt«, »Müßiggang ist aller Laster Anfang«.

Für die Jugendlichen der Wohlstandsgesellschaft sind die asketischen Ideale sinnlos geworden. Es wäre jedoch falsch, aus dem

Mangel an asketischen Werten auf eine postmaterielle Werthaltung zu schließen, im Gegenteil: die Ansprüche werden immer größer. Was sinnlos geworden ist, ist die offenbar unnötig gewordene und von einer eher leistungsfeindlichen Moral nicht mehr geforderte Anstrengung.

Mit dieser Feststellung im Einklang befindet sich auch das Freizeitverhalten zahlreicher Jugendlicher. Entweder genießt man die Vorzüge der Wohlstandsgesellschaft vorwiegend passiv (Fernsehen, Autofahren, Musik hören, Sexualität erleben), oder man setzt seine Aktivitäten lustvoll ein: Abenteuerreisen, Sport, Spiel, riskantes, manchmal auch kriminelles Verhalten.[158] »In neuerer Zeit«, so das Bundesministerium für Jugend, Familie und Gesundheit 1981, »werden eindeutige Tendenzen zu Ungunsten der Weiterbildung, von politischen Interessen, von geistig und körperlich anspruchsvollen Freizeitbetätigungen festgestellt ... Inhaltlich dominiert noch stärker als früher die passive, den Geist weniger anstrengende Beschäftigung«.

Nicht der Dualismus asketischer Arbeit einerseits und hedonistischer Freizeit andererseits ist die Ursache abweichenden Verhaltens, sondern die Aufhebung dieses Gleichgewichts zugunsten der hedonistischen Freizeit, die zum »eigentlichen Leben« wird, zum Mittel der Selbstverwirklichung. Die Enquete-Kommission schreibt: »Dieser Wertwandel, der zuweilen im Verdacht des Wertverfalls steht, führt weg von einem Denken, das Wohlstand, Verdienst, Lebensstandard, Sicherheit und Leistung zu den hervorragenden Bezugspunkten der Lebensgestaltung macht. Statt dessen genießen Selbstverwirklichung, Gemeinschaft, Kreativität und Mitbestimmung (sogenannte postmaterialistische Werte) höhere Beachtung.«[38]

Damit soll nicht gesagt werden, daß nicht durchaus bei vielen Jugendlichen ein Wertewandel stattfindet. Man sollte allerdings zwischen echtem und unechtem Wertewandel unterscheiden. Was wir eben geschildert haben, ist sicher kein echter Wertewandel. Den finden wir vielmehr bei den aktiven Alternativen – und zwar nicht aus ökonomischen oder moralischen Zwängen heraus, sondern aus der Einsicht in verhaltensökologische Zusammenhänge.

Fehlverhalten Erwachsener

Zweifellos ist das Fehlverhalten vieler Jugendlicher ein Hauptproblem unserer heutigen Gesellschaft; es wäre jedoch ungerecht und falsch, das Verhalten der Erwachsenen (sicher auch unser eigenes) nicht gleichzeitig einer entsprechenden Analyse zu unterziehen. Dabei stoßen wir auf ein dreifaches Fehlverhalten, das unser Leben zu zerstören droht.

Zum ersten finden wir auch bei Erwachsenen ein hohes Maß an Aggression. Diese äußert sich jedoch – neben Gewalttätigkeit – eher subtiler und raffinierter: im Gebrauch von Macht, Geld, Besitz, Einfluß. Daß Erwachsene auch im Alkoholverbrauch den Jugendlichen ein schlechtes Vorbild geben, ist hinreichend bekannt.

Zum zweiten trägt die Erwachsenengeneration die Mitschuld an der weltweiten Bevölkerungsexplosion. Zwar sind die Erwachsenen der Bundesrepublik in diesem Falle weniger beteiligt, sie müssen sich jedoch Mitverantwortung durch Duldung oder gar Unterstützung dieser katastrophalen Entwicklung vorhalten lassen.

Zum dritten schließlich – und hier sind die Erwachsenen der gesamten zivilisierten Welt direkt verantwortlich – zerstören sie die Umwelt durch eine ständig steigende Anspruchshaltung.

Übervölkerung

Die Hiobsbotschaft ist bekannt. Die Frage ist nur, in welcher Form sie am erschreckendsten wirkt – ob so: »Zur Zeit leben auf der Erde 5 Milliarden Menschen«, so: »Im Jahr 2000 wird es etwa 6 Milliarden Menschen geben« oder so: »Jährlich wächst die Bevölkerung um 80 Millionen Menschen, bald um 90 Millionen«. Noch deutlicher wird das Ausmaß der Bevölkerungsexplosion, wenn man sich das exponentielle Wachstum ansieht. Im Jahr 1800 lebten etwa 500 Millionen Menschen auf der Welt – also weniger als die Zunahme der Bevölkerung im letzten Jahrzehnt. Das Bild verdüstert sich weiter, wenn man weiß, daß die Waldflächen um das Jahr 2000 weltweit zu zwei Dritteln vernichtet sein werden, die Wüstenflächen sich hingegen bis dahin verdoppelt haben.

Wir brauchen jedoch gar nicht auf die Zukunft zu verweisen – die Auswirkungen sind schon jetzt schrecklich genug. Alles, was es im Überfluß gibt, ist wertlos. Dies gilt, trotz aller moralischen Beteuerungen, auch für den Menschen. Man beobachte einmal, wie schnell und reibungslos nach einem Verkehrsunfall die Toten und Verletzten weggeräumt sind, wie schnell sich eine Beerdigung vollzieht – nach 30 Minuten ist der nächste dran –, und wie wenig das alles die Mitmenschen kümmert. Wer schreitet ein, wenn ein Mensch am hellen Tage ermordet wird? Wer nimmt Notiz von der täglichen Schreckensbilanz des Straßenverkehrs?

Tatsächlich wird der Mensch in der Masse ja nicht nur wertlos; er wird zum Ärgernis, sogar zum Feind. Denken wir nur an den täglichen Kampf im Straßenverkehr, an den Kampf um einen Platz an überfüllten Stränden, an die nervenaufreibenden Auseinandersetzungen von Wohnungsnachbarn.

In dieses Kapitel gehört auch die Kinderfeindlichkeit in der Bundesrepublik. Kinder werden oft als Belastung angesehen, als unerwünschte Verschärfung des Dichteproblems. – Daß ein Menschenleben in vielen Filmen nichts mehr wert ist, bringt die allgemeine Einstellung wenigstens ehrlich zum Ausdruck. Lorenz macht zu Recht darauf aufmerksam, daß vor der biologischen Zerstörung des Menschen durch seine Massenhaftigkeit die Menschlichkeit selbst verlorengeht.[98]

Nun hat der Mensch mit seinem Großhirn die Evolution hinter sich gelassen und selbst die Steuerung übernommen. Dabei hat er jedoch versäumt (und versäumt es immer noch), die ökologischen Lebensgrundlagen zu erforschen und vor allem die schon bekannten Ergebnisse zu berücksichtigen. H. v. Ditfurth hat recht, wenn er sagt, daß Humanität darin bestehe, dem unvermeidlichen Sterben von Milliarden von Menschen vorzubeugen. Wer, wie viele Vertreter der katholischen Kirche oder auch mächtiger Industriestaaten, die Bevölkerungsexplosion zuläßt oder gar unterstützt, handelt im wahrsten Sinne des Wortes inhuman. Da wir aber eine solche Absicht nicht unterstellen wollen, auch nicht die Absicht einer reinen Machtpolitik durch das Verbot der »Pille«, gibt es hierfür nur eine

Erklärung: Diese Menschen sehen die Realität der Evolution nicht, die Begrenztheit des Lebensraumes, die unerbittlichen Gesetze der Natur. Diese, wie wir meinen, selbstverschuldete Unwissenheit führt aber zu einem gigantischen Fehlverhalten.

Umweltzerstörung durch überhöhten Verbrauch

Die Einzelerscheinungen sind bekannt: Waldsterben, Vergiftung von Luft, Wasser und Boden, Verwüstung ganzer Landstriche, Änderungen des Klimas und der Biosphäre etc. Nicht so bekannt oder verdrängt wird die Tatsache, daß die Zerstörung der Umwelt etwas mit dem Verhalten des Menschen zu tun hat, mit seinem Lebensstandard, mit seinen Ansprüchen. Um dies deutlich zu machen, teilen wir die Zerstörung des ökologischen Gleichgewichts zunächst in zwei Bereiche ein: den direkten Verbrauch ökologischer Ressourcen und die indirekte Zerstörung des Restbestandes durch Vergiftung.

Der direkte Verbrauch besteht einmal im Landverbrauch, in der Vernichtung biologischer Substanz durch die Errichtung von Häusern, Fabriken, Straßen, Plätzen, Garagen usw. Allein in der Bundesrepublik wird jährlich ein Areal von der Größe des Bodensees überbaut. Zur direkten Vernichtung biologischer Substanz gehört auch die Rodung von Wäldern – man denke an die tropischen Urwälder –, die Anlage von Monokulturen, die Vernichtung von Pflanzen durch Beton und Asphalt. Aber auch die anorganische Substanz des Ökosystems wird ständig reduziert: Das Grundwasser wird »entnommen« und verbraucht, was wiederum zur Vernichtung biologischer Substanzen führt. Neuerdings macht sich auch der Luftverbrauch bemerkbar, Sauerstoff wird verbraucht, der Gehalt an Kohlendioxyd in der Atmosphäre nimmt zu. Kann aber das Ökosystem die Vernichtung von Biomasse nicht mehr ausregeln, ist die Verwüstung nicht mehr aufzuhalten.

Die indirekte Zerstörung durch Vergiftung erfolgt hauptsächlich durch Emissionen, Düngung und Ablagerung. Kohlekraftwerke emittieren allein über 600 Schadstoffe, von denen 73 auf der Liste maximaler Schafstoffkonzentrationen der Deutschen Forschungsgemeinschaft stehen. Dazu kommen die Emissionen aus den Kaminen der Häuser und vor allem aus den Auspuffen der Autos. Die Emissionen, vor allem Schwefeldioxyd und Stickoxyde, verursachen das Waldsterben, das Umkippen von Seen und Meeren, die Zerstörung der Humusschicht durch Schwermetalle u. a. Obwohl diese Zusammenhänge heute weithin bekannt sind, ist man vielerorts nicht bereit, den Ernst der Situation zu sehen. Slogans wie »Rettet den Wald« oder gar »Dem Wald zuliebe« sind zwar gut gemeint, zeigen aber völliges Unverständnis: Es geht ja nicht nur um den Wald – auch Getreide, Obst, Gemüse und Wein werden vergiftet; und wir können nicht so tun, als ob wir Pflanzen oder Tiere retten könnten oder auch nicht. Wir haben gar keine Wahl, denn es geht um unsere eigene Rettung.

Auch die übermäßige Düngung – nicht nur die chemische, sondern ebenso die sogenannte natürliche Düngung aus Hühnerfarmen oder anderer Massenviehhaltung – trägt zur Vergiftung des Ökosystems bei. Die Gifte sickern ins Grundwasser, sie zerstören Bakterien, Pilze und humuserzeugende Kleinlebewesen und damit das ökologische Gleichgewicht der Tier- und Pflanzenwelt. Dasselbe gilt für die Deponien: Die Ablagerung von Giftmüll, Atommüll oder sonstigem Müll richtet unüberschaubaren ökologischen Schaden an.

Nun kann man auch hier, wie bei der Zunahme der Aggression, einwenden, es habe ja schon immer ökologische Katastrophen gegeben: das Abholzen der Dalmatinischen Wälder, die Landzerstörung und Wüstenbildung im Maghreb und viele andere mehr. Der Unterschied ist jedoch gravierend: Dies waren regionale Störungen des ökologischen Gleichgewichts, heute geht es um die globale Zerstörung dieses Gleichgewichts. Immer mehr Menschen leben vom Kapital der organischen Substanzen und vernichten täglich mehr davon.

Das globale Ausmaß der Umweltzerstörung kann nur auf einem globalen Fehlverhalten beruhen, auf einem typischen Verhalten unserer Zeit. Wir brauchen nicht lange danach zu suchen: Es ist zum einen das absichtliche bis kriminelle Verschmutzen der Umwelt und zum anderen die unmäßige Anspruchshaltung.

Das Spektrum der ersten Komponente reicht vom Wegwerfen von Einwickelpapier, leergetrunkenen Bierflaschen oder Büchsen über das Ablagern von Müll im Wald bis zum kriminellen Wegkippen hochgiftiger Substanzen ins Gelände oder ins Meer. Zu den kriminellen Umweltsündern gehören auch solche Großverschmutzer, beispielsweise Kraftwerkbetreiber, die nicht alle technischen Möglichkeiten zur Reduzierung der Emissionen nutzen. Schließlich wissen wir heute, daß die Einhaltung ökologischer Gesetze lebensnotwendig ist. Im übrigen sind wir der Auffassung, daß auch das Wegwerfen von Kleinmüll keineswegs als Bagatelle abgetan werden darf, die man gegenüber den Großverschmutzern nicht zu erwähnen brauche. Tatsächlich steckt hinter diesem Wegwerfverhalten eine generelle Einstellung, eine Mißachtung der Natur – und nicht nur der Natur. Der Einstellung nach sind die kleinen Müllsünder nicht besser als die großen. Wie soll man mit diesen Millionen von kleinen Umweltverschmutzern wirksam Umweltpolitik treiben? Wie soll man Leute, die mit ihren Zigarettenschachteln und Bierflaschen die Natur verschandeln, für Naturschutzgebiete begeistern oder für ökologische Schulgärten? Leider ist am Wegwerfverhalten außer der Werbung auch der Staat mitschuldig: Er duldet das »Ex und hopp«, obwohl er es erheblich drosseln könnte.

So schlimm die absichtliche oder gar kriminelle Verschmutzung auch sein mag, sie läßt sich eher in den Griff bekommen – durch Gesetze oder durch Erziehung – als die alles zerstörende Anspruchshaltung.

Mit der zweiten Kategorie von Umweltsündern meinen wir nicht diejenigen, die mit dem Auto zur Arbeit fahren, die ihre Wohnung heizen und den üblichen zivilisatorischen Abfall erzeugen. Wir wollen und können ja nicht »zurück zur Natur«; unsere Überlegungen zielen vielmehr auf eine humane, kommunikative und explorative Kultur. Was wir mit Überverbrauch, Anspruchshaltung und Verwöhnung meinen, sei etwa im folgenden Beispiel eingefangen.

Der Verwöhnte fährt nicht nur jeden Schritt mit dem Auto, er »sitzt« mit dem Auto spazieren, und zwar möglichst schnell und risikoreich. Vor kurzem entdeckten Psychologen das sogenannte Elends-Erhaltungs-Gesetz. Es funktioniert so: Zwei Ortschaften A und B, die durch eine enge, kurvenreiche Straße verbunden sind, auf der es häufig zu Unfällen kommt – Motorräder werden aus den engen Kurven getragen, Autos stoßen zusammen –, beschließen, die Straße auszubauen. Was passiert auf der breiten Straße mit weiter Kurvenführung? Die Unfälle nehmen keineswegs ab, die Unfallfolgen werden schlimmer.

Der Verhaltensbiologe kann dies erklären: Die Langeweile wird durch Risikoverhalten vertrieben. Man sucht Erregung, Kitzel, Gefahr; man fährt aggressiv. Entlarvend ist der Werbeslogan für ein Auto: »Das beste Mittel gegen Langeweile«. Damit hat der Texter ins Schwarze getroffen. Die Anzeige wurde zwar nicht mehr gebracht, weil sie nicht in die Umweltdiskussion paßt – der Sachverhalt bleibt bestehen.

Ein anderes Beispiel ist das Reisen. Müssen wirklich ständig Massen (oder Unmassen) von Menschen mit Auto oder Großraumflugzeugen in alle Teile der Welt transportiert werden? Vor kurzem begründete ein Politiker den Ausbau eines Flughafens damit, daß die Menschen schneller nach Mallorca kämen. Aber nicht nur die ungeheuren Reisewege und die Erschließung neuer »Erholungsgebiete« zerstören die Ökologie – man hat ausgerechnet, daß, wenn die gesamte Weltbevölkerung in dieser Form reisen würde, die Atmosphäre in wenigen Monaten zerstört wäre –, auch der Transport von Genußmitteln nimmt groteske Formen an. Müssen wir in Europa unbedingt Pythonschlange essen, Känguruhfleisch oder brasilianische Ameisen? Braucht der gestreßte Arbeitnehmer auf Gran Canaria so notwendig sein Alt aus Düsseldorf? Auf den Wahnsinn der Überproduktion an Fleisch, Milch, Wein und der damit verbundenen intensiven Düngung brauchen wir nicht noch hinzuweisen. Zur Anspruchshaltung gehört auch der enorme Energieverbrauch im Haushalt. Muß man denn, um ein zivilisierter Mensch zu sein, täglich baden oder duschen – und das mit einem Arsenal an Kosmetikartikeln? Muß man seine Fäkalien mit vielen Litern kostbaren Trinkwassers hinunterspülen, damit sie dann wieder geklärt werden?

Jetzt, nachdem die Folgen des Verbrauchs und der Vergiftung unseres Ökosystems sichtbar werden, sucht der Mensch des technischen Zeitalters nach Lösungen, und zwar, wie wäre es anders zu erwarten, nach technischen Lösungen: Er erfindet den Katalysator, Filterungsanlagen, Entgiftungstechniken usw. Das ist ohne Zweifel notwendig und überfällig: Das Lebendige hat ja auch Techniken entwickelt – Flugtechnik, Radar, Bautechniken –, die Natur ist nicht technikfeindlich, aber die Techniken sind natürlich (!) umweltfreundlich und zudem energiesparend. Dennoch: Die Erfindung neuer Techniken allein löst das Problem nicht. Der Landverbrauch geht weiter, insbesondere der Straßenbau. Wir fürchten, daß das Elends-Erhaltungs-Gesetz beim Katalysatorauto erneut zur Wirkung kommt: Man hat ja nun einen Katalysator – jetzt kann man noch ungehemmter fahren!

Die grenzenlosen Ansprüche der zivilisierten Menschheit führen zu grenzenlosem Wachstum und damit in die Katastrophe – wenn die Einsicht nicht doch noch zustande kommt. Der Verhaltensbiologe jedoch weiß: Auch die Einsicht reicht nicht aus; der Mensch braucht lustvolle Alternativen, wenn er Wachstum und Verbrauch beschränken soll.

Verwöhnung als Ursache steigender Ansprüche und wachsender Aggressionen

Die verhaltensökologischen Folgen der Verwöhnung

In der Alltagssprache versteht man unter einem verwöhnten Menschen einen, der es gewohnt ist, daß seine Bedürfnisse sofort und lustvoll befriedigt werden. Kommt auch nur geringer Durst auf, verlangt der Verwöhnte sofort zu trinken, und zwar nicht Wasser, sondern Bier, Wein, gesüßten Fruchtsaft oder dergleichen. Kommt auch nur geringer Hunger auf, verlangt er lecker und lustvoll zu speisen, kommen sexuelle Bedürfnisse auf, verlangt er nach rascher Befriedigung ohne lange Investitionen. Verwöhnt wird aber auch derjenige genannt, der jede Anstrengung scheut, der sich »hinten und vorne« bedienen läßt, der seine Aktivitäten am Fernsehen erlebt, der auch kurze Strecken mit dem Auto fährt usw.

Nun ist das Streben nach Verwöhnung, das Streben, Unlust zu vermeiden und Lust zu gewinnen, so alt wie die Menschheit selbst. Man denke an die Vorstellungen vom Schlaraffenland oder vom ewig währenden Paradies. Der Unterschied zu früher ist der, daß es dem Menschen in der Wohlstandsgesellschaft gelungen ist, die Verwöhnung auch tatsächlich zu realisieren. Das Schlaraffenland ist allerdings mit Vorsicht zu »genießen«: Verwöhnung erweist sich nämlich als Hauptursache für das Fehlverhalten der zivilisierten Menschen.

Im folgenden wollen wir zeigen, daß Verwöhnung zwangsläufig zu steigenden Ansprüchen und wachsenden Aggressionen führt.

Verhaltensbiologische Definition von Verwöhnung

Aus der Sicht der Verhaltensbiologie ist es zweckmäßig, an die Lust-Unlust-Ökonomie im normalen Triebverhalten wildlebender Tiere anzuknüpfen. Hier hatten wir schon festgestellt, daß Tiere in der Regel eine doppelte Anstrengung auf sich nehmen müssen, bis sie zur (lustvollen) Triebbefriedigung gelangen: Sie müssen ein mehr oder weniger anstrengendes Appetenzverhalten absolvieren, und sie müssen einen länger oder kürzer dauernden Triebverzicht auf sich nehmen. Der Sichverwöhnende ist bestrebt, anstrengendes Appetenzverhalten und unlustbereitenden Triebaufschub zu vermeiden; statt dessen versucht er, den aufkeimenden Trieb rasch und lustvoll zu befriedigen. Dazu ist – nach dem Gesetz der doppelten Quantifizierung – eine hohe Reizintensität erforderlich. Verwöhnung hat also deutlich zwei Komponenten: sofortige Triebbefriedigung und Vermeidung von Anstrengung. M. Meyer-Holzapfel spricht treffend von der Nichtaktivierung von Trieben.[66] In dieser Formulierung steckt sowohl die Nichtakitivierung spontaner Werkzeugaktivitäten als auch die Nichtaktivierung des Triebpotentials selbst.

Für die nachfolgenden Überlegungen ist es zweckmäßig, beide Komponenten auch einzeln zu betrachten: Sofortige Triebbefriedigung mit hoher Reizqualität kann man auch dann erleben, wenn man ansonsten hart arbeitet oder sich anderweitig anstrengt, z. B. im Leistungssport. Umgekehrt kann man auch von Verwöhnung sprechen, wenn jemand sich einer eigentlich geforderten Bewegung durch Autofahren oder andere technische Hilfsmittel entzieht. Dabei kann man durchaus Triebaufschub leisten – oder erdulden müssen. Wir sprechen im ersten Fall von »Anspruchsverwöhnung«, im zweiten von »Anstrengungsverwöhnung«.

In der Regel verwöhnt sich der Mensch allerdings, wenn er es kann, in beiden Bereichen: Er vermeidet Anstrengung, und er treibt Sofortbefriedigung; er verwöhnt sich also sozusagen doppelt.

Wichtig ist auch die Unterscheidung zwischen »Verwöhntwerden« und »Sichverwöhnen«. Häufig wird nämlich Verwöhnung (nur) im Zusammenhang mit Erziehung gesehen: Kinder werden verwöhnt, sie sind gewissermaßen Opfer der Verwöhnung. B. Hassenstein schreibt über Verwöhnung als Erziehungsfehler: »Dem verwöhnten Kind werden alle Wünsche sogleich erfüllt, ohne daß es eigene Aktivität und Phantasie entfaltet, Mühe und Anstrengung aufbringt, und ohne daß es zu Triebaufschub und Triebverzicht fähig wird ...«[66]

Hassenstein fährt fort, daß ein verwöhntes Kind keine »Durststrecken« zwischen Wunsch und Ziel ertragen könne und auf sofortige Bedürfnisbefriedigung angewiesen sei. Die schnelle Befriedigung der Wünsche und der Mangel an Selbstbeherrschung führt nach Hassenstein »fast mit Notwendigkeit zu einer Anspruchshaltung des Kindes: weil es nicht verzichten kann, fordert es seine Wunscherfüllung.« Damit wird der Weg zur Herrschsucht geöffnet und zu mannigfachen Konflikten mit der Umwelt. Nach Hassenstein geht also ein verbreitetes Fehlverhalten Erwachsener unter anderem auf eine verwöhnende Erziehung zurück.

Auch Ch. Meves benutzt den Begriff Verwöhnung im Sinne des Verwöhnens von Säuglingen und Kindern. So wird ein Säugling z. B. dadurch – meist unwissentlich – verwöhnt, daß ihm eine Flasche mit zu großer Öffnung gegeben wird: »... ein Kind, das in fünf Minuten das Quantum verputzt, im Vergleich zu jenem anderen, das die fünffache Zeit braucht, steht so ein Säugling nicht auch in der Gefahr, später fauler zu sein?«[111]

Nun ist es sicher richtig, daß die Verwöhnung von Säuglingen und Kindern zu gravierenden Verhaltensstörungen auch des späteren Erwachsenen führen kann. Die Verwöhnung von Kindern ist sogar deswegen besonders schlimm, weil sie von sich aus hochaktiv sind und gar nicht an Verwöhnung denken! Ein Kind nimmt die Anstrengungen, die zur Triebbefriedigung vorgesehen sind, als Selbstverständlichkeit auf sich – die Reflexionsfähigkeit ist noch nicht so weit entwickelt, daß es auf den Gedanken käme, in sein Triebsystem und in die natürliche Lust-Unlust-Ökonomie einzugreifen. Darin liegt, moralisch gesehen, das besonders Verwerfliche an der verwöhnenden Erziehung: Das Kind wird zur Selbstverwöhnung verführt.

Verwöhnt werden (von Erwachsenen) können im übrigen nicht nur Kinder, sondern auch Tiere. Auch Tiere kämen von sich aus wohl kaum auf den raffinierten Gedanken, sich zu verwöhnen – selbst wenn sie die Gelegenheit hätten. Der Mensch kann jedoch Haustieren oder Zootieren jede Anstrengung abnehmen und jeden

Triebverzicht, er kann dafür »sorgen«, daß die Tiere ihre Triebe rasch und leicht befriedigen können. Daher gibt es ja auch bei solchen Tieren gravierende Verhaltensstörungen.

Aber Verwöhnung wird nicht nur gerne erduldet; der reflektierende Mensch hat schon immer versucht, sich selbst zu verwöhnen, also Lust ohne Anstrengung zu genießen. Sich zu verwöhnen ist eine Ausgeburt des Großhirns. »Seit altersher«, schreibt Lorenz, »haben die Menschen herausgefunden, daß man die Wirkung lustbringender Situationen durch besonders schlaue Zusammenstellung der Reize steigern und durch deren ständigen Wechsel vor der Abstumpfung durch Gewöhnung bewahren kann, und diese Erfindung, die in jeder höheren Kultur gemacht wurde, führt zum Laster.«[98]

Ein Kind kann verwöhnt werden – aber es ist sicher nicht lasterhaft.

Konsequenzen der Verwöhnung: steigende Ansprüche und aggressive Langeweile

Der Vorgang der Verwöhnung ist nur dann in seiner ganzen Tragweite zu verstehen, wenn man ihn im Zusammenhang der Spontaneität der Triebe und des verhaltensökologischen Gleichgewichts sieht. Verwöhnung ist nämlich nichts anderes als eine dauerhafte Störung dieses Gleichgewichts. Wir erinnern noch einmal an das normale, also stammesgeschichtlich programmierte Triebverhalten von Tier und Mensch. Es läuft in der Regel in drei Stufen ab.

1. Die Triebstärke wächst spontan. Währenddessen wird das Aktionspotential für diejenigen Aktivitäten mobilisiert, die zur Befriedigung des Triebes erforderlich sind.

2. Die angewachsene Triebstärke löst das Appetenzverhalten aus. Das Triebobjekt (Nahrung, Sexualpartner etc.) wird aktiv aufgesucht. Tier oder Mensch müssen sich anstrengen, müssen laufen, werben, kämpfen. Diese Anstrengung ist »vorgesehen«, es stehen (ebenfalls spontane) Aktionspotentiale bereit, die durch Werkzeugaktivitäten abgebaut werden. Appetenzverhalten und Triebverzicht sind mit Anstrengung und Unlust verbunden. Sie werden daher nur ausgeführt bzw. erduldet, wenn die Situation es fordert. Die

Anstrengung führt schließlich zum Erfolg; die auslösenden Reize werden gefunden.

3. Die Triebhandlung wird ausgeführt. Auch sie ist im allgemeinen mit Anstrengung verbunden. Man denke an das Saugen des Säuglings, an Begattungsakte oder Kampf. Die Triebhandlung selbst wird daher nicht oder nicht uneingeschränkt als lustvoll erlebt. Der evolutionäre Vorteil liegt dabei darin, daß sie nicht unbegrenzt fortgesetzt wird; dies würde einen zu hohen Energieverlust bedeuten. Nur die Endhandlung wird uneingeschränkt als lustvoll erlebt.

Verwöhnung ist durch folgende Abänderung oder besser Störung dieses Triebverhaltens gekennzeichnet.

1. Die Triebstärke wächst spontan, gleichzeitig wachsen die aktionsspezifischen Potentiale. Die (noch geringe) Triebstärke wird wahrgenommen und als potentielle Lustquelle reflektiert.

2. Zur raschen Befriedigung des (geringen) Triebpotentials werden hohe Reize angeboten (beim Verwöhnen) oder ausgewählt (beim Sich-Verwöhnen). Voraussetzung ist selbstverständlich die Präsenz einer reichhaltigen und abwechlungsreichen Reizpalette. Es kommt – dem Prinzip der doppelten Quantifizierung zufolge – zur Triebhandlung, deren Endhandlung jedoch der geringen Triebstärke und damit der geringen Spannung wegen nur mit mäßiger Lust empfunden wird.

3. Die Anstrengung des Appetenzverhaltens entfällt ganz, die Anstrengung der Triebhandlung kann zumindest herabgesetzt werden. Man denke an mundgerecht zubereitetes Essen, an die Saugflasche mit der zu großen Öffnung, an Suppen, Cremes, Süßspeisen, an Anstrengung vermeidende sexuelle Praktiken etc.

Die für Appetenzverhalten und Triebhandlung vorgesehenen Potentiale werden nicht durch entsprechende Aktivitäten abgerufen; aufgrund der Spontaneität des Instinktsystems kommt es somit zu einem Stau des Aktionspotentials. Da aber – und das ist ein wichtiges Merkmal für Verwöhnung – kein Anlaß mehr besteht, dieses Potential einzusetzen (die Triebhandlung ist ja bereits vollzogen), kommt es zu einem Zustand, den wir als »aggressive Langeweile« bezeichnen.

Von Langeweile sprechen wir deshalb, weil es sich hier ja nicht darum handelt, daß man erschöpft oder erholungsbedürftig ist. Ein

Mensch, der nach erheblicher Anstrengung müde ist und sich ausruht, wird nicht, wie die Umgangssprache treffend sagt, von Langeweile »geplagt«. Er ist froh, daßer sich ausruhen kann. Langeweile ist demgegenüber ein Zustand innerer Aktionsbereitschaft, einer Bereitschaft, die nicht durch äußere Umstände oder eigene Initiative in Anspruch genommen wird. Kinder fassen diesen Zustand besonders deutlich in Worte, wenn sie sagen: »Mir ist es langweilig, was soll ich tun?« Der Ausdruck »mir ist ›es‹ langweilig« kennzeichnet den inneren Zustand, den das Kind wahrnehmen, nicht aber verändern kann; die Frage »was soll ich tun?« macht deutlich, daß Langeweile Aktionsbereitschaft ist, für die ein lohnender (!) Einsatz gesucht wird.

Von »aggressiver« Langeweile sprechen wir aus zwei Gründen: Einmal betrifft der Ausfall von Appetenzaktivitäten und Triebhandlungen, insbesondere auch die aggressionsspezifischen Potentiale; das Aktionspotential weist also immer auch eine aggressive Komponente auf. Zum andern ist der Gelangweilte insofern frustriert, als eine – wenn auch ungerichtete – Handlungstendenz nicht verwirklicht wird. In diesem Falle steckt zwar kein Rivale hinter der Frustration, aber schließlich handelt es sich ja auch nicht um einen natürlichen Zustand. Entsprechend der Frustration ist auch die Aggressionsbereitschaft ungerichtet: Die latente, »freischwebende« Aggression des Gelangweilten kann bei jedem beliebigen Anlaß zum Ausbruch kommen.

Die durch Verwöhnung verursachte aggressive Langeweile wächst weiter an, wenn der Gelangweilte, statt das überhöhte Aktionspotential einzusetzen, lediglich neue Reize auswählt: Setzt man sich aus Langeweile vor den Fernseher oder fährt aus Langeweile Auto, so verspürt man zwar für kurze Zeit neue Erregung, bald aber führt der Mangel an Aktivität zu einem weiteren Anstieg der ungenutzten Potentiale.

Die doppelte Verwöhnung hat also zwei Konsequenzen: Zum einen führt rasche Triebbefriedigung durch hohe Reizqualitäten – da die Reize sich bekanntlich abschleifen – zur Suche nach immer höheren Reizen, zur immer größer werdenden Anspruchshaltung. Können die immensen Ansprüche nicht erfüllt werden, kommt es zu weiterer Frustration und damit verstärkt zu Aggression.

Lorenz spricht im Zusammenhang mit Verwöhnung speziell

diese ständig größer werdende Reizsteigerung an, wenn er auf die »Luxusbildung« als »Folge des Teufelskreises einer rückgekoppelten Produktions- und Bedürfnissteigerung« hinweist.[98]

Zum zweiten führt der Mangel an Anstrengung, das Nichtabrufen (spontaner) Aktionspotentiale zu aggressiver Langeweile. Dies gilt freilich nur dann, wenn die ursprünglich von der Natur geforderte Anstrengung zur Befriedigung der Triebe nicht anderweitig eingesetzt wird. Wessen Aktionspotential gefordert wird oder wer es in eigener Regie einsetzt, ist hinsichtlich dieser Komponente nicht verwöhnt. Aber wer fordert sich schon selbst?

Das Kulturproblem des Menschen

Verwöhnung ist also eine zentrale Ursache für die Übel der Wohlstandsgesellschaft: Anspruchsverwöhnung führt letztlich zur Zerstörung der Umwelt, Anstrengungsverwöhnung zu Aggression und Selbstzerstörung.

Diese Entwicklung ist aber nicht zwangsläufig: Der Mensch hat die Steuerung selbst übernommen, kann also prinzipiell die Verwöhnung auch rückgängig machen oder andere Maßnahmen ergreifen.

Wir halten folgende Lösung für human und durchführbar: Die Anspruchsverwöhnung darf nicht exponentiell steigen; die Ansprüche finden ihre Grenzen in der Wiederherstellung und Aufrechterhaltung des Ökosystems. Das bedeutet nicht, daß der Mensch auf diese Art der Verwöhnung völlig verzichten müßte; es ist nicht einzusehen, warum er seine Triebe nicht durchaus als lustvolle Bereicherung seines Lebens genießen sollte.

Auch hinsichtlich der überschüssigen Aktionspotentiale ist es nicht einzusehen, daß der Mensch, der diese Potentiale der Natur abgetrotzt hat, sich nunmehr moralischen oder politischen Zwängen unterwerfen soll. Die überschüssigen Aktionspotentiale sind ja nicht nur eine Gefahr – auf diese werden wir noch zurückkommen –, sondern auch eine Chance: Sie können für kulturelle Zwecke eingesetzt werden, für die Erhöhung der Lebensqualität. Dies scheint uns allerdings nur dann realistisch, wenn die erforderliche Anstrengung und die dadurch verursachte Unlust mit Lust belohnt wird.

Die beiden Komponenten der Verwöhnung bzw. die Korrekturen

hierfür hängen aufs engste zusammen: Wer nicht in der Lage ist, seine überschüssigen Aktionspotentiale in lustvoller Weise abzubauen – z. B. durch Exploration, durch Wettbewerb, durch die Lust an gekonnten Fertigkeiten –, kommt eher in Versuchung, sein Lustquantum im Bereich erhöhter Ansprüche zu suchen. Dieser Gedanke ist für die Steuerung des menschlichen Verhaltens zentral: Ein Herunterfahren der Ansprüche wird nur gelingen, wenn es gleichzeitig gelingt, die Aktionspotentiale zur Lustquelle zu machen.

Nicht genutzte Aktionspotentiale hatten schon immer den doppelten Aspekt: Sie konnten über den Zustand der aggressiven Langeweile zu Zerstörung führen, und sie konnten über eine geforderte oder selbstgesetzte Zwecksetzung zur Quelle menschlicher Kultur werden. So entstanden aus den ersten überschüssigen Aktionspotentialen Tanz, Musik, Spiel, Handwerk, Kunst und Wissenschaft. Langeweile hat also zwei Gesichter. Walter Benjamin sagt: »Die Langeweile ist die Schwelle zu großen Taten.« Wir stellen fest: Langeweile ist die Schwelle zur Zerstörung der Menschheit.

Mangelnde Bewegung: überhöhtes Aktionspotential

Daß wir in unserer technischen Zivilisation unter Bewegungsmangel leiden, ist gewiß nichts Neues, aber »leiden« wir wirklich? Zwar erkranken ganz offensichtlich viele Menschen an den Folgen dieses Bewegungsmangels: sie sind zu dick, haben Kreislauf- und Verdauungsstörungen usw. Aber obwohl wir wissen, wie schädlich Bewegungsmangel ist, schränken wir unsere Bewegung immer mehr ein: Wir fahren mit Auto, Rolltreppe und Skilift, bedienen das Garagentor, ohne das Auto zu verlassen, und den Fernseher, ohne uns aus dem Sessel zu erheben. Offenbar leiden wir also gar nicht am Bewegungsmangel, im Gegenteil: Wir leiden an der Bewegung, empfinden sie als lästig und leidig, versuchen sie zu vermeiden. Erst neuerdings unterzieht sich ein geringer Prozentsatz der Wohlstandsbürger »aus gesundheitlichen Gründen« gelegentlich der Anstrengung der Bewegung; erst in allerneuester Zeit versuchen verhaltensökologisch denkende Menschen, die notwendige Bewegung mit Lust zu verbinden, etwa beim »kommunikativen Laufen«.[168] Vergleicht man das durchschnittliche Bewegungspensum des zivilisierten Menschen mit dem, das die Natur für das Appetenzverhalten vorgesehen hat, dann kann an diesem Bewegungsmangel kein Zweifel bestehen.

Hinzu kommt, daß in unserer Zivilisation die Bewegungen nicht nur im Zusammenhang mit dem Appetenzverhalten reduziert sind, sondern auch mit Triebhandlungen, etwa mit aggressiven oder explorativen.

Bewegungsmangel als Zivilisationsstörung

Als Sammler war der Urmensch gezwungen, ständig auf Nahrungssuche zu gehen. Er war genötigt, die meiste Zeit des Tages zu laufen, zu klettern, zu kriechen, zu graben; als Jäger mußte er nicht nur laufen, sondern auch mit Beutetieren kämpfen und um sein Leben rennen. Zum außerartlichen Kampf mit den Tieren kam der innerartliche Kampf mit Rivalen und der gemeinsame gegen andere Sozietäten. Vermutlich verlief auch die Werbung des Mannes um die begehrte Partnerin wesentlich aufwendiger und bewegungsintensiver als heute. Noch immer sagt man ja »er stellt ihr nach«, auch wenn er das Auto dazu benutzt. Auch das zur sexuellen Werbung gehörende Imponieren war früher mit Bewegung verbunden, mit Tanz, Wettbewerb, Kampf, hervorragender Leistung. Heute leistet das Auto auch beim Imponieren gute Dienste.

Im übrigen war der Urmensch außerordentlich neugierig, explorativ und expansiv, er unternahm weite Wanderzüge und besiedelte große Teile der Erde. Sicher war sein Leben ganz und gar nicht »paradiesisch«, sondern hart und entbehrungsreich; er mußte seine Werkzeuginstinkte einsetzen und seine Potentiale »laufend« abbauen.

Es heißt oft, der Mensch habe in seiner weiteren »Entwicklung« Ackerbau und Viehzucht betrieben, Werkzeuge geschaffen, Technik, Waffen usw. Das klingt, als sei diese »Entwicklung« sozusagen programmiert gewesen, wie die Entwicklung des Schmetterlings aus der Raupe. Tatsächlich war es jedoch keine Entwicklung, sondern ein intentional vorangetriebenes Geschehen. Ackerbau und Viehzucht entstanden sicher auch aus der Intention heraus, die Härte des Lebens zu verringern, Anstrengungen zu vermeiden, Sicherheit zu gewinnen, den Wohlstand zu erhöhen – verhaltensbiologisch ausgedrückt: ohne anstrengendes Appetenzverhalten die Triebe leicht und rasch befriedigen zu können.

Das Sammeln erübrigte sich durch den Ackerbau; dem anstrengenden Laufen auf der Jagd entzog man sich durch die Erfindung des Reitens und der Haustierhaltung, das Kämpfen mit den Beutetieren erübrigte sich zum großen Teil durch das Schlachten von Vieh, durch Fallenstellen und Waffentechnik. Überhaupt war die Technik von Anfang an ein Mittel, Anstrengung zu vermeiden; sie diente der Entlastung von körperlicher Arbeit und der schnelleren Erfüllung der Bedürfnisse.

Gewiß mußte sich der Mensch in den frühen Kulturen noch erheblich mehr anstrengen und bewegen als in unserer technischen Zivilisation, dennoch zeigte sich ein zunehmender Überschuß an nicht verbrauchten Aktionspotentialen. Dieses überschüssige Aktionspotential ging zum größten Teil in die kulturelle und zivilisatorische Weiterentwicklung oder, besser gesagt, in die weitere Gestaltung der Welt, zum kleineren Teil führte es aber auch damals schon zur Verwöhnung. Der Mächtige brauchte nicht zu laufen und nicht zu kämpfen, er ließ sich das Essen zubereiten, die Sexualobjekte bringen, er ließ kämpfen und für seine Unterhaltung sorgen.

Der Durchbruch zur Massenverwöhnung, zur Triebbefriedigung ohne Anstrengung, erfolgte erst in der modernen Industriegesellschaft oder, wenn man das Verhalten in den Vordergrund rückt: der Konsumgesellschaft. Diese offenbart in aller Deutlichkeit, daß der Mensch sich in dem Augenblick verwöhnt, in dem er es kann; Verwöhnung wird zum erklärten Ziel von Technik, Automation und Wohlstand.

Die medizinischen Folgen der Bewegungsarmut betreffen in erster Linie das Herz- und Kreislaufsystem. Schädigungen dieses Systems rufen zahlreiche weitere Krankheiten hervor, etwa Verdauungsstörungen, Rheumatismus, Gelenkerkrankungen etc. Besonders verbreitet sind auch Krankheiten, die aus der reduzierten Triebhandlung der Nahrungsaufnahme resultieren: Mangelnde

Kaubewegungen verursachen Zahnerkrankungen und im Gefolge davon Erkrankungen des Magen- und Darmsystems. Von dieser Art der Anstrengungsverwöhnung – in Verbindung mit Anspruchsverwöhnung – sind leider auch schon viele Kinder betroffen.

Weniger bekannt als die sogenannten Zivilisationskrankheiten ist die verhaltensbiologische Folge des Bewegungsmangels: der Anstieg des Aktions- und Aggressionspotentials.

Überhöhte Aktionspotentiale und ihre Folgen

Da aufgrund der Spontaneität des Instinktsystems der Mangel an Appetenzverhalten zu einem überhöhten Aktionspotential führt, und da die Werkzeuginstinkte nicht nur als solche spontan sind, sondern auch die zugeordneten Triebe stimulieren können, erhält das Aktionspotential zusätzlich eine aggressive Tendenz. Was macht aber der moderne Mensch mit dem ungenutzten Aktionspotential? Am wenigsten Probleme haben in dieser Hinsicht die Kinder. Sie bauen das vorgesehene Aktionspotential spielerisch ab, befriedigen ihren »Bewegungsdrang«, ihre Aggressionen und explorativen Bedürfnisse. Verhindert man die natürlichen Aktivitäten, hält man sie beispielsweise fünf oder sechs Stunden im wesentlichen ohne Bewegung, so passiert das, was man täglich in Schulen beobachten kann: Die Schüler stürmen aus dem Schulhaus, balgen sich, stoßen sich oder toben sich sonstwie aus. Dieses Verhalten ist normal. Wenn ein Kind nach so langer Zeit keinen Bewegungsdrang verspürt, kann man auf eine Verhaltensstörung schließen. Nicht normal ist hier nur die Tatsache, daß Schulkinder so lange ohne ausreichende Bewegung sitzen müssen.

Erwachsene, die sich schon hinreichend verwöhnt haben, geraten leicht in einen Kreis mit positiver Rückkopplung, einen sogenannten Teufelskreis: Mangelnder Einsatz von Bewegungspotential führt zu Muskelschwäche und Kreislaufstörungen, zur Abnahme der Leistungsfähigkeit, dies wiederum macht den Einsatz der Werkzeuginstinkte mühevoll, und man bewegt sich noch weniger. Sämtliche dem Bewegungsmangel entspringenden Zivilisationskrankheiten unterliegen dieser positiven Rückkopplung. So führt etwa mangelndes Kauen zu schlechten Zähnen, diese wiederum zu mangelndem Kauen.

Für einen anderen Teufelskreis sorgt das Auto: Man nutzt »das beste Mittel gegen Langeweile« und rast in der Gegend umher. Die Langeweile kann dabei, insbesondere bei riskantem Fahren, tatsächlich vorübergehend vertrieben werden; Laufpotentiale oder Kampfpotentiale werden aber mit Sicherheit nicht abgebaut. Letztlich steigt also die aggressive Langeweile an und man braucht ein noch besseres Mittel gegen die Langeweile, sprich: ein noch schnelleres Auto.

Selbst das »Joggen« kann zum Teufelskreis werden. Man weiß, daß Bewegung sein muß, insbesondere Laufen, also »unterwirft« man sich dem Jogging. Dabei gibt es dann zwei Möglichkeiten: Man überwindet sich aus Einsicht in die Notwendigkeit, absolviert verbissen sein Pensum und holt sich die Lust auf andere Weise, z. B. durch gutes Essen oder das wohlverdiente Fernsehen, oder aber man verbindet die Anstrengung mit Lust, sei es in Form zusätzlicher Quellen oder in Form der »Funktionslust«.[100]

Daß gestaute Aktionspotentiale zu höherer Aggressionsbereitschaft führen, sagten wir bereits. Jeder hat solche Erfahrungen schon selbst gemacht: Nach längerem Sitzen, ob am Schreibtisch, in Konferenzen oder Versammlungen, neigt man eher zu aggressivem Verhalten. Ähnliches gilt, wenn man lange irgendwo liegt, ob am Strand oder im Krankenbett.

Zweifellos geht der Bewegungsmangel des zivilisierten Menschen vor allem auf das unnötig gewordene Appetenzverhalten bei der Nahrungssuche zurück. Aber auch sexuelles Appetenzverhalten gibt es in unserer Gesellschaft immer weniger – wenn auch aus anderen, nämlich aus Gründen des Wertewandels. Besonders Jugendliche investieren nicht mehr viel Anstrengung in das sexuelle Werbeverhalten. Oft genügen ein paar Stunden Tanz in der Diskothek oder gar nur ein paar Runden auf dem Motorrad. So entsteht nicht nur aggressive Langeweile (»was tun wir danach?«); das mangelnde Appetenzverhalten hat noch eine andere Konsequenz: Die längere Werbung, bei der man den Partner besser kennenlernt, ist ja auch evolutionär sinnvoll. Die Individualität des Partners und damit das Phänomen der Auswahl, des in irgendeiner Weise Zusammenpassens, kommt vor allem in der Appetenzphase zum Ausdruck und nicht so sehr beim sexuellen Akt selbst, denn, wie der Volksmund sagt, »nachts sind alle Katzen grau«.

Mangelnder Aggressionsabbau: überhöhtes Aggressionspotential

K. Lorenz sagt, daß die zivilisierte Menschheit an einem mangelnden Aggressionsabbau und damit – aufgrund der Spontaneität der Aggression – an einem überhöhten Aggressionspotential leide. Aus diesem Grunde empfiehlt er auch die Umorientierung der Aggression auf Ersatzobjekte (»Es ist besser, mit der Faust auf den Tisch zu schlagen als ins Gesicht des Gegners«), sportliche Aktivitäten, insbesondere sportliche Wettkämpfe und ähnliches. Hier erheben sich jedoch, selbst wenn man Lorenz im Prinzip zustimmt, einige Fragen.

Wird in unserer Gesellschaft Aggression tatsächlich zuwenig abgebaut – gibt es nicht vielmehr zahlreiche Vorgesetzte, Väter, Bosse aller Art, die ihre Aggression sehr wohl loswerden? Läßt sich der Aggressionstrieb durch Ersatzobjekte tatsächlich zufriedenstellen? Muß der Aggressionstrieb überhaupt durch aggressive Handlungen befriedigt werden oder kann der Endzweck der Aggression – der Sieg über den Gegner – auch anders erreicht werden? Gibt es eine aggressive Verwöhnung, und welche Folgen hätte sie?

Zivilisation und Aggression

Wir erinnern daran, daß das Triebgeschehen in der Regel in drei Stufen abläuft: Appetenzverhalten, Triebhandlung, Endhandlung mit Triebbefriedigung. Beim Nahrungstrieb besteht das Appetenzverhalten etwa aus Laufen, die Triebhandlung aus Kauen, die Endhandlung im Aufnehmen und Hinunterschlucken der Nahrung, beim Sexualtrieb entsprechend aus Werben, Begatten, Orgasmus. Beim Aggressionstrieb besteht das Appetenzverhalten im Laufen oder in sonstigen Bewegungen zum Aufsuchen des (oder eines) Gegners, die Triebhandlung im Kämpfen (Schlagen, Stoßen, Beißen usw.) oder auch nur in Drohbewegungen oder Gebärden, die Endhandlung im Sieg über den Gegner. Die Triebbefriedigung erfolgt also nicht schon durch den Kampf, dieser ist unter Umständen, z. B. wenn eine Drohung ausreicht, gar nicht erforderlich.

Daß die Endhandlung, der Sieg, mit orgastischer Lust verbunden sein kann, wird beim sportlichen Wettkampf besonders eindrucksvoll. Der Torschütze reißt die Arme hoch, er springt in die Höhe, umarmt seine Mitspieler und umgekehrt. Ähnlich verhält sich der Sieger beim Boxen, Fechten, Wettlauf etc. Aber auch in anderen Situationen gibt es die bekannte Siegerpose. Der Wahlsieger reißt die Arme ebenso hoch wie das Kind, das im Spiel gewonnen hat. Gewiß wird die Lust vom Sieger oft kognitiv kontrolliert und nach außen hin unterdrückt – bei genauem Hinsehen ist sie allemal erkennbar.

Es kommt somit auf den Sieg an: er ist der Zweck der Aggression und mit Lust verbunden. Verwöhnung als Lust ohne Anstrengung bedeutet somit im aggressiven Bereich die Erlangung des Sieges ohne (gewaltsamen) Kampf. Verwöhnt ist der Mächtige, der die Mittel hat, den Gegner ohne Anstrengung zu besiegen, verwöhnt ist der Schlaue, der seine Gegner mit List besiegt, der Starke, der nur zu drohen braucht. Das letztere gilt im übrigen auch für Tiersozietäten: Der Boß kann sich oft mit Drohen begnügen.[28]

Im Grunde will sich jeder, auch bezüglich seines Aggressionstriebes, verwöhnen, will ohne Anstrengung siegen können. Früher nutzte ihm zu diesem Zwecke eine überragende Körpergröße, Kraft, furchteinflößendes Aussehen; heute nützt ihm dieses noch immer, entscheidend für den Besitz von Macht ist jedoch eine hohe Position, Geld, Einfluß usw. Wir sagen damit nicht, daß dies moralisch besser sei; überhaupt wollen wir uns an dieser Stelle jeder moralischen Wertung enthalten.

Nun gibt es auch in der modernen Industriegesellschaft erhebliche Unterschiede in bezug auf den Besitz von Macht und damit in der Chance, seinen Aggressionstrieb ohne Anstrengung befriedigen zu können. Die Situation ist also anders als beim Nahrungs- oder Sexualtrieb. Während sich in der Wohlstandsgesellschaft die meisten Menschen bezüglich dieser Triebe verwöhnen können, muß man bezüglich des Aggressionstriebes zwischen den Mächtigen und weniger Mächtigen unterscheiden, grob gesagt zwischen Siegern und Verlierern.

Unter Siegern verstehen wir diejenigen, die sich (auch) hinsichtlich ihres Aggressionstriebes verwöhnen können, unter Verlierern diejenigen, die ihren Aggressionstrieb nur unzureichend befriedigen können. Es ist klar, daß die Verlierer, um ebenfalls die Endhandlung zu erreichen, zu anderen Mitteln greifen müssen als die Mächtigen – zu Gewalt, zum Kampf im Straßenverkehr oder gegen Schwächere. Doch bevor wir auf dieses gravierende Problem eingehen, wollen wir die Konsequenzen des Gewaltmonopols des Staates untersuchen.

Gleichgültig nämlich, ob der Verwöhnte den gewaltsamen Kampf von vornherein vermeidet oder der weniger Privilegierte den (gewaltsamen) Kampf als Mittel der Aggressionsbefriedigung einsetzen möchte – private Gewaltausübung ist in unserem Rechtsstaat in jedem Falle verboten. Der Kampf zwischen zivilisierten Menschen wird generell als unwürdig angesehen, das Gewaltmonopol liegt daher beim Staat, die Exekutive bei der Polizei.

Das Verbot handgreiflicher Kampfhandlungen hat den humanen Zweck, die Unverletzlichkeit der Person zu gewährleisten. Der Verhaltensbiologe kann dieses Verbot nur unterstützen, da die bei Tieren durch Ritualisierung des Kampfes vorhandene Gewährleistung der Unverletzlichkeit beim Menschen nicht mehr besteht: Der Mensch kann sich über Tötungshemmungen hinwegsetzen, er kann gefährliche Waffen einsetzen – Schlagringe, Ketten, Messer, Revolver usw. –, die evolutionär nicht vorgesehen sind. Im Grenzbereich der Unverletzlichkeit der Person liegen aggressive Handlungen wie »Anschnauzen«, symbolisches Zusammenstauchen, Auslachen, Beleidigen etc. Im übrigen erweist sich unsere Rechtsordnung auch sonst als verhaltensbiologisch verständnisvoll: Wird jemand plötzlich und heftig gereizt, so kann es passieren, daß er die kognitive Kontrolle verliert; handelt er demgemäß »im Affekt«, dann wird ihm das strafmildernd zugute gehalten.

In jedem Falle gilt also – für Sieger und Verlierer –, daß die aggressiven Werkzeuginstinkte in unserer Gesellschaft nicht eingesetzt werden dürfen. Das bedeutet, ähnlich wie bei der Vermeidung von Bewegungen, daß sich das Aktionspotential der Aggression erhöht. Da aber sowohl aus rechtlich-moralischer als auch aus verhaltensbiologischer Sicht das Gewaltmonopol des Staates unbedingt erforderlich ist, muß der zivilisierte Mensch versuchen, seine aggressiven Werkzeuginstinkte in human zulässiger, vielleicht sogar sinnvoller Weise einzusetzen. In diesem Zusammenhang müssen wir noch einmal auf Sieger und Verlierer zurückkommen.

Friedliche Sieger, aggressive Verlierer

Gehen wir davon aus, daß in unserer Gesellschaft aufgrund von Vermeidung oder Verbot privater Kampfhandlungen ein hohes aggressives Aktionspotential vorhanden ist, so kommt es um so mehr darauf an, ob der Endzweck der Aggression, der Sieg, dennoch erreicht wird oder nicht. Wird er nämlich erreicht, wird also der Aggressionstrieb selbst befriedigt, so läßt sich das unverbrauchte Aktionspotential in spielerischer oder sportlicher Form abbauen. In diesem (harmlosen) Falle ist es sogar denkbar, daß der Abbau nicht unbedingt an Kampfspiele oder an Kampfsport gebunden ist, obwohl diese sicher besonders wirksam sind.

Ganz anders ist die Situation, wenn der Sieg nicht erreicht wird, wenn also der Trieb weiter nach Befriedigung verlangt. Dann dürfte es ziemlich aussichtslos sein, den Zweck der Aggression von den Werkzeugaktivitäten zu trennen: Die Aggressivität (als unbefriedigter Aggressionstrieb und bereitstehendes Aktionspotential) ist objektgerichtet und damit ernsthaft.

Das Hauptproblem der Aggression in unserer Gesellschaft liegt also beim Verlierer: Er braucht den Sieg, aber er kann ihn nicht erlangen. Seine Werkzeuginstinkte darf er für den Ernstfall nicht einsetzen, andere Mittel stehen ihm nicht zur Verfügung. Wie verhält er sich in dieser Situation? Er ergreift eine oder mehrere der folgenden Möglichkeiten.

Eine erste Möglichkeit besteht darin, sich über das Gewaltverbot hinwegzusetzen. Der Sieg wird gewaltsam erreicht, an Beispielen ist wahrhaftig kein Mangel.

Eine zweite Möglichkeit bietet der Straßenverkehr. Dieser ist sogar ein besonders ergiebiges Feld »zivilisierter Aggressionshandlungen«. Das Auto verleiht auch dem Schwächeren die Möglichkeit, seinen Aggressionstrieb in Form des Siegens zu befriedigen. Dabei lassen sich beide Motive gut unterscheiden: Frustration und Spontaneität. Wird beispielsweise ein Autofahrer von einem anderen überholt, so versucht er (in den meisten Fällen) die »Niederlage« auszugleichen. Aber es bedarf keineswegs immer der Frustration. Das Überholen (sprich: das Besiegen) von anderen durch »aggressives Fahren« ist an sich schon lustvoll, die auslösende Reizsituation wird dementsprechend aufgesucht. Gewiß ist das schnelle Auto nicht nur für den Verlierer ein Mittel aggressiver Triebbefriedigung – auch der Mächtige nimmt diese Lust noch mit, für den Schwächeren hat diese Möglichkeit jedoch die größere Bedeutung. Aus diesem Grunde fahren Rangniedrigere oft schnelle Autos oder schwere Motorräder.

Eine dritte Möglichkeit, zum Sieger zu werden, bieten Spiel und Sport. Dieser wird dann allerdings nicht »spielerisch« betrieben – es geht vielmehr ernsthaft um den Sieg; dementsprechend wird auch verbissen gekämpft – sei es beim Tennis, beim Fußball oder beim Schach.

Sicher gibt es noch weitere Möglichkeiten, die aggressive Endhandlung zu erreichen. In jedem Falle hat der Bedrängte eine erhöhte Siegeschance, wenn er sich einen noch Schwächeren aussucht. Nicht umsonst sagt der Volksmund, daß man seine Wut am Schwächeren auslasse, nicht umsonst spricht er unverblümt vom »Prügelknaben«. Der Schwächere wird zum aggressiven Reizobjekt, der Ängstliche wird, wie die Erfahrung zeigt, zum Opfer.

Fassen wir zusammen: Der Sieger, der in irgendeiner Form Mächtige, kann seinen Aggressionstrieb in der Regel leicht befriedigen. Wird er frustriert, kann er den »Schuldigen« besiegen, will er oder muß er sein spontanes Aggressionsbedürfnis befriedigen, findet er leicht »Objekte« (z. B. Untergebene oder Familienangehörige), die er mehr oder weniger lustvoll besiegen kann – wobei sich die Lust leicht dem Sadismus nähern kann. Was übrig bleibt – in unserer zivilisierten Gesellschaft –, ist das ungenützte Kampfpotential. Dieses kann er jedoch relativ flexibel in »sportlicher« Form abbauen.

Der Verlierer, der Ohnmächtige (wir vereinfachen hier stark), kann seinen Aggressionstrieb in der Regel nicht befriedigen. Wird er frustriert, so muß er die Niederlage hinnehmen oder einstecken; er darf seine Aggressionen noch nicht einmal zeigen, geschweige denn am (mächtigen) Rivalen auslassen. Da das Kampfpotential nicht eingesetzt werden darf, kommt es zu einer geballten und zielgerichteten Aggressivität, zu einem Aggressionsstau, der nach einem besiegbaren (!) Gegner verlangt.

Bevor wir auf eventuelle Lösungen dieses Problems eingehen, müssen wir die Begriffe Sieger und Verlierer präzisieren.

Tatsächlich gibt es ja nicht Sieger oder Verlierer schlechthin, es gibt vielmehr bei jedem Menschen ein Mehr oder Weniger an Sieg oder Niederlage, es gibt, wie wir sagen wollen, ein »Sieger-Verlierer-Verhältnis«. Selbstverständlich sucht jeder, dieses Verhältnis möglichst positiv zu gestalten, also insgesamt möglichst viele Siege »einzuheimsen«, in welchen Bereichen auch immer. Der entscheidende Beitrag der Verhaltensbiologie besteht darin, daß sie dieses aggressive Rangordnungsstreben als ein spontanes erkennt: Das Streben, den anderen zu besiegen, ist eben nicht nur eine Folge von Frustration, es ist ein Trieb, der befriedigt sein will. Daher gibt es diese Form der Aggression nicht nur in Mangelgesellschaften, sondern auch in der Wohlstandsgesellschaft. Jeder will (im Grunde) den anderen übertrumpfen, will das schnellere Auto, das größere Haus, die braunere Haut, das größere Ansehen, die höhere Stellung.

Nun muß man eines klar sehen: Es ist absolut sinnlos, die aggressive Triebbefriedigung in Form des Übertreffen-Wollens anderer ausmerzen zu wollen; es handelt sich nämlich um »eine genetisch programmierte Verhaltensnorm«.[100] Es ist auch wenig hilfreich, dieses Verhalten generell als inhuman abzuwerten, Konkurrenz schlechthin zu verdammen. Tatsächlich liegt die Gefahr ja auch nicht im Wettbewerb, im Siegen-Wollen – sie liegt vielmehr in einer negativen Sieger-Verlierer-Bilanz und dem so verursachten aggressiven Trieb- und Aktionsstau. Hier muß man nach Lösungen suchen, hier liegen Aufgaben von Erziehung und Führung.

Verhinderte Flucht

Wir wollen das Kapitel des Aggressionsstaus in der zivilisierten Gesellschaft nicht abschließen, ohne einen Blick auf einen Gegenspieler der Aggression zu werfen, die Flucht. Nach Lorenz gibt es einen besonderen Fluchttrieb, den er neben dem Nahrungstrieb, dem Sexualtrieb und dem Aggressionstrieb in das Parlament der »großen Vier« einreiht. Wir erinnern uns, daß in der Kritik von E. Fromm die Flucht eine tragende Rolle spielte; Fromm übersah, daß Lorenz, P. Leyhausen u. a. ausdrücklich von einem Fluchttrieb sprechen.

Daß Aggression und Flucht aufs engste zusammenhängen, ist von vielen Tieren her bekannt. Oft kommt es gerade dann zu gefährlicher Aggression, wenn Flucht nicht möglich ist, wenn das Tier »in die Enge getrieben« ist. Dies gilt, meinen wir, auch für den Menschen. Auch der Mensch braucht die Möglichkeit zu fliehen, sich aggressiven Auseinandersetzungen zu entziehen. Vermutlich hat man bisher, eben weil die Verhaltensbiologie ignoriert wurde, den Fluchttrieb des Menschen nicht genügend beachtet – was zum weiteren Anstieg des Aggressionspotentials führte und führt.

Viele Menschen in unserer Gesellschaft greifen sicher auch deshalb zu aggressiven Handlungen, weil sie nicht »ausbrechen« können, weil sie keine Möglichkeiten haben, gelegentlich zu fliehen. Der sogenannte »Dichtestreß« sollte auch unter diesem Aspekt der verhinderten Flucht gesehen werden.

Aber die Fluchtwege sind nicht nur durch äußere Umstände verbaut – viele Menschen begeben sich aus ideologischen Gründen in eine »ausweglose« Situation: Sie treiben den Kollektivismus auf die Spitze, beispielsweise in Kommunen und Selbsthilfegruppen, und verhindern so das triebbedingte Fluchtverhalten. Die Kinder machen es instinktiv (!) besser: sie wechseln ab – zwischen Kampfspielen und Fluchtspielen.

Mangelnde Exploration: aggressive Langeweile

Wieder einmal ist es die Umgangssprache, die eine menschliche Eigenschaft prägnant zum Ausdruck bringt: die Gier nach Neuem, die Neugier. Mit dieser Bezeichnung wird nicht nur festgestellt, daß der Mensch seine Aufmerksamkeit auf Neues richtet – neue Nachrichten, neue Mode, neuer Klatsch, neue Autos, Menschen, Länder usw. –, sondern eine »Gier« danach hat, eine »Appetenz«. Hier erheben sich interessante Fragen: Ist die Neugier eine typisch menschliche Eigenschaft oder gibt es auch neugierige Tiere? Ist die Neugier tatsächlich ein Trieb mit den charakteristischen Merkmalen der Spontaneität, des Appetenzverhaltens, der doppelten Quantifizierung, der lustvollen Befriedigung? Worin besteht gegebenenfalls die Triebbefriedigung und worin die Endhandlung? Entscheidend ist schließlich die Frage: Ruft unsere technische Zivilisation den »Neugiertrieb« ab, oder bilden sich auch hier erhöhte Aktionspotentiale und Triebpotentiale?

Der verhaltensbiologische Sinn der Neugier

Problemlösend-erkundendes (exploratives) Verhalten läßt sich schon bei höheren Tieren beobachten. So »erkunden« Ratten ihre Umgebung, z. B. ein Labyrinth, auch dann, wenn sie satt sind, wenn sie also nicht durch Nahrungsappetenz angetrieben sind. Lorenz berichtet, daß seine Dohlen, die sich sattgefressen und somit kein Motiv mehr hatten, in den Käfig mit Futter zurückzukehren, durch seine Kamera dorthin gelockt wurden. Hundebesitzer wissen, daß sich Hunde sofort auf Neues, beispielsweise auf ein abgestelltes Rad an einem gewohnten Spazierweg, stürzen, dann allerdings zögern und den Gegenstand vorsichtig erkunden. Die Neugier von Affen ist sprichwörtlich: Sie untersuchen nicht nur alles, was in ihrer Reichweite liegt, sie erfinden auch Neues, z. B. den Gebrauch von Werkzeugen und lösen dabei auch schwierigere Probleme.

Daß kleine Kinder besonders neugierig sind, brauchen wir nicht auszuführen. Ein Höhepunkt scheint bereits in den ersten Lebensjahren zu liegen. Vor einem zweijährigen Kind ist nichts sicher: Es steigt auf Stühle und Tische, probiert alle Geräte aus, sieht nach, was in den Schubladen liegt, untersucht alle natürlichen oder technischen Gegenstände, und zwar mit allen Sinnen, insbesondere dem Tastsinn. Aber auch Erwachsene lassen sich durch Neues »fesseln« – sei es ein Besuch beim Nachbarn, ein ungeklärtes Phänomen in der Wissenschaft, ein neues technisches Gerät. Wichtig scheint uns die Feststellung, daß nicht nur das Erscheinen neuer Objekte im Wahrnehmungsbereich des Menschen das explorative Verhalten reaktiv auslöst, sondern auch Neues jeglicher Art aktiv aufgesucht wird. »Was gibt es Neues?« ist oft die erste Frage, die man morgens dem zeitungslesenden Ehepartner stellt oder dem Kollegen am Arbeitsplatz. Die Gier nach Neuem liegt auch vielen Reisen in fremde Länder zugrunde, Abenteuerreisen oder Forschungsreisen.

Exploratives Verhalten – reaktiv und aktiv – gibt es also bei Mensch und Tier. Die typisch menschliche Komponente liegt dabei einmal in der höheren Abstraktion – der Mensch ermittelt auch Gesetzmäßigkeiten in Natur, Gesellschaft oder Ökologie –, zum andern in der Konstruktion von Neuem – der Mensch erfindet neue Techniken, er probiert aus, was sich machen läßt. Ein beeindrukkendes Beispiel menschlichen Neugierverhaltens ist gegenwärtig bei jugendlichen Computer-Forschern zu beobachten: Schüler arbeiten oft bis in die Nacht hinein an der Untersuchung der Computergesetze und an der Erstellung und Erprobung von Programmen.

Das Explorieren ist ein echter Lernprozeß: Lernen wird ja definiert als Verhaltensänderung auf denselben Reiz hin. Nun ist aber das Verhalten nach der Untersuchung eines neuen Objektes sicher ein anderes als vor der Untersuchung. Die Frage ist, worin die Besonderheit dieses Lernprozesses besteht, der verhaltensbiologische Sinn der Neugier. Um diese Frage beantworten zu können, müssen wir den verhaltensbiologischen Sinn des Lernens überhaupt untersuchen.

Lernen besteht, dies wird oft nicht erkannt, im Abbau subjektiver Information: Wenn man z. B. einen Text zum erstenmal liest, so hat er noch die volle Information. Liest man den Text mehrmals, fließt jedesmal ein Teil der Information ins sogenannte Dauergedächtnis, der Text enthält also für den Betreffenden immer weniger Information. Ein auswendig gelernter Text enthält subjektiv keine

Information mehr. Ähnliche Überlegungen gelten für andere Lernarten, z. B. für das Erlernen von Wahrscheinlichkeiten. Es läßt sich zeigen, daß die subjektive Information eines Ereignisses die objektive übersteigt, wenn der Betreffende die Wahrscheinlichkeit des Auftretens nicht kennt. Mit dem Erlernen der Wahrscheinlichkeiten von Ereignissen baut er zugleich deren Information ab. Am raschesten kann man Informationen durch »Superzeichen« abbauen: Wenn man mehrere Zeichen zu einer Einheit zusammenfaßt, eben zu einem Superzeichen, so verringert sich das Repertoire und damit die Information. Tatsächlich läßt sich zeigen, daß Lernen als Anpassung – nicht als Erzeugung von Innovation – im Abbau subjektiver Information besteht.[19]

Die Tatsache, daß man durch Lernen Information abbauen kann, ist von verhaltensbiologisch wichtiger Bedeutung: Je geringer die Information der Außenwelt wird, um so größer wird die Sicherheit. Man weiß, was da ist und was auf einen zukommt. Mit dem Abbau von Information wird außerdem Informationskapazität frei, man kann sie auf neue Ereignisse richten, Probleme lösen, Neues erforschen. Jemand, der das Autofahren lernt, muß zunächst seine volle Kapazität auf die technische und verkehrsbedingte Situation richten und ist damit voll ausgelastet. Ein routinierter Autofahrer hingegen hört Musik oder unterhält sich, während er am Steuer sitzt; er hat Kapazität frei für plötzlich auftauchende Ereignisse.

Erkennt man Lernen als informationelle Anpassung an die Umwelt mit dem Ziel, die Information der Umwelt so weit wie möglich, nämlich bis zur tatsächlichen objektiven Information abzubauen, so ergibt sich die spezielle Funktion des reaktiven und aktiven Neugierverhaltens: Das reaktive Neugierverhalten setzt dann ein, wenn ein noch unbekanntes, also hochinformatives Objekt ins Blickfeld tritt. Für den Lernenden bedeutet die hohe Information Unsicherheit, eventuell sogar Gefahr. Es ist daher existentiell wichtig, die Aufmerksamkeit auf dieses Objekt zu richten und durch (vorsichtige) Untersuchung Information abzubauen. Das aktive Neugierverhalten, das immer weitergehende Erkunden der Umgebung und eventuell deren Gestaltung, bedeutet einen Gewinn an Sicherheit, unter Umständen auch zusätzliche Mittel zum Überleben, in jedem Falle einen Selektionsvorteil.

Daß es Neugierde gibt, den Reiz des Neuen, exploratives Verhalten, Entdeckerfreude und ähnliches, ist unumstritten. Die Frage, ob es sich um einen Trieb handelt, vergleichbar dem Sexualtrieb oder Aggressionstrieb, bedarf einer genauen Untersuchung. Untersucht werden muß, ob die charakteristischen Kriterien eines Triebes erfüllt sind: Gesetz der doppelten Quantifizierung, Triebhandlung, Endhandlung mit Lusterlebnis, Spontaneität und Appetenzverhalten.

Das Prinzip der doppelten Quantifizierung setzt zunächst einmal voraus, daß es unterschiedliche Triebstärken und Reizintensitäten gibt. Diese Voraussetzung ist, wie wir aus eigener Erfahrung und aus Experimenten wissen, erfüllt. So verhalten wir uns auf denselben Reiz hin, z. B. eine Zeitung, sehr unterschiedlich, je nachdem, ob wir durch längeren Informationsentzug (z. B. Urlaub im Ausland) »ausgehungert« oder ob wir (z. B. durch Fernsehen) »übersättigt« sind. Experimente mit lange dauernder Isolation zeigen, daß das Bedürfnis nach Information rasch anwächst. Die Isolationshaft wird nicht zuletzt durch Informationsentzug zur Folter.

Die Unterschiede in den Reizintensitäten liegen weniger in der Art des Reizes, also beispielsweise darin, ob es sich um einen neuen Gegenstand handelt oder um eine neue Nachricht, als im Grad der Neuigkeit. Dieser ist durch die Abweichung vom Gewohnten gekennzeichnet, nicht durch die Neuigkeit als solche. Neugier wird gereizt, wenn ein guter Bekannter sich plötzlich anders kleidet oder anders verhält, wenn Menschen, Tiere, Landschaften in einem fremden Land anders aussehen als gewohnt, wenn eine wissenschaftliche Erkenntnis dem gewohnten Weltbild widerspricht. Noch so große Neuigkeiten hingegen, die keinen Bezug zur gewohnten Umwelt haben (für uns etwa ein Putsch in Ecuador), stellen keinen Reiz dar, sie bringen die innere Ordnung nicht in »Unordnung«.

Gehen wir davon aus, daß wir von etwas Ungewohntem gereizt werden – wobei man grob sagen kann, daß der Reiz um so stärker empfunden wird, je größer die Abweichung vom Gewohnten ist – und daß dieser Reiz auf eine Bereitschaft zu entsprechendem Handeln trifft, so wird die »Triebhandlung« ausgelöst: das explorative

Verhalten, das Erkunden der Neuigkeit, das Untersuchen, Prüfen, Erkennen, Verstehen.

Kinder nehmen ein neues Spielzeug, beispielsweise ein Auto zum Aufziehen, erst einmal gründlich auseinander. Ihr exploratives Verhalten richtet sich aber auch auf abstrakte Naturgesetze. Ein etwa vierjähriges Kind, das sich in einem Sandhaufen einen Berg gebaut hatte und ihn immer wieder mit Wasser begoß, rief schließlich erstaunt aus: »Das Wasser fließt ja immer buckelna (bergab)!« Auch kleine Kinder sind also durchaus fähig, forschend zu lernen. Tatsächlich besteht zwischen dem forschenden Kind und dem wissenschaftlichen Forscher nur ein gradueller Unterschied. Der Forscher sieht (wie das Kind) etwas Neues, »Fragwürdiges« auch in dem, was anderen »selbstverständlich« ist. Er reagiert sozusagen auf geringe Neugierreize, was wiederum auf einen hohen Neugiertrieb schließen läßt.

Besteht also die Triebhandlung im Explorieren, so erhebt sich jetzt die Frage nach der Endhandlung, nach der lustvollen Befriedigung der Neugier. Tatsächlich wird eine solche Endhandlung in der Literatur (ohne Bezugnahme auf die Verhaltensforschung) seit langem beschrieben: die selbstgewonnene Erkenntnis, verbunden mit dem »Aha-Erlebnis«, der Akt der Entdeckung und die damit verbundene Entdeckerfreude. Informationstheoretisch ausgedrückt kann man sagen: Die Endhandlung besteht im schlagartigen Abbau subjektiver Information, einem Prozeß, der emotional von einem lustvoll erlebten Spannungsabbau begleitet wird. Die Geschichte der Forschung ist voll von solchen Berichten, und es ist durch nichts gerechtfertigt, anzunehmen, daß das Lusterlebnis bei den vielen kleinen und unbekannten Forschern anders abläuft.

Die entscheidende Eigenschaft eines Triebes ist die Spontaneität, die am deutlichsten im Appetenzverhalten zum Ausdruck kommt. Tatsächlich läßt sich eine Neugier-Appetenz schon bei Tieren beobachten: Ratten erkunden ihre Umgebung, wenn sie nicht durch andere Triebhandlungen (Fressen, Begattung, Flucht) in Anspruch genommen sind; dasselbe gilt für Hunde, Bären, Affen und andere Säugetiere, vor allem für die jungen Tiere. Das neugierigste »Tier« mit dem stärksten Appetenzverhalten ist zweifellos der Mensch. Er ist sein ganzes Leben lang auf der Suche nach Neuem. Er erforscht seine Umgebung in immer weiteren Kreisen, er geht auf Abenteuer aus, er erforscht Zusammenhänge und Gesetze, ist neugierig auf andere Menschen und auf sich selbst. Besonders stark wird das Appetenzverhalten, wenn er weiß, wo er Unbekanntes finden kann. Symbolisch hierfür ist die in zahlreichen Märchen auftretende »verbotene Tür«, zu der es ihn (oder sie) unwiderstehlich hin»treibt«.

Tatsächlich sind also die Kriterien eines Triebes erfüllt, und es ist gerechtfertigt, von einem Neugiertrieb zu sprechen. Zugleich können wir noch zwei Besonderheiten dieses Triebes feststellen: die kognitive Komponente und die Risikobereitschaft.

Gewiß ist die Triebhandlung selbst im allgemeinen nicht nur kognitiv – beim Erkunden einer natürlichen Umgebung werden ja zahlreiche Werkzeugaktivitäten eingesetzt –, der Prozeß der Entdeckung selbst hat jedoch in jedem Fall eine kognitive Komponente.

Ein weites charakteristisches Merkmal des Neugiertriebs ist die Risikobereitschaft. Das Aufsuchen eines unbekannten Objektes, das Erkunden einer unbekannten Umgebung, ist ja im allgemeinen mit Gefahr verbunden. Objekt oder Umgebung selbst können gefährlich sein, man kann abstürzen, es können Freßfeinde auftauchen, man kann vielfältigen Verteidigungswaffen, z. B. Gift oder Stacheln, zum Opfer fallen. Das Risiko ist also umfassender als das Risiko beim Rivalenkampf. Zudem wird beim innerartlichen Kampf das Risiko für andere Zwecke in Kauf genommen. Es geht ja direkt um Selbsterhaltung und Fortpflanzung oder, wie bei Rangordnungskämpfen, um die Verbesserung der Chancen hierfür. Beim Neugierverhalten bringt das Risiko nur indirekte Vorteile. Außerdem ist das Risiko im Gegensatz zum Rivalenkampf nicht kalkulierbar: Ein schwächeres Tier (oder ein schwächerer Mensch) kann vom Kampf absehen oder gar fliehen; das unbekannte Objekt birgt undurchschaubare Gefahren. Unter diesem Aspekt ist es eigentlich erstaunlich, daß beim Neugierverhalten, insbesondere beim aktiven, das Risiko ohne Not aufgesucht wird. Mehr noch als bei der Aggression muß also beim Neugiertrieb eine Komponente mitspielen, die Risikobereitschaft, die an der Spontaneität des Triebes teil hat. Der Einsatz des Risikoverhaltens wird ja auch, wie jeder weiß, lustvoll erlebt. Die Selektion muß also ein gewisses Risikoverhalten belohnen. Ein zu riskantes Verhalten gefährdet das

Überleben, ein zu geringes Risiko erfüllt nicht den Zweck des Neugierverhaltens. Für den Menschen liegt in der Erfüllung des Risikobedürfnisses sogar ein ganz entscheidendes Motiv, das insbesondere bei Kindern und Jugendlichen wirksam wird.

Unbefriedigte Aktionspotentiale durch reizlose Lebensräume

In einer natürlichen Umwelt wird der Neugiertrieb laufend abgerufen. Die Vielfalt der Natur und deren Gefährlichkeit bildet für den Menschen ein unerschöpfliches Repertoire an Neuem; es gibt stets Anlaß, noch unbekannte Objekte zu untersuchen und neue Lebensbedingungen zu erkunden.

Vergleicht man die technische Zivilisation mit der ursprünglichen Vielfalt der natürlichen Welt, so muß man trotz der zahlreichen Erfindungen des Menschen feststellen, daß sie – jedenfalls für die meisten Menschen – reizloser geworden ist, weniger interessant, weniger herausfordernd. Die Umwelt ist geordnet, angelegt, bebaut, bereinigt, begradigt, einförmig, reizlos; die Arbeit vieler Menschen ist langweilig, mechanisch, regelhaft, uninteressant. Die Freizeitangebote sind verbrauchsorientiert, vorgefertigt, organisiert, geregelt. Das ist ein typisch menschliches Verhalten: Während das Tier durch sein exploratives Verhalten die Umwelt lediglich erkundet und damit Sicherheit gewinnt, begnügt sich der Mensch mit diesem Sicherheitsgewinn nicht. Er greift in die Umwelt ein, er gestaltet und ordnet sie so, daß sie möglichst durchschaubar, also möglichst informationsarm wird.

Ein Paradebeispiel dafür sind die traditionellen Gärten und Parks. Hier wird die Fülle der Pflanzen und Tiere, die Vielfalt der Arten, Formen und Farben drastisch reduziert; es wird gestutzt, gemäht, gerupft, Symmetrie geschaffen, Ordnung, Langeweile. Auch das, was der Mensch an eigenen Produkten erzeugt, wird dem Ordnungsprinzip unterworfen – etwa die moderne Hochhausarchitektur oder unsere Wohnkultur. Die zunehmende Ordnung der künstlichen Umwelt, die zunehmende Regelhaftigkeit der technischen Zivilisation zeigen eine erstaunliche Unkenntnis unserer eigenen Bedürfnisse. Der Mensch hat einen ausgeprägten Neugiertrieb und zerstört selbst die Grundlagen für dessen Befriedigung.

Halten wir fest: Die zivilisierte Welt ist – durch unsere Schuld – reizlos geworden – sei es Umwelt, Arbeitswelt oder Freizeit. Der Mensch hat sich durch die Herstellung von Ordnung (im weitesten Sinne) verwöhnt; die Folge ist ein Anstieg des explorativen Trieb- und Aktionspotentials. Dazu kommt, daß Neugier noch immer abgewertet wird, noch immer unschicklich ist: Der Mensch hatte und hat in seinem sozialen Stand, sprich: Revier, zu bleiben.

Nun muß man die allgemeine Tendenz der aggressiven Langeweile freilich noch präzisieren. Es gibt nämlich eine Minderheit in unserer Gesellschaft, die ihren Neugiertrieb einschließlich seiner Werkzeuginstinkte laufend befriedigen kann. Dazu gehören Politiker, die sich immer wieder neuen Situationen stellen müssen, Wissenschaftler, die von Berufs wegen Neues entdecken (wollen), Kreative aller Branchen, die ständig Neues erzeugen (müssen), Denksportler, die wenigstens die kognitive Komponente des explorativen Verhaltens einsetzen, Jugendliche, die am Computer spielen.

Andere Gruppen von Menschen bauen ihr überschüssiges Neugierpotential in einer gesellschaftlich und ökologisch problematischen Form ab: Hierher gehören die Abenteuerreisenden, die unberührte Gegenden und Länder aufsuchen, wo sie hoffen, noch Entdeckerfreuden erleben zu können; hierher gehören aber auch diejenigen, die ihr Risikobedürfnis beim Autofahren oder Motorradfahren befriedigen. Zweifellos spielt bei dem Herumrasen, vor allem bei Jugendlichen, das Abenteuer eine wichtige Rolle. Man probiert aus, was noch möglich ist und kommt so in den Genuß der Endhandlung. (Die explorativen Potentiale selbst bleiben dabei freilich weithin ungenutzt.) Bekanntlich spielt der Neugiertrieb auch bei kriminellen Verhaltensweisen eine wichtige Rolle, und auch hier sind es vor allem Jugendliche, die aus Neugier einbrechen oder einen Diebstahl riskieren. Nicht zuletzt spielt die Neugier beim Drogenkonsum eine wichtige Rolle. Man möchte gern wissen, was man dann empfindet, was es mit den großartigen Gefühlen auf sich hat, von denen man erzählen hört. Nicht abgebaute Neugier ist also oft der erste Schritt zur Droge.

Eine besondere Gruppe »Neugiergeschädigter« erlebt ihre Endhandlung vor dem Fernseher, bei Abenteuerfilmen, populären Wissenschaftsdarstellungen, Krimis und Gruselschockern. Es ist klar, daß hier nur die Endhandlung angesprochen wird, das explorative Potential bleibt völlig ungenutzt.

Neugier-Verwöhnung führt also zu aggressiver Langeweile und die kann in der Zerstörung der Umwelt, der Gefährdung anderer oder auch der eigenen Person enden, aber durchaus auch in großen Taten. Hier zeichnen sich wichtige Aufgaben für Erziehung und Führung ab.

Massenmedien: Endstadium der Verwöhnung

Mit der Erfindung der audio-visuellen Technik ist der Mensch in eine neue Phase der Verwöhnung, der Lust ohne Anstrengung, eingetreten. Mußte er vorher noch wenigstens die Triebhandlungen selbst durchführen, also selbst sexuell aktiv werden, in irgendeiner Form kämpfen oder explorieren, so wird ihm jetzt auch diese Anstrengung noch abgenommen. Er kann ohne jedes eigene Zutun (!) die gefährlichsten Abenteuer erleben, durch Identifikation mit dem Helden Feinde besiegen, sexuelle Erregung empfinden, Musik hören, wo, wie und solange er will. Die über die wirkliche Erlebniswelt weit hinausgehende Reizdarbietung bei völliger Passivität rechtfertigt es, von einem Endstadium der Verwöhnung zu sprechen.

Es ist klar, daß mit dem Endzustand der Verwöhnung auch deren Folgen, die überschüssigen Aktions- und Triebpotentiale, besonders kraß in Erscheinung treten. Damit wird aber das verhaltensökologische Problem, um das es uns geht, noch deutlicher: der vernunftgerechte Einsatz eben dieser kulturellen Potentiale.

Welche Konsequenzen ergeben sich aus der massenhaften Nutzung eines anderen Massenmediums, des Computers? Abgesehen von relativ wenigen, die mit dem Computer arbeiten, sogar explorativ arbeiten, führt der Computer insgesamt zu mehr Freizeit. Er spitzt damit das Problem des verhaltensökologischen Ungleichgewichtes noch weiter zu.

Über das Fernsehverhalten, insbesondere über die Wirkung von Gewaltdarstellung, sexuellen Handlungen, Abenteuerfilmen usw. liegen inzwischen etwa 3000 Untersuchungen vor. Der Medienexperte H. Haase stellt hierzu resigniert fest: »Indes ist die Antwort auf die scheinbar schlichte Frage nach der Wirkung von Gewaltdarstellungen in den Medien keinesfalls klarer und eindeutiger geworden. Im Gegenteil, sie ist schillernder als jemals zuvor.«[59]

Wir teilen diese Auffassung nicht, denn sie zeigt einmal mehr, daß die Erkenntnisse der Verhaltensbiologie nicht berücksichtigt oder nur kurz als falsch abgetan werden. Tatsächlich liefert die Verhaltensbiologie eine in sich stimmige Theorie des Medienkonsums, die die bisher vorliegenden Einzelergebnisse im Kontext zu erklären vermag.

Zunächst kann man feststellen, daß vom Zuhören und Zusehen in vielen Fällen spezifische Reize ausgehen. Daß das Mitansehen sexueller Aktivitäten sexuell stimulierend wirkt, weiß jeder. Ebenso wirkt aber auch das Mitansehen von aggressivem Verhalten als aggressiver Reiz. Es ist eben nicht so, daß der Mensch durch das Mitansehen aggressiver Akte Aggressionen erst durch Nachahmung lernen müßte – so wenig der Mensch erst lernen muß, was sexuelle Reize sind und wie die entsprechende Triebhandlung abläuft.

Daß das Mitansehen von Triebhandlungen ein auslösender Reiz für eben diese Triebhandlungen sein kann, läßt sich schon bei Tieren beobachten. So wirkt beispielsweise Flucht »ansteckend«, ebenso sexuelles oder aggressives Verhalten. Lorenz spricht hier von einer jeweiligen »Stimmung« und von »aktivitätsspezifischer Erregung«[94,99], die verschiedene Stufen der Intensität erreichen kann. Im übrigen zeigt die Kulturgeschichte der Menschheit zu Genüge, daß das Mitansehen und -hören sexueller oder aggressiv grausamer Handlungen zu lustvollen Erregungszuständen führt. Man denke an öffentliche Schaukämpfe, Folterungen, Hinrichtungen usw.

Mit der Erfindung der audio-visuellen Technik ist es den Menschen gelungen, die Reize, die von Triebhandlungen ausgehen – sei es im Bereich der Nahrung, der Sexualität, der Aggression, der

Neugier –, realgetreu zu codieren. Man kann davon ausgehen, daß die audio-visuelle Darstellung der Reize jeder anderen Codierung überlegen ist, insbesondere auch Text oder Bild, und daß daher die Wirkung den realen Reizen (nahezu) gleichkommt. Hinzu kommt, daß die Reize aus ihrer natürlichen Situation herausgenommen sind: Während die Kampfstimmung in tierischen Sozietäten mit der Gefahr, der Anstrengung, dem Risiko eines tatsächlichen Kampfes verbunden ist, erlebt der Fernsehkonsument die aggressiven Reize in sicherer und bequemer Umgebung.

Wir haben festgestellt, daß der Mensch bestrebt ist, Lust ohne Anstrengung zu genießen, wobei er sich das Prinzip der doppelten Quantifizierung zunutze macht. Das Zuschauen (aus sicherer Position heraus) erlaubt es aber, die Verwöhnung in raffinierter Weise auf den Gipfel zu treiben. Während nämlich die mit Lust verbundene Endhandlung normalerweise mit der Anstrengung des Appetenzverhaltens, zumindest aber der Triebhandlung selbst, beispielsweise der Kampfhandlung, erkauft werden muß, kann der Zuschauer auch auf diese Anstrengung verzichten. Das Mitansehen von Triebhandlungen verschafft dem Menschen ohne eigene Aktivität den jeweils zugeordneten Erregungszustand. Tatsächlich kann die Lust ohne Anstrengung noch weiter gesteigert werden: Bei aggressiven Darstellungen kann der Zuschauer durch Identifikation mit dem Helden den Sieg über den Gegner und damit die Lust der Endhandlung miterleben. Es kann also durchaus zu einer Katharsis kommen – freilich nur in bezug auf die Endhandlung, nicht in bezug auf die aggressionsspezifischen Aktionspotentiale! Die Trennung von Triebhandlung und Endhandlung wird in der Literatur zum Katharsisproblem überhaupt nicht berücksichtigt. Tatsächlich haben Versuche gezeigt, daß Kinder im Anschluß an aggressive Darstellungen ihre Kampfpotentiale spielerisch abbauen, wenn man ihnen hierzu Gelegenheit gibt. Diskussionen über Konfliktlösung bringen in einer solchen Situation freilich keine Entlastung.

Ähnliches kann sich im Bereich des Neugiertriebes ereignen: Abenteuer werden miterlebt, Gefahren überstanden, Probleme gelöst, Spannungen aufgelöst.

Das Besondere der Fernseh-Verwöhnung liegt also in dem auf die Spitze getriebenen Prinzip der Lust ohne Anstrengung. Man erlebt (durch Realcodierung) die Endhandlung ohne jede eigene Aktivität mit. Das Miterleben kann in einem Erregungszustand bestehen, der zwar letztlich ohne Befriedigung bleibt, wie etwa bei sexuellen Darstellungen, aber dennoch als hinreichend lustvoll erlebt wird, es kann aber auch, wie etwa bei aggressiven oder explorativen Darstellungen, zu einer echten Triebbefriedigung führen. In jedem Falle kommt es dabei durch den totalen Mangel an Anstrengung zu einem Stau der Werkzeuginstinkte, zu aggressiver Langeweile. Diese führt zu einem erneuten Bedürfnis nach lustvoller Erregung und damit wieder – in einem Prozeß positiver Rückkopplung – zu noch größerer Langeweile. Wenn Lorenz sagt, daß Langeweile die Ursache sei »für das große Unterhaltungsbedürfnis vieler Menschen«[100], so ist das unseres Erachtens nur die Hälfte der Wahrheit. Durch das Streben nach Verwöhnung (die Lorenz im übrigen ebenso sieht) wird Langeweile erst erzeugt, die dann zum Unterhaltungsbedürfnis führt, zur, wie Lorenz sagt, »Tatenlosigkeit der Überfütterten«. Es liegt auf der Hand, daß diese Tatenlosigkeit zur Apathie führen kann, zum Alkoholismus oder Drogenkonsum.

Die Fernsehverwöhnung hat folgende Auswirkungen: Die Reize müssen der Abstumpfung wegen ständig erhöht werden, den Herstellern von Porno- und Gewaltfilmen muß stets eine neue Variante einfallen. Diese Folge der Verwöhnung führt im übrigen nicht unbedingt zu wirklichem aggressiven Verhalten – im Gegenteil: Die Wirklichkeit bietet im allgemeinen keine so hohen aggressiven Reize, sie löst also auch (nach dem Gesetz der doppelten Quantifizierung) keine Triebhandlung aus. Insofern wird das Fernsehen tatsächlich zur Droge: Man braucht immer höhere künstliche Reize, um Lust (ohne Anstrengung) zu spüren.

Weiterhin ist klar, daß in solchen Fällen Aggression dann auftritt, wenn man die Triebhandlung verhindert, wenn man also die Fernsehdroge entzieht. »Wenn ich nicht schauen dürfte, so würde ich so zornig, daß ich aus dem Fenster hüpfen könnte«, sagte ein elfjähriger Schüler in einem Bericht der »Schulpraxis« 1985. Auch empirische Untersuchungen zeigen, daß der Entzug der besonderen Reize zunächst jedenfalls zu Aggression führen kann.[59]

In jedem Falle aber erhöht sich – auch bei gelungener Triebbefriedigung – das aggressionsspezifische Aktionspotential. Dieses wird zwar im allgemeinen eher spielerisch abreagiert – dabei kann es aber leicht zum Ernstfall kommen, beispielsweise dann, wenn es zu versehentlichen Verletzungen kommt. Wenn in mehreren Untersuchungen festgestellt wurde, daß nach dem Ansehen aggressiver Handlungen verstärkt Aggression auftritt, so muß diese Aussage differenziert werden: Das auftretende Kampfverhalten ist diffus, es richtet sich in der Regel nicht auf bestimmte Gegner.

Geht man einerseits von der Befriedigung des Aggressionstriebes durch Zuschauen (und Identifizierung mit dem Sieger) aus und zieht andererseits die Möglichkeit des Abbaus aggressionsspezifischer Potentiale durch adäquates Sport- oder Spielverhalten in Betracht, so scheint das Problem »Gewalt im Fernsehen« einer Lösung durchaus zugänglich. Wir werden auf diese Frage gleich zurückkommen, zunächst wollen wir zeigen, daß sich die Ergebnisse der traditionellen Medienforschung nahtlos in den Zusammenhang der Verhaltensökologie einfügen.

Traditionelle Erklärungsmodelle im Kontext der Verhaltensökologie

Nach H. Haase kann man vier Erklärungsmodelle unterscheiden.[59] Das *Erregungsmodell* besagt richtig, daß Medieninhalte einen emotionalen Erregungszustand hervorrufen können; es nimmt allerdings fälschlicherweise an, daß nur Tendenzen und Verhaltensweisen stimuliert werden könnten, die man gelernt hat. Daß vor allem erotische und gewalttätige Tendenzen auftreten, wird darauf zurückgeführt, daß diese »in unserer Kultur« mit Erregungsvorgängen konditioniert seien. Erotische und gewalttätige Inhalte »tragen dadurch in höherem Maße zur allgemeinen Intensivierung von Handlungsbereitschaften bei, als etwa humoristische Sendungen«.

Das *Lernmodell* besagt, »daß es die gewalttätigen Inhalte als solche sind, die medienvermittelt gelernt... werden«. Das Modell stützt sich auf das Imitationslernen und behauptet, daß die »aggressive Methode«, in der Welt zurechtzukommen, in jedem Falle – ob die dargebotenen Aggressionshandlungen erfolgreich seien oder nicht – gelernt würden.

Im *Habituationsmodell* wird angenommen, daß sich der Konsument an Gewalt gewöhne und so gleichgültig werde gegenüber dem aggressiven Aushandeln von Konflikten.

Das vierte Modell ist die *Katharsishypothese*, nach der die Beobachtung von Gewaltszenen ein »Ausleben des (angeborenen) Aggressionspotentials auf der Phantasieebene erlaube«. Haase fügt hinzu: »Wie aber jedermann weiß, sprechen regelmäßige Krawalle vor, während und nach solchen Veranstaltungen (z. B. anläßlich von Fußballspielen) nicht gerade für die Richtigkeit der Katharsisannahme.«

Betrachtet man die vier Erklärungsmodelle und legt die Triebtheorie zugrunde, insbesondere die Triebtheorie der Aggression, so läßt sich folgendes sagen: Die Triebtheorie schließt das Erregungsmodell ein und erklärt zugleich die besondere Wirkung sexueller und aggressiver Reize; sie steht nicht im Widerspruch zum Lernmodell, sofern man, wie das Erregungsmodell auch, die Darstellung sexueller oder aggressiver Handlungen als auslösende Reize versteht; sie führt das Habituationsmodell auf das Gesetz der doppelten Quantifizierung zurück sowie auf den Abbau von Information, und sie erklärt die Katharsishypothese – allerdings nur, wenn man Appetenzverhalten, Triebhandlung und Endhandlung unterscheidet. Die Fußballfans kommen bereits mit einem hohen Aggressionspotential an; für viele liegt ein echtes Appetenzverhalten vor. Sie treffen auf den Rivalen, nämlich die Fans des Gegners; sie haben als Zuschauer keine Gelegenheit, ihre Werkzeuginstinkte zu befriedigen und – das ist das Entscheidende – sie können sich nicht, wie der Fernsehzuschauer, mit dem siegreichen Helden identifizieren, sondern sind potentielle oder tatsächliche Verlierer. Wir haben schon festgestellt, daß bei einer solchen Konstellation Gewalt in der Luft liegt. Wenn jetzt noch die Großhirnkontrolle versagt, was durch Alkohol oder Nationalfanatismus leicht geschehen kann, ist Gewalt nicht mehr zu verhindern. Das Massaker von Brüssel kann sich bei einer ähnlichen Konstellation jederzeit wiederholen.

H. Haase behauptet: »Heute wird von kaum einem Forscher ernsthaft angenommen, der Konsum violenter Medieninhalte senke die Aggressionsbereitschaft«.[59] Mag sein, daß sich manche Forscher durch eine weitverbreitete anti-naturwissenschaftliche Denkweise beirren lassen; tatsächlich ist es durchaus möglich, den

Aggressionstrieb als solchen zu befriedigen; was ansteigt, sind »nur« die aggressiven Werkzeuginstinkte.

Auf den ersten Blick scheint sich also ein Beitrag zur Lösung des Aggressionsproblems anzubieten: Triebbefriedigung durch das Mitansehen aggressiver Akte und ritualisierter Einsatz angestauter Werkzeuginstinkte. Bei näherem Zusehen erweist sich dieser Weg aber nur als punktuell gangbar, eine dauerhafte Lösung kann er aus mindestens drei Gründen nicht bieten.

Zum einen sind auch die (spontanen) aggressiven Werkzeuginstinkte nicht ungefährlich. Aus einem spielerischen oder ritualisierten Einsatz kann immer auch ein ernsthafter werden. Außerdem vergrößert sich die Neigung zu unkontrollierten Handlungen, zu Risikoverhalten oder zu Alkoholismus.

Zum zweiten würde man sich von der Droge Fernsehen abhängig machen. Man braucht ja zur Triebbefriedigung immer höhere Reize, die Wirklichkeit wird »reizlos«, das wirkliche Leben immer langweiliger. Gerade diese Klage hört man von seiten der Eltern, aber auch der Lehrer sehr häufig: Den Kindern ist es zu Hause langweilig, man kann ihnen nichts Abenteuerliches bieten, die Versuchung wird groß, das Abenteuer immer wieder erneut am Fernsehschirm zu erleben.

Schließlich ist noch die mangelnde Rückkopplung mit der Wirklichkeit zu nennen, der mangelnde Realitätsbezug aggressiven Verhaltens. Je höher Anzahl und Grausamkeit aggressiver Darstellungen, desto harmloser erscheinen wirkliche aggressive Handlungen. Ein Fausthieb im Film scheint normal und ohne große Wirkung, tatsächliche Folgen können vom Zuschauer nicht »ermessen« werden. Das bedeutet, daß auch ein ungezielter Abbau aggressiver Werkzeuginstinkte schwere Folgen haben kann. Die Tiere können in ihren Kampfspielen besser mit ihren Waffen umgehen: sie machen von ihnen keinen Gebrauch.

Sieht man sich die neuen Medien an – Kabelfernsehen, Satellitenfernsehen, Bildschirmtext, Videotext –, so läßt sich das entsprechende Verhalten der Benutzer in etwa vorhersagen: Das größere Angebot an Fernsehprogrammen führt zu einem weiteren Konsum an aggressiven, sexuellen, abenteuerlichen Filmen, an Shows und ähnlicher Unterhaltung – insgesamt eben an Lust ohne Anstrengung.

Bildschirmtext oder ähnliche Einrichtungen führen zu einer weiteren Einschränkung von Bewegung und Kommunikation; sie erhöhen die Freizeit und damit den Trend zur Verwöhnung – sofern sich keine grundlegenden Einstellungsänderungen ergeben.

Computer zwischen Abenteuer und Langeweile

Das Massenmedium Computer ergibt ein differenzierteres Bild als das Fernsehen. Um dies zu verdeutlichen, untersuchen wir die Nutzung des Computers zunächst in der Arbeitswelt, wobei man die Arbeit mit dem Computer als Werkzeug und die durch Computer bedingte Freisetzung von (traditionellen) Arbeitsgängen unterscheiden muß.

Bei der Arbeit *mit* dem Computer ist vor allem an die Forschung zu denken, an die Lösung wissenschaftlicher und technischer Probleme, an die Entwicklung neuer Konzeptionen und Produkte. Hier nimmt der Computer das Durchrechnen ab, das Durchspielen der Ansätze und Hypothesen und erlaubt so dem Wissenschaftler oder Techniker, sich auf kreative Aufgaben zu konzentrieren. Besonders zu erwähnen sind hier die Simulationen vernetzter Systeme, die die Folge von Eingriffen sofort erkennen lassen. Aber auch die Sekretärin wird durch die Arbeit mit dem Computer entlastet – sei es in Form der Textverarbeitung oder der Bearbeitung von Dateien.

Neben der direkten Arbeit mit dem Computer ist der sich ständig vergrößernde Bereich der völligen Automatisierung zu nennen. Man denke etwa an die modernen Roboter, an die vollautomatisierten Fertigungsanlagen bis hin zur automatischen Fahrkartenausgabe. Hier geht es zunächst einmal um die Freisetzung des Menschen von diesen Arbeitsgängen. Ob die freigewordenen Kapazitäten für höherwertige Arbeiten eingesetzt werden, für exploratives Handeln, ist eine andere Frage. Im Augenblick jedenfalls müssen noch zahlreiche eintönige Kontroll- und Überwachungsfunktionen ausgeübt werden. Der Anteil der durch den Computereinsatz tatsächlich interessanter gewordenen, höherwertigen, humaneren Tätigkeiten wird zur Zeit nur auf etwa 20 bis 30 Prozent geschätzt.

Die Bilanz zwischen Abenteuer und Langeweile könnte sehr viel positiver ausfallen, wenn der Computer nicht nur unter technischen und ökonomischen Kategorien eingesetzt würde. So ist es verhaltensbiologisch unsinnig, ausgerechnet das Abenteuer der menschlichen Kommunikation zu automatisieren – sei es in öffentlichen Verkehrsmitteln, kommunalen Einrichtungen, im Gaststättengewerbe oder in sonstigen Dienstleistungsbereichen. Ein eklatantes Beispiel ist der wegautomatisierte Schaffner in Bus oder Bahn. Vor allem ältere Leute kommen mit den Fahrkartenautomaten nicht zurecht; die persönliche Betreuung, die gelegentliche Unterhaltung gibt es nicht mehr. Die Folge ist, daß zur Bewältigung der automatisierten Lebenswelt Sozialarbeiter eingesetzt werden müssen. Damit erweist sich aber die Automation in Bereichen menschlicher Kommunikation nicht nur als inhuman, sondern auch als ökonomisch falsch.

Der Computer eröffnet also durchaus Chancen für einen kulturellen, insbesondere explorativen Abbau von Aktionspotentialen; die Chance wird allerdings noch zu wenig genutzt oder auch leichtfertig vertan.

Computer werden heute nicht nur in der Arbeitswelt benutzt, sondern auch in der Freizeit, einschließlich derjenigen Zeit, die für notwendige Verrichtungen wie Einkauf, Bankverkehr, Kontoführung etc. aufgebracht werden muß. Auch hier lassen sich wieder die beiden schon angeführten Bereiche unterscheiden: die direkte Verwendung des Computers und die durch den Computer gewonnene zusätzliche »echte« Freizeit.

Bei der direkten Benutzung steht das Spielen an erster Stelle. Dieses kann durchaus explorative Qualitäten haben – man denke an Schach, an die Entwicklung eigener Programme etc. –, oftmals werden die Computer aber auch nur zu sehr stumpfsinnigen Spielen genutzt. Ähnlich verhält es sich mit dem Computer als Lehrgerät: Auch hier gibt es zahlreiche Beispiele höchst einfacher Informations- und Abfragprogramme, die die Möglichkeiten des Computers überhaupt nicht ausschöpfen. Es ist ja gerade das Charakteristische des Computers, daß er einen rückgekoppelten Unterricht zu realisieren vermag. Das bedeutet wiederum, daß mit ihm wenigstens in gewissem Rahmen ein genetischer Unterricht verwirklicht werden kann. Der Adressat wird vor Probleme gestellt, die Antworten werden vom Computer beurteilt, dieser kann Lösungshilfen anbieten, die den Adressaten wiederum dazu veranlassen, die Probleme weiter in Angriff zu nehmen. So bleibt der Adressat ständig explorativ tätig, engagiert, produktiv denkend. Leider sind derartige genetische Lehrprogramme noch kaum entwickelt, geschweige denn im Einsatz.

Im Prinzip kann also der Computer auch in der Freizeit in explorativer Weise genutzt werden. Allerdings dürfte auch hier der Anteil des direkten Abenteuers nicht sehr hoch sein, man schätzt ihn auf etwa zehn Prozent.

Wie die Entwicklung in den USA zeigt, wird der Heimcomputer vor allem für den Bankverkehr genutzt, für die Kontoführung, für automatisiertes Briefeschreiben, für den Einkauf etc. Eine solche Nutzung ist im allgemeinen nicht selbst explorativ, ermöglicht aber durch weiteren Gewinn an echter Freizeit prinzipiell den eigenverantwortlichen Abbau von Aktivitäts- und Aggressionspotentialen.

Allerdings kann der Computereinsatz auch zur Reduktion von Kommunikation führen. Für viele Menschen spielt gerade der persönliche Einkauf, der persönliche Gang zum Reisebüro oder zur Bank eine kommunikativ wichtige Rolle. Auch der Schachcomputer kann den menschlichen Partner eben nur teilweise ersetzen.

Zusammenfassend ist zu sagen: Für einige Menschen (zehn Prozent?) wird der Computer (auch) in der Freizeit zum Abenteuer: für Spieler und Freaks, für Hacker und Denker. Für einige wird er Kommunikation reduzieren, insbesondere wohl für ältere Menschen; für viele wird er einen weiteren Freizeitgewinn bedeuten. Ob dieser zu weiterer Verwöhnung verwendet wird oder zum verhaltensökologischen Abbau überschüssiger Potentiale, ist eine andere Frage.

Verwöhnung als »Sündenfall« der Reflexion

Verwöhnung als Ursache von Fehlverhalten in unserer Gesellschaft

Wir erinnern an die Zusammenstellung des Fehlverhaltens in unserer Gesellschaft, an die überwiegend jugendlichen Gruppen der Gewalttätigen, der Selbstzerstörer, der Verweigerer, an die Sonderstellung der (aktiven) Alternativen und an das Fehlverhalten (überwiegend) Erwachsener, an Überbevölkerung und Überverbrauch. Wir stellten fest, daß die bisherigen Versuche, dieses Verhalten zu erklären, sich als unzulänglich oder auch widersprüchlich erwiesen haben. Wir haben anschließend gezeigt, daß Verwöhnung zu Anspruchshaltung und überhöhter Aggression führt, wobei wir noch einmal betonen wollen, daß die »Anstrengungsverwöhnung« nicht unbedingt auf der angestrebten Vermeidung von Anstrengung beruhen muß, sie kann auch aufgezwungen sein, beispielsweise durch Arbeitslosigkeit, langweilige Arbeit oder langweilige Umwelt. Auch dies wollen wir noch einmal ausdrücklich sagen: Selbst dann, wenn der Mangel an Anstrengung auf echter, angestrebter Verwöhnung beruht, kann man nicht von Schuld sprechen, denn das Sich-Verwöhnen oder Sich-der-Verwöhnung-Hingeben ist – wenn keine anderen Zusammenhänge »maß«-gebend werden – eine geradezu zwangsläufige Folge unserer reflexiven Denkfähigkeit.

Noch etwas ist für die nachfolgenden Ausführungen zentral: Die verhaltensbiologische Theorie der Verwöhnung erklärt bestimmte Verhaltensweisen (z. B. Anspruchshaltung und überhöhte Aggression) als gesetzmäßige Folge von Verwöhnung – sie kann selbstverständlich nichts darüber aussagen, ob Verwöhnung in einer realen Situation vorliegt oder nicht. Das bedeutet, daß die dargestellten Folgen von Verwöhnung in der Wirklichkeit in dem Maße auftreten, in dem Verwöhnung stattfindet.

Gewiß – es gab schon immer Probleme mit Jugendlichen, es gab schon immer den Generationskonflikt, den jugendlichen Protest gegen traditionelle Werte und etablierte Mächte. Ein solches Verhalten Jugendlicher ist nicht nur von der kulturellen Tradition her, sondern auch aus der Sicht der Verhaltensbiologie durchaus normal: die Jugendlichen verfügen über die höhere Triebstärke, sie haben mehr Sexualität, Aggressivität, Risikobedürfnis, Abenteuerlust. Die von der Jugend ausgehenden Impulse erfüllen dabei eine verhaltensbiologisch wichtige Funktion: sie spielen die Rolle der Mutation, der Erzeugung von Innovationen aller Art. Die Tradition spielt demgegenüber eher die Rolle der Selektion, der Auswahl, aber auch der Integration und Bewährung.

Doch bei aller Berücksichtigung des natürlichen Generationskonflikts: Das heutige Jugendproblem, die hohe Anzahl Gewalttätiger, Selbstzerstörer, Verweigerer usw. ist mit dem Generationskonflikt nicht mehr zu erklären. In den zahlreichen Untersuchungen zum heutigen Jugendproblem wird dieser Versuch auch gar nicht unternommen. Andere Erklärungsmodelle (Überforderung, Leistungsdruck, Streß, politischer Protest) erwiesen sich zwar als punktuell zutreffend, insgesamt aber als unzulänglich. Wir sind demgegenüber der Auffassung, daß die Art des Fehlverhaltens und deren Verbreitung in sämtlichen Industrienationen nur mit dem Wohlstand selbst, mit der Verwöhnung, erklärt werden kann.

Die Tatsache, daß viele Jugendliche heute in hohem Maße verwöhnt sind, geht nicht nur aus deren Teilhabe an den Auswirkungen der Wohlstandsgesellschaft hervor: am Überfluß an Nahrung, am Bewegungsmangel (sobald es geht, kauft sich der Jugendliche ein Moped oder ein Motorrad), am Aggressionsstau, am Mangel an (eigener) Exploration, am Konsum der Massenmedien etc.; der beste Beweis für die durch Wohlstand realisierte Verwöhnung ist der vielberufene Wertwandel. Der »postmaterielle Wertwandel« setzt den materiellen Wohlstand voraus. Es geht nicht mehr um die mühevolle Befriedigung elementarer Triebe – die Sehnsüchte richten sich auf materiellen Luxus, auf Selbstverwirklichung jenseits aller Zwänge und Konflikte, auf Freiheit, Glück und Harmonie. Der postmaterielle Wertwandel erweist sich so als Folge von Verwöhnung, die utopischen Sehnsüchte sind die Folgen überschüssiger Aktions- und Triebpotentiale, der Ausdruck aggressiver Langeweile.

Tatsächlich nimmt in der Selbstdarstellung vieler Jugendlicher der Zustand der Langeweile eine zentrale Stellung ein. Aus Langeweile rast man mit dem Motorrad umher, aus Langeweile sieht man sich Horrorfilme an, aus Langeweile greift man zu Drogen oder auch zu kriminellen Abenteuern. Wieder ist es Lorenz, der diese Zusammenhänge klar beschreibt. Wenn er davon spricht, daß Jugendliche von Langeweile geplagt werden, ja, daß Langeweile sogar zum Selbstmord führen kann, so ist dem nur hinzuzufügen, daß diese Langeweile selbst eine Konsequenz darstellt, eine Konsequenz aus dem Streben nach Lust ohne Anstrengung. Aus dieser durch Verwöhnung hervorgerufenen Grundstimmung der aggressiven Langeweile heraus sind unseres Erachtens die einzelnen Ausdifferenzierungen jugendlichen Fehlverhaltens zu erklären.

Gewalttätige

G. Kaiser stellt fest, daß bei der registrierten Jugendkriminalität »Gewaltdelikte gegen Personen eine doppelt so hohe Steigerungsrate haben wie die Gesamtdelinquenz«. Straftaten gegen die persönliche Freiheit, Raubdelikte sowie die schwere und gefährliche Körperverletzung haben sogar »drei- bis fünfmal so stark zugenommen«. Zugenommen hat auch der sogenannte Vandalismus, also Zerstörungshandlungen an Objekten wie Schulen, Massenverkehrsmitteln, öffentlichen Bedürfnisanstalten, Parkanlagen, Telefonzellen, Feuermeldern und Grabsteinen. Kaiser bezeichnet diese Art der Kriminalität als eine »typische Form der Jugendkriminalität«. Über die Raubdelinquenz schreibt Kaiser, daß deren Entwicklung »zu Besorgnis Anlaß gibt«.[80]

Gewiß ist nicht auszuschließen, daß auch in unserer Gesellschaft (noch) Gewalthandlungen aus einer Notsituation heraus begangen werden – »die Zunahme der Aggression in der modernen Industriegesellschaft«[79, 80] ist damit sicher nicht zu erklären. Die Ursache liegt vielmehr in dem durch Verwöhnung angestiegenen aggressiven Aktions- und Triebpotential und den dadurch bedingten Phänomenen des Appetenzverhaltens und der Schwellenerniedrigung.

Bei einem hohen Aggressionspotential genügen, wie wir wissen, schon niedrige Reize, um aggressive Handlungen auszulösen. Der Vandalismus erscheint unter diesem Aspekt eindeutig als Appetenzverhalten; bei Straßenbanden, die sich zum Kampf verabreden oder wegen nichtiger Anlässe aufeinander losgehen – in Frankfurt war der Anlaß eine gestohlene Jacke –, handelt es sich ganz offensichtlich um Appetenzverhalten mit Schwellenerniedrigung.

Eine ganz entscheidende Rolle bei Gewalttaten dürfte das negative Sieger-Verlierer-Verhältnis spielen: Man braucht den Rivalen, den man (leicht) besiegen kann. Eine bewährte Strategie ist dabei die Mitgliedschaft in einer Gewalt rechtfertigenden Gruppe. Das Streben nach Sieg ist als Trieb auch in der Wohlstandsgesellschaft anzutreffen, ja, dort wirkt er sich noch gravierender aus, da das Übertrumpfenwollen zu immer schärferen Mitteln führt.

Der Raub, z. B. das Wegreißen von Handtaschen, hat mit Aggression weniger zu tun. Hier handelt es sich unseres Erachtens eher um den Weg zur Verwöhnung, um den Gewinn an Lust ohne Anstrengung. Dies gilt auch für die in letzter Zeit rapide zunehmenden Einbruchsdiebstähle, die im übrigen zum allergrößten Teil von Jugendlichen begangen werden. Man will materiellen Wohlstand, will andere (damit) besiegen, ohne sich hierfür anstrengen zu müssen.

Noch ein Wort zur politisch motivierten Gewalt: auch diese gedeiht besser auf einem hohen Aggressionspotential. Hierbei richtet sich die Aggression nicht direkt gegen ein bestimmtes Objekt; das angegriffene Objekt wird vielmehr zum Symbol des politischen Feindes schlechthin. In diese Kategorie von Gewalttätigkeit gehört das Entführen, Schlagen, Foltern, Töten von Angehörigen des feindlichen Systems – auch wenn diese selbst keinerlei Anlaß zur Auslösung aggressiver Handlungen gegeben haben, ja, völlig unbekannt und unbeteiligt sind. Gewiß gibt es auch im Bereich politisch motivierter Gewalt weniger gravierende Fälle – man denke an Gewalttätigkeiten bei Demonstrationen, an Gefechte mit der Polizei, an gewaltsame Hausbesetzungen –, gemeinsam ist dieser Art der Gewalt in jedem Falle ihre dogmatische Legitimation.

Alkoholismus, Drogenkonsum und Selbstmord wird einmal als Aggression gegen sich selbst interpretiert, häufig ist aber auch die Rede von der Flucht in die Droge, in Sekten, in Gewalt etc. Das braucht sich, wie wir gesehen haben, nicht zu widersprechen: Wenn der Fluchttrieb nicht befriedigt wird, kommt es zur Aggression. Daß sich diese gegen die eigene Person richten kann, ist zumindest nicht auszuschließen.

Eine andere, unseres Erachtens sehr einleuchtende Erklärung für Drogenkonsum gibt – ohne Bezugnahme auf die Verhaltensbiologie – W. Bärsch: »Durch die Droge soll Lebensqualität verbessert werden.« Nach Bärsch erhöht sich »der Stellenwert der Lust«.[6]

Bärsch, der zwischen personalen (durch eigene Leistung erbrachten) und apersonalen (durch äußere Hilfsmittel erbrachten) Mitteln zur Erreichung von Lebensqualität spricht, schreibt: »Apersonale Mittel sollen ihm das geben, was er durch eigene Aktivitäten nicht erreichen kann.« Dem Jugendlichen geht es um die »Befriedigung unerfüllter hedonistischer Wünsche mit Hilfe der Drogen«.[6]

Dieser Satz drückt mit anderen Worten genau das aus, was wir als Grundprinzip der Verwöhnung bezeichnen: Lust ohne Anstrengung. In diesem Zusammenhang sieht Bärsch die hohe Bereitschaft zum Konsum, den Trend, Leid und Konflikt zu vermeiden und das Leben nur zu genießen.

Hier wird wieder der Zusammenhang mit der Aggression deutlich: Die Drogen halten nämlich, wie Bärsch sagt, nicht das, was sie versprechen. Der Versuch, auf diese Weise Lust zu steigern und Unlust zu vermeiden, schlägt fehl, es kommt zur Enttäuschung und damit zur Aggression. So stellt Bärsch fest, daß drogenkonsumierende Jugendliche besonders empfindlich auf Leistungsanforderungen reagieren. Weiterhin ist es nicht ausgeschlossen, daß sich auf diesem Wege die Aggression auch gegen das eigene Selbst richten kann.

Im Gegensatz zu Bärsch sind wir allerdings der Auffassung, daß eine Heilungschance bei Drogensüchtigen noch am ehesten in Anforderungen besteht. Lorenz empfiehlt etwa die Mitwirkung im Bergnot- oder Seenot-Rettungsdienst. Unter Umständen ist es auch schon nützlich, die Betreffenden gelegentlich in Wut zu versetzen.

Auch diese Methode zeigt den engen Zusammenhang von Drogenkonsum und Aggression.

Verweigerer

Im Aspekt der Verhaltensökologie sind die Verweigerer diejenigen, die ihre Aktions- und Aggressionspotentiale weder gewalttätig auf Objekte richten noch gegen sich selbst, die aber auch nicht die Anstrengungen der Leistungsgesellschaft auf sich nehmen oder ihre Potentiale in alternative Projekte stecken wollen. Für diese Gruppen treffen die Bezeichnungen »No Future« oder »Null Bock« sehr genau zu.

Durch die fehlenden Motive und die Orientierungslosigkeit dieser Jugendlichen kommt es aufgrund der aggressiven Langeweile zu ungerichteten, wechselnden und sporadischen Aktivitäten. Die Verweigerer versuchen, ihre Selbstverwirklichung, ihr »eigentliches« Leben in der Freizeit zu realisieren, dazu noch in einem konsumierenden Freizeitverhalten, in stundenlangem Musikhören, endloser Selbstbespiegelung und wirklichkeitsfremden Träumereien. Solche Versuche müssen schon deswegen fehlschlagen, weil man das Leben nur in der Auseinandersetzung mit der Umwelt, im Überwinden von Problemen, im gemeinsamen Handeln als sinnvoll erleben kann.

Die Verweigerer sind es auch, die dazu neigen, sich Sekten anzuschließen, die ihnen die Lösung ihrer Sinnprobleme versprechen und ihnen oft auch Gelegenheit geben, ihre Aktions- und Aggressionspotentiale einzusetzen, sei es durch Zwang oder durch Überzeugung. Dann zeigt sich, daß die Verweigerer sehr wohl über solche Potentiale verfügen, über Potentiale, die nicht abgefordert werden, weder von der Gesellschaft noch von den Jugendlichen selbst.[38]

Aber nicht nur autoritäre oder sinnversprechende Sekten rekrutieren sich aus den Verweigerern; es besteht auch die große Gefahr, daß sich die latente Aggression in politisch motivierte Gewalt umsetzt oder daß die Jugendlichen versuchen, die für einen weiteren Lustgewinn erforderlichen höheren Reize in der Drogenszene zu suchen.

Sieht man sich die Untersuchungen und Berichte über das Fehlverhalten Jugendlicher an, so wird eine wichtige Ursache völlig unter den Teppich gekehrt: die Verwöhnung durch Abwertung von Leistung schlechthin. In den siebziger Jahren wurden die Jugendlichen, insbesondere Schüler und Studenten, eindeutig zu wenig gefordert. Der Begriff Leistung wurde als solcher schon abgewertet, und zwar in erster Linie von den demokratischen Sozialisten. Deren zentrale Vorstellung ist ja die Gleichheit der Menschen: Unterschiede im Einkommen, im Status, in der Macht sind nicht nur ungerecht, sie führen zu Herrschaft von Menschen über Menschen. Eine humane, harmonische, gerechte Gesellschaft ist daher eine herrschaftsfreie, eine Gesellschaft von »Freien und Gleichen« – so heißt es im ökonomisch-politischen Orientierungsrahmen der SPD für die Jahre 1975 bis 1985.

Nun muß man folgendes klar sehen: Die Ende der sechziger Jahre bis Ende der siebziger Jahre konzipierten und durchgeführten Bildungsreformen in der Bundesrepublik Deutschland – Gesamtschule, Gesamthochschule, Curriculumreform, Gruppenuniversität u. a. – waren der mehr oder weniger gelungene Versuch der erstarkten demokratischen Sozialisten, ihre Wertvorstellungen durch eine entsprechende Bildungspolitik zu verwirklichen. Dabei wurde jede einzelne Maßnahme an der Richtschnur vermehrter Gleichheit orientiert. So wurde in der Bundeskonferenz der Arbeitsgemeinschaft für Sozialdemokraten im Bildungsbereich im März 1979 formuliert: »Die Gesamtschulen haben gezeigt, daß mehr Gleichheit möglich ist.«

Demokratische Sozialisten haben klar erkannt, was der Gleichheit im Wege steht: individuelle Leistung und hohe Leistungsbewertung. Sie haben sich daher folgerichtig für eine Reduktion der Leistung eingesetzt, für eine Aufhebung von Auslese, für soziale Integration u. a. Diese Ideologie der Gleichheit hat eine Verwöhnungswelle mit sich gebracht, die auch heute noch deutlich zu spüren ist.

Im Aspekt der Verhaltensökologie sind die Alternativen diejenigen, die in einem echten Wertwandel ihre Aktions- und Aggressionspotentiale zielgerichtet und durchaus auch lustvoll einsetzen und abbauen. Ihre Zielrichtung beziehen sie aus dem Protest gegen die Konsumgesellschaft, die technische Zivilisation, und so bauen sie sich eine Gegenkultur auf: Sie engagieren sich in landwirtschaftlichen Kommunen, Werkstätten, Bildungseinrichtungen, in der Öko- und Friedensbewegung, bei Demonstrationen, in Bürgerinitiativen.

Die Alternativen haben – im Gegensatz zu den Verweigerern – einen Gegner; sie setzen daher auch ihr Aggressionspotential ein, sie kämpfen gegen etablierte Mächte, sie kämpfen (aggressiv) für den Frieden, für die Umwelt etc. Zweifellos besteht hier eine Nähe zur politischen Gewalt. Aus gewaltlosen Demonstrationen oder Besetzungen kann dann ein »Öko-Terror« werden, wenn die Rechtfertigung dogmatisiert wird. Überhaupt schütten die Alternativen in mancher Hinsicht »das Kind mit dem Bade aus«. Sie lehnen dann nicht nur die Konsumgesellschaft ab, die zur Zerstörung der Umwelt führt, sondern auch traditionelle Ordnungsprinzipien. So wollen sie grundsätzlich von Hierarchien nichts wissen, sehen dabei aber nicht, daß ohne hierarchische Ordnungsprinzipien auch die Umweltprobleme nicht gelöst werden können. Die Grünen haben diese Erfahrung in langen Jahren machen müssen.

Die Alternativen haben also zweifellos einen verhaltensökologisch richtigen Weg gefunden – einen Weg, der jedoch aus zwei Gründen nicht dauerhaft gangbar ist: Zum einen lebt ihr Engagement weitgehend vom Protest, zum anderen werden demokratische und liberale Prinzipien gefährdet. Der Weg, den wir vorschlagen, wird daher ein anderer sein.

»Erwachsenenzentrierte«

In den Jugendstudien werden häufig »Erwachsenenzentrierte« und »Jugendzentrierte« unterschieden. Die Erwachsenenzentrierten sind die an die etablierten Werte der Gesellschaft Angepaßten, ja diejenigen, die die Tradition ganz besonders konsequent fortsetzen wollen. Jugendzentrierte plädieren dagegen für eine Änderung der gesellschaftlichen Wertvorstellungen, sie verstehen sich nicht als Hüter, sondern als Kritiker. Benutzen wir noch einmal das Bild der gesellschaftlichen Mutation und Selektion, so sind es also nur die Jugendzentrierten, die zur »Mutation« zu rechnen sind.

Nun erscheinen vielen Wissenschaftlern und Politikern die Erwachsenenzentrierten als unproblematisch: sie sind ja die Angepaßten, die Unauffälligen, die Braven. Die Verhaltensökologie kommt zu einer ganz anderen Beurteilung: Verhaltensökologisch gesehen machen die Erwachsenenzentrierten ebenfalls gravierende Fehler. Sie stecken ihre überschüssigen Aktions- und Aggressionspotentiale in den weiteren Fortschritt der technischen Zivilisation und begeben sich damit in den Teufelskreis steigender Ansprüche. Daß dies zur Umweltzerstörung führen muß, liegt auf der Hand. Außerdem führt die rasche und leichte Triebbefriedigung zu einem weiteren Anstieg aggressiver Potentiale.

Gewiß: Die Tatsache, daß überhaupt Aktionspotentiale eingesetzt werden, daß junge Menschen Initiative und Engagement aufbringen, ist verhaltensökologisch richtig; was verändert werden muß, ist die Zielrichtung der Aktivitäten. Die Ökologie setzt der technischen Zivilisation unüberschreitbare Grenzen.

Trends und Prognosen

Neuere Untersuchungen[1,78,149] lassen keine grundlegenden Veränderungen des Verhaltens Jugendlicher (und Erwachsener) erkennen. Materieller Wohlstand und Freizeit haben zugenommen. Die Freizeit wird mehr als bisher in Cliquen zugebracht. Eine große Rolle spielt die gemeinsame Unterhaltung: Kneipen, Disko, Telespiele, Motorradfahren, Fernsehen, Musikhören, Petting usw.

K. Allerbeck betont, daß die Familie in der Freizeit kaum mehr eine Rolle spiele.[1] Nimmt man die Aussage hinzu, daß Jugendliche vor allem in der Freizeit nach Selbstverwirklichung streben, so bedeutet dies, daß nicht die Familie, sondern die Clique zu diesem Zwecke auserkoren wird. Tatsächlich weist Allerbeck nach, daß sich der Generationskonflikt vorwiegend im Kollektiv der Cliquen verstärkt hat.[1] Hier kommt eine aggressive Komponente zum Vorschein: »Das bewußte Sich-Absetzen gegen eine andere Gruppe ist, neben anderen Faktoren, auch von Aggressivität motiviert ...«[100] Arbeit wird oft als Job angesehen, die Schule wird (noch) stärker abgelehnt als vor Jahren.

Der Trend zu immer mehr Verwöhnung – mit all seinen Konsequenzen – ist also ungebrochen. Die verhaltensökologische Theorie der Verwöhnung gibt zu folgender Prognose Anlaß: Geht man davon aus, daß die Mehrzahl der (jungen und erwachsenen) Wohlstandsbürger die Erkenntnisse der Verhaltensbiologie weiterhin ignoriert, daß sie also ihr Verhalten nicht aufgrund von Einsicht nachhaltig ändert, und setzt man weiterhin voraus, daß (noch) keine ökologischen Katastrophen eine solche Verhaltensänderung erzwingen, so fließt auch der breite Strom der Massenverwöhnung weiter. Ja, er schwillt – um in diesem Bilde zu bleiben – immer mehr an: Die Lust ohne Anstrengung führt zu aggressiver Langeweile und diese sucht nach immer größerer Lust. Das Auto als »bestes Mittel gegen Langeweile« verlangt zwangsläufig nach einem noch schnelleren Auto; der gelungene Einbruch verlangt nach einem weiteren mit größerer Beute usw.

Die Chance, daß immer mehr Menschen diesen Teufelskreis der Verwöhnung durchschauen, ist indessen nicht schlecht: Die wachsende Zahl Alternativer, aber auch gesellschaftsbejahender Erwachsenenzentrierter zeigen, daß eine verhaltensökologisch richtige Lebensweise grundsätzlich möglich ist und daß sie durchaus lustvoll und lebenswert sein kann. Am positivsten ist die Grundstimmung dort, schreibt »Das Parlament«, »wo konkrete Anforderungen bestehen, wo Jugendliche in der Praxis sich und ihre Fähigkeiten erproben können und jene konkreten Erfolgserlebnisse erfahren, die für die Entwicklung des Selbstwertgefühles so bedeutsam sind«.

Mit der stammesgeschichtlichen Entstehung der Reflexionsfähigkeit, die Lorenz als die entscheidende »Fulguration« bezeichnet, kam es zwangsläufig zum Phänomen des Dualismus von Körper und Geist, zur Fähigkeit der Antizipation von Zukunft, der Planung von Zwecken und Strategien und deren Realisierung; es kam zur Angst vor der Zukunft, zum Streben nach Sicherheit, zur Frage nach dem Sinn des Lebens usw. Reflexion bedeutet aber auch die Fähigkeit, Lust und Unlust wahrzunehmen und zu steuern, und das Bestreben, Unlust zu vermeiden und Lust zu gewinnen. Reflexion ist somit die Quelle der Verwöhnung.

Wir behaupten, daß das Streben nach Verwöhnung von Anfang an eine tragende Rolle spielt in der großhirngesteuerten (!) Kulturgeschichte der Menschheit, ja, daß die gegenwärtige »verwöhnte Gesellschaft« das zwangsläufige Produkt dieses typisch menschlichen Strebens darstellt.

Wir sind uns im klaren darüber, daß die folgenden Überlegungen nur eine holzschnittartige Skizze sein können; dennoch wollen wir diese Überlegungen mitteilen, weil sie zeigen sollen, wie tief das Streben nach Verwöhnung im Menschen verankert ist und wie schwierig es daher ist, dieses Problem mit all seinen Konsequenzen von der Wurzel her zu lösen.

Verwöhnung als Streben und Wunschvorstellung – im Diesseits und Jenseits

Stellt man sich die Frage, wie sich ein Primat, dem relativ plötzlich die Fähigkeit des Denkens und Reflektierens zugewachsen ist, die Fähigkeiten der Antizipation, der Planung und der Realisierung von Zwecken, verhält, so scheint uns folgende Antwort nahe zu liegen.

Die Fähigkeit der Antizipation wird ihn veranlassen, sein Überleben und seine Fortpflanzung auch für die Zukunft zu sichern. Er wird nach Möglichkeiten suchen, seine Triebe nicht nur heute und morgen, sondern für alle Zukunft zu befriedigen. Also muß er auch für Schutz sorgen, für einen sicheren Nahrungserwerb für sich und seine Kinder. In diesem Zusammenhang ist die Absicherung von Revieren zu sehen, die Hortung von Nahrungsmitteln, die Entstehung und Ausdehnung von Besitz, die Erfindung von Werkzeugen und Waffen; sie dienen zur Verbesserung und Sicherung des Nahrungserwerbs, für Schutzmaßnahmen usw.

Ein zweiter Schritt des großhirnbegabten Primaten wird der sein, daß er seine Gefühle – Angst, Zorn, Liebe, Haß, Lust, Unlust – reflektiert und versucht, Unlust zu vermeiden und Lust zu gewinnen. Dabei wird er dies aufgrund seiner antizipatorischen Fähigkeiten nicht nur kurzfristig ins Auge fassen, sondern langfristig: Er wird mit seinen technischen Fähigkeiten dafür sorgen, daß er auch in Zukunft seine Triebe rasch und lustvoll befriedigen kann – er wird versuchen, sich mit Hilfe der ihm zugewachsenen Fähigkeiten nach Möglichkeit zu verwöhnen.

Zweifellos hat der Mensch (als großhirnbegabter Primat) hier Erstaunliches geleistet: Im Sinne der Vermeidung von Anstrengung gelang es ihm, Bewegungen zu vermeiden, beispielsweise zu reiten statt zu laufen, seine Nahrung zuzubereiten, Maschinen zu erfinden. Wer es sich leisten konnte, bezog in die Veränderung der Umwelt auch seine mitmenschliche ein: es entstanden Sklavenhaltung, Unterdrückung, Ausbeutung.

Die Mutation der Reflexion und die Fähigkeit, Zukunft zu antizipieren, bescheren dem Menschen aber auch die schrecklichste aller Erkenntnisse: das Bewußtsein des Todes. »Tiere sterben leichter«, sagt Lorenz, »weil sie es nicht wissen. Weil ihnen die Voraussicht mangelt.«[101] Das Bewußtsein des eigenen Todes ist so schrecklich, daß der Mensch von Anfang an nicht bereit war, den Tod als Abschluß des Lebens zu akzeptieren. Der Glaube an ein Weiterleben nach dem Tode manifestierte sich auf vielerlei Arten. In frühen Kulturen waren es Grabbeigaben – Essen, Schmuck, Utensilien; schriftliche Überlieferungen bestätigen diesen Glauben in den unterschiedlichsten Variationen: Leben im Paradies, Wiedergeburt, Seelenwanderung.

Nun ist es nur folgerichtig, daß die Verwöhnung im Jenseits weitergehen sollte. Alle Paradiesvorstellungen haben eines gemeinsam: die Abwesenheit von Unlust, von Anstrengung und Leiden und – nicht in derselben Verbreitung – die ewige Lust: »Lust will Ewigkeit, will tiefe, tiefe Ewigkeit«, schreibt Nietzsche.

Über das Paradies der alten Griechen, das Elysion, schrieb Pindar: »Dort liegen vor ihrer Stadt Wiesen mit purpurnen Rosen, beschattet vom Weihrauchbaum und schwer beladen mit goldenen Früchten. Einige freuen sich an Rossen und am Ringkampf, andere am Brettspiel, wieder andere an der Leier, und jede Art von Glück blüht bei ihnen in segensreicher Fülle.«

Im altgermanischen Walhall sind die Krieger »bei reichlichem Mahl und stets frisch gefülltem Trinkhorn« vereinigt. »Das Getränk stammt aus dem immer prall gefüllten Euter der Ziege Heidrun, doch spendet es Met statt Milch ...«[119]

Im Paradies des Islam leben großäugige und großbusige Frauen; zu ausgelesenen Speisen gibt es sogar Wein, den der Mohammedaner diesseits bekanntlich nicht trinken darf.

Auch im Buddhismus ist das Paradies Gokuraku (wörtlich: Maximum an Freude und Bequemlichkeit) ein Land ohne Leiden, ohne Kummer und Sorge, ein Land der Lust ohne Anstrengung.

Daß auch das christliche Paradies Annehmlichkeiten bietet, ist zumindest die Überzeugung volkstümlicher Vorstellungen vom Himmel. Geht es jemand schon im Diesseits besonders gut, hat er den »Himmel auf Erden«; in besonders glücklichen Stunden fühlt man sich »wie im Himmel«. Bekräftigt wird das Angenehme des Paradieses durch dessen Gegenteil, die Hölle. Die vielfältigen Beschreibungen der Hölle zeigen anschaulich, was der Mensch alles als unangenehm empfindet.

Hingewiesen sei noch auf die Wunschvorstellungen in zahlreichen Märchen – sei es Tischlein-deck-dich, seien es die Heinzelmännchen oder die alles vollbringenden Geister in vielen Märchen aus Tausendundeiner Nacht.

Doch wie die Wunschvorstellungen im einzelnen auch sein mögen – diesseitige und jenseitige, Schlaraffenland oder Paradies –, sie machen deutlich, wohin das Streben des Menschen zielte und zielt. Wir wollen versuchen, die wichtigsten Phasen der Paradiesvorstellungen und der Kulturgeschichte des abendländischen Menschen zu skizzieren.

Anstrengung im diesseitigen Leben – Verwöhnung im jenseitigen Paradies

Der Wunsch nach dem ewigen Leben im Paradies war so groß, daß er zu einem enormen Machtfaktor wurde: Diejenigen, die glaubten oder vorgaben, das Leben im Paradies beeinflussen zu können, sozusagen die Rangpositionen in der jenseitigen Sozietät vergeben zu können, erlangten selbst die höchsten Positionen in der irdischen Sozietät. So spaltete sich die Führung der menschlichen Sozietäten schon bald auf in eine irdische und eine religiöse Komponente: Häuptling und Medizinmann, Kaiser und Papst, Staat und Kirche. Die Legitimation der irdischen Führung bestand in der Aufrechterhaltung und Verbesserung des irdischen Lebensstandards, die Legitimation der religiösen Führung in der Erkenntnis der jenseitigen Welt, des göttlichen Willens und der Macht der Platzzuweisung im Jenseits für die Mitglieder der Sozietät. Dabei konnte sich im Laufe der Etablierung dieser Mächte die irdische Führung der Bewährung ihrer Legitimation oft entziehen und sich – ohne Machtschmälerung – der religiösen Legitimation bedienen: Der Häuptling war auserkoren, der Kaiser war von Gottes Gnaden, die Obrigkeit insgesamt von Gott eingesetzt. Dies gilt bis in die Gegenwart hinein – sei es in Europa, im Iran oder in Japan.

Für die Masse der Sozietätsmitglieder bedeutete dies, daß sie ihr Streben nach Lust ohne Anstrengung kaum oder gar nicht realisieren konnten. Sie waren in ein geschlossenes System eingebunden, in dem ihnen das bessere Leben für das Jenseits versprochen wurde; im Diesseits aber mußten sie ihre Aktionspotentiale für ihre physische Existenz einsetzen und hart arbeiten. Überschüsse gingen zum Teil an die Machtelite, zum Teil wurden sie in weitere Arbeit, in Kampf und Expansion investiert. »Macht Euch die Erde untertan«, war der Auftrag, den es zu erfüllen galt.

Da das Führungssystem durch den Anspruch auf absolute Wahrheit notwendigerweise diktatorisch war – wer die Wahrheit besitzt, kann nicht gleichzeitig diskutieren oder sich zur Wahl stellen –, hatten die Sozietätsmitglieder auch keine Chance, eine Führung zu wählen, die ihren Wunschvorstellungen nachgekommen wäre. Sie mußten im Schweiße ihres Angesichts ihr Brot essen, die Devise hieß: Bete und arbeite!

Was die Erziehung anbetrifft, so ist ein Führungssystem, das sich durch einen Glauben legitimiert, auf religiöse Erziehung angewiesen. Nur die frühzeitige und vollständige Internalisierung des Glaubens durch die Mitglieder der Sozietät garantiert die Anerkennung der Führung und den Gehorsam ihr gegenüber. Gelingt diese Erziehung, so ist die Führung relativ einfach – die Strategien können sich im wesentlichen auf die in Aussicht gestellten Belohnungen oder Bestrafungen im Jenseits beschränken. Gelingt die (religiöse) Erziehung nicht, verweigert der Adressat also Glaube und Gefolgschaft, so muß das gewünschte Verhalten durch irdische Bestrafung erzwungen werden oder durch Beseitigung der »Ketzer«.

Verhaltensbiologisch interessant sind hier zwei Sachverhalte: Zum einen verhinderte die Verlagerung der Verwöhnung ins Jenseits eine tatsächliche Verwöhnung der meisten Menschen in solchen Gesellschaftsformen. Triebaufschub und Anstrengung waren an der Tagesordnung.

Zum zweiten aber führte der Glaube an eine göttliche Sozietät im Jenseits zu einer Abkopplung des Menschen von seiner natürlichen Herkunft, seiner ökologischen Einbindung. Von einer religiösen Vorstellung her fühlt der Mensch sich als Krone der Schöpfung, ja, es muß ihm eigentlich unverständlich sein, wieso es überhaupt andere, »minderwertige« Geschöpfe gibt. Tiere müssen ihm als Fehlgriff des Schöpfers erscheinen, als Laune oder als für den Menschen geschaffene Diener. Keinesfalls jedoch können sie eine Seele haben oder am ewigen Leben teilhaben. So sind die Tiere bis zum heutigen Tag juristisch eine »Sache« geblieben. Nur so ist ja auch das Abschießen, Abschlachten und Ausrotten von Tieren zu erklären. Eine Entsprechung dieser Einstellung findet sich in der Körperfeindlichkeit, in der Tabuierung animalischer Körperfunktionen, anders ausgedrückt: in der Überhöhung der Geistigkeit.

Die Abkopplung des Menschen von der Natur und die Aufforderung, sich die Welt untertan zu machen, führte zu katastrophalen Konsequenzen. Wir nennen noch einmal: Übervölkerung, Umweltzerstörung, Aggressionsstau. Die Verabsolutierer des Geistes konnten gar nicht auf den Gedanken kommen, den Menschen als Teil der Natur zu betrachten oder gar zu erforschen. Unter den angeführten Glaubensvoraussetzungen wäre es ja absurd, aus dem Verhalten von Tieren irgendwelche Konsequenzen zu ziehen für den

Menschen; im Aspekt des Glaubens wäre dies im Grunde eine Gotteslästerung. So ist klar, daß unter der Herrschaft des Christentums (oder anderen in dieser Hinsicht ähnlichen Religionen) der Mensch sein stammesgeschichtliches Erbe, seine Verhaltensökologie nicht wahrnehmen konnte. Dazu kam, daß die Erde als unendliche Verfügungsmasse angesehen wurde, die es zu bevölkern und nach menschlichem bzw. göttlichem Willen zu gestalten galt. Diese Auffassung ist auch heute noch weit verbreitet.

Anstrengung in der Gegenwart – Verwöhnung im zukünftigen Paradies

Der von K. Marx begründete »wissenschaftliche Sozialismus« stellt zwar zunächst einmal eine scharfsinnige Analyse der kapitalistisch-klerikalen Gesellschaftsstrukturen dar. Marx entlarvte, wenn auch unter einseitigem Aspekt, die Herrschaftsstrukturen, die Legitimationsinstanzen, die Auswirkungen auf die Masse. Der wissenschaftliche Sozialismus blieb aber bei der Analyse nicht stehen, er verkündete selbst ein neues Paradies: das Paradies der kommunistischen Gesellschaft.

Der Unterschied zum religiösen Modell beruht vor allem auf zwei Punkten: Der wissenschaftliche Sozialismus verspricht das Paradies – Befriedigung aller Bedürfnisse, keine Unterdrückung, Friede, Harmonie, Glück usw. – nicht im Jenseits, sondern auf Erden, und zwar in absehbarer Zeit.

Das Paradies wird offiziell nicht durch Glauben legitimiert, sondern durch »Wissenschaft«. Es ist wissenschaftlich erkennbar und wird, folgt man den (Partei-)Führern, mit wissenschaftlicher Notwendigkeit erreicht. Marx selbst spricht vom »historischen Gesetz«, das durchaus im naturwissenschaftlichen Sinne zu verstehen sei.

Tatsächlich handelt es sich jedoch bei der sozialistischen Wissenschaft nicht um ein logisch-empirisch überprüfbares Aussagensystem, sondern um eine, wie auch offen gesagt wird, parteiliche Wissenschaft, also um eine Wissenschaft, die sich dezidiert auf Werte beruft. Es handelt sich somit, wie K. Popper sagt, nicht um Wissenschaft, sondern um »Prophetie«.[131]

Die Konsequenzen für die Masse der Sozietätsmitglieder sind aber ganz ähnlich wie beim religiösen »Modell«: Das Paradies muß erarbeitet werden, die Aktionspotentiale werden – außer für die Machtelite – für den Fortschritt eingesetzt. Der Klassenkampf (zur Erreichung des Paradieses, in dem der Klassenfeind schon sitzt) erfordert insbesondere den Einsatz aggressionsspezifischer Aktionspotentiale. Auch hier haben wir also das Phänomen, daß Verwöhnung für die Massen nicht realisiert wurde und wird. Triebverzicht und Anstrengung sind auch hier an der Tagesordnung.

Hinsichtlich der Pädagogik ist die Führung auf die Erkenntnis der Mitglieder angewiesen. Erziehung muß daher versuchen, die Erkenntnisse des wissenschaftlichen Sozialismus zu vermitteln. Dabei zeigt sich freilich, daß das System selbst innere Widersprüche hat, die in der Pädagogik deutlich zutage treten. So wird einerseits vom historischen Gesetz gesprochen, das als solches zwangsläufig ist, andererseits doch erst realisiert werden muß.

Im übrigen macht der wissenschaftliche Sozialismus offenbar den Fehler, die Wunschvorstellungen eines jenseitigen Paradieses zu unterschätzen.

Die zahlreichen Ungereimtheiten und Widersprüche sowie die unerfüllten Versprechungen machen es der Führung und den Pädagogen schwer, zu einer Einsicht zu erziehen, die das Führungssystem legitimieren soll. Es ist daher nicht verwunderlich, daß in diesem System ein erheblicher Zwang ausgeübt werden muß. Beispiele sind bekanntlich in reichlichem Maße vorhanden.

Lust ohne Anstrengung – Verwöhnung im gegenwärtigen Paradies

Unsere westlichen Demokratien, gekennzeichnet durch freie Wahlen, durch Zivilisation und Wohlstand, durch das kapitalistische Wirtschaftssystem usw., stellen den Versuch dar, das Paradies hier und jetzt zu realisieren. Tatsächlich scheint dies durch die Industrialisierung und den damit verbundenen Wohlstand möglich geworden zu sein.

In der Demokratie hat die Masse der Sozietätsmitglieder die Möglichkeit, sich diejenige Führung zu wählen, die die Paradiesvorstellungen am weitestgehenden zu verwirklichen versucht und auch vermag. Das bedeutet, daß das Streben nach Sicherheit, nach Lust ohne Anstrengung, nach sofortiger Befriedigung der Triebe das wichtigste Kriterium für die Legitimation von Führung wird. Interessant ist, daß die Vorstellungen eines jenseitigen Paradieses erhalten bleiben, nun aber eher im privaten Bereich angesiedelt werden.

Die verhaltensökologische Einsicht ist folgende: Wenn der Wille der Bürger allein maßgebend ist, so besteht – bis jetzt jedenfalls – die Gefahr, daß sie sich der Verwöhnung hingeben, daß die Ansprüche ständig steigen, daß unverbrauchte Aktions- und Aggressionspotentiale Unheil anrichten, daß die Umwelt zerstört wird und der Mensch sich selbst zerstört. Dies gilt zumindest dann, wenn die Mitglieder der Sozietät, insbesondere die Führung, die ökologischen und verhaltensökologischen Notwendigkeiten nicht kennen. Tatsächlich ist es ja so, daß die Wohlstandsgesellschaft in diesem Streben nach Lust ohne Anstrengung die Zerstörung der Umwelt erst recht anheizt, daß also, ähnlich wie früher, die Sozietät von den phylogenetischen Überlebensprogrammen abhebt.

Das soll nicht heißen, daß der Volkswille für die Legitimation der Führung nicht maßgebend sein soll. Er muß schon deswegen maßgebend sein, weil wir das verlorene verhaltensökologische Gleichgewicht nur über die Ratio des Menschen wiederherstellen und aufrechterhalten können. Notwendig aber ist folgendes: Da die demokratischen Industrienationen die Wunschvorstellungen der Verwöhnung verwirklichen konnten – im Gegensatz zu den beiden anderen Modellen –, muß diese Sozietät auch mit den Konsequenzen der Verwöhnung fertig werden. Bei allen Segnungen von Demokratie, Technik und Wohlstand erkennt man nun mit Hilfe der Naturwissenschaft (!), daß man auf dem besten Wege ist, die Welt und sich selbst zu zerstören. Eine Gesellschaft, die ihre Führung durch Wahlen legitimiert, muß dabei die Lebensbedingungen kennen, speziell dic lebensnotwendigen Verhaltensweisen, an die wir evolutionär gebunden sind.

III
Die Erkenntnisse der Verhaltensökologie in Erziehung und Führung

Lebensnotwendige Verhaltenssteuerung

Selbstforderung aus Einsicht und Lust

Aus den Erkenntnissen der Verhaltensökologie ergeben sich zwei lebensnotwendige Konsequenzen für das Verhalten des Menschen: Begrenzung der Ansprüche und Abbau überschüssiger Trieb- und Aktionspotentiale. Die Begrenzung der Ansprüche ist Voraussetzung für die Aufrechterhaltung unserer ökologischen Lebensgrundlagen, der Abbau überschüssiger Trieb- und Aktionspotentiale ist Voraussetzung für die Eingrenzung aggressiver und selbstzerstörerischer Verhaltensweisen.

Das Problem ist dabei folgendes: In der Wohlstandsgesellschaft ist der Abbau dieser Potentiale, der ja ursprünglich durch die Anforderungen der Natur erfolgte, nicht mehr nötig – und wer strengt sich schon an, wenn er es nicht nötig hat? Das Essen wird serviert, die Neugier am Bildschirm befriedigt – wir haben kein Motiv mehr, keinen »Beweggrund«, uns anzustrengen.

Das Streben nach Lust ohne Anstrengung ist so alt wie die Menschheit – reicht denn allein die Einsicht in die verhaltensökologischen Zusammenhänge aus, Ansprüche zu reduzieren und sich selbst zu fordern? Gibt es andere Wege, die Gesetze der Verhaltensökologie zu erfüllen?

Fordern – aber wie?

Mancher mag in der Devise »Zurück zur Natur« die Erlösung von den Übeln der technischen Zivilisation sehen – tatsächlich ist dieser Weg für die Masse der Menschen nicht gangbar: Zum ersten haben wir kaum mehr Natur, die ein Leben im Steinzeitstil erlauben würde, zum zweiten wären die meisten Menschen zu einem solchen ursprünglichen Leben gar nicht mehr in der Lage – man denke nur an den Zahnarzt! –, und zum dritten würde der Mensch als großhirnbegabtes Wesen doch wieder versuchen, sich von den Zwängen eines harten und entbehrungsreichen Lebens zu befreien. Der Öko-Witz hat das durchschaut: »Jeder will zurück zur Natur – aber keiner zu Fuß.« Denn dies ist ja das Typische am Menschen: Er verschafft sich Lust ohne Anstrengung oder setzt, bestenfalls, die überschüssigen Potentiale für kulturelle Zwecke ein. Insofern ist der Mensch tatsächlich, wie A. Gehlen u. a. sagen, ein Kulturwesen.[50]

Eine andere Möglichkeit, Ansprüche zu reduzieren und Aktionspotentiale einzusetzen, besteht im sozietären Zwang. Von dieser Möglichkeit wird im ökologischen Bereich bereits Gebrauch gemacht. In den meisten Ländern herrscht Geschwindigkeitsbegrenzung – wenn auch nicht allein aus ökologischen Gründen –, die Schadstoffemissionen aus Kaminen, Auspuffen, Abwasserrohren etc. unterliegen bestimmten Auflagen und Kontrollen. Sollte sich herausstellen – und das wird mit Sicherheit der Fall sein –, daß technische Zwänge, wie Katalysatoreinbau oder dergleichen, zur Wiederherstellung des ökologischen Gleichgewichts nicht ausreichen, wird der Zwang auf das Verhalten der Menschen übergreifen. Dabei ist denkbar, daß der Verbrauch an Energie, Wasser, Benzin usw. begrenzt wird. Der Phantasie sind hier keine Grenzen gesetzt: Denkbar ist auch, daß zur Aufrechterhaltung der Gesundheit lukullische Genüsse reduziert und die Triebhandlung des Kauens erzwungen wird. Ansätze zu solchen Zwängen sind, z. B. in Schweden, schon vorhanden. Auch bezüglich des Abbaues überschüssiger Aktionspotentiale könnte man Zwänge ausüben: Gymnastik am Arbeitsplatz, obligatorisches Jogging, Kampfsport etc. Solche Vorstellungen sind keineswegs absurd, in einigen Ländern ist dies Realität. Bestrebungen, die Verwöhnung durchs Fernsehen einzuschränken, standen (und stehen) auch bei uns zur Diskussion.

Wir wollen die Möglichkeiten, die Reduktion von Ansprüchen und den Einsatz von Aktionspotentialen zu erzwingen, nicht weiter ausmalen; wir lehnen derartige Zwangsmaßnahmen ganz entschieden ab – und zwar sowohl aus humanen als auch aus verhaltensökologischen Gründen.

Zum ersten sehen wir in der freien Entscheidung, auch wenn die

Entscheidungsräume durch verhaltensökologische und andere Bedingungen eingeschränkt sind, die zentrale Instanz des Menschen schlechthin. Jede unnötige Einschränkung seiner Freiheit entwürdigt den Menschen, ist im vollen Sinne des Wortes »inhuman«. Ein Zwang, der das Verhalten direkt betrifft, der dem Menschen keine Wahl mehr läßt, führt zur Diktatur. Eine Diktatur aber ist durch nichts zu rechtfertigen, auch nicht durch verhaltensökologische Notwendigkeiten. Das gilt nicht nur für einen aufgezwungenen Einsatz von Aktionspotentialen, das gilt auch für das Vorenthalten hoher Reizqualitäten, beispielsweise lukullischer Genüsse, aber auch sexueller oder aggressiver Fernsehdarstellungen. Es wäre ja auch absurd, wenn ausgerechnet in einer demokratischen Wohlstandsgesellschaft, in der sich der Mensch erstmals nicht nur von den Zwängen der Natur, sondern auch von den Zwängen der Diktatur befreit hat, das endlich errungene »Paradies« durch eine neue Diktatur zerstört würde.

Ein erzwungener Abbau von Aktionspotentialen wäre zum zweiten verhaltensökologisch wenig effektiv. Während nämlich die Natur eine Vielfalt an Aktivitäten, an Bewegungen und an Triebhandlungen abruft, werden beim Zwang durch den Menschen meist einseitige und eintönige Tätigkeiten abverlangt. Das hat Lustdefizite zur Folge, die wiederum über die Frustration zur Aggression führen oder auch zum Bestreben, sich durch hohe Ansprüche schadlos zu halten.

Wir können also nicht zurück in den Schoß der Evolution; wir wollen aber auch unsere zentrale menschliche Fähigkeit, die freie Entscheidung, nicht einer verhaltensökologisch legitimierten Diktatur opfern. Andererseits können wir aber auch nicht so weiterleben wie bisher: Wir können uns weder wachsende Ansprüche noch aggressive Langeweile leisten; wir können unsere überschüssigen Potentiale aber auch nicht weiter in ein quantitatives Wachstum der technischen Zivilisation stecken. Was also können wir tun?

Um die Frage nach verhaltensökologisch richtigem Handeln – bei allen Spielräumen im einzelnen – beantworten zu können, müssen wir von der zentralen Erkenntnis ausgehen, daß die menschliche Evolution zu Ende ist, daß der Mensch mit seinem Großhirn und seinem Geist die Steuerung und damit die Verantwortung selbst übernommen hat.[180] Lorenz wiederholt das Bild vom Menschen, den die Selektion fallengelassen hat, in seinem Buch »Der Abbau des Menschlichen« mit folgenden Worten: »Die schöpferischen Faktoren der Evolution, vor allem die freie Erbänderung und die Selektion, haben den menschlichen Geist geschaffen. Dann aber hat der menschliche Geist die Wirkung der Selektion außer Kraft gesetzt, indem er es fertigbrachte, fast alle feindlichen Einwirkungen der Außenwelt – Raubtiere, Klima, Infektionskrankheiten usw. – so gut wie völlig auszuschalten. Jetzt steht der Mensch aufrecht auf dem Gipfel der Schöpfung: ›Steh' oder falle!‹«[100]

Nun darf man das Bild vom fallengelassenen, im wörtlichen Sinne »selbständigen« Menschen nicht dahingehend mißverstehen, daß er sich von der Natur, insbesondere von seinen Trieben und Instinkten, gelöst habe: Eine solche Auffassung würde eine maßlose Selbstüberschätzung bedeuten, ein Abkoppeln von der Wirklichkeit mit katastrophalen Konsequenzen. Hier muß einem jener Vers von Wilhelm Busch einfallen: »Wenn einer, der mit Mühe kaum gekrochen ist auf einen Baum, schon glaubt, daß er ein Vogel wär', so irrt sich der.«

Nein – der Mensch ist mit seiner Körperlichkeit, mit seinen Trieben, Instinkten und Verhaltenstendenzen in der Natur verankert, mit seinem Geist kann er sich nur steuern. Er muß dies aber auch tun, denn sein Verhalten ist durch eben diesen Geist nicht mehr stammesgeschichtlich determiniert: er ist »zum Handeln verdammt«. Der Mensch, der sich dieser Situation bewußt ist, der weiß, daß er ein Fallengelassener ist, ein Alleingelassener, ein Selbstverantwortlicher, der sich keine kindlichen Illusionen über seine Lage macht, sondern sich seines Auf-sich-gestellt-Seins radikal bewußt ist – das ist der Anēr. Dies griechische Wort bezeichnet den reifen, erwachsenen, souveränen Menschen, den, der die Zusammenhänge erkennt, in denen er steht, und damit auch seine

Grenzen. Diese Fähigkeit setzt ihn nicht nur vom Tier ab, sondern auch – das gehört zum Begriff »anēr« – von der (grenzenlosen) Gottheit.

Im evolutionären Zusammenhang kann man etwa so sagen: Der Anēr erkennt sich selbst als großhirnbegabtes Produkt der Evolution. Mit der Fähigkeit aber, diesen Zusammenhang zu erkennen, kann er logischerweise auch über dessen Grenzen hinaus denken: Mit dem Wissen um seine Sterblichkeit kann er die Unsterblichkeit denken, mit dem Wissen um seine körperliche Bedingtheit kann er das Unbedingte denken – aber eben nur denken.

Der Anēr als »Fallengelassener« kann nur aus der Instanz heraus handeln, die ihn zum Selbststehenden gemacht hat: aus seiner reflexiven Denkfähigkeit. Es bleibt ihm gar nichts anderes übrig, als zu versuchen, Einsicht in die Zusammenhänge und die Bedingungen zu gewinnen, in denen er lebt und die ihm das weitere Leben ermöglichen. Zu diesen Bedingungen gehört (selbstverständlich) auch die eigene Natur, das stammesgeschichtliche »Kontinuum«. Die Entscheidungsfreiheit des Menschen ist durch dieses System begrenzt, keinesfalls kann er gegen das phylogenetische Gesetz in sich verstoßen.

Daß sich der Anēr mit seiner reflexiven Denkfähigkeit steuert, bedeutet also nicht, daß er von seinen Trieben, Instinkten und Gefühlen absieht oder gar abhebt. Es wäre unsinnig, dem Anēr Emotionslosigkeit zu unterstellen. Der Anēr weiß – im Unterschied zum naiven Menschen –, daß er einen durch Jahrmillionen gewordenen emotionalen »Unterbau« besitzt, und daß er diesen nur sehr begrenzt zu beeinflussen vermag.

Welche Einsichten und Handlungsweisen ergeben sich nun aus dem Studium der eigenen Natur, aus den Erkenntnissen der Verhaltensökologie?

Selbstforderung aus Einsicht

Der Mensch kann sich beherrschen, also aus Höflichkeit auch einmal die Gabel weglegen, sexuelle Bedürfnisse aufschieben, aggressive Impulse unterdrücken – das ist nicht neu. Derselbe Mensch ist jedoch nur allzu leicht bereit, sich, wenn irgend möglich, ausgiebig zu verwöhnen. Anders der Anēr mit seinem Bestreben, größere Zusammenhänge zu erkennen: Er orientiert sein Handeln nicht am kurzfristigen Lustgewinn mit Hilfe des Prinzips der doppelten Quantifizierung – er weiß ja um die Konsequenzen der Verwöhnung, um die Zerstörung des ökologischen und verhaltensökologischen Gleichgewichts –, er erkennt vielmehr die Notwendigkeit der Reduzierung von Ansprüchen und des kulturellen Abbaus überschüssiger Aktions- und Triebpotentiale. Das bedeutet nicht, daß er sich nicht auch (gelegentlich) verwöhnen könnte – die Aktionspotentiale lassen sich ja bis zu einem gewissen Grade von der Triebbefriedigung trennen und so als Quelle der Kultur, als Quelle großer Taten nutzen.

Die aus der Verhaltensbiologie folgende Kulturtheorie ist im übrigen nicht identisch mit der von S. Freud aufgestellten. Nach Freud wird die Triebkraft, insbesondere die sexuelle, unmittelbar in kulturellen Leistungen »sublimiert«. »Die Kulturhistoriker«, schreibt Freud, »scheinen einig in der Annahme, daß durch solche Ablenkung sexueller Triebkräfte von sexuellen Zielen und Hinlenkung auf neue Ziele, ein Prozeß, der den Namen Sublimierung verdient, mächtige Komponenten für alle kulturellen Leistungen gewonnen werden. Wir würden also hinzufügen, daß der nämliche Prozeß in der Entwicklung des einzelnen Individuums spielt, und seinen Beginn in die sexuelle Latenzperiode der Kindheit verlegen.«[43] Nach den Erkenntnissen der Verhaltensbiologie geschieht diese Sublimierung in anderer Form: Die Triebbefriedigung selbst stellt einen notwendigen Bestandteil des phylogenetischen Programms dar, kulturell eingesetzt werden können jedoch Werkzeugaktivitäten des Appetenzverhaltens oder auch der Triebhandlungen.

Dabei dürften die kulturellen Beiträge von Nahrungstrieb und Sexualtrieb eher im sublimierten Appetenzverhalten liegen, diejenigen des Aggressions- und Neugiertriebes eher in den gesteuerten Triebhandlungen selbst. Im übrigen aber gibt Freud der Verhaltensbiologie – auch wenn diese die Kulturtheorie etwas modifiziert – einen entscheidenden Hinweis: Die Kraft für kulturelles Gestalten kommt aus den Trieben selbst, nicht aus den von diesen abgelösten Werkzeugaktivitäten.

Halten wir fest: Der Anēr handelt aus Einsicht ökologisch und verhaltensökologisch richtig, d. h. er hält seine Ansprüche in umweltbedingten Grenzen und setzt seine überschüssigen Aktions- und Triebpotentiale bewußt und verantwortlich für individuelle und sozietäre Zwecke ein; er braucht keine künstlichen Anforderungsprogramme und keine dauerhaften Animateure.

Selbstforderung aus Lust

So eindeutig die Verhaltensbiologie nachweist, daß eine Steuerung, die sich einseitig am Streben nach Lust ohne Anstrengung orientiert, zur Zerstörung menschlichen Lebens führt, so wenig besagt sie, daß Anstrengung nicht mit Lust belohnt werden dürfte. Tatsächlich gibt es ja auch bei den – in die Evolution eingebundenen – Tieren eine (natürliche) Lust-Unlust-Ökonomie. Die Lust der Triebbefriedigung ist selbst eine Mutation mit großem Selektionsvorteil. Geht man aber davon aus, daß die Lustkomponente der Endhandlung als Motiv des Überlebens, der Fortpflanzung etc. ein notwendiger Bestandteil des Triebsystems ist, so führt auch ein dauerhafter Verstoß gegen das Lustprinzip zur Zerstörung des verhaltensökologischen Gleichgewichts. Wer Lust unterbindet, sei es bei anderen oder bei sich selbst, handelt inhuman, und zwar nicht in einem moralischen Sinne – darüber mag es unterschiedliche Auffassungen geben –, sondern in einem wissenschaftlichen. Lust zu unterbinden – von der Bestrafung kindlicher Sexualität bis zum Abschneiden der Klitoris in einigen afrikanischen Ländern –, führt zu ähnlichen Verhaltensstörungen wie das Vermeiden von Anstrengung: Aggressivität, Sadismus, Selbstzerstörung.

Verwöhnung als »Lust ohne Anstrengung« kann also nicht durch das Gegenteil, durch »Anstrengung ohne Lust« ersetzt werden. Die verhaltensökologisch richtige Lösung heißt »Anstrengung mit Lust« – »vor den Erfolg haben die Götter den Schweiß gesetzt«.

Nun ist dem Menschen das Anstrengung-Lust-Verhältnis nicht mehr phylogenetisch vorgeschrieben, er wird daher – bei aller Einsicht in die Notwendigkeit der Anstrengung – versuchen, dieses Verhältnis möglichst positiv zu gestalten. Nehmen wir zur Veranschaulichung ein einfaches Beispiel: Ein Wohlstandsbürger sieht ein, daß er Bewegung braucht, läßt sich also ein Heimfahrrad installieren und tritt nun täglich eine Stunde lang die Pedale. Verhaltensökologisch ist das sicher richtig: Er betreibt Selbstforderung durch Einsicht. Ein anderer jedoch kauft sich ein richtiges Fahrrad und fährt, möglichst in angenehmer Begleitung und in schöner Gegend, öfters eine Stunde lang mit dem Rad spazieren. Er versteht es, die Selbstforderung aus Einsicht zu einem lustvollen Erlebnis zu machen.

Die Begrenzung der Ansprüche muß keineswegs mit weniger Lust erkauft werden. Dies wollen wir ausführen und dann einige grundsätzliche Möglichkeiten skizzieren, wie man auch Selbstforderung mit Lust verbinden kann.

Triebaufschub

Gewiß ist der Triebaufschub, der in einer ursprünglichen Umwelt meist erzwungen wird, zunächst einmal mit Unlustgefühlen verbunden, mit Spannungen und Dissonanzen; andererseits erlebt man aber intensivere Lust, wenn die Triebstärke angewachsen ist. Es geht also bei einem absichtlichen Triebaufschub nicht um Verzicht, nicht um Versagung im Sinne einer moralischen Überwindung, es geht um einen Aufschub, der sich auf Dauer im Sinne eines positiven Lusterlebnisses bezahlt macht.

Tatsächlich hat diese Steuerung des Instinktsystems einen weiteren entscheidenden Vorteil. Die auf hohem Triebpotential erhaltene Lustempfindung ist nämlich nicht nur intensiver, sie zerstört auch nicht Gesundheit und Wohlbefinden. Bei einer dauerhaften Triebbefriedigung auf niedrigem Niveau kann das durchaus passieren. Als Beispiel diene – neben dem Schlemmen – die Onanie: Onanie bei hoher Triebstärke ist zwar sicher nicht die ideale Lösung sexueller Triebspannungen, sie ist jedoch zumindest unschädlich.[66] Onanie auf niedrigem Triebpotential hingegen kann zwar im Augenblick ein Lustdefizit ausfüllen, der Lustgewinn wird jedoch teuer erkauft. Die Ersatzbefriedigung ist nämlich nicht nur, wie B. Hassenstein sagt, Ausdruck von Behinderungen im Bereich mitmenschlicher Beziehungen, sie kann solche Behinderungen auch hervorrufen oder verstärken.

Funktionslust

Funktionslust entsteht dann, wenn eine Fertigkeit so weit perfektioniert ist, daß die daraus gewonnene Lust größer ist als die aufzubringende Anstrengung. Gute Sportler, Musiker, Handwerker zehren von der Funktionslust bis ins hohe Alter. »Jeder Mensch«, sagt Lorenz, »der etwas kann, genießt die gekonnte Bewegung.«[100] Hier liegt ein ähnliches Prinzip vor wie beim Triebaufschub: Eine zunächst in Kauf genommene Unlust, in diesem Falle durch Anstrengung, zahlt sich später sozusagen mit Zinsen aus. Damit ist klar, daß nur derjenige zur Funktionslust vorstößt, der als Kind entsprechend gefordert wurde oder aus Einsicht in die Zusammenhänge die positiven Folgen vorübergehender Unlust zu erkennen vermag. Weiterhin ist klar, daß sich die Funktionslust in erster Linie auf das Appetenzverhalten im weitesten Sinne bezieht.

Explorative Triebhandlungen

Die Endhandlung des Neugiertriebs, das Entdecken, wird um so lustvoller erlebt, je mehr Spannung durch exploratives Handeln erzeugt wird. Das erfolgreiche Lösen von Problemen wird von einem »Erfolgserlebnis« begleitet – ein Nachvollzug ist dafür kein Ersatz. Der Neugiertrieb ist sicher derjenige Trieb, der die vielfältigsten Möglichkeiten eines interessanten, innovativen und lustvollen Einsatzes kultureller Aktionspotentiale zuläßt. Außerdem ist er der menschlichste, der flexibelste, der kreativste. Er ist längst nicht ausgeschöpft, im Gegenteil, seine Kraft liegt weithin brach. Statt Neugierde passiv durch immer neue Reize zu befriedigen – sei es durch Fernsehen oder Autoreisen –, kann man den Einsatz eigener explorativer Potentiale ausschöpfen.

Konkurrenzhandlungen

Konkurrenz gehört, wie ausgeführt, in den Kontext der Aggression. Das bedeutet nicht, daß sie nur negativ zu bewerten ist. Aggression ist auch Motor für Leistung, für Erlebnis, ja, folgt man Lorenz, sogar für Liebe. Nun kann sich in menschlichen Sozietäten – ähnlich wie in Tiersozietäten – die Aggression eher nach außen richten zum Zwecke der gemeinsamen Verteidigung oder des gemeinsamen Angriffs, beispielsweise in Form des Wettbewerbs nach außen; sie kann sich aber auch mehr nach innen richten, zum Zwecke einer individuellen Leistungssteigerung. In jedem Falle ist Konkurrenz eine sehr ursprüngliche Verhaltensweise, die, sofern sie frühzeitig ritualisiert wird, also fair ausgetragen, sehr wohl auch für kulturelle Zwecke eingesetzt werden kann. Man sollte endlich mit dem Tabu brechen, aggressive Handlungen von vornherein zu verdammen, insbesondere deren lustvolle Komponente. Daß man den Aggressionstrieb – wenn auch in bester Absicht – ignorierte, hat schon viel Unheil heraufbeschworen.

Gemeinsames Handeln

Sozietäten stellen zunächst einmal Forderungen an den Einzelnen: Wer in einer Fußballmannschaft spielt und am Erfolg teilhaben möchte, muß sich entsprechend anstrengen, wer in einem Betrieb mitarbeitet, muß sein Aktionspotential für das gemeinsame Handeln einsetzen. Wie stark die Motivation durch Kooperation sein kann, liegt auf der Hand: Wer seine Aufgaben nicht erwartungsgemäß erfüllt, wird sich anstrengen, die Anforderungen bei der nächsten gemeinsamen Handlung zu erfüllen. Zugleich aber ist die Teilhabe am gemeinsamen Handeln lustvoll – sei es, daß man seine Position innerhalb der Sozietät verbessert und Anerkennung genießt, sei es, daß man am Erfolg der Sozietät teilhat.

Sicher gibt es noch zahlreiche weitere Möglichkeiten, Anstrengung mit Lust zu verbinden, sei es durch Triebhandlungen, die nicht vorschnell der Endhandlung geopfert werden, sei es durch appetenzanaloge Aktivitäten, die mit Funktionslust durchgeführt werden, sei es durch Kombinationen vielfältiger Art.

Es sind schon viele utopische Menschenbilder entworfen worden, Menschenbilder also, die grundsätzlich außerhalb der Realität liegen, außerhalb des Erreichbaren: idealistische oder religiöse Vorstellungen, in denen der Geist verabsolutiert, das Körperliche entsprechend als unvollkommen oder sündhaft angesehen wird; die neuen Menschen der kommunistischen Gesellschaft; die nur aus der Ratio handelnden Menschen des klassischen Rationalismus u. a. Die (gemeinsame) Utopie solcher Vorstellungen liegt darin, daß die Natur des Menschen, das stammesgeschichtliche Programm, ignoriert oder falsch eingeschätzt wurde.

Der Anēr fußt demgegenüber auf den Erkenntnissen der Verhaltensbiologie, er weiß um seine Verwurzelung in der Evolution. »Die Verhaltensbiologie«, sagt B. Hassenstein, »sieht den Menschen als Ganzen, blendet keinen Teil von ihm aus. Sie wird dem Menschen dadurch gerechter als Denkrichtungen, die ihn als unbegrenzt durch geistige Kräfte formbar ansehen und seine Verwurzelung im Natürlichen ignorieren ... Wer die Menschen nur als Geistwesen oder nur als politisch bedingte Individuen sieht, ist in der Gefahr, sie bald – weil sie diesen Idealbildern so gar nicht entsprechen – zu verachten.«[67]

H. von Ditfurth beschreibt die Reflexion auf unsere eigene Natur so: »Der Kampf gegen die Übel in der menschlichen Gesellschaft kann realistisch nur geführt werden, wenn die Einsicht vorhanden ist, daß manche dieser Übel sich als nicht restlos aufhebbar erweisen werden, weil sie nichts anderes sind als der Ausdruck der Unvollkommenheit unserer Natur. Diese Unvollkommenheit zu erkennen und hinzunehmen, das ist der äußerste Schritt, dessen unsere Vernunft fähig ist.«[26]

Diese Formulierung entspricht in der Tendenz dem Begriff des Anēr – wir können ihr jedoch in zwei Punkten nicht zustimmen: Zum einen setzt die Bewertung unserer Natur als »unvollkommen« die Vorstellung von Vollkommenheit voraus. Aber worin besteht der Sinn, das Faktum unserer Triebe und Instinkte, ebenso wie andere Fakten der Natur, als unvollkommen zu bezeichnen? Ist die Schnecke vollkommen oder unvollkommen? Nein – die Vorstellung von Vollkommenheit ist ein Produkt unseres Geistes, ein Soll-

Wert, wir können daher auch nur Geistesprodukte als Ist-Werte mit diesem Maß messen. Das bedeutet: Nicht die Natur, auch nicht unsere eigene, ist unvollkommen, sondern die Art, wie wir als Geistwesen mit ihr umgehen. Hier kann man sich wahrhaftig einen besseren Umgang vorstellen.

Zum zweiten meint von Ditfurth, daß es »den in rationaler Freiheit handelnden, uneingeschränkt selbstverantwortlichen Menschen«[26] nicht gebe. Aber seine Argumentation ist nicht stichhaltig. Er führt nämlich das Recht an, die Medizin, die Psychologie, die sehr wohl unterschiedliche Grade der Strafmündigkeit und der Einsichtsfähigkeit in Rechnung stellen. Aber gerade dieses In-Rechnung-Stellen von Sonderfällen – verminderte Einsichtsfähigkeit, Handlung im Affekt etc. – bedeutet ja, daß die genannten Disziplinen vom Normalfall, dem sich selbst rational und verantwortlich steuernden Menschen, ausgehen.

Doch kehren wir zu der gemeinsamen Auffassung zurück: Die eigene Natur zu erkennen und hinzunehmen, das ist der äußerste Schritt, dessen unsere Vernunft fähig ist. Wir sagen statt »hinnehmen« lieber: die eigene Natur akzeptieren und, vor allem auch, genießen.

Verhaltensökologische Aufgaben von Erziehung und Führung

Wir definierten den Anēr als einen Menschen, der besonders die verhaltensökologischen Zusammenhänge kennt, seine Ansprüche in Grenzen hält und seine Aktions- und Triebpotentiale verantwortlich einsetzt. Der Anēr weiß um seine Sonderstellung in der Evolution, handelt aus Einsicht in die Notwendigkeit, sagt aber auch nicht »nein« zu Lust und Lebensfreude. Insofern entspricht der Anēr einem durchaus realistischen Menschenbild; für uns ist er das Ziel der Erziehung und der Adressat der Führung.

Daß der Anēr nicht ohne Erziehung erreichbar ist, geht schon aus den zur Selbstforderung notwendigen Erkenntnissen der Verhaltensökologie hervor: ohne diese verfällt der Mensch immer wieder der Verwöhnung. Aber auch das Erlebnis, daß Triebaufschub und

Aktivität durchaus mit Lust belohnt werden können, muß in einer Wohlstandsgesellschaft erst vermittelt werden.

Bevor wir jedoch die Grundlagen einer anērischen Erziehung und Führung erörtern, wollen wir die Konsequenzen der Verhaltensbiologie für die Pädagogik schlechthin darstellen.

Pädagogik als Naturwissenschaft

Die »Verhaltensbiologie des Kindes«[66] untersucht die Verhaltensprogramme der ersten Lebensjahre, ihre Verzahnung mit der »vorgesehenen« Umwelt und – vor allem – die Konsequenzen unsachgemäßer Eingriffe in dieses vernetzte System.

Zahlreiche Verhaltensstörungen bei Kindern (und Erwachsenen) – Eßstörungen, Bettnässen, Fetischismus, Angst, Autismus u. a. – gehen auf die Unkenntnis oder Mißachtung des komplexen Instinktsystems und seiner Entwicklungsbedingungen zurück, auf unsachgemäße Eingriffe in die Kybernetik der Verhaltensbiologie.[145]

Wir wollen den Mechanismus solcher unsachgemäßer Eingriffe zunächst an zwei anderen kybernetischen Beispielen verdeutlichen, an einem technischen und ökologischen. Diese Beispiele sind keine mechanistische Deutung organischer Vorgänge; sie dienen ihrer Einfachheit wegen ausschließlich didaktischen Zwecken.

Nehmen wir an, jemand sitzt in einem thermostatisch beheizten Raum, ohne diesen Sachverhalt zu kennen. Nun wird es ihm, beispielsweise durch weitere anwesende Personen, zu warm, und er verlangt nach Kühlung. Öffnet er aber das Fenster, um sich die ersehnte Kühlung zu verschaffen, die er zunächst auch erhält, so erreicht er sehr bald das genaue Gegenteil: Durch die hereinströmende kühle Luft, die der Meßfühler registriert, wird über den Thermostaten vermehrte Wärmezufuhr ausgelöst. Schließt er das Fenster nun wieder, dann ist es wärmer als zuvor.

Ein anderes bekanntes Beispiel ist die Entwicklungshilfe in der Sahelzone: Die Ausrottung der Tse-Tse-Fliege führte zu vermehrtem Viehbestand, daraufhin wurde einerseits das Land stärker abgeweidet, andererseits wuchs die Bevölkerung an und verbrauchte mehr Wasser, was den Grundwasserspiegel senkte; das Land trocknete aus, die Hungerkatastrophe setzte ein, die Bevölkerung wanderte ab.[164]

Kehren wir (mit diesen Erkenntnissen) zurück zur Verhaltensbiologie! Hier erweist sich etwa der Hospitalismus als besonders folgenschwerer Eingriff in das kybernetische Verhaltensprogramm des Säuglings. Ohne Mutterbindung aufwachsende Säuglinge zeigen, wie R. Spitz u. a. nachwiesen, schwere Verhaltensstörungen: Bewegungsstereotypen, Autoaggressivität, Störung der sozialen Kontakte u. a. Besonders schlimm ist, daß derartige Verhaltensstörungen – sofern die Kinder überhaupt überleben – nicht mehr behebbar sind. Es kommt zwangsläufig zu pathologischer Sexualität, zu Depressionen, zu übermäßiger Angst und damit zu mangelndem explorativen Verhalten und einer reduzierten intellektuellen Entwicklung.

Diese Erscheinungen stehen in Übereinstimmung mit den von H.F. Harlow u. a. durchgeführten Versuchen mit isoliert aufgewachsenen Rhesusäffchen. Sofern sie überhaupt überlebten, kam es zu schweren Verhaltensstörungen: motorische Stereotypien, periodisches Schaukeln und Zucken, übermäßige Angst, aggressive oder interesselose Reaktionen auf Geschlechtspartner, mangelndes Neugierverhalten, Unfähigkeit zur Paarung etc.[64] Ähnliche Erscheinungen wurden auch bei anderen isoliert aufwachsenden Tieren, beispielsweise bei Hühnern, nachgewiesen.

Daß Tier und Mensch auf derartige unnatürliche Eingriffe in das phylogenetische Programm, in diesem Falle die Bindung an die Mutter, in gleicher Weise reagieren, ist nicht verwunderlich: Auch beim Menschen ist zu Beginn des Lebens das stammesgeschichtliche Verhaltensprogramm maßgebend, seine Entfaltung ist an eine vorgesehene soziale Umwelt gebunden.

Die Erkenntnisse der Verhaltensbiologie sind also für die Früherziehung absolut notwendig. Jede Maßnahme greift in ein biologisch-kybernetisches System ein: Pädagogik erweist sich auch als Naturwissenschaft.

Tatsächlich gilt diese Überlegung nicht nur für die Früherziehung. Daß die Methoden der Verhaltensbiologie zunächst auf die Entwicklung und Erziehung von Säuglingen und Kleinkindern angewandt wurden, hat seinen Grund darin, daß der Mensch in den ersten Lebensjahren noch weitgehend von seinem Trieb- und Instinktsystem gesteuert wird. Das Großhirn ist noch nicht soweit entwickelt, daß es reflektierend Steuerungsfunktionen übernehmen könnte. Deswegen kann ja auch die Verhaltensbiologie des Kindes in besonderem Maße auf die Verhaltensforschung bei Tieren zurückgreifen.

Die zentrale Erkenntnis der Verhaltensbiologie besteht aber gerade darin, daß der Mensch sein Trieb- und Instinktsystem mit allen seinen Gesetzen *zeitlebens* in sich trägt. Das stammesgeschichtliche Verhaltensprogramm ist nicht nur, wie C. F. v. Weizsäcker sagt, ein »Dokument«[171], ein Zeichen von etwas Gewesenem – das Instinktsystem ist ein höchst lebendiges Teilsystem des Menschen.

Für die Erziehung bedeutet dies, daß sie in jeder Phase die Erkenntnisse der Verhaltensbiologie einbeziehen muß. Beim Säugling und Kleinkind spielen sie die tragende Rolle, in späteren Jahren wendet sich die Erziehung an Adressaten, die zwar zunehmend das stammesgeschichtliche Programm reflektieren und kognitiv steuern – aber im allgemeinen unsachgemäß. Der Erzieher muß sich jetzt an beide Instanzen zugleich wenden: an das stammesgeschichtliche Programm und an das Großhirn. Greift er beispielsweise mit anstrengenden Forderungen in das biologische System von Kindern oder Jugendlichen ein, so erwarten diese zunehmend eine kognitive Begründung solcher Maßnahmen; sie wollen wissen, warum sie Leistung erbringen müssen, warum sie ihre Aggressionen beherrschen oder ritualisiert einsetzen sollen.

Die Pädagogik ist somit in jedem Falle – gleich, welche Ziele im einzelnen verfolgt werden – immer auch eine naturwissenschaftlich-kybernetische Disziplin, und zwar in einem doppelten Sinne: Sie greift in ein organisch-kybernetisches System ein und sie erreicht ihre Ziele durch Regelung.[19,22] Pädagogik als Eingriff in das organisch-kybernetische System des Adressaten ist so lange erforderlich, bis dessen reflexive Denkfähigkeit die Steuerung (auf der Basis der verhaltensbiologischen Erkenntnisse) übernommen hat.

Die Tatsache, daß Pädagogik immer auch eine naturwissenschaftlich-kybernetische Disziplin darstellt, wurde – und wird – von einigen Erziehungswissenschaftlern heftig in Abrede gestellt.[2,19,22] Eine solche Auffassung von Pädagogik sei »unangemessen«, »borniert« oder gar »unmenschlich«. Hier zeigt sich erneut die Losgelöstheit mancher Geistes- oder Sozialwissenschaftler von der Realität; und hierdurch erklären sich auch zahlreiche Mißerfolge in der pädagogischen Praxis.

Erziehung zum Anēr

Wir haben das Ziel der Erziehung aufgestellt, den Anēr, und wir haben generelle Probleme der Erziehung und der Erziehungswissenschaft aufgezeigt, Probleme des kybernetischen Eingreifens in komplexe kybernetische Systeme. Wir wollen nun in einer ersten Skizze darstellen, mit welchen Erziehungskonzepten und Maßnahmen das Ziel, der Anēr, erreicht werden kann. Hier unterscheiden wir drei Phasen.

In der ersten Phase, der frühkindlichen Erziehung, geht es vor allem um die naturgemäße Entwicklung des Säuglings und des Kleinkindes. Das bedeutet: Das Kind erfährt von Anfang an die dauerhafte Zuwendung der Eltern, es erwirbt Vertrauen und gewinnt Sicherheit; Anlässe zu Verhaltensstörungen wie etwa Schreienlassen, (zeitweise) Isolation, usw. werden vermieden.

»Die Fähigkeit zur Menschenliebe«, sagt Lorenz, »ist eine jener offenbar recht zahlreichen nervlichen Organisationen des Menschen, die bei ihrem Heranreifen sofort beansprucht werden müssen, wenn sie nicht einer schwer oder im Extremfalle gar nicht wiedergutzumachenden Inaktivitätsatrophie anheimfallen sollen.«[100] Gerade die »Inaktivität« aber läuft der Erziehung zur Selbstforderung strikt zuwider. Darüberhinaus unterstützt die frühkindliche Erziehung das aktiv spielerische Verhalten des Kindes, insbesondere das explorative. Das aggressive Handeln muß zunehmend ritualisiert werden.

Bei der Erziehung zum Anēr spielt die Vermeidung von Verwöhnung eine zentrale Rolle. Beim Kleinkind geht es dabei noch nicht um das »Sichverwöhnen«, sondern um das »Verwöhntwerden«. Auch das kleine Kind ist schon empfänglich für steigende Reize, z. B. Süßigkeiten oder Unterhaltung am Fernseher, für Vermeidung von Anstrengung durch Getragen- oder Gefahrenwerden etc. Verwöhnung zu vermeiden ist deswegen so wichtig, weil verwöhnte Kinder stärker dazu neigen, sich später selbst zu verwöhnen. Sie sind ja schon an hohe Reize und geringe Anstrengung gewöhnt und versuchen also, diese Situation aufrechtzuerhalten; und schließlich ist eine Entwöhnung in jedem Fall mit Frustration und Unlust verbunden. Die Kinder werden versuchen, raffinierte Strategien zu entwickeln, um Eltern oder andere Personen zur Verwöhnung zu veranlassen.

Die zweite Erziehungsphase, die auf der Seite des Adressaten von der Fähigkeit, sich selbst zu verwöhnen, bis zur Einsicht in die eigenen instinktiven Verhaltenstendenzen reicht, kann durch den Begriff der »naturanalogen Forderung« gekennzeichnet werden. Dabei muß man eines klar sehen: Der evolutionär erwachsene Mensch weiß um die Notwendigkeit der Selbstbeherrschung und der Selbstforderung, und er ist auch in der Lage, Anstrengung mit Lust zu verbinden – der Weg dorthin ist aber, wie das ja auch in der Natur der Fall ist, nicht ohne Forderung von außen gangbar. Um Funktionslust erleben zu können oder die Lust einer erfolgreichen Problemlösung, muß Anstrengung zunächst einmal absolviert werden. Man kann gerade auch von einem intelligenten Kind nicht erwarten, daß es von den Angeboten einer verwöhnenden Erziehung, eines Lustgewinnes ohne Anstrengung, keinen Gebrauch macht. Es muß also, um sich später selbst verhaltensökologisch richtig steuern zu können, erst einmal erleben, daß Triebaufschub mit Lust belohnt wird, daß Anstrengung sich oft erst später lohnt. Das bedeutet selbstverständlich nicht, daß Aktivitäten, die Kinder von sich aus gerne unternehmen, nicht besonders unterstützt werden sollen – im Gegenteil: Anstrengungen, die ohnehin lustvoll erlebt werden, etwa Bergsteigen, Reiten, Schachspielen, sind willkommene Möglichkeiten. Insgesamt aber geht es nicht ohne Versagen und nicht ohne Zwang.

In der dritten Phase, gekennzeichnet durch die ausgebildete Fähigkeit der Großhirnsteuerung, müssen vor allem die größeren Zusammenhänge, in denen sich diese Steuerung vollziehen soll, vermittelt werden. Hier geht es um die Erklärung vernetzter Systeme und um die Antizipation von Handlungskonsequenzen. Man denke etwa an den naturwissenschaftlich richtigen Umgang mit dem Nahrungsangebot, an den reflektierten und souveränen Umgang mit Alkohol, Fernsehen, Sexualität oder Aggression. Der Jugendliche muß wissen und erfahren haben, daß Handlungen, die sich allein am Gesetz der doppelten Quantifizierung orientieren,

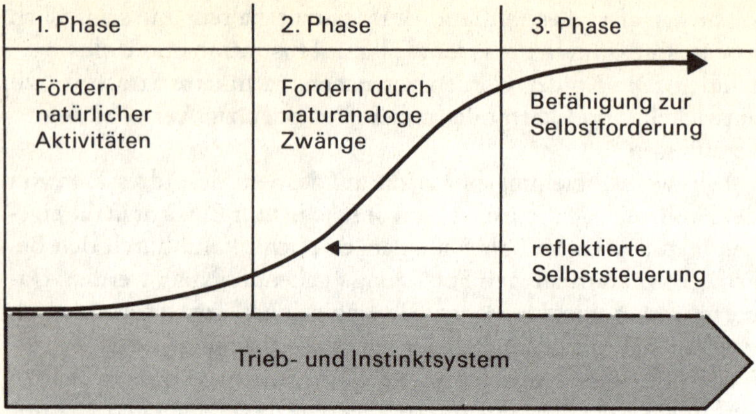

Abbildung 6. *Entwicklung und Förderung der reflexiven Selbststeuerung.*

auf die Dauer ins Gegenteil umschlagen können. Der Jugendliche muß erleben, daß Anstrengung zu einer intensiveren Lustempfindung führt als eine rasche und leichte Triebbefriedigung, daß das Erlebnis, ein Problem selbst gelöst zu haben, intensiver ist als der bloße Nachvollzug am Fernsehschirm.

Anērische Erziehung nutzt also die natürlichen Beweggründe, die zur lustvollen Endhandlung führen, insbesondere die Triebhandlungen des Neugiertriebes, des Aggressionstriebes und der sozietären Bindung.

Anērische Führung

Der Mensch lebte schon immer in Sozietäten – sei es in der Horde der Urzeit, sei es in Sippen, Vereinen, Betrieben, Parteien, Nationen. In der Evolution haben sich Sozietäten als Selektionsvorteil erwiesen: Sie gewähren erhöhten Schutz, wirkungsvolleren Angriff, bessere Chancen der Nahrungssuche und der Fortpflanzung. Aber auch in der nachevolutionären Zeit der Selbststeuerung behielt der Mensch die sozietäre Lebensweise bei: Er erkannte die Vorteile von Sozietäten, baute sie aus, z.B. die Arbeitsteilung, schaffte sich dabei allerdings auch neue Probleme, z. B. die Anonymität von Massensozietäten.

Eine Sozietät ist als neue Einheit durch gemeinsames Handeln charakterisiert. Eine Fußballmannschaft ist eine Sozietät, eine Theatergruppe, ein Produktionsbetrieb, eine Partei. Gemeinsames Handeln ist aber nur möglich durch eine für die Sozietät zuständige Entscheidungsinstanz; wir nennen eine solche Instanz Führung. Sie kann von einem einzelnen ausgeführt werden, einem Führer, von mehreren Mitgliedern der Sozietät oder auch von allen. In den beiden letzten Fällen sind dann noch zusätzliche Regeln, z. B. über Mehrheitsentscheidungen, erforderlich. In jedem Falle aber bedeutet Sozietätenbildung immer auch Führung. Eine Sozietät ohne Entscheidungsinstanz zerfällt sofort in eine Menge von Individuen.

Im folgenden setzen wir voraus, daß es der Anēr ist, der reflektiert handelnde, sich selbst fordernde erwachsene Mensch, der sich zu Sozietäten zusammenschließt. Wir gehen also davon aus, daß die Erziehung zum Anēr ihr Ziel erreicht hat. Nun ist von vornherein klar, daß für denjenigen, für den eigenverantwortliche Aufrechterhaltung des verhaltensökologischen Gleichgewichts und Selbstforderung zum Lebensstil geworden sind, dieser Lebensstil gleichermaßen für Arbeit und Freizeit gilt. In beiden Lebensbereichen setzt der Anēr seine Trieb- und Aktionspotentiale ein, sein exploratives, konkurrierendes und kooperatives Handeln, sein mühsam erworbenes, aber mit Funktionslust ausgeübtes Können. Gewiß gibt es auch im Idealfall, im Falle der Übereinstimmung von Arbeit und lustvoller Selbstforderung, charakteristische Unterschiede zwischen Arbeit und Freizeit. Arbeit ist u. a. charakterisiert durch den Zwang zum Lebensunterhalt, die unvermeidlichen Einschränkungen individueller Freiheit und vor allem durch die Ernsthaftigkeit der Verantwortung für andere – der Anēr verhält sich jedoch auch in der Freizeit verhaltensökologisch richtig, er ist angemessen aktiv und explorativ, er setzt auch als Mitglied eines Sport- und Musikvereins seine aggressiven Potentiale kooperativ ein.

Gewiß hat dieser Einsatz in der Freizeit eher spielerischen oder sportlichen Charakter – der Anēr weiß jedoch, daß eine Selbstverwirklichung durch Spielen allein nicht möglich ist: Das phylogenetische Programm sieht den Ernstfall vor, das Spiel ist eine zusätzliche, eine kulturelle Errungenschaft des Menschen. Es gibt zahlreiche Beispiele dafür, daß Menschen, die in ihrer Freizeit (auch) produktiv-verantwortlich tätig sind – sei es in der Kommunalpolitik, im Sozialwesen, in Ausbildungsinstitutionen, in der Landwirtschaft –, gewiß nicht weniger glücklich und zufrieden sind als Menschen, die sich in ihrer Freizeit vorwiegend »berieseln« lassen.

Aus dem Menschenbild des Anēr und der Kennzeichnung der Sozietät durch gemeinsames Handeln ergeben sich mindestens zwei Konsequenzen für die anērische Führung.

Zum einen muß der individuelle Freiraum für eigenverantwortliches Handeln in den Sozietäten erweitert oder überhaupt erst geschaffen werden. Nur in solchen Freiräumen kann es zu explorativem, internkonkurrierendem und vereinbartem kooperativem Handeln kommen.

Zum zweiten kann der Anēr als derjenige, der ganz bewußt seine Aktions- und Triebpotentiale einsetzen möchte, und zwar, soweit es geht, in eigener Regie, nur auf der Ebene der Ratio angesprochen und geführt werden, auf der Ebene seiner kognitiv-reflexiven Fähigkeiten. Das bedeutet nicht, daß das Triebsystem auszuklammern ist, im Gegenteil: es muß in jedem Falle berücksichtigt werden – aber nicht manipulativ am Großhirn vorbei, sondern über die kognitive Steuerungsinstanz.

Im Rahmen eines solchen rationalen »Führungsstiles« hat die Führung insbesondere die Verpflichtung, dem Anēr die für seine eigenverantwortliche kooperative Tätigkeit erforderlichen Kenntnisse und Erkenntnisse zu vermitteln, Probleme durchschaubar und im Kontext der Sozietät verständlich zu machen.

Die Aufgaben anērischer Führung werden wir später im einzelnen darlegen; an dieser Stelle wollen wir auf den übergeordneten Zusammenhang von Erziehung und Führung aufmerksam machen. Wir haben nämlich festgestellt, daß die beiden Lebensbereiche, Erziehung und Führung, sowohl in der Theorie als auch in der Praxis kaum einmal unter einem gemeinsamen Aspekt gesehen werden.

Ein Beispiel hierfür ist die enorme Diskrepanz zwischen dem kooperativen Handeln im Beruf und in der Schule: Während in den Sozietäten der Erwachsenen das gemeinsame Handeln (selbstverständlich) eine zentrale Stellung einnimmt, findet es in unseren Schulen nur gelegentlich und dann auch meist nur außerhalb des

Klassenunterrichtes statt – im Schulorchester, im Mannschaftssport, in Arbeitsgruppen.

Daneben wird eine weitere gravierende Diskrepanz immer deutlicher: Während die Schule vorwiegend zum rezeptiven und reproduktiven Denken und Handeln erzieht, erwarten moderne Sozietäten den explorativen und kreativen Mitarbeiter. Gewiß gibt es auch gelegentlich Übereinstimmungen, etwa zwischen einer autoritären Erziehung und der entsprechenden Führung; uns kommt es ebenfalls auf eine Übereinstimmung an, allerdings auf eine andere: auf das gemeinsame Konzept des Anēr und die sich daraus ergebenden Konsequenzen für Erziehung und Führung.

Die Erkenntnisse der Verhaltensökologie in der Erziehung

Fördern natürlicher Aktivitäten

In der ersten Phase der Erziehung geht es, wie gesagt, vor allem um eine naturgemäße Entwicklung des phylogenetischen Verhaltensprogrammes. In einer durch Technik und Wohlstand charakterisierten Welt besteht dabei die Gefahr unsachgemäßer Eingriffe in diese Entwicklung – vom zu großen Loch im Schnuller über die Isolation von Säuglingen bis zur ständigen Verwöhnung des Kleinkindes. R. Spitz und B. Hassenstein haben die zahlreichen Verhaltensstörungen beschrieben, die durch solche Fehler hervorgerufen werden.[151,68]

Im folgenden wollen wir uns – nach einem Blick auf die Ursachen verwöhnender Erziehung – auf die Unterstützung der noch unreflektierten natürlichen Aktivitäten konzentrieren, insbesondere auf die Förderung spielerischen und explorativen Verhaltens.

Vermeidung von Verwöhnung

Warum werden Kinder überhaupt verwöhnt? Im allgemeinen geschieht das sicher in bester Absicht: Eltern wollen »das Beste für ihr Kind«. In der Aufbauphase der Nachkriegsjahre, als viele Menschen hart arbeiten mußten, wurde der Ausspruch »Mein Kind soll es mal besser haben« geradezu zum Slogan – vielleicht auch zur Rechtfertigung. In unserem heutigen Wohlstand ist dies kein Argument mehr; dennoch werden Kinder nach wie vor verwöhnt. Hierfür gibt es mehrere Gründe, die allerdings unserer Meinung nach sehr stark auf eine einzige menschliche Schwäche hinauslaufen.

Ein gewichtiger Grund für die Verwöhnung der Kinder ist die

Furcht vor Liebesverlust oder Aggression. Es ist ja klar, daß Kinder, denen ein Wunsch nicht sofort (!) erfüllt wird – »ich will fernsehen«, »ich will diese Puppe«, »ich will mit dem Auto fahren« –, zunächst aggressiv reagieren mit Schmollen oder Geschrei. Da dies für die Eltern nicht leicht zu ertragen ist, geben sie lieber nach.

Ein häufiger Grund liegt in der Erwartung, mit der Erfüllung von Wünschen in Ruhe gelassen zu werden – sei es, daß es sich um echte Ruhe handelt, sei es, daß die Ruhe zur Erfüllung eigener Wünsche gebraucht wird.

Auch das schlechte Gewissen kann ein Grund sein, Kinder zu verwöhnen. Der Vater, der häufig von zu Hause weg ist, die Mutter, die zusätzlich zur Arbeit geht: Sie haben das berechtigte Gefühl, daß sie sich nicht genug um ihre Kinder kümmern. So wird der Mangel an Zusammensein mit allerlei Geschenken ausgeglichen, mit der Erfüllung aller möglichen Wünsche.

In den sechziger Jahren wurde die »antiautoritäre Erziehung« zum pädagogischen Dogma linker Ideologen. Um jede Autorität, jede Unterdrückung zu vermeiden, durften die Kinder zu Hause oder im »Kinderladen« alles tun, was sie wollten. Die antiautoritären Erzieher erreichten natürlich (!) das Gegenteil. Die maßlos verwöhnten Kinder trafen nirgendwo auf Widerstand: Das Aggressionspotential stieg an, die Folgen waren Gewalt, Drogen, Verweigerung.

Faßt man die Gründe zusammen, so stößt man auf einen gemeinsamen tieferen Grund: die eigene Verwöhnung der Eltern. Das Zusammensein mit Kindern, insbesondere die Erziehung, ist anstrengend: Kinder fordern ihre Eltern und fordern sie heraus. Junge Eltern haben oft aus Mangel an Erfahrung und Aufklärung die Vorstellung, der Umgang mit den eigenen Kindern müsse immer Lust und Freude bereiten. Tatsächlich liegt hier ein typischer Fall von »Anstrengung mit Lust« vor – Verwöhnung im Sinne von Lust ohne Anstrengung läßt sich bei Kindern keinesfalls erzwingen. Es ist daher nicht verwunderlich, daß viele Frauen lieber eine Tätigkeit ausführen, bei der sie sich gelegentlich auch verwöhnen können. Vielleicht ist die unentrinnbare Anstrengung der Kindererziehung sogar mit ein Grund für den Geburtenrückgang in Wohlstandsgesellschaften.

Nun ist freilich zuzugeben, daß es in der Überflußgesellschaft auch in bester verhaltensökologischer Absicht schwierig ist, Kinder nicht zu verwöhnen. Sie sehen ja die ganze Fülle reizvoller Objekte um sich herum, in Kaufhäusern, bei den Nachbarn usw. Wenn in dieser Situation die Eltern einen Wunsch versagen, so sind *sie* es, die den Unmut der Kinder direkt auf sich ziehen. In mageren Zeiten kommen Kinder gar nicht in Versuchung, und die Eltern sind in derselben Situation, sind also nicht diejenigen, die Wünsche versagen.

Für unsere Situation macht B. Hassenstein folgenden Vorschlag: »Geeignet, um den Triebaufschub und Triebverzicht einzuführen und für das Kind zum befriedigenden Erlebnis werden zu lassen, sind solche Situationen, in denen das Kind die berechtigten Ansprüche eines anderen Kindes oder der Mutter verletzen würde – z. B. wenn es etwas von der Mutter haben möchte, diese aber gerade noch einen Augenblick lang beschäftigt ist... Es kann in der Selbstbeherrschung um so eher einen positiven Aspekt sehen, wenn es dafür auch gelobt wird.« Er fährt dann allerdings zu Recht fort: »Die Fähigkeit, den eigenen Antrieb zu steuern, ist allerdings beim Säugling noch nicht vorhanden und entsteht erst langsam.«[66]

Ermöglichung spielerischen Verhaltens

Schon bei einigen höheren Tieren hat sich eine zweckmäßige Mutation durchgesetzt: die Betätigung und Vervollkommnung von Instinktbewegungen in den Zeiträumen, in denen sie nicht unmittelbar gebraucht werden. Definiert man dieses Üben im Sinne von Wiederholung und Verbesserung von Instinktbewegungen als Spielen, so ist das Spielen durch folgende drei Eigenschaften gekennzeichnet:

1. Spielen ist nicht zweckgerichtet im Sinne einer konkret zu realisierenden Triebhandlung; es dient jedoch sämtlichen Triebhandlungen indirekt durch die Aufrechterhaltung und Verbesserung der erforderlichen Fertigkeiten.

2. Das Spielen ist dem Ernstfall nachgeordnet. Sobald eine Triebhandlung erforderlich wird (Aggression, Flucht etc.), wird das Spielen eingestellt. Man kann auch sagen: Spielen erfolgt nur im »entspannten Feld«, in den »Pausen«.

3. Spielen löst nicht nur die Bindung bestimmter Instinktbewegungen an Triebhandlungen auf, es vermag auch die einzelnen Bewegungen in einer »bunten Folge«[99] auszuführen. Im Ernstfall werden ausschließlich die betreffenden Werkzeuginstinkte eingesetzt; beim Spielen lassen sich zwar auch Verfolgungsspiele, Kampfspiele etc. unterscheiden, sie folgen jedoch rasch aufeinander und können sich auch überlappen. Nahezu selbstverständlich ist es, daß bei Kampfspielen die Waffen (Krallen, Zähne etc.) nicht eingesetzt werden: das Spiel soll ja weitergehen.

Als Verbesserung der Werkzeuginstinkte hat das Spielen eine wichtige Überlebensfunktion. Der mit dem Spielen verbundene Lernprozeß erfolgt vor allem bei jungen Tieren; die erwachsenen brauchen die ausgebildeten Bewegungssysteme für den »Kampf ums Dasein«. Außerdem verfügen junge Tiere auch über längere Phasen entspannter Aktivitätsmöglichkeiten. Dennoch gibt es das Spiel auch bei erwachsenen Tieren, etwa bei Katzen oder Hunden. P. Leyhausen beobachtete, daß bei erwachsenen Katzen (»die sonst nicht viel spielen«) jene Bewegungsabläufe spielerisch betätigt werden, die die gut im Futter stehenden Katzen nicht mehr benötigten.[99] Dies zeigt deutlich, daß es sich bei Instinktbewegungen um Aktionspotentiale handelt, die abgerufen werden müssen – wenn nicht im Ernstfall, dann eben im Spiel.

Auch beim kindlichen Spiel finden wir die drei Eigenschaften des tierischen Spieles wieder: Das Spiel ist nicht zweckgerichtet, es ist dem Ernstfall nachgeordnet, und es besteht in einer bunten Folge von Bewegungsabläufen. Gewiß lassen sich auch bei Kindern Kampfspiele, Fluchtspiele oder sexuelle Spiele unterscheiden; die Kinder springen jedoch sehr rasch von einem Spiel zum andern.

Der Sinn des kindlichen Spiels ist ursprünglich derselbe wie beim Spiel junger Tiere: die Verbesserung der im Ernstfall lebenswichtigen Instinktbewegungen, der Schnelligkeit, der Geschicklichkeit, der Kraft, Ausdauer und Präzision. Außerdem werden beim kindlichen Spiel auch die intellektuellen Funktionen geübt, insbesondere problemlösendes und kreatives Verhalten.

Auf eine weitergehende Funktion des Spiels macht H. Röhrs aufmerksam: Er stellt fest, daß die vielfältige Kombination spielerischer Bewegungsabläufe nicht nur dem Training ganz bestimmter Fertigkeiten dient, sondern eine »offene Erprobungssituation« darstellt mit »innovativer Potenz«.[140] Man könnte auch so sagen: Die in der Kombination und Flexibilität des Spiels liegende Innovationsquelle wird erst vom Menschen für diesen Zweck genutzt.

Besonders interessant ist es, daß die Erkenntnisse der biologischen Verhaltensforschung von einer anderen Seite her eine Bestätigung erfahren: von der Seite der Geisteswissenschaft, insbesondere der Phänomenologie. So schreibt z. B. H. Scheuerl im Anschluß an ein Zitat von A. Fischer folgendes: »Alles, was sich je als Bewegung zeigt – sei es als geistige, psychisch bestimmte oder auch physikalisch-subjektlose Bewegung –, kann in sich das Urphänomen Spiel aufscheinen lassen.« Scheuerl weist auch auf die Sprachgeschichte des Wortes »spielen«, auf das westgermanische »spil«, das ursprünglich »in lebhafter Bewegung sein« bedeutete, hin. Noch deutlicher wird die Übereinstimmung mit verhaltensbiologischen Ergebnissen in folgender Aussage Scheuerls: »Spiel ist frei, nicht weil es ursachlos ist, sondern weil es sich abhebt von seinen Ursachen, weil es phänomenal nicht getan wird, sondern geschieht.«[143]

Wenn zwei so unterschiedliche Forschungsrichtungen auf so ähnliche Ergebnisse stoßen, darf man – wie K. Popper sagen würde – annehmen, der Wahrheit ein Stück näher gekommen zu sein.

Für die Erziehung ergibt sich aus der natürlichen Aktivität des Spiels eine indirekte Strategie: die Herstellung einer geeigneten, sozusagen naturanalogen Umwelt. Man muß Kindern unter allen Umständen die Möglichkeit von Bewegungsspielen geben. Wenn sie ihre endogen bedingten Aktivitätspotentiale nicht betätigen können, bilden sich Staus, die sich in sehr negativer Weise entladen können. Erforderlich ist also die Einrichtung entsprechender Räume, sei es zu Hause, im Kindergarten oder in der Schule. Wo es keine natürliche Wildnis mehr gibt, muß man versuchen, sie wieder herzustellen. Die sogenannten Abenteuerspielplätze sind von der Intention her richtig, in ihrer Gestaltung unzulänglich. Besonders wichtig bei der Förderung spielerischen Verhaltens ist die Vielfalt der zu ermöglichenden Spiele. Im vernetzten System spielerischen Verhaltens ist es ja keineswegs gleichgültig, welche Spiele Kinder in der jeweiligen Situation spielen.

So können etwa Kampfspiele weder von der Fertigkeit her noch vom Abbau spezieller Aggressionspotentiale durch Laufen oder Ballspiele ersetzt werden. Aggressionspotentiale können vielmehr nur durch spezifische Spiele, beispielsweise durch Ringen und Raufen, abgebaut werden. Erkundungsspiele können nicht die zahlreichen Kontakte in sozialen Spielen ersetzen und umgekehrt. Außerdem kommt die innovative Funktion des Spielens nur dann zum Tragen, wenn eine Vielfalt von Elementen kombiniert werden kann.

Ermöglichung explorativen und konkurrierenden Verhaltens

Lorenz schreibt, »daß exploratives Verhalten und Spielen einer besonderen Motivation entspringen«.[99] Aus diesem Satz geht insbesondere hervor, daß Lorenz zwischen Spielen und explorativem Verhalten unterscheidet. Eine scharfe Grenze läßt sich jedoch seiner Auffassung nach nicht ziehen.

Wir sind mit I. Eibl-Eibesfeldt der Ansicht, daß exploratives Verhalten auch beim Kinde schon eine echte Triebhandlung darstellt.[34,35] Während nämlich beispielsweise Raufspiele auch von Kindern als Spiele empfunden werden – es ist »nicht ernst gemeint«, Schädigungen werden vermieden oder durch eine Entschuldigung ausgeglichen –, ist das Erkunden neuer Umwelten, das Auseinandernehmen neuer Spielzeuge etc. genauso echt und ernsthaft wie das entsprechende Verhalten beim Erwachsenen. In jedem Fall muß man das explorative Verhalten des Kindes als besonders humane Form des Einsatzes von Aktions- und Triebpotentialen intensiv fördern; statt es aus moralischen Gründen zu unterbinden – »Sei nicht so neugierig« –, sind auch hier vielfältige Angebote zu schaffen. Pädagogisch wichtig ist, daß die Endhandlung der Neugier dem Kind nicht geschenkt wird, sondern daß es den natürlichen Ablauf von vorangehender Anstrengung und späterem Erfolg lustvoll erlebt.

Kann man also die natürliche kindliche Aktivität des spielerischen und explorativen Verhaltens uneingeschränkt fördern, so stellt sich die Situation beim echten Konkurrenz-, oder, wenn es sich um Sozietäten handelt, beim Rangordnungsverhalten, doch etwas anders dar. Eines ist freilich klar: Der Aggressionstrieb mit seinen dazugehörigen Werkzeuginstinkten darf weder unterdrückt werden noch ungenutzt bleiben – in beiden Fällen kommt es zu einem unnatürlichen Aggressionsstau –, aggressive Handlungen müssen vielmehr grundsätzlich ritualisiert werden. Dafür eignen sich u. a. Kampfspiele. Hier lernt das Kind spielerisch, sich an die Regeln (des Kampfes) zu halten und die eigenen Kräfte und Fertigkeiten richtig einzuschätzen. Leider besteht in der Bundesrepublik Deutschland, wie H. Rieder beklagt, ein weitverbreitetes Vorurteil gegen Kampfspiele[136], tatsächlich dienen sie jedoch, wie kein anderes Spiel, dem Aggressionsabbau, der Selbstdisziplin und der Selbstbescheidung.

Hinsichtlich des Rangordnungsverhaltens sind mindestens drei pädagogische Eingriffe erforderlich:

Schutz des Schwächeren: Dieser Schutz wird bei den Tieren mit Rangordnungen gewährleistet: Der Führer hilft bei Streitigkeiten in der Regel dem Schwächeren – wahrscheinlich deswegen, weil ihm der Stärkere gefährlich werden kann. Außerdem funktioniert bei den Tieren die Beißhemmung instinktiv. In kindlichen Rangordnungskämpfen ist der Schutz des Schwächeren keineswegs garantiert; hier muß der Erzieher (als »Boß«) eventuell als Schlichter oder gar als Retter eingreifen.

Beeinflussung von Führungsqualitäten: Oft ist es ja so, daß kindliche »Banden« vom Stärksten mit mehr oder weniger Gewalt angeführt werden. Dieses ursprüngliche Kriterium ist jedoch in einer Gesellschaft, die sich für das Gewaltmonopol des Staates entschieden hat, behutsam zu korrigieren, etwa in Richtung Klugheit, Kreativität, Interessenausgleich etc.

Abschwächung der Rangordnung: Eine strikte Rangordnung erhöht zwar die Schlagkraft der Sozietät nach außen, in einer demokratischen Gesellschaft will man dies jedoch gerade nicht. Für die Demokratie ist es ja unter anderem charakteristisch, daß die Konflikte intern geregelt, die Aggressionen also nicht nach außen gebündelt werden. Pädagogisch kann eine ausgeglichenere Rangordnung durch die Erweiterung von Aktivitäten erreicht werden: Je mehr Möglichkeiten der Qualifikation es für den einzelnen gibt, um so weniger strikt wird die Rangordnung werden. Außerdem sollten Kinder in mehreren Gruppen integriert sein, so daß die Rangpositionen wechseln und stets in Bewegung sind.

Eingriffe in die Rangordnung sollten sich jedoch nicht zu weit von der individuellen Entwicklung des Kindes entfernen: Ein Kind, das sich eher in unteren Rängen bewegt, kann nicht einfach in eine Führungsposition gesetzt werden und umgekehrt. Es kommt sonst zu Verhaltensstörungen, wie wir sie auch von ungerechtfertigten Rangzuweisungen im Erwachsenenbereich her kennen.

Fordern durch naturanaloge Zwänge

Kinder und Jugendliche wachsen bei uns in einer Wohlstandsgesellschaft auf, die anstrengendes Appetenzverhalten und anstrengende Triebhandlungen weitgehend überflüssig macht; sie haben aber noch nicht die Einsicht in die Notwendigkeit eines kulturellen Abbaus der überschüssigen Aktions- und Triebpotentiale, sind also in der Gefahr, der aggressiven Langeweile mit allen Konsequenzen zu verfallen.

In dieser Phase müssen also – analog den ursprünglichen Zwängen der Natur – Forderungen gestellt werden. Dem Erzieher stehen dabei zahlreiche Möglichkeiten zur Verfügung: Man kann eher naturnahe Forderungen stellen, beispielsweise Laufen, Schwimmen, Kampfsportarten, oder eher kulturelle Forderungen, etwa technisches, handwerkliches oder künstlerisches Können; man kann die Forderungen *vor* der Triebbefriedigung stellen (»Erst die Arbeit, dann das Vergnügen«) oder auch *nach* der Triebbefriedigung (»Aber nach dem Fernsehen mußt du noch ...«).

Insgesamt darf man jedoch bei den naturanalogen Forderungen dieser Phase die Aufgabe nicht aus den Augen verlieren, die Kinder und Jugendlichen zu Selbstforderungen zu erziehen; man muß also dafür sorgen, daß – neben zunehmender Einsicht in die verhaltensökologischen Zusammenhänge – die zunächst erzwungenen Anstrengungen letztlich doch als lustvoll und damit erstrebenswert erlebt werden.

Im folgenden wollen wir zunächst Forderungen betrachten, die dem ursprünglichen Appetenzverhalten analog sind, danach solche Forderungen, die sich auf die Triebhandlungen der Exploration und des konkurrierenden Verhaltens beziehen.

Jeder Pädagoge weiß, daß die Motivation von Kindern und Jugendlichen, zu lernen oder sonstige Leistungen zu erbringen, eines der schwierigsten Probleme der Erziehung darstellt. Nicht umsonst spielt in der pädagogischen und psychologischen Literatur, in der Ausbildung von Lehrern und betrieblichen Ausbildern das Motivationsproblem eine zentrale Rolle. Was wird nicht alles unternommen – vom moralischen Appell über den Reiz des Neuen bis zu Belohnungen vielfältiger Art –, um Kinder und Jugendliche »in Bewegung zu setzen«. Die Schwierigkeit beruht auf zwei Gründen: Zum einen entfallen die ursprünglichen Zwänge für Appetenzverhalten, und zwar, wie wir ausgeführt haben, mehr oder weniger für sämtliche Triebe; zum andern ist die kulturelle Sublimation, sei es im handwerklichen, technischen, künstlerischen, wissenschaftlichen oder sonstigem Bereich, mit Anstrengung verbunden. Als besonders unnötig müssen den Kindern dabei Anstrengungen erscheinen, die nach einer raschen und leichten Triebbefriedigung noch abverlangt werden, z. B. das Üben nach erfolgter Lösung einer Aufgabe.

Verhaltensbiologisch gesehen liegt die Basis der Motivation prinzipiell in der Lust der Endhandlung: Sie bewegt zur Triebhandlung und zur Durchführung des Appetenzverhaltens. Hervorgerufen werden kann sie aber nach dem Prinzip der doppelten Quantifizierung nur durch hohe Reize und/oder durch hohe Triebstärke. Nun sind Wohlstandsbürger, auch schon Kinder und Jugendliche, durch zu hohe Reize verwöhnt; das macht ja die Motivation so schwierig. Will man oder muß man, z. B. aus ökologischen Gründen, die Reize herabsetzen, ohne auf Lust zu verzichten, so müssen die Beweggründe für kulturelle Leistungen mit höherer Triebstärke erreicht werden. Sieht man sich die Triebe im einzelnen an, so zeigt sich unseres Erachtens, daß die Triebhandlungen im Bereich Nahrung und Sexualität wenig kulturelle Einsatzmöglichkeiten bieten; ganz anders stellt sich die Situation beim Neugiertrieb und (bei aller Vorsicht) beim Aggressionstrieb dar. Beide Triebe könnten sehr wohl zu einer dauerhaften und kräftigen Motivation herangezogen werden. Später werden wir zeigen, daß sich die beiden Motivationsquellen noch um das »Band«[94] erweitern lassen.

Kehren wir noch einmal zurück zum Einsatz von Werkzeugaktivitäten auf der Basis des Appetenzverhaltens! Da ein solches Verhalten in der Überflußgesellschaft unnötig erscheinen muß, gibt es unserer Ansicht nach nur zwei wirksame Motivationskomplexe: Der eine besteht in der direkten Verbindung mit einer Triebbefriedigung, der andere im Erleben der Funktionslust.

Als Beispiel für den ersten Komplex diene der Reitsport: Kinder und Jugendliche nehmen die erforderlichen Anstrengungen – nicht nur beim Reiten selbst, sondern auch bei der Pflege und bei Stallarbeiten – deswegen in Kauf, weil sie direkt mit Abenteuer verbunden sind, mit Risikoverhalten, aber auch mit Durchsetzung, Machtausübung und Sieg. Andere Beispiele sind der Mannschaftssport, Wettkämpfe aller Art (z. B. »Jugend forscht«), Teilnahme an Projekten, Arbeitsgemeinschaften etc.; hier liegen die Beweggründe letztlich in der Triebbefriedigung von Neugier und Aggression. Eine Bestätigung für diesen Strategienkomplex sind diejenigen Tätigkeiten, die man mit »Abstrampeln« bezeichnen kann. Hier wird eine Anstrengung verlangt, die weder als sinnvoll noch als lustvoll erlebt werden kann. Wenn Erwachsene solche Tätigkeiten ausführen, z. B. das Benützen eines Heimfahrrades, so tun sie es aus Einsicht. Aber auch ihnen ist es lieber, wenn sie notwendige Anstrengungen mit lustvoller Triebbefriedigung verbinden können. Die Fitneß-Unternehmer haben dies klar erkannt. Es ist daher anzustreben, anstrengende Tätigkeiten in einen Sinn- und Triebzusammenhang zu bringen.[168]

Lorenz schreibt über die Funktionslust: »Jede gut gekonnte Bewegung macht für sich selbst Spaß, auch wenn sie unter sehr ungünstigen Verhältnissen und widerwillig erworben wurde ... Ganz allgemein kann man sagen, daß die Bewegung um so mehr Funktionslust bietet, je schwieriger sie zu erlernen war. Die Funktionslust ist also ein Segen für den arbeitenden Menschen.«[100]

Die Bemerkung von Lorenz über den arbeitenden Menschen ist insofern besonders bedeutsam, als hier Arbeit mit Funktionslust und daher auch mit Können verknüpft wird. Diese Erkenntnis steht im Einklang mit der traditionellen Auffassung von Arbeit als Beruf, als Tätigkeit, die man ein ganzes Leben lang ausübt; sie steht auch im Einklang mit Erkenntnissen der Gerontologie, nach denen im Alter von denjenigen Tätigkeiten »gezehrt« wird, die man schon immer gut gekonnt hatte.

Zwei Ergänzungen möchten wir den Ausführungen von Lorenz hinzufügen: Die erste betrifft die Ursachen der Funktionslust, die zweite die Aufgaben der Erziehung.

Die Ursache für Funktionslust liegt offenbar darin, daß die gekonnten Bewegungen (Lorenz nennt Skifahren, Eislaufen, Hobeln) im Verhältnis zum Ergebnis wenig Anstrengung erfordern, das Lust-Unlust-Verhältnis also positiv ist. Dies wird besonders deutlich, wenn man an die Fortbewegung ohne Anstrengung denkt: Es ist lustvoll, mit dem Fahrrad einen leichten Hang hinabzufahren, es ist lustvoll, auf dem Wasser dahinzugleiten, allgemein: es ist lustvoll, eine Bewegung, für die an sich Anstrengung vorgesehen ist, mühelos zu erleben – oder eben mit wenig Anstrengung. Hier setzt das Erziehungsproblem ein: Bei allem Bestreben, Anstrengung von vornherein mit Lust zu verbinden, ist es unmöglich, dies in allen Fällen durchzuführen. Man darf sich hier keine Illusionen machen: Um Funktionslust zu erreichen, muß man Anstrengung einbringen, unter Umständen auch »widerwillig«.

Gewiß ist die Frage oft schwierig zu beantworten, ob erzwungenes Können dann auch tatsächlich in angemessener Zeit mit Lust belohnt wird. So mancher ist schon zum Klavierspielen »geprügelt« worden und dann ein Meister geworden, andere haben in ihrem ganzen Leben keine Lust daraus geschöpft.

Optimal für die Motivation auf der Basis des appetenzanalogen Verhaltens dürfte die Kombination der beiden Motivationsstrategien sein: Einbindung in die Triebbefriedigung und Erzeugung von Funktionslust.

Fördern explorativen Verhaltens

Es ist, wie gesagt, weder wünschenswert noch realistisch, die Verwöhnung im Bereich der Nahrung oder der Sexualität erheblich zurückzuschrauben; die anfallenden Aktionspotentiale können ja auch durchaus kulturell nutzbar gemacht werden. Die Erziehung hat hier die Aufgabe, Werkzeugaktivitäten zu trainieren und zur Verfügung zu stellen. Die Skala reicht von sportlichen Fertigkeiten über handwerkliche bis zu künstlerischen und wissenschaftlichen.

Anders verhält es sich beim Neugiertrieb. Hier wäre es töricht, die Lust der Endhandlung zu verschenken. Der Neugiertrieb enthält nämlich enorme Möglichkeiten, überschüssige Aktionspotentiale abzubauen und dabei Lust zu gewinnen. Er ist eine unerschöpfliche Quelle für kulturelle Leistungen – freilich nur dann, wenn er das explorative Verhalten »antreibt«.

Die Erziehung hat somit die Aufgabe, eine rasche und leichte Befriedigung des Neugiertriebes zu verhindern, also nicht für alles Lösungen bereitzustellen, nicht sämtliche Informationen in kleinen Schritten darzubieten etc., und dann die so angewachsene Triebenergie für exploratives Handeln fruchtbar zu machen.

Sicher gibt es viele Möglichkeiten, exploratives Handeln auf diese Weise zu fördern; wir führen hier eine für Schule und betriebliche Ausbildung besonders wichtige Strategie an, die genetische oder problemorientierte Lehrstrategie: Zuerst erhält der Adressat ein Problem, das seinen Interessen entspricht und das er zu überblicken vermag. Wesentlich ist, daß der Adressat eine starke und ständige Motivation zur Lösung des Problems besitzt. Macht nun der Adressat erste Anstrengungen zur Lösung des Problems, ohne jedoch zum Ziel zu kommen, so wird ihm eine Lösungshilfe gegeben, die das Problem sozusagen verkleinert. Nun kann der Adressat zu einem zweiten Lösungsversuch ansetzen. Stellt sich heraus, daß die »Spanne« immer noch zu groß ist, erhält er eine zweite Lösungshilfe usw. Schließlich ist das Problem so weit »geschrumpft«, daß der Adressat (immer noch mit eigener Kraft) die Lösung zustande bringt. Der Grundgedanke dieser Strategie liegt darin, daß das problemlösende Verhalten selbst stets aufrechterhalten und damit trainiert wird: Der Adressat wird nicht durch Mitteilung oder Belehrung zu einem Nachvollzug angeleitet; es wird ihm vielmehr indirekt ermöglicht, in eigener Aktivität und auf individuelle Weise das gesteckte Ziel zu erreichen.[19, 22]

Wesentlich bei diesem Vorgehen ist, daß dem Adressaten die Lösung nicht von vornherein »aufgetischt« wird, sondern daß er ständig zum Denken und Handeln gezwungen wird.

Der Vorteil der genetischen Strategie liegt nicht nur im kulturellen Einsatz explorativer Potentiale, er liegt im Training des produktiven Denkens überhaupt und, nicht zuletzt, im Erwerb einer (selbst-)kritischen Einstellung: Nur derjenige, der Fehler macht –

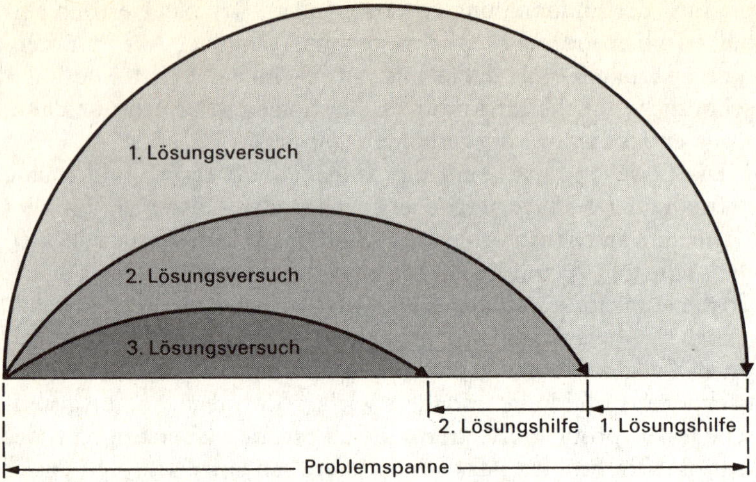

Abbildung 7. *Führt der erste Lösungsversuch nicht zum Erfolg, gibt der Ausbilder eine Lösungshilfe, die die Schwierigkeit des Problems reduziert. Dieser Vorgang wird so lange fortgesetzt, bis der Lernende das Restproblem selbständig zu lösen vermag.*

und das passiert im reinen Nachvollzug eben nicht –, erlebt seine eigenen Grenzen und Schwächen. Insofern hat das genetische Prinzip zugleich eine hervorragende erzieherische Bedeutung.

Anlässe für genetisches Vorgehen gibt es viele; sie sind sozusagen alltäglich: Warum fließt die Milch aus der Dose nicht heraus, wenn man nur ein Loch hineinstanzt? Wie gelangt das Wasser in die höchsten Gipfel der Bäume? Warum steigt ein Heißluftballon? Betrachten wir kurz das letztgenannte Beispiel! Statt die physikalische Wirkungskette systematisch darzustellen – Erwärmung bedeutet Ausdehnung der Luft, diese führt zur Verdünnung, die geringere Dichte zum Auftrieb –, beginnt die genetische Strategie gegebenenfalls mit einer Lösungshilfe: Was passiert, wenn man ein Stück Holz unter Wasser losläßt? oder: Warum werden zwischen den Eisenbahnschienen Lücken gelassen?

Als Lösungshilfen können u. a. folgende Maßnahmen dienen: Klarstellung des Problems; Angabe weiterer Fakten oder Zusammenhänge; Hinweise auf Regeln, Gesetze, Analogien; Beispiele aus bekannten Bereichen etc.

Gewiß: Der genetische Unterricht ist auch für den Lehrer anstrengend; er erfordert ein hohes Maß an Individualisierung und ständige Rückkopplung mit dem Schüler. Letztlich ist er aber auch für den Lehrer interessanter und lustvoller als ein ausschließlich darstellender oder »systemvermittelnder« Unterricht.

Die Bedeutung des Neugierverhaltens für Erziehung und Ausbildung wurde schon von vielen Pädagogen hervorgehoben – Sokrates, M. Montessori, G. Kerschensteiner, M. Wagenschein u. a.; die Verhaltensökologie gibt diesen Pädagogen recht.

Ermöglichung konkurrierenden Verhaltens

Als aggressionsspezifische Handlung ist Konkurrenz ein Bestandteil unseres phylogenetischen Programms. Bei Kindern kommt dieses Verhalten noch unreflektiert zum Ausdruck; für den (reflektierenden) Menschen erhebt sich das Problem, in welcher Form Konkurrenz stattfinden soll – an der Tatsache, daß es Konkurrenzstreben gibt, kann er nicht rütteln, so wenig wie an der Tatsache sexueller Bedürfnisse. Bei der Lösung dieses Problems hat der Mensch unterschiedliche – und unterschiedlich bewertete – Lösungen gefunden: Im Sport stellt der Wettkampf ein tragendes Prinzip dar – sei es im Einzelwettbewerb, wie beim Hochsprung, sei es im Wettbewerb der Sozietäten, wie im Fußball. Dabei ist zu bedenken, daß mit dem Wettkampf von Sozietäten – nicht nur im Sport, sondern überhaupt in jedem Mannschaftsteam – immer auch eine personale Konkurrenz verbunden ist: Wer ist der beste Torwart? Wer spielt die erste Geige?

Die Konkurrenz in der Schule und in der Arbeitswelt – und zwar die Konkurrenz der Sozietäten sowie die Konkurrenz der einzelnen – wird nicht immer so hoch bewertet wie in Sport oder Spiel; oft wird Konkurrenz rundweg abgelehnt. Dabei scheint die Tabuierung von Konkurrenz in Schule und Arbeitswelt vor allem auf den Mangel an Fairneß zurückzuführen zu sein. Tatsächlich ist der Wettbewerb oft rücksichtslos, hart, vernichtend. Auch Lorenz äußert massive Bedenken, vor allem gegen den kollektiven Wettbewerb: »Wenn zwei geschlossene Gruppen von Menschen in Wettbewerb treten, kommt u. U. die kollektive Aggressivität der noch zu besprechenden Begeisterung hinzu und trägt zum Eskalieren der Auseinandersetzung bei. Letzten Endes kann die unaufhaltsame Neigung zum Wettbewerb zum kollektiven Selbstmord der Menschheit führen.«[100] Leider begnügt sich ja der Mensch – im Gegensatz zum Tier – häufig nicht mit dem Sieg, er quält den Unterlegenen oder vernichtet ihn sogar.

Wie ist dieses Dilemma zu lösen? Auf der einen Seite ist konkurrierendes Verhalten ein Bestandteil unseres »Kontinuums«, auf der anderen erweist es sich als große Gefahr.

Die Lösung besteht, wie beim »fallengelassenen« Menschen überhaupt, in der reflektierten Steuerung dieses Verhaltens, im humanen Einsatz der Triebenergien. Die Erziehung in der zweiten Phase hat durchaus Möglichkeiten, in diesem Sinne einzuwirken. Zunächst sind die schon genannten Maßnahmen – Schutz des Schwächeren, vielfältige Möglichkeiten der Bewährung, Ritualisierung aggressiven Handelns usw. – fortzusetzen. Hinzu kommen noch die folgenden: Aufgrund der sich ausbildenden Reflexionsfähigkeit kann sich der Erzieher an die Einsicht des Adressaten wenden. Dabei müssen freilich Zusammenhänge vermittelt werden, nicht nur einzelne Fakten. Das Kind muß aus einem übergeordneten Zusammenhang heraus die Ursachen seines Verhaltens begreifen, aber auch die Konsequenzen antizipieren können.

Selbstverständlich muß Fairneß weiterhin geübt werden – ohne sie jedoch allzu sehr zu strapazieren: Auch Kinder und Jugendliche wollen gerne Sieger sein. Um die Chancen einigermaßen auszugleichen, wurde bereits eine kluge Strategie entwickelt: das »Klassensystem«. Wir meinen hier nicht die Schulklasse, sondern die Einteilung der Konkurrenten in etwa gleichwertige Gruppen oder Klassen. Beim Fußball spielt man innerhalb einer Liga, bei sportlichen Turnieren oder auch bei anderen Wettbewerben (»Jugend forscht«) gibt es ähnliche Einteilungen – etwa nach Alter, Vorbildung, Können.

Hassenstein schreibt über die Aggressivität bei Kindern, daß der erwachsene Partner so mitspielen soll, »daß das jeweilige kämpferische Spiel oder Wettspiel sich fortsetzen kann«. Er fährt dann fort: »Der erwachsene Partner darf also seine überlegenen Fähigkeiten nicht dazu einsetzen, jeden spielerischen Kampf durch sofortigen Sieg zu beenden: er muß die Rolle des Wettkampfpartners zu spielen versuchen.«[67]

Hassenstein vertritt also ebenfalls die Auffassung, daß der spätere, echte Wettkampfpartner nicht von vornherein der Sieger sein darf, mit anderen Worten: die Konkurrenz muß eine Chance haben.

Tatsache ist, daß wir, wie Lorenz sagt, mit der Aggression leben müssen und daß die Erziehung die Aufgabe hat, ein solches Leben zu ermöglichen. Falsch wäre es, zu versuchen, Aggression zu ignorieren, gefährlich, Aggression zu kollektivieren; sinnvoll hingegen ist es, das Wettbewerbsverhalten in fairer Weise zu nutzen und besonders mit Exploration und Kooperation in Verbindung zu bringen.

Fordern durch gemeinsames Handeln

Wir haben bisher zwei komplexe Erziehungsstrategien beschrieben, mit denen die überschüssigen Aktions- und Triebpotentiale von Kindern und Jugendlichen (in der zweiten Phase der Entwicklung) abgefordert werden können: die auf dem Appetenzverhalten beruhenden Fertigkeitsstrategien, die u. a. mit Funktionslust arbeiten, und der gezielte Einsatz explorativer und aggressiver Triebhandlungen, die durch die entsprechenden Endhandlungen ihre Belohnung finden. Wir untersuchen nun eine weitere natürliche Motivationsquelle, die zum Einsatz der Aktions- und Triebpotentiale genutzt werden kann: das gemeinsame Handeln in einer Sozietät.

Gemeinsames Handeln als verhaltensbiologische Motivationsquelle

Unter einer Sozietät verstehen wir eine Menge von Individuen, die sich gelegentlich oder dauerhaft zu gemeinsamem Handeln zusammenschließen. Das gemeinsame Handeln ist somit konstitutiv für die Sozietät, es macht die Sozietät zu einer (neuen) Einheit. Eine Sozietät, die das gemeinsame Handeln einbüßt, zerfällt wieder in eine Menge. Der Anteil des gemeinsamen Handelns kann sehr unterschiedlich sein. Bei einigen Tiersozietäten, wie z.B. Wolfsrudel oder Löwenrudel, bezieht sich das gemeinsame Handeln nur auf bestimmte Funktionen wie Schutz, Angriff, Jagd etc., wobei jedes Tier bestimmte Aufgaben übernehmen muß; darüberhinaus gibt es jedoch individuelle Freiräume, z. B. bezüglich der Schlafplätze oder des spielerischen Verhaltens. Andererseits gibt es auch Tiersozietäten, bei denen es nur noch gemeinsames Handeln gibt, in denen also keine individuellen Spielräume mehr bestehen. Beispiele hierfür sind bestimmte Insektenstaaten. Als Beispiele menschlicher Sozietäten nennen wir die Mitglieder eines Orchesters oder einer Fußballmannschaft.

Unter Kooperation verstehen wir das System der Einzelaktivitäten, das zum gemeinsamen Handeln der Sozietät führt. Kooperation in diesem Sinne findet statt, wenn ein Orchester ein Werk aufführt, eine Fußballmannschaft um den Sieg kämpft oder ein Team – bestehe es aus Architekten, Ärzten, Wissenschaftlern, Handwerkern oder Technikern – ein gemeinsames Werk vollbringt. Kooperation ist also durch gemeinsames, zielgerichtetes Handeln charakterisiert. Nicht jede Interaktion ist zugleich auch Kooperation: Wenn zwei Menschen sich über das Wetter unterhalten, so findet Interaktion statt, nicht aber Kooperation.

Kehren wir noch einmal zurück zur Sozietätenbildung in der Evolution! Zweifellos handelt es sich dabei um einen enormen Selektionsvorteil: neben den schon genannten Vorteilen bei Schutz und Angriff effektiveres Appetenzverhalten, gemeinsame Brutpflege, Arbeitsteilung, Traditionsbildung. Nun hat sich die Mutation der Sozietätenbildung gewiß nicht in einem einzigen Sprung vollzogen. Das Problem, das die Evolution sozusagen zu lösen hatte, bestand ja darin, die innerartliche Aggression zumindest während des gemeinsamen Handelns auszuschalten. Lorenz hat unseres Erachtens eine überzeugende Theorie entwickelt. Er legt dar, daß die Bindung zum Partner oder zu den Sozietätsmitgliedern durch umorientierte Aggression entstand.[94] Das ist insofern einsichtig, als die Aggression in einer Sozietät ja keineswegs verschwindet: Sie wird einerseits im Bedarfsfalle zusammengefaßt und nach außen gerichtet, andererseits gibt es auch innerhalb der Tiersozietät weiterhin aggressives Verhalten, etwa bei Rangordnungskämpfen.

Die Theorie der umorientierten Aggression erklärt noch ein weiteres Phänomen: die enge Verbindung von Liebe und Haß. »Ich glaube«, sagt Lorenz, »es steckt in jeder echten Liebe ein so hohes Maß latenter, durch die Bindung verdeckter Aggression, daß beim Zerreißen dieses Bandes jenes gräßliche Phänomen zustandekommt, das wir Haß nennen.« In Tiersozietäten findet man Freundschaft vor allem bei Arten mit hochentwickelter intraspezifischer Aggression: »Das Band ist um so fester«, sagt Lorenz, »je aggressiver die betreffende Tierart ist.«[94]

Doch ob man nun von einem eigenen Bindetrieb ausgeht, wie Eibl-Eibesfeldt, oder ob man Bindung als Abkömmling des Aggressionstriebes sieht – in jedem Falle ist die für gemeinsames Handeln in einer Sozietät erforderliche Bindung ein natürliches Triebmotiv. Als solches sind die zum gemeinsamen Handeln erforderlichen Aktivitäten in eine Reihe zu stellen mit explorativem oder konkurrierendem Handeln.

Bei menschlichen Sozietäten sind zwei Motivkomplexe des gemeinsamen Handelns zu unterscheiden: der eine bezieht sich auf das Abrufen von Fertigkeiten oder anderen Leistungen während des Handelns selbst – der Fußballspieler setzt sich an seinem Platz mit seinem Können ein –, der andere Motivkomplex auf das Lernen.

Bemerkt das Sozietätsmitglied, daß es seine Aufgabe noch nicht beherrscht, oder wird ihm dies klar gemacht, so zieht es sich zum Lernen zurück. Dabei wird eines deutlich: Kooperation setzt Können voraus. Man kann nicht während des gemeinsamen Handelns lernen – es sei denn, das Kooperieren selbst –, gemeinsames Handeln ist vielmehr Motivation für das individuelle Lernen. Gewiß können auch mehrere Individuen gemeinsam lernen, sie bilden dann aber keine Sozietät mit einer gemeinsamen Handlung, sondern helfen sich gegenseitig mit dem Zwecke der Leistungssteigerung des einzelnen. Noch eines wird deutlich: Der lernzielorientierte Unterricht kann nicht, wie »kritische Pädagogen« gelegentlich glauben, durch einen kooperativen Unterricht ersetzt werden. Die durch lernzielorientierten Unterricht erbrachte Leistung ist vielmehr Voraussetzung für Kooperation.

Die Zugehörigkeit zu einer Sozietät ist also ein starkes Motiv, Aktivitätspotentiale in das gemeinsame Handeln einzubringen; sie ist zusätzlich ein Motiv, die eigene Leistung zu steigern.

Kooperative Strategien in der Schule

Die gegenwärtige Schule ist nicht auf Kooperation hin angelegt. Eine Schulklasse ist keine Sozietät, sie hat kein gemeinsames Ziel, die Schüler treten nicht zu gemeinsamem Handeln zusammen. Studierende, die wir nach Gegenbeispielen fragten, konnten spontan nur eines nennen: die gemeinsame Handlung, den Lehrer vom Anberaumen einer Klassenarbeit abzuhalten. Tatsächlich finden wir in der gegenwärtigen Schule gemeinsames Handeln nur gelegentlich auf Initiative einzelner Lehrer oder Schüler: im Orchester, im Mannschaftssport, in freiwilligen Arbeitsgemeinschaften etc.

Die Schule macht sich im wesentlichen nur eine Triebquelle zunutze: die Konkurrenz. Nun ist Konkurrenz, wie wir ausgeführt haben, nicht einfach abzulehnen – es geht uns auch gar nicht um die – ohnehin unmögliche – Abschaffung konkurrierenden Verhaltens, sondern um das Hereinnehmen der Kooperation in die Schule, und zwar aus zwei Gründen: Zum einen würde sich die Schule mit der Kooperation eine neue, effektive, natürliche Motivationsquelle für Lernen erschließen, zum andern würde sie ihrer Aufgabe, für das Leben vorzubereiten, insofern besser gerecht, als Kooperation in Arbeit und Freizeit eine zentrale Rolle spielt.

Tatsächlich klafft ja zwischen Ausbildungssystem und Berufssystem eine unverantwortliche Lücke: Während das Berufssystem in hohem Maße Kooperation verlangt, steht in der Schule die Konkurrenz im Vordergrund, Kooperation bleibt eine gelegentliche Randerscheinung. Das mag den allerdings stark anzuzweifelnden Vorteil haben, daß das Ausbildungssystem für die spätere Rangordnung sorgt; in jedem Falle hat aber die Diskrepanz den Nachteil, daß das Berufssystem eine Fähigkeit abverlangt, die in der Ausbildungsphase nicht trainiert wird. Überspitzt kann man so formulieren: In der Ausbildung ist nur Zeit für Konkurrenz, im Berufssystem nur Zeit für Kooperation.

Wie aber läßt sich gemeinsames Handeln in der Schule erreichen? Es ist klar, daß gemeinsames Handeln nicht im lernzielorientierten Unterricht geübt werden kann – gemeinsames Handeln und lernzielorientierter Unterricht schließen sich gegenseitig aus –, sondern eben nur in Sozietäten selbst. Die Schule muß damit ihre Organisation ergänzen. Sie muß Möglichkeiten schaffen für die Bildung von Schülersozietäten, also von Zusammenschlüssen von Schülern, die gemeinsam Handeln wollen – sei es aus eigener Initiative, sei es auf Anregung von Pädagogen hin. Dabei kann (und soll) es sich um Sozietäten mit unterschiedlichen Hierarchien handeln. In einem Orchester oder bei einer Staffel herrscht eine straffe Hierarchie, bei der Herstellung eines Filmes braucht die Sozietät nur einen Moderator. In jedem Falle müssen dem Schüler auch die Vorteile der Kooperation deutlich werden: die Teilhabe am gemeinsamen Werk, das Erlebnis der Bindung, die Effektivität gemeinsamen Handelns, das Einbringen von Innovation und anderes mehr.

Auf die Frage, welche Sozietäten an der Schule denkbar sind, lassen sich etwa folgende anführen: Orchester, Theatergruppen, Mannschaftssport, echte Projekte mit gemeinsamer Produktion – sei es eine handwerkliche, künstlerische oder soziale. Vorstellbar sind Schulgärten, das Anlegen von Biotopen, die Haltung von Aquarien. Aber auch in der Sozialarbeit sind Sozietäten denkbar – etwa bei Projekten im Altersheim, im Jugendzentrum, im Behindertenheim. Schließlich ist noch zu denken an die Organisation von Reisen, Schüleraustausch, Freizeitangeboten etc.[157]

Es liegt auf der Hand, daß sich solche Sozietäten in der bisherigen, durchorganisierten Halbtagsschule nicht oder nur ganz selten bilden können. Die Schule muß somit, will sie ihrer kooperativen Erziehungsaufgabe gerecht werden, zur Tagesschule werden, wie dies ja in fast allen vergleichbaren Nationen der Fall ist. Die damit gewonnene Zeit darf aber nicht wieder für Konkurrenz und Wettbewerb eingesetzt werden, sondern für kooperatives Handeln und individuelle Freiräume.[21]

Innerhalb der Sozietäten selbst kann man außerdem noch versuchen, das gemeinsame Handeln als solches zu trainieren. Ähnlich wie bei Fertigkeitsstrategien wird es dabei zweckmäßig sein, die Komplexität des Handelns zunächst zu reduzieren und zwar sowohl bezüglich der Größe der Sozietät als auch der auszuführenden

Handlungskomponenten. Unerläßlich ist auch die Berücksichtigung individueller Leistungsstrukturen: Ein schlechter Sportler muß ja nicht unbedingt die Kooperation im Mannschaftssport erlernen. Der einzelne muß vielmehr die Möglichkeit haben, seine besondere fachliche Leistung in die Sozietät einzubringen.

Besonders wichtig erscheint uns, daß die drei triebbedingten Motivationskomplexe Exploration, Konkurrenz und Kooperation in engster Verbindung »geschult« werden: Das explorative und konkurrierende Handeln soll ja in Schule, Beruf und Freizeit auch den Sozietäten zugute kommen.

Fordern durch Individualisierung

Wir haben weiterhin den Anēr als Ziel von Erziehung und Ausbildung vor Augen. Eine wichtige Strategie zur Erreichung dieses Zieles besteht in der Individualisierung, genauer: in der Forderung durch Individualisierung. Diese Strategie beruht auf der Tatsache, daß sich der Mensch mit zunehmender Reife und Sozialisation »strukturiert«. Er entwickelt eine charakteristische Intelligenzstruktur, ein Interessen- und Leistungsprofil. Erste Profilierungen zeigen sich schon vor der Pubertät; die bleibende Struktur dürfte in der Regel im 15. Lebensjahr erreicht sein. Die Strategie selbst besteht in einer vorübergehenden produktiven Einseitigkeit in dem Sinne, daß der Jugendliche seine zentralen Aktivitäten in den positiven Bereichen seiner Struktur entfaltet. Ein solcher, an der individuellen Struktur orientierter Abbau von Aktionspotentialen bedeutet keinesfalls Verwöhnung – im Gegenteil: Individualisierung bedeutet die Chance, die Aktionspotentiale in besonders wirksamer und erfolgreicher Weise abzubauen. Dieses Vorgehen – sei es vom Jugendlichen selbst gewollt, sei es vom Erzieher mehr oder weniger erzwungen – ist nicht neu; es erhält aber durch die Verhaltensökologie einen neuen und interessanten Aspekt.

Wir haben bisher die allgemeinen verhaltensbiologischen Gesetze – doppelte Quantifizierung, Appetenzverhalten, Triebsystem – in den Vordergrund gestellt, denn es kam uns auf die allgemeinen Auswirkungen der Störung des verhaltensökologischen Gleichgewichts an, auf die Verwöhnung und deren Konsequenzen. Auch in der Erziehung gibt es eine Reihe allgemeiner Maßnahmen – Anforderungen stellen, Funktionslust erzeugen, genetische Strategien usw. –, die in jedem Falle durchzuführen sind. Tatsächlich wendet sich aber Erziehung immer an einzelne Menschen, von denen jeder – über die Gemeinsamkeiten hinaus – eine jeweils charakteristische, individuelle Struktur besitzt. Diese Tatsache hatte in der Pädagogik schon immer eine große Bedeutung, sie war Anlaß zu einer – je nach Zielvorstellung – mehr oder weniger ausgeprägten Individualisierung.

Sozialistischen Denkern war die Individualität schon immer suspekt. Individuelle Unterschiede entstehen nach Auffassung der Sozialisten durch soziale Ungleichheit und führen auch immer wieder dazu. Nach ihrer Meinung haben individuelle Unterschiede auf diese Weise letztlich »Herrschaft von Menschen über Menschen« zur Folge, Unterdrückung und Ausbeutung. Es ist daher nur folgerichtig, daß die Sozialisten die Einheitsschule propagieren und in ihrem Machtbereich durchsetzen. Dabei ist allerdings auffallend, daß gerade in sozialistischen Ländern eine intensive Suche nach solchen Individualitäten stattfindet, die der Sozietät nützen, beispielsweise durch Höchstleistungen im Sport oder in der Wissenschaft.

Für den Verhaltensbiologen besteht hingegen kein Zweifel an der genetisch disponierten Unterschiedlichkeit der Individuen: Die angeborenen Unterschiede der körperlichen Erscheinung liegen auf der Hand – Haarfarbe, Augenfarbe, Körperbau etc. –, aber auch Unterschiede in der Vitalität, der Intelligenz, der Leistungsfähigkeit und, wie wir meinen, der Triebstruktur lassen sich nicht nur auf Umwelteinwirkungen zurückführen. Neuere Untersuchungen über eineiige Zwillinge in den USA legen nahe, den Anteil der genetischen Information höher zu schätzen als bisher üblich. Den Untersuchungsergebnissen zufolge dürfte dieser Anteil in der Größenordnung von 80 Prozent liegen. Doch auch wenn er wesentlich geringer sein sollte – die Tatsache eines erheblichen genetischen Anteils an der Struktur der Individualität wird man nicht leugnen können. Es gilt also, hierzu Stellung zu nehmen und pädagogische Konsequenzen daraus zu ziehen.

Geht man von der Konzeption des Anēr aus, also des Menschen, der seine überschüssigen Aktions- und Aggressionspotentiale effektiv und eigenverantwortlich abbauen möchte, so sind die Konsequenzen eindeutig: Der Adressat hat Anspruch darauf, insbesondere auch dort gefordert zu werden, wo die Anstrengung die besten Erfolgsaussichten hat und am ehesten mit Lust erlebt werden kann. Nur so besteht überhaupt die Chance, daß sich der Mensch als Erwachsener auch wirklich selbst fordert.

Der Konzeption nach hat dies schon der bekannte Reformpädagoge G. Kerschensteiner zum Ausdruck gebracht. Er formulierte folgendes »Grundaxiom des Bildungsprozesses«: »Damit ein Kulturgut Bildungsgut für eine Individualität werden kann, muß die geistige Struktur dieses Kulturgutes ganz oder teilweise der geistigen Struktur der Individualität adäquat sein.«[83]

Wir prüfen dieses Axiom an den vier verhaltensökologischen Abbaukriterien: Funktionslust, Exploration, Konkurrenz und Kooperation.

Funktionslust kann sich nur dann einstellen, wenn die Fertigkeiten nachher »leicht von der Hand gehen«, wenn also ein ausreichendes Talent zugrunde liegt. Ein untersetzter Jugendlicher wird seine Funktionslust kaum als Hochspringer oder Korbballspieler erlangen. Gerade im Sport spielt die individuelle Struktur – man denke etwa an Gewichtheber oder Ballettänzer – eine entscheidende Rolle.

Exploration kann nur dann erfolgreich sein, wenn Probleme gelöst werden und Neues erkundet wird. Der Erfolg kann sich wiederum nur einstellen, wenn eine explorative Begabung vorliegt, wenn also die individuelle Struktur positiv ist. Gerade im produktiven und kreativen Denken und Handeln kommen die individuellen Unterschiede besonders deutlich zum Ausdruck – rezeptives Denken und reproduktives Handeln ist von der Individualität weitgehend unabhängig, das kann sozusagen jeder.

Konkurrenz hat auch nur dann Aussicht auf Erfolg, wenn die

Bereiche, in denen sie stattfindet, der positiven Struktur der Individualität entsprechen. Wir haben ja gesehen, wie wichtig es ist, den Aggressionstrieb durch gelegentliche Siege zu befriedigen.

Kooperation ist gemeinsames Handeln; es dient der Sozietät. Das bedeutet, daß – zum Wohle der Sozietät – jeder einzelne seine optimale Leistung einzubringen hat. Dies gilt ja schon in der Tiersozietät: Beim gemeinsamen Jagen fungieren die einen als Treiber, die anderen als Reißer. Beim Fußball werden auch die jeweils geeigneten Sportler als Stürmer, Verteidiger oder Torwart eingesetzt. Man braucht nicht besonders darauf hinzuweisen, daß dieses Prinzip zu Recht auch in der Arbeitswelt angewandt wird.

Nun werden gelegentlich Einwände gegen das Grundaxiom geäußert in dem Sinne, daß der Mensch gerade dort, wo er wenig Neigung und Begabung aufweist, sich – gefälligst! – anstrengen soll. Diese moralische Argumentation ist verhaltensökologisch falsch, weil ein derartiger Zwang, verbunden mit ständiger Frustration, nicht nur zu einem unvollständigen Abbau der Aktions- und Aggressionspotentiale führt, sondern auch zu einer vermehrten Suche nach Lust ohne Anstrengung. Wem Schule oder Arbeit nur ein verhaßter Zwang ist, der wird sich schadlos halten, wird versuchen, die erlittene Unlust durch hohe Ansprüche und Faulheit auszugleichen. Das Ergebnis ist aggressive Langeweile.

Es gibt noch ein weiteres wichtiges Argument für das Grundaxiom: Letztlich soll ja der junge Mensch befähigt werden, sich selbst zu fordern, sein Aktionspotential in eigener Verantwortung einzusetzen. Dies scheint uns nur dann chancenreich zu sein, wenn er als Kind und Jugendlicher erfahren hat, daß dieser Einsatz auch lustvoll sein kann, daß Anstrengung sich lohnt.

Individualisierung und Allgemeinbildung

Ein zweites, erstaunlich hartnäckiges Argument gegen die Individualisierung im angegebenen Sinne ist der Ruf nach der Allgemeinbildung. Schon Goethe sagte: »Eines recht tun gibt mehr Bildung als Halbheit im Hundertfältigen« und »Narrenpossen sind eure allgemeine Bildung und alle Anstaltungen dazu ...« – doch hält man noch immer an dieser Illusion fest. Im übrigen haben auch andere große Dichter und Philosophen die Allgemeinbildung mit spitzer Feder attackiert. So schreibt Schleiermacher: »Ihr seid müde, das fruchtlose enzyklopädische Herumfahren mit anzusehen«, und Nietzsche spottet: »Mit fünfzig Klecksen bemalt an Gesicht und Gliedern ...« Kerschensteiner geht noch weiter. Er behauptet, daß Universalismus zu allen Zeiten ein Phantom der Bildung gewesen sei und begründet diese Behauptung wie folgt: »Es kann deswegen keine Allgemeinbildung geben, weil das wissenschaftliche Denken eine Beschränkung des Stoffgebietes erfordert und weil der Mensch eine geistige Struktur besitzt, die nicht jedes Kulturgut zu einem Bildungsgut werden läßt.« [83] Allgemeinbildung hat es noch nie gegeben. Heute wirkt der Wettlauf mit dem exponentiell zunehmenden Wissen aber geradezu grotesk. Das einzige, was die Erziehung tun kann, ist, das produktive und kritische Denken zu fördern, zentrale Zusammenhänge zu vermitteln, beispielsweise wissenschaftstheoretische, ökologische und verhaltensökologische, und den Menschen zur verantwortungbewußten Selbststeuerung zu befähigen.

Allgemeinbildung in diesem neuen Sinne ist durchaus möglich. Wieder ist es Kerschensteiner, der diese Auffassung vertritt und in unnachahmlicher Weise zum Ausdruck bringt: »Wenn es so etwas gibt wie allgemeine Bildung, dann steht sie nicht am Anfang des Lebens, sondern an seinem Ende, und das Beste, was die Schule tun kann, ist, durch möglichst tiefes Einführen der Schüler in den Sinngehalt einzelner Bildungsgüter, deren Struktur der Struktur der Schüler möglichst adäquat ist, die Kräfte zu entwickeln, die den Zögling von selbst dazu treiben, nach Maßgabe seiner Individualität und der Lebensverhältnisse, in die er geworfen wird, den Umkreis seiner Bildung im Rahmen seiner Lebensaufgabe zu jener Universalität auszudehnen, die einst Wilhelm von Humboldt als das Ziel seiner eigenen universellen Natur sich in seinem Humanitätsideal gesteckt hat.« [83]

Die Strategie zum strukturgemäßen Abbau von Aktions- und Triebpotentialen, zur Allgemeinbildung im Kerschensteinerschen Sinne und zur verhaltensökologischen Selbststeuerung verläuft in drei Stufen.

1. Produktive Einseitigkeit[18]: Nach Ausbildung der individuellen Struktur werden auf wenigen Gebieten, die der positiven Ausprägung dieser Struktur entsprechen, relativ hohe Anforderungen gestellt. Die Lehrstrategie in dieser Phase ist vorwiegend die genetische. Neben Exploration und Konkurrenz werden die Ergebnisse der Aktivitäten auch kooperativ eingesetzt.

2. System und Reflexion: Die intensiven Aktivitäten in den ausgesuchten Schwerpunkten führen zwangsläufig zu allgemeinen und abstrakten Überlegungen, zu den allgemeinen Fundamenten von Wissenschaft, Menschsein und Gesellschaft. Insbesondere geht es in diesem Kern um die Methoden der Erkenntnis, um vernetzte Systeme, um die abstrakten Denkformen der Kybernetik, um Reflexion, Selbsterkenntnis und Selbststeuerung. Ohne diese gemeinsame Basis besteht tatsächlich die Gefahr des Spezialistentums, ohne diese Basis wäre auch eine Allgemeinbildung im Sinne der ständigen Weiterbildung nicht möglich.

3. Strukturgemäße Allgemeinbildung: Von dem gemeinsamen Kern aus ist es möglich, zu weiteren Kulturgütern vorzudringen, jedenfalls zu solchen, die der Individualität adäquat sind. Der allgemeine Kern fungiert sozusagen als übergeordneter Zusammenhang, in den die einzelnen Bereiche hineingestellt und dadurch verstanden werden können. Die Weiterbildung wird so nicht nur zur Erweiterung des Wissens und Könnens, sie wird zur erweiterten Basis reflektierenden Handelns. Verhaltensökologisch wichtig ist, daß eine derartige Weiterbildung ständige Aktivität erfordert, insbesondere exploratives und kooperatives Handeln (Abbildung 8).

Goethe drückte die Strategie der Forderung durch Individualisierung kurz und prägnant aus; er verlangte vom Erzieher, »den Knaben unter der Hand das finden zu lassen, was ihm gemäß ist«.

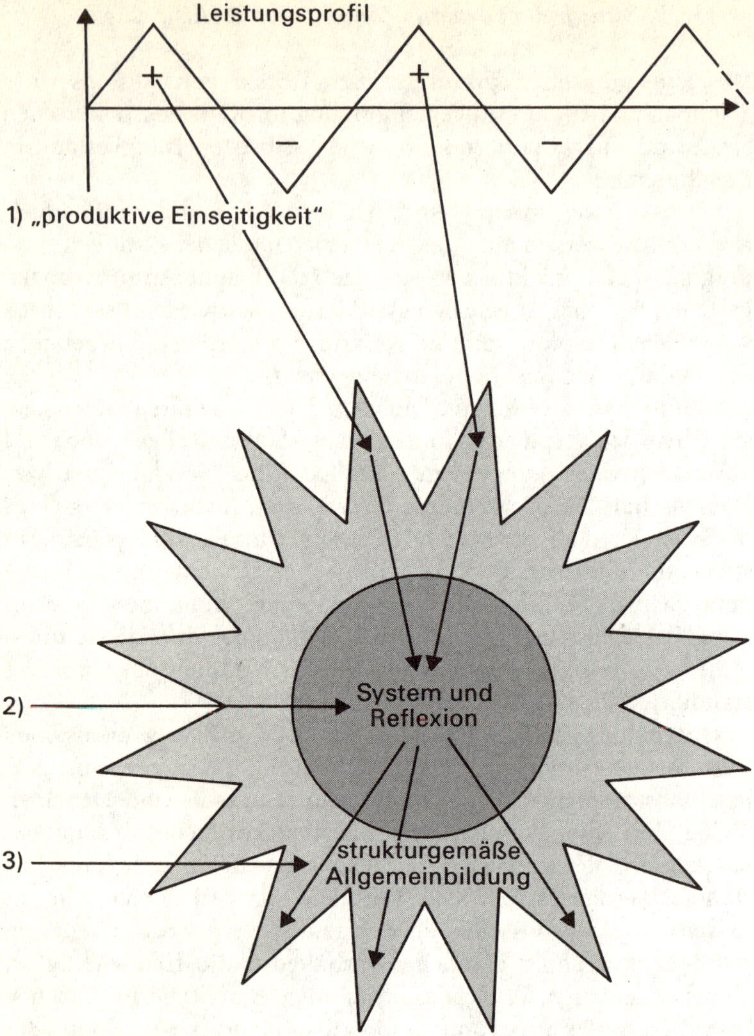

Abbildung 8. *Fordern durch Individualisierung heißt: Einsatz der Aktionspotentiale auf der Basis individueller Fähigkeiten, Vorstoß zu systematischem und reflexivem Denken, Selbstforderung gemäß der individuellen Struktur.*

Vom Fordern zum Selbstfordern

Verhaltensökologische Erziehung ist nur dann erfolgreich, wenn es ihr gelingt, Menschen hervorzubringen, die sich reflektiert steuern, insbesondere sich selbst fordern. Die bisher angeführten Strategien des Forderns und Förderns hatten daher auch immer einen doppelten Zweck: Sie dienten dem direkten Abbau der Aktions- und Triebpotentiale, und sie dienten, z. B. durch die Vermittlung von Funktionslust oder durch die Aktivierung explorativer und kooperativer Handlungen, der Vorbereitung für eigenverantwortliche Selbstforderung. Ging es in der zweiten Phase dabei vorwiegend um emotionale Vorgehensweisen, so rücken jetzt, in der dritten Phase, die kognitiven Strategien in den Vordergrund.

Lorenz sagt, daß die Selektion die Hände vom Menschen abgezogen habe, und fährt folgerichtig fort: »Der Mensch muß jetzt in kluger, biologisch-ökologisch weit vorausdenkender Weise die Funktion der Selektion selber übernehmen. Und das sind alles harte Anforderungen, weil wir immer verwöhnter werden und immer weniger Härte vertragen«.[98] Gerade weil dies so ist, wird wohl niemand die Illusion haben, daß sich die Fähigkeit zu solcher reflexiven Selbststeuerung ohne jedes Zutun entwickelt. Lorenz' Forderung ist somit ein Aufruf an die Erziehung. Diese muß Wege finden, nicht nur Aktionspotentiale abzurufen, sondern auch dafür zu sorgen, daß der erwachsene Mensch tatsächlich von sich aus, von seiner kognitiven Einsicht und seiner Überzeugung her, verhaltensökologisch richtig handelt. Das Fehlverhalten vieler Jugendlicher und Erwachsener zeigt, daß das von Lorenz geforderte Ziel einer verantwortlichen Selbststeuerung noch längst nicht erreicht ist, ja, daß es noch gar nicht systematisch in Angriff genommen wurde.

Beispiele verhaltensökologischer Selbststeuerung

Eine unabdingbare Voraussetzung für Selbststeuerung ist die Fähigkeit, sich selbst richtig einzuschätzen. Nehmen wir das Beispiel des Alkoholgenusses: Man sagt heute oft, Alkoholismus sei eine Krankheit. Der Kranke habe also ein Anrecht, als solcher behandelt und betreut zu werden. Nun möchten wir nicht bestreiten, daß Alkoholismus eine Krankheit ist – aber damit ist die Sache nicht erledigt. Wenn jemand bei kaltem Wetter zu leicht bekleidet herumläuft und sich anschließend eine heftige Erkältung zuzieht, so ist diese zwar eine Krankheit, aber eine, die sich der Betreffende leichtfertig, wider besseren Wissens, zugezogen hat. Wenn sich jemand beim Autofahren nicht anschnallt, sondern lieber das Bußgeld in Kauf nimmt, so hat er eventuelle spätere Verletzungen mitverschuldet. Selbststeuerung bedeutet, wie Lorenz sagt, Voraussicht, Abschätzung der Folgen und der Rückwirkungen, Einsicht in die Zusammenhänge. Dies ist dem Menschen grundsätzlich möglich und die Erziehung muß diese Möglichkeit realisieren.

Ein anderes Beispiel ist das Risikoverhalten, die »Abenteuerlust«. Viele Menschen verunglücken täglich im Straßenverkehr, in den Bergen, auf See, aus »Leichtsinn«. Nun ist das Risikoverhalten ein Bestandteil aggressiver und explorativer Verhaltensprogramme, es ist somit, insbesondere bei Jugendlichen, durchaus natürlich. Aber genau deswegen ist es gefährlich, deswegen muß es reflektiert und kognitiv gesteuert werden. Man denke etwa an das »Elendserhaltungsgesetz«, nach dem man immer versucht ist, ein Maximum an Risiko zu erleben. Außerdem muß der einzelne auch bedenken, daß er andere gefährdet oder der Sozietät zur Last fallen kann.

Ein weiteres Beispiel ist das Einkalkulieren kindlichen Verhaltens im Straßenverkehr. Es ist nicht nur ein Skandal, daß täglich viele Kinder auf der Straße verletzt oder getötet werden, es ist auch ein Skandal, wenn man glaubt, durch Verkehrserziehung der Kinder das Erforderliche zu tun. Da wird gefordert, daß die Eltern mit ihren Kindern den Schulweg abgehen, sie auf Verkehrszeichen hinweisen, das Überqueren der Straße üben und vieles mehr. Gewiß ist dies alles notwendig und muß immer wieder durchgeführt werden – aber die Verkehrserziehung von Kindern reicht grundsätzlich nicht aus: Kinder sind dem stammesgeschichtlichen Programm noch näher als Erwachsene, sie haben eine wesentlich »dünnere« Großhirnsteuerung, d. h., die reflektierte Steuerung funktioniert bestenfalls dann, wenn keine instinktiven Regungen auftreten. Wenn zwei Jungen, sagen wir im Alter von sechs Jahren, miteinander raufen, so achten sie mit Sicherheit nicht auf den Straßenverkehr. Wenn gar der eine flieht und der andere ihm nachsetzt, setzt jede Reflexion, jede rationale Überlegung aus. Dieses Verhalten, der Durchbruch instinktiver Verhaltensprogramme, läßt sich durch keine Erziehung verhindern. Verkehrserziehung oder besser: Aufklärung über das Verhalten von Kindern, muß also beim Kraftfahrer einsetzen. Er allein trägt als großhirngesteuerter Erwachsener die Verantwortung für das Geschehen. Es ist kaum zu glauben, wie viele Auto- oder Motorradfahrer an Hofeingängen vorbeirasen, an Haustüren, an Schulen oder Haltestellen, an Orten also, wo jeden Augenblick Kinder auf die Straße »tollen« können. Hier liegt die Ursache dafür, daß so viele Kinder im Straßenverkehr sterben oder für immer gelähmt sind.

Nehmen wir zuletzt noch ein harmloseres Beispiel: die antizipatorische Einbeziehung kooperativen Handelns. »Der Geist ist willig, aber das Fleisch ist schwach« sagt der Volksmund zu Recht. Aber gerade weil man weiß, daß es nicht immer leicht ist, seine Aktionspotentiale auch tatsächlich einzusetzen, daß man mit einer gewissen Trägheit rechnen muß, kann man sich selbst zwingen oder motivieren: Man kann beispielsweise Partnersport betreiben, kann einem Verein beitreten, der einen »animiert«, kann im Beruf neue Aufgaben übernehmen, die einen erneut fordern, kann Verträge abschließen, die einen zum Einsatz verpflichten und ähnliches.

Entscheidend ist: Man muß sein Handeln über den Kontext seiner Triebe und deren unmittelbare lustvolle Befriedigung hinaus in den größeren Zusammenhang der gesamten Verhaltensökologie stellen. Das bedeutet nicht, daß wir uns grundsätzlich gegen lukullische oder andere Genüsse wenden oder auch gegen kontrollierte aggressive Handlungen; entscheidend ist, daß man sein eigener Souverän bleibt.

Die verhaltensökologische Erkenntnisstrategie

Die Strategie zur Erreichung verhaltensökologischer Selbststeuerung, kurz: verhaltensökologische Erkenntnisstrategie, ist zunächst einmal rein kognitiv. Der Mensch soll ja sein Verhalten durch Einsicht in fundamentale Zusammenhänge steuern; es handelt sich also um eine spezielle Erkenntnisstrategie.[19] Dabei geht es um zwei Erkenntnisbereiche, um die Erkenntnis des notwendigen Verhaltens selbst, also etwa um die Erkenntnis des notwendigen Abbaus von Potentialen, und um die Erkenntnis der Steuerungsmöglichkeiten, also etwa um die Erkenntnis, daß die notwendige Lust-Unlust-Ökonomie einer Investition an Anstrengung, daß ein relativ friedliches Zusammenleben ständiger Aggressionsabfuhr bedarf. Um das Ziel der verhaltensökologischen Selbststeuerung zu erreichen, sind im wesentlichen drei erzieherische Maßnahmen durchzuführen.

1. Sensibilisierung der Wahrnehmung instinktiver Verhaltenstendenzen.

Jede Erkenntnisstrategie beginnt mit der Kenntnis solcher Fakten, die in dem zu erkennenden Zusammenhang stehen. Ohne Kenntnis unterschiedlicher Tierformen kann es keine Erkenntnis der Evolution geben. Die Fakten des verhaltensökologischen Zusammenhanges bestehen aber in den instinktiven Verhaltenstendenzen, z. B. in aggressiven oder sexuellen Bereitschaften, in einem beginnenden Appetenzverhalten, in der Schwellenerniedrigung usw. Diese Tendenzen müssen wahrgenommen werden: man muß »merken«, daß man aggressiv wird, daß man nach bestimmten Reizen sucht etc. B. Hassenstein bringt über das »Trotzalter« von Kindern folgende wichtige Erkenntnis zum Ausdruck: »Intelligente Kinder, die sich schon selbst beobachten können, fragen dabei manchmal ausdrücklich: ›Woher kommt der Bock in mir eigentlich?‹ Sie scheinen also eine Aggressivität in sich zu spüren, die sogar ihnen selbst nicht ganz ›begründet‹ vorkommt.« [67] Der Erzieher kann die Sensibilisierung unterstützen, wenn er beim Auftreten solcher Tendenzen die Aufmerksamkeit auf diese lenkt.

2. Vermittlung stammesgeschichtlich programmierter Gesetzmäßigkeiten und deren unmittelbarer Steuerung.

Um die wahrgenommenen Fakten verstehen zu können, muß man sie in einen Zusammenhang einordnen. Dabei ist es zunächst zweckmäßig, die einfachsten Zusammenhänge heranzuziehen, beispielsweise das Prinzip der doppelten Quantifizierung. Nur durch dieses Prinzip wird die Schwellenerniedrigung »verständlich« oder das Aufsuchen hoher Reize zur Auslösung einer Triebhandlung oder eines Erregungszustandes. So ist es beispielsweise für einen Jugendlichen unbedingt wichtig, zu wissen, daß Onanie zwei sehr unterschiedliche Motive haben kann: Befriedigung eines starken Triebes oder Erleben von Lust auf niedrigem Triebniveau. Die zweite Form der Onanie ist, wie Hassenstein ausführt, ein Indikator für die Störung des Lust-Unlust-Gleichgewichts. Für das Verständnis eigener Verhaltensweisen auf dieser Erkenntnisebene eignet sich auch der bekannte Sachverhalt mit dem zu großen Loch im Saugstöpsel des Säuglings.

3. Vermittlung verhaltensökologischer Zusammenhänge und deren Steuerungsmöglichkeiten.

Nun kann man zu komplexen, übergeordneten Zusammenhängen übergehen. So ist etwa die Erkenntnis zu vermitteln, daß viele Handlungen kurzfristig lustvoll erlebt werden können, langfristig aber das Gleichgewicht nachhaltig stören. Unbedingt erforderlich ist hier die Erkenntnis der Verwöhnungszusammenhänge. Die jungen Menschen wissen heute nicht, daß rasche und leichte Triebbefriedigung zur Erhöhung von Aktions- und Aggressionspotentialen führt und daß Langeweile dauerhaft nur durch den Einsatz dieser Potentiale abgebaut werden kann. Nur solche Erkenntnisse können jedoch Anlaß geben zu einer verhaltensökologisch richtigen Selbststeuerung. Um richtig eingreifen zu können, muß man aber auch die innere Vernetzung des Systems erkannt haben. Dies kann etwa an dem Beispiel des geöffneten Fensters in einem thermostatisch beheizten Raum verdeutlicht werden.

Insgesamt besteht also die verhaltensökologische Erkenntnisstrategie darin, die Komplexität und Vernetzung der ökologischen und verhaltensökologischen Zusammenhänge zu vermitteln, um dem Adressaten die Möglichkeit zu geben, seine Handlungen auf dieser Basis zu steuern. Ein weiterer Effekt der Reflexion auf dieser Ebene ist der, daß der Adressat die grundsätzliche Offenheit der Erkenntnis erkennt: Er wird den Schluß ziehen müssen, daß die Zusammenhänge in Wirklichkeit noch komplexer sind, daß er zwar im Hinblick auf den gegenwärtigen Erkenntnisstand nicht anders handeln kann, daß es aber doch ratsam ist, nur behutsam in vernetzte Systeme einzugreifen.

Wir wollen nicht verheimlichen, daß Lorenz die Chancen einer kognitiv begründeten Selbstforderung skeptisch beurteilt. Er schreibt: »Was fehlt, ist offensichtlich das naturgegebene Hindernis, dessen Bewältigung den Menschen stählt, indem sie ihm Unlust-Toleranz aufzwingt und ihm, wenn sie gelingt, die Freude der Bewährung, des Erfolges zuteil werden läßt. Die große Schwierigkeit liegt darin, daß dieses Hindernis, wie gesagt, naturgegeben sein muß. Die Bewältigung absichtlich herbeigeführter Erschwerungen des Lebens gewährt keine Befriedigung.« [98]

Nun stellen wir zunächst fest, daß der erste Teil dieser Aussage – die Freude der Bewährung – mit den von uns dargestellten Strategien des Forderns und Förderns in Einklang steht. Bezüglich des zweiten Teiles sind wir anderer Auffassung als Lorenz. Wir meinen, daß eine kognitiv begründete Selbstforderung dann möglich ist, wenn die verhaltensökologische Erkenntnisstrategie richtig durchgeführt wird und der Einsatz der Aktionspotentiale in der zweiten Phase der Entwicklung zu einem lustvollen Erlebnis gemacht wurde. Vielleicht können so doch »Hindernisse« aufgebaut und bewältigt werden.

Die verhaltensökologische Erkenntnisstrategie im Kontext mit anderen Strategien

Die bisher angeführten Strategien kann man in eine ungefähre zeitliche Abfolge bringen (Abbildung 9).

Tatsächlich überlagern sich jedoch die Strategien und sind aufs engste miteinander vernetzt. So ist es beispielsweise durchaus möglich, daß man im Anschluß an eine durch Zwang gewonnene Funktionslust versucht, verhaltensökologische Erkenntnisse zu vermitteln. Das Erleben von Funktionslust ist ja ein starkes Gefühl, das man ins Bewußtsein heben kann und das so der Erkenntnisstrategie zur Verfügung steht. Die gewonnene Erkenntnis wiederum kann den Adressaten veranlassen, weitere Anstrengungen auf sich zu nehmen.

Ein anderes Beispiel ist die Einbindung der Anstrengung in gemeinsames Handeln. Hier kann ein anfänglicher Zwang durch das Erleben des gemeinsamen Erfolges, z. B. bei der Aufführung eines Theaterstückes, als Notwendigkeit erkannt werden – eine Erkenntnis, die wiederum zu einem Transfer führen kann.

Besonders einprägsam läßt sich die verhaltensökologische Erkenntnisstrategie mit dem Prinzip der doppelten Quantifizierung

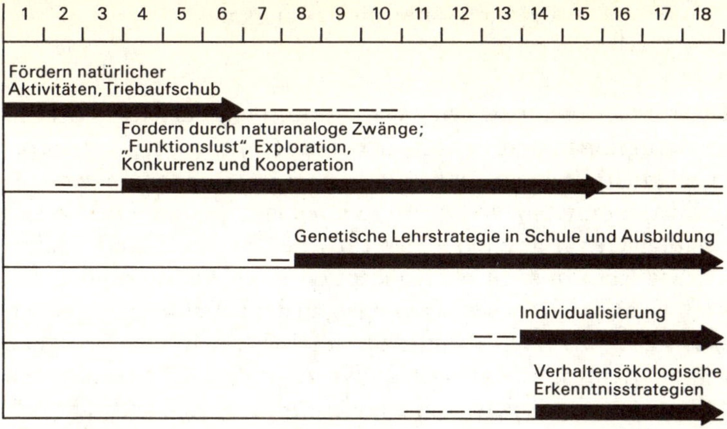

Abbildung 9. *Die einzelnen Strategien der anērischen Erziehung folgen in ihren Schwerpunkten zwar aufeinander, in der Durchführung überlappen sie sich jedoch und sind vielfältig miteinander vernetzt.*

vernetzen: So kann man etwa den »Erfolg« eines am Fernsehen nachvollzogenen Abenteuers mit dem eines wirklich erlebten Abenteuers – der erste Sprung vom Dreimeterbrett, der erste Aufenthalt im Schullandheim – vergleichen. Die Analyse liegt im Bereich der kognitiven Reflexion. Aus dieser kann sich wieder eine Verhaltensänderung ergeben.

Auch das konkurrierende Verhalten eignet sich als Stütze für Erkenntnisstrategien. Siege und Niederlagen werden besonders stark wahrgenommen; sie sind damit Fakten für kognitive Einsichten. Aber auch wenn es gelingt, während der zweiten Phase der Entwicklung immer wieder zum kognitiv-reflexiven Denken vorzustoßen, bleibt eine systematische Darstellung der verhaltensökologischen Zusammenhänge unentbehrlich.

Beispiel: Reformierte Oberstufe

Die Reform der gymnasialen Oberstufe im Sinne der Aufgliederung in Leistungskurse und Grundkurse und weitgehender Konzentrationsmöglichkeiten der Schüler wurde im Jahre 1972 von der Kultusministerkonferenz vereinbart. Seit einigen Jahren wird sie mit geringfügigen Variationen in den einzelnen Bundesländern praktiziert. Die Reform steht als Konzeption in Übereinstimmung mit verhaltensökologischen Bedingungen, in der Durchführung jedoch wurde sie in mehrfacher Hinsicht verfälscht. Kritische Einwände gegen die Reform sind also daraufhin zu prüfen, ob sie sich gegen die Konzeption als solche richten oder gegen deren Durchführung.

Ziele der Oberstufenreform

Der Grundgedanke der Reform besteht in der Erkenntnis, daß immer größer werdende Wissensanforderungen in immer mehr Fächern zum passiv-rezeptiven Absolvieren eines »Pensums« führen, zu Interesselosigkeit und »Frust«. Die Reproduktion von Wissen in 14 oder 15 Fächern ermöglicht keine Vertiefung, kein eigenes produktives, geschweige denn wissenschaftliches Arbeiten. Gerade auch geistig profilierte Schüler empfinden die Oberflächlichkeit und Zusammenhanglosigkeit eines solchen »allgemeinen Wissens«. Dazu kommt die Aussichtslosigkeit, den Wettkampf mit den immer größer werdenden Wissensmassen jemals gewinnen zu können.

Aus diesen Erkenntnissen heraus forderten die Kultusminister schon 1960 in der Saarbrückener Rahmenvereinbarung »durch eine Verminderung der Zahl der Pflichtfächer und die Konzentration der Bildungsstoffe ... eine Vertiefung des Unterrichts zu ermöglichen und die Erziehung des Schülers zu geistiger Selbständigkeit und Verantwortung zu fördern«.

Welchen Wert die Kultusministerkonferenz auf das »wissenschaftliche Arbeiten« an der Oberstufe legte, läßt sich unter anderem daran erkennen, daß auf den sieben Seiten des einführenden Berichtes insgesamt achtmal diese Forderung erhoben wird.

Die Oberstufenreform sollte aber nicht nur das wissenschaftliche Arbeiten fördern, sie sollte auch die bisher weitgehend isolierten Fächer durch einen gemeinsamen Kern verbinden. Stichworte waren hier »grundlegende wissenschaftliche Verfahren und Erkenntnisweisen«, »allgemeine Kommunikationsfähigkeit«, »staatsbürgerliches Handeln« usw.

Auch die Auflösung des Klassenverbandes wurde bedacht und keineswegs negativ gesehen: »Der Schüler der Oberstufe wird lernen, in wechselnden Gruppen zu arbeiten, wie er das auch nach Abschluß der Schulzeit tun wird.«

Merkwürdig ist nur eines: Die Kultusministerkonferenz spricht zwar häufig vom wissenschaftlichen Arbeiten, vom selbständigen Lernen, vom problembezogenen Denken – aber nie vom kritischen Denken. Das Wort Kritik scheint tabu, es taucht nicht ein einziges Mal auf. Dabei ist wissenschaftliches Denken immer auch ein kritisches. Die Lösungsansätze müssen ja immer wieder, wie K. Popper sagt, »auf das härteste« geprüft werden.[131]

Die Ziele der Oberstufenreform entsprechen damit weitgehend dem Menschenbild des Anēr: individueller Einsatz explorativer Potentiale, staatsbürgerliches, insbesondere also gemeinsames Handeln und grundlegende, insbesondere also verhaltensökologische und kybernetische Erkenntnisweisen.

Die Oberstufe, wie sie sein müßte

Aufgabe der Pädagogik als Wissenschaft ist es, Strategien zu entwickeln, um bestimmte Lernziele zu erreichen, beispielsweise Strategien zur Erreichung von Kenntnissen, Erkenntnissen, Einstellungen oder Fertigkeiten. Solche Strategien liegen vor, und es gibt auch gesicherte didaktische und organisatorische Strategien zur Erreichung der Ziele der reformierten Oberstufe. Die wichtigsten davon führen wir an, um zu zeigen, wie die Oberstufe aussehen müßte, und um nachzuweisen, daß bei der Verwirklichung der Reform gravierende Fehler gemacht wurden.

Erste Strategie: gewählte Schwerpunkte. Wissenschaftliches Arbeiten, auch wenn es sich nur um dessen Training handelt, erfordert Konzentration; niemand kann in 14 oder noch mehr Fächern zugleich aktive und produktive Arbeit leisten. Es ist somit nur folgerichtig, wenn die Befürworter des wissenschaftlichen Arbeitens an der Oberstufe zugleich auch die Beschränkung der Arbeitsgebiete auf zwei oder drei Schwerpunkte verlangen.

Ist also Konzentration in jedem Falle erforderlich, so erhebt sich sogleich die Frage, auf welche Schwerpunkte sich der Schüler konzentrieren soll. Hier liegt die Antwort auf der Hand: Die Beschränkung der Stoffgebiete sollte sich auf diejenigen Fächer beziehen, in denen der einzelne die größte Chance hat, produktive (und kritische) geistige Arbeit leisten zu können, auf diejenigen Fächer also, die seiner Begabung und seinen Interessen entsprechen.

G. Kerschensteiner drückte dies in seinem Grundaxiom aus; inzwischen hat die Psychologie nachgewiesen, daß tatsächlich jeder Mensch (nach Abschluß der Pubertät) eine mehr oder weniger ausgeprägte Intelligenzstruktur aufweist. Wir verweisen hier u. a. auf den seit langem erprobten Intelligenzstrukturtest von R. Amthauer.[3]

Theoretisch könnte man also die geistige Struktur der Schüler feststellen und ihnen die entsprechenden Schwerpunkte zuweisen. In einer Demokratie verbietet sich ein solches Vorgehen aus Gründen der Achtung vor der Entscheidungsfreiheit und Verantwortungsfähigkeit der Oberstufenschüler. Die Tatsache bleibt jedoch bestehen, daß die Wahl der Schwerpunkte nach Begabung und Interesse die besten Chancen für wissenschaftliches Arbeiten eröffnet.

Zweite Strategie: genetisches Vorgehen in den Schwerpunkten. Die Befähigung zum wissenschaftlichen Arbeiten läßt sich nur über die genetische Lehrstrategie erreichen; sie muß daher zentrale Strategie der Leistungskurse sein. Für die Grundkurse, die ja nicht unbedingt den Interessen und der Leistungsfähigkeit des Schülers entsprechen, bietet sich eher die darstellende Erkenntnisstrategie an, die den Schüler rasch und sicher auf den notwendigen Informationsstand bringt. Der Aufteilung in Grund- und Leistungskurse entsprechend ist also eine »didaktische Differenzierung« vorzunehmen – ein Sachverhalt, auf den in der Vereinbarung der Kultusministerkonferenz und in den »Empfehlungen« ausdrücklich hingewiesen wird.

Dritte Strategie: Vermittlung grundlegender Erkenntnisse. Das Ziel der Oberstufenreform ist der wissenschaftlich denkende Mensch, aber auch derjenige, der über sein Fach hinaus nach Querverbindungen sucht, nach allgemeinen Strukturen und Methoden, der reflektierende, sich selbst steuernde Mensch, kurz: der Anēr. Erreicht werden kann diese reflexive Ebene aber nur dadurch, daß der Schüler den gewählten Schwerpunkten »auf den Grund geht« und so zu den allgemeinen Fundamenten von Wissenschaft, Mensch und Gesellschaft vorstößt. Man denke an Logik und Kybernetik, an Verhaltensbiologie, Wissenschaftstheorie, Philosophie. Ohne diese gemeinsame wissenschaftliche und kommunikative Basis besteht tatsächlich die Gefahr des Spezialistentums; ohne diese Basis können zentrale Aufgaben der Oberstufenreform, die Integration der Fächer und die Befähigung zu reflexiver Selbststeuerung, nicht erfüllt werden.

Drei Fehler bei der Verwirklichung der Reform

Bei der Durchführung der Reform wurden drei gravierende Fehler gemacht, die den Erfolg der Reform beeinträchtigen oder gar verhindern.

Stoffülle – auch in den Schwerpunkten. Sieht man sich die Lehrpläne für die Leistungskurse an, so muß man feststellen, daß deren Verfasser Ziele oder Strategien der Oberstufenreform offenbar nicht verstanden haben. Statt dem Lehrer die Möglichkeit zu geben, in begrenzten Stoffbereichen problemorientiert vorzugehen, wird der Lehrstoff in den universitären Bereich hinein erweitert. Es ist doch klar, daß die reformierte Oberstufe nicht die von der Kultusministerkonferenz (und anderen) erwarteten Ergebnisse erbringen kann, wenn die Stoffülle Schüler und Lehrer unter Zeitdruck setzt und exploratives Lernen und Lehren von vornherein verhindert.

Hier ist eine doppelte Korrektur erforderlich: Abbau der Stoffülle und Fortbildung der Lehrer im Hinblick auf die praktische Durchführung problemorientierter Lehrstrategien.

Abwahl harter Fächer. Die Kultusministerkonferenz ging in ihrer Konzeption davon aus, »daß die Fächer unter dem Gesichtspunkt der Wissenschaftspropädeutik prinzipiell gleichwertig« seien. Diese Annahme hat sich nach übereinstimmender Auffassung in der Praxis als unrichtig erwiesen. Es gibt Fächer, in denen bereits auf Schulniveau abstraktes Denken unumgänglich ist, wie z. B. Mathematik und Physik, und es gibt Fächer, in denen konkretes Wissen dominiert. Es zeigte sich nun eindeutig, daß die »weichen« Fächer verhältnismäßig häufig gewählt wurden – ein Phänomen, das gewiß nicht allein durch das Interesse der Schüler erklärt werden kann.

Das Ausweichen vor der Anstrengung der Exploration läuft der verhaltensökologischen Funktion der Reform völlig zuwider; ihre Aufgabe besteht ja gerade darin, die Aktionspotentiale der Schüler einzusetzen und ihnen das lustvolle Erleben des durch eigene Anstrengung errungenen Erfolges zu vermitteln.

Einige Bundesländer haben die Konsequenz auch schon gezogen: Die Schüler können nicht mehr alle harten Fächer abwählen.

Im übrigen darf man Schüler, die den harten Fächern ausgewichen sind, nicht pauschal kritisieren. Tatsächlich fiel nämlich die Oberstufenreform unglücklicherweise in die Zeit des Numerus clausus. In dieser Situation hat eben mancher Schüler den sicheren Weg gewählt, den Weg nämlich, mit Fleiß und ohne Risiko zu einer möglichst hohen Punktzahl zu gelangen. Zieht man diese verständliche Strategie in Betracht, so ist das Wahlverhalten der Schüler – ungefähr ebenso viele »Punktesammler« wie »Interessenwähler« – sogar recht erfreulich.

Möglicherweise kann mit nachlassendem Numerus-clausus-Druck und fortschreitender »Verwissenschaftlichung« der »weichen« Fächer die im Augenblick notwendige Korrektur in einigen Jahren wieder entfallen.

Mangel an reflexivem Denken. Häufig hört man den Vorwurf, der Absolvent der reformierten Oberstufe sei »studierunfähig« im Sinne eines Mangels an vernetztem, systematischem, reflexivem Denken. Der Vorwurf ist berechtigt; man muß jedoch sehen, daß dieser Mangel schon vor der Oberstufenreform bestand – er war ja einer der Gründe für diese Reform! Wenn also immer noch über diesen Mangel geklagt wird, so wurde die Reform in diesem Punkte nicht richtig durchgeführt.

Tatsächlich wurden die Forderungen der Kultusministerkonferenz nach »grundlegenden wissenschaftlichen Verfahren und Erkenntnisweisen«, nach »allgemeiner Kommunikationsfähigkeit« und »staatsbürgerlichem Handeln« praktisch nicht realisiert. Vielleicht konnten sich die zuständigen Pädagogen oder Juristen nicht einigen, was »grundlegende Erkenntnisweisen« sind, vielleicht brachten sie aber auch durch eigene Lerndefizite kein gemeinsames Handeln zustande.

Hier wollen wir noch einmal ausdrücklich darauf hinweisen, daß der »fallengelassene« Mensch unbedingt befähigt werden muß, sich selbst reflexiv zu steuern, insbesondere sich selbst zu fordern. Kognitive Lehrstrategien zur Erreichung dieses lebenswichtigen Zieles müssen in allen Schularten durchgeführt werden!

Die angeführten Fehler sind grundsätzlich behebbar. Einwände, die auf diese Fehler zurückgehen, könnten bei entsprechender Korrektur entfallen.

Der Einwand der mangelnden Allgemeinbildung scheint allerdings unausrottbar. Die eifrigsten Verfechter der Allgemeinbildung kommen dabei aus den Reihen der Absolventen des humanistischen Gymnasiums. Sie sollten indessen bedenken: Das auch von uns hochgeschätzte und effektive alte humanistische Gymnasium war im Grunde eine spezialisierte Schule! Die Schüler lernten Griechisch, Lateinisch und ein wenig Mathematik. Entscheidend für den Bildungserfolg des humanistischen Gymnasiums war dessen produktive Einseitigkeit – oder war es der »Geist der Griechen«? Auch hier möge man bedenken: Die alten Griechen waren Naturwissenschaftler, Mathematiker, Philosophen, aber keine Altphilologen.

Beispiel: Betriebliche Ausbildung

»Die Berufsbildung ist die Pforte zur Menschenbildung.« Dieser Satz von Kerschensteiner gilt trotz Job-Denken und Freizeitfieber auch heute noch – allerdings nur unter zwei Voraussetzungen: Die Berufsbildung muß getreu dem Kerschensteinerschen Grundaxiom auf der Basis eines positiven Interessen- und Leistungsprofils erfolgen und sie muß problemorientiert durchgeführt werden, nach dem Prinzip der genetischen Lehrstrategie. Die Möglichkeiten für ein solches Vorgehen sind durch die enge Verflechtung manueller und geistiger Arbeit in der betrieblichen Ausbildung besonders hoch. Tatsächlich werden jedoch die Chancen für einen lustbetonten und effektiven Einsatz der jugendlichen Aktions- und Triebpotentiale kaum genutzt.

Verhaltensökologische Chancen betrieblicher Ausbildung

Daß die betriebliche Ausbildung besonders gute Chancen hat, zum verhaltensökologischen Gleichgewicht beizutragen, sei anhand der vier Kriterien Funktionslust, Exploration, Konkurrenz und Kooperation nachgewiesen.

Funktionslust. Wir erinnern an die Aussage von Lorenz, daß die Funktionslust ein Segen sei für den arbeitenden Menschen: »Jeder Mensch, der etwas kann, genießt die gekonnte Bewegung.« Nun besteht kein Zweifel, daß eine manuell-praktische Ausbildung mehr Möglichkeiten besitzt, zur Funktionslust vorzustoßen als eine überwiegend theoretische. Dabei tragen die erlernten Fertigkeiten um so mehr zur Abschöpfung der Aktionspotentiale bei, je näher sie an natürlichen Aktivitäten liegen. Gewiß kann auch eine perfekte Maschinenbedienung eine gewisse Funktionslust erzeugen, aber das Können ist oft stereotyp und wird zudem nicht »am eigenen Leib« erfahren.

Exploration. Manuell-praktische Probleme führen am sichersten zum explorativen Handeln: Die Probleme sind konkret und überschaubar, sie wirken unmittelbar als Reiz und damit als Beweggrund. Das explorative Handeln selbst hat dann immer auch eine kognitive Komponente: Dem problemlösend-konstruktiven Handeln muß ja eine Planungsphase vorausgehen. Dieser folgt dann die manuelle Tätigkeit, die ihrerseits Korrekturen oder neue Planung hervorruft.

Ein besonderer Vorteil handwerklich-manueller Arbeit liegt in der unmittelbaren und eindeutigen Rückkopplung. Eine Konstruktion funktioniert oder funktioniert nicht, Erfolg oder Mißerfolg kann der Konstrukteur selbst überprüfen. Eine solche eindeutige

Rückkopplung ist in rein theoretischen Problemfeldern nicht immer gegeben. Ein Gedicht kann unterschiedlich interpretiert, ein Aufsatz unterschiedlich bewertet werden. Die rasche und eindeutige Rückkopplung der eigenen Arbeit hat aber nicht nur den Vorteil, die Arbeit selbst richtig einschätzen zu können, sondern auch das eigene Können und die eigenen Fähigkeiten. Lernende, die immer nur durch Autoritäten ihre Rückkopplung erfahren, insbesonders durch Lob und Tadel, oder überhaupt keine Möglichkeit für eine Rückkopplung haben, können sich selbst nie richtig einschätzen. Oft neigen sie zur Überheblichkeit; sie glauben, alles zu wissen und sind dann um so überraschter, wenn sie in konkreten Situationen versagen.

Kerschensteiner gebührt das Verdienst, die Bedeutung der manuellen Arbeit für die geistige erkannt zu haben, wobei diese Bedeutung freilich nur dann wirksam werden kann, wenn die Arbeit problemorientiert erfolgt und nicht nur Fertigkeiten absolviert werden. Unter dieser Voraussetzung führt die betriebliche Ausbildung zum Einsatz von Aktionspotentialen, zu beruflicher Kompetenz, zu produktivem und reflexivem Denken, zum Anēr.

Im übrigen steht Kerschensteiner in Übereinstimmung mit der Verhaltensbiologie, wenn er sagt, daß für die überwiegende Mehrheit der Menschen der Zugang zur geistigen Arbeit über die handwerklich-manuelle erfolgt. Die durch rein abstrakte Probleme zu motivierenden Denker bilden die Ausnahme, auch wenn dies aus ideologischen Gründen bestritten wird. Es ist daher falsch, einen hohen Prozentsatz von Kindern und Jugendlichen in rein theoretische Bildungsgänge zu zwingen; die meisten finden so überhaupt keine Beziehung zum explorativen »Abenteuer«; sie bleiben auf der reproduktiven Ebene stehen und empfinden nur Anstrengung, aber keine Lust.

Konkurrenz. Auf die verhaltensökologischen Vorteile eines fairen Wettbewerbsverhaltens sind wir schon eingegangen. Wir ergänzen hier, daß die Chance für ein solches Verhalten besonders hoch ist, wenn sich die Leistung nicht an subjektiven Meinungen und Wertungen orientiert, sondern an überprüfbaren und damit vergleichbaren Kriterien. Sind Leistungen konkret feststellbar und meßbar, so werden die aggressiven Potentiale auch tatsächlich im Wettkampf abgebaut und nicht in nutzlosen Streitereien. (Aus diesem Grunde funktioniert auch das Konkurrenzverhalten bei Kindern relativ gut: Die Leistungskriterien der Wettkämpfe, sei es Laufen, Schwimmen oder Raufen, sind eindeutig und überprüfbar.)

Kooperation. Auch das gemeinsame Handeln profitiert von der eindeutigen Rückkopplung bei manuellen Arbeitsvorgängen. In Sozietäten kommt es ja entscheidend darauf an, daß jeder seine Aufgabe im Rahmen des gemeinsamen Handelns korrekt erfüllt. Dies ist aber im strengen Sinne nur dann überprüfbar, wenn es eindeutige Leistungskriterien gibt. Der Vorteil der überprüfbaren Leistung in Sozietäten kann selbstverständlich nur dann zum Tragen kommen, wenn auch tatsächlich gemeinsames Handeln stattfindet. Die oft gepriesene Gruppe in der betrieblichen Ausbildung ist meist keine Sozietät, sondern eine Menge von Individuen. Dadurch werden in der betrieblichen Ausbildung, ähnlich wie in der Schule, erhebliche Motivations- und Energiepotentiale verschenkt.

Mängel der betrieblichen Ausbildung

Tatsächlich herrscht in der betrieblichen Ausbildung weithin ein rezeptives und reproduktives Verhalten der Auszubildenden vor. Dies gilt sowohl für den theoretischen Unterricht als auch für die manuell-praktische Unterweisung. Selbstverständlich bemühen sich die Ausbilder, die theoretische Basis der Arbeit verständlich zu machen und Fertigkeiten einzuüben – aber sie tun dies in erster Linie referierend, darstellend, vormachend.

Nun bezweifelt niemand, daß ein solches Vorgehen unbedingt erforderlich ist: Es ist nicht möglich, sämtliche Erkenntnisse, die im Laufe der Jahrhunderte und Jahrtausende gewonnen wurden, sozusagen nacherfinden zu lassen. Es ist auch nicht möglich, komplexe Probleme oder gefährliche manuelle Arbeiten vom Auszubildenden ausprobieren zu lassen. Die betriebliche Ausbildung muß also mit einem hohen Anteil an darstellendem Unterricht und vormachend-nachmachender Unterweisung arbeiten; aber gerade deswegen sollte jede Möglichkeit genutzt werden, das Abenteuer des explorativen Handelns, insbesondere die Vernetzung von manueller und geistiger Arbeit erleben zu lassen.

Als einfaches Beispiel diene die Zusammensetzung des Schraubstocks: Der Auszubildende wird aufgefordert, die vorliegenden Einzelteile – Knebel, Schnecke, Spannbacken usw. – zum kompletten Werkstück zusammenzubauen. Die Aufgabe ist eindeutig, das Problem überschaubar, die Planung kann beginnen. Schon bei der Planung können erste Fehler unterlaufen, die allerdings erst später bemerkt werden. So klemmt vielleicht der Knebel, weil er vorher nicht entgratet wurde; mit den Spannbacken kann es Schwierigkeiten geben, weil sie nicht rechtzeitig angeschraubt wurden. Insgesamt ist der Auszubildende ständig explorativ tätig, er ist natürlich (!) motiviert und wird letztlich durch ein Erfolgserlebnis belohnt.

Leider findet der Ausbilder in der Literatur meist keine Information darüber, in welcher Situation die darstellende oder genetische Lehrstrategie anzuwenden ist. So werden z. B. bei H. G. Golas zwölf »Regeln für erfolgreiches Lehren und Ausbilden« aufgezählt. Darunter sind folgende:

»Lehren führt nur dann zum Erfolg, wenn neue Verhaltensweisen durch ›aktives Lernen‹ erarbeitet und eingeübt werden.«

»Der Auszubildende will gefordert werden. Hohe Ansprüche führen auch zu großen Erfolgserlebnissen, die wiederum motivierend wirken.«

»Der Unterrichtsstoff soll in kleinen Schritten angegangen werden. Kleine Schritte werden regelmäßig von allen bewältigt und vermitteln ein Erfolgserlebnis ...«[54]

Was gilt nun: »Hohe Ansprüche« oder »kleine Schritte«? Was ist anzustreben: »große Erfolgserlebnisse« oder nur »Erfolgserlebnisse«?

Insgesamt läßt sich in der Literatur zur betrieblichen Ausbildung eine klare Bevorzugung des darstellenden Unterrichts und der rezeptiv-nachahmenden Unterweisung feststellen. Nach Golas vermittelt der Unterricht den Lehrstoff (ausschließlich?) »systematisch«, die Unterweisung besteht (ausschließlich?) im »langsamen Vormachen«, in der »wiederholenden Vorführung« usw.

Nun wird der von uns kritisierte Komplex des passiv-rezeptiven Verhaltens der Auszubildenden und der entsprechenden darstellend-vormachenden Ausbildung in der Praxis der betrieblichen Ausbildung durchaus diskutiert.

Dabei werden im allgemeinen auch die Vorteile des genetischen

Vorgehens gesehen – die Ausbilder und Ausbildungsleiter erklären jedoch, daß eine verstärkt problemorientierte Ausbildung deswegen nicht möglich sei, weil die vorgegebene Stoffülle nur durch systematische Darstellung, durch Vormachen und Nachmachen zu bewältigen sei und weil die gesamte Ausbildung zu aufwendig werde.

Die Argumente scheinen gerechtfertigt, tatsächlich sind sie jedoch nicht stichhaltig: Durch das genetische Vorgehen lernt der Auszubildende ja nicht nur die Sache selbst, er lernt produktives und kritisches Denken schlechthin, lernt das Lösen von Problemen mit allen Konsequenzen. Das bedeutet aber, wie Kerschensteiner schon ausgeführt hat, daß der so Ausgebildete auch schwierigeren Arbeiten nicht aus dem Wege geht, daß er eine innovative Potenz bekommt und, vor allem, bessere Transferleistungen erzielt. Nein – insgesamt ist die Strategie der produktiven Einseitigkeit gerade auch im manuellen Bereich effektiv und ökonomisch, ganz abgesehen von der verhaltensökologischen Funktion des wirksamen Abbaus von Aktions- und Triebpotentialen.

Stichhaltig dagegen ist ein anderes Argument: das Problem der Überprüfung explorativer Fähigkeiten. Das Prüfungssystem der betrieblichen Ausbildung ist fast ausschließlich auf Kenntnisse und Fertigkeiten hin angelegt. Ein Hereinnehmen problemlösender Handlungen müßte zu einer Erweiterung der Prüfungsmethoden führen.

Für die betriebliche Ausbildung ergibt sich also eine Schwerpunktverlagerung von der darstellenden Lehrstrategie zur problemorientierten. Auf diese Weise käme der Adressat nicht nur zu den erforderlichen Kenntnissen und Fertigkeiten, sondern würde auch seine Aktionspotentiale einsetzen, die Lust am selbsterrungenen Erfolg erleben und seine produktiven Fähigkeiten verbessern. Freilich: Problemorientiertes Vorgehen in Unterricht und Unterweisung erfordert Umschichtung und Konzentration des Lehrstoffes, größere zeitliche und didaktische Spielräume für den Ausbilder und andere Formen der Überprüfung.

Beispiel: Freizeitpädagogik

Die einschneidendsten Konsequenzen aus den Erkenntnissen der Verhaltensbiologie sind für das Freizeitverhalten und die Freizeitpädagogik zu ziehen. Das ist insofern klar, als die Freizeit als zwangfreie Zeit – frei von Zwängen der Natur und frei von Zwängen der Arbeit – in besonderem Maße die Chance gibt, sich zu verwöhnen. Wir sagten ja schon, daß dieses Streben schon immer stark ausgeprägt war, daß aber in früheren Zeiten nur Könige, Fürsten, Reiche und Mächtige die Möglichkeit hatten, Lust ohne Anstrengung zu realisieren. Heute ist der Wohlstandsbürger zum König geworden – vor allem in der Freizeit.

Freizeit führt also potentiell zu aggressiver Langeweile; alles kommt nun darauf an, ob es dem einzelnen gelingt, die gestauten Aktions- und Triebpotentiale (auch) in der Freizeit einzusetzen, sich also – da es ja um zwangfreie Zeit geht – selbst zu fordern.

Freizeit – Gefahr der aggressiven Langeweile

Versteht man unter Freizeit die von Erwerbsarbeit, aber auch von allen sonstigen notwendigen Tätigkeiten wie Besorgungen, Verwaltungsarbeiten, Steuererklärungen etc. freie Zeit, also eine frei verfügbare Zeit, so erweist sich Freizeit zunächst einmal als ideale Gelegenheit, sich die ersehnte Lust ohne Anstrengung zu genehmigen. H. Lüdtke drückt dies so aus: »Meist außerhalb von Institutionen und in unorganisierter, auf dem Prinzip der Freiwilligkeit basierender Form stellt die Freizeit derzeit ein Erlebnis- und Erfahrungsfeld für hedonistische Konsum-, Spiel-, Geselligkeits-, Unterhaltungs-, erotische Motive, außeralltägliches Erleben und selbstgesteuerter Kreativität dar.« [104]

Die aufgesuchte Verwöhnung bezieht sich sowohl auf die Anspruchsverwöhnung – in der Freizeit werden besonders gerne lukullische oder sexuelle Besonderheiten genossen (manche reisen aus diesem Grunde bis nach Thailand) – als auch auf die Anspruchsverwöhnung – man läßt sich gerne bedienen, liegt in der Sonne, ist mit gutem Gewissen »faul«. Ferner ist klar, daß das Streben nach Lust in der Freizeit um so stärker ist, je weniger die Arbeitszeit solche Lust ermöglicht. Menschen, die untergeordnete Tätigkeiten ausführen und als Untergebene viel »einstecken« müssen, »hauen« im Urlaub besonders heftig »auf den Putz«: Sie lassen sich extensiv bedienen, scheuchen das Dienstpersonal herum, beschweren sich häufig, genießen ihre (vorübergehende) Macht.

Verwöhnung führt aber, wie wir ausführlich dargelegt haben, zunächst einmal zu aggressiver Langeweile, zu einem zunehmenden, nicht eingesetzten Trieb- und Aktionspotential. Daß dieses Potential insbesondere eine aggressive Tendenz hat, beruht zum einen auf dem Triebcharakter der Aggression, zum andern darauf, daß das uneingesetzte Potential einer nicht stattfindenden Handlung gleichkommt und daher zusätzlich frustrierend wirkt.

Selbstverständlich muß es nicht bei sämtlichen Wohlstandsbürgern in der Freizeit zu aggressiver Langeweile kommen, selbstverständlich gibt es viele Menschen, die ihre ansteigenden Potentiale von vornherein in sportlicher, spielerischer oder auch ernsthafter Weise einsetzen, andererseits gibt es aber doch einen hohen Prozentsatz von Freizeitkonsumenten, bei denen sich der Zustand der aggressiven Langeweile realisiert. Wir führen drei Indizien hierfür an.

Zum einen zeigen mehrere Untersuchungen, daß die Freizeit zu einem großen Teil – seien es nun 40 oder 60 Prozent – passiv verbracht wird: Fernsehen, Musik hören, Lesen, Autofahren gegen Langeweile.

Zum zweiten zeigen Untersuchungen über jugendliches Verhalten, daß die Jugendlichen zwar gerne aktiv sein wollen, daß aber auch sie sich in Wirklichkeit großenteils inaktiv verhalten und im übrigen auch selbst über Langeweile klagen. So sind sie häufig auf der Suche nach Orten und Situationen, in denen »etwas los ist«.

Den überzeugendsten Beweis für die Freizeitlangeweile vieler Wohlstandsbürger liefern aber die sogenannten Animateure, die von großen Freizeitunternehmen wie Club Méditerranée, Robinson-Club und anderen angeheuert werden. Die Animateure haben, verhaltensökologisch ausgedrückt, die Aufgabe, die angestauten und ungerichteten Trieb- und Aktionspotentiale zu aktivieren – durch Spiel, Sport, Tanz, Theater, Werken, Wettkämpfe usw. Dabei nutzen sie die schon angeführten Motivationsstrategien: Sie verbinden Werkzeugaktivitäten mit Triebhandlungen und mobilisieren explorative und konkurrierende Verhaltenstendenzen.

Wir wollen hier keinesfalls die Tätigkeit der Animateure abwerten – im Gegenteil: Durch den gezielten Abbau überschüssiger Freizeitenergien – zum Fernsehen braucht man ja nicht zu animieren – entschärfen sie die aggressive Langeweile ihrer Kunden. Allerdings nützt die Animation, wie sich gezeigt hat, nur, solange sie stattfindet – eine Langzeitwirkung konnte bislang nicht beobachtet werden.

Freizeitkonsumenten, die nicht in den Genuß fachgerechter Animation kommen, werden nicht so leicht mit ihrer Langeweile fertig: Sie sind unzufrieden, reizbar, ja, sie sehnen sich gelegentlich wieder nach ihrer Arbeit. Besonders schlimm wirkt sich die Langeweile dann aus, wenn die Freizeit erzwungen ist: bei Arbeitslosen, vor allem bei jugendlichen. Unter diesem Aspekt ist es überhaupt nicht verwunderlich, wenn arbeitslose Jugendliche eine höhere Aggression aufweisen, insbesondere auch eine höhere Kriminalität.

Eine weitere Bestätigung dieses Sachverhaltes sehen wir darin, daß bekannte Freizeitpädagogen wie W. Nahrstedt und K. Opaschowski, ohne die Verhaltensbiologie zur Kenntnis genommen zu haben, zu ganz ähnlichen Aussagen gelangen. So schreibt W. Nahrstedt über das neue »Zeitvakuum«: »Schließlich läßt dieses zunächst relativ unstrukturierte Vakuum eine zunehmende Zahl an Fehlverhalten zu (Langeweile, übersteigerter Drogengenuß, Kriminalität).«[122]

K. Opaschowski macht darüber hinaus quantitative Angaben: »Langeweile nimmt rapide zu: Nach einer Repräsentativbefragung des Allensbacher Instituts für Demoskopie klagten im Jahre 1953 über das Gefühl der Langeweile 18 Prozent der Bevölkerung. Das B.A.T. Freizeitforschungsinstitut weist nun nach, daß der Anteil 1981 bereits 34 Prozent beträgt, was fast einer Verdoppelung in knapp 30 Jahren entspricht. Jeder dritte Bundesbürger langweilt sich heute in seiner Freizeit.«[125]

Viel Freizeit führt also zu aggressiver Langeweile, insbesondere dann, wenn die Aktions- und Triebpotentiale in der Arbeit nicht hinreichend abgebaut werden (können). Um diesen Zustand nicht aufkommen zu lassen, müssen die überschüssigen Energien eingesetzt werden – sei es eher spielerisch oder eher ernsthaft.

Wir behaupten, daß die von vielen Menschen, insbesondere von Jugendlichen angestrebte und auch von Freizeitpädagogen propagierte Selbstverwirklichung in der Freizeit weitgehend illusionär ist, es sei denn, die Freizeit wird mindestens teilweise für Arbeit verwendet. Wir begründen diese Behauptung durch drei Argumente.

Das erste Argument ist ein stammesgeschichtliches: Das erwachsene Tier hört deswegen mit Spielen auf, oder schränkt es zumindest ein, weil die Funktion des Spielens, die Ausbildung der notwendigen Fertigkeiten, beendet ist. Das Tier braucht seine Aktions- und Trieb-Potentiale für den Ernstfall, für das Appetenzverhalten und für Triebhandlungen. Nun hat sich der Mensch zwar von den Zwängen der Natur befreit und kann seine Potentiale daher grundsätzlich auch als Erwachsener in spielerischer Weise einsetzen – die stammesgeschichtliche Programmierung auf den Ernstfall ist deswegen sicher nicht verschwunden. Es ist – im Gegenteil – anzunehmen, daß die Spannung des Ernstfalls eine biologische Notwendigkeit darstellt und das Spiel des Erwachsenen in seiner Funktion und in der Bewertung immer zweitrangig bleibt.

Das zweite Argument liefern die Menschen, die mit ihrer Arbeit besonders zufrieden sind, beispielsweise Manager, Unternehmer, Wissenschaftler, Künstler etc. In dieser Berufsgruppe werden die Chancen zum Einsatz hoher persönlicher Anforderungen, die Möglichkeit zum Umsetzen eigener Ideen, die Entscheidungskompetenz etc. außerordentlich hoch eingeschätzt. Die Arbeitszufriedenheit liegt erheblich höher als bei anderen, nämlich zwischen 60 und 70 Prozent.[70]

Man kann also sagen: Je größer die Freiheit der Arbeitsgestaltung ist, der Freiraum für exploratives, konkurrierendes und kooperatives Handeln, die Identifikation mit der Arbeit, desto länger ist die – oft freiwillige – Arbeitszeit, nämlich deutlich über 50 Stunden wöchentlich! H. Heigert schreibt: »90 von 100 halten ihren Beruf für so wichtig, daß sie ihm außerordentlich viel opfern: Freizeit, Privatleben.«[70] Aber hier irrt Heigert. Diese Menschen opfern nicht, sie erleben die Arbeit lustvoll.

Das dritte Argument liefern diejenigen, die das Nichtstun und das Spielen in der Freizeit schon satt haben und zu ernsthaften Tätigkeiten übergegangen sind. Hier sind in erster Linie alternative Gruppen, vor allem Jugendliche, zu nennen, die zu ganzheitlichen Arbeitsweisen zurückkehren, die ganz bewußt die scharfe Trennung zwischen Arbeit und Freizeit aufheben (wollen). Zu nennen ist aber auch die zunehmende Anzahl junger Erwachsener, die ihr Hobby – z. B. Tennis, Surfen, Fußball, Reisen, Musizieren – zum Beruf machen (wollen). Hier zeichnet sich neben Funktionslust und materiellen Aspekten das Bestreben ab, sich in freien, interessanten und spannenden Tätigkeiten verantwortlich, also ernsthaft zu fordern. Aber auch wenn die Freizeitaktivitäten nicht zum Beruf gemacht werden, so werden sie doch häufig ernsthaft betrieben: Die aktiven Mitglieder eines Vereins setzen ihre Potentiale durchaus verantwortlich ein, sie empfinden ihre Tätigkeit nicht als Spiel, sondern als ernsthaften Beitrag zum gemeinsamen Handeln.

Das Phänomen, daß Freizeit für Arbeit oder arbeitsähnliche Tätigkeiten umfunktioniert wird, ist im übrigen nicht neu. Schon in früheren Jahrhunderten haben sich reiche, von Erwerbsarbeit unabhängige Menschen in ernsthafte Abenteuer gestürzt: Naturforscher, Entdecker, Erfinder, Schriftsteller.

Die Argumente legen nahe, daß der Mensch nur begrenzt als »Homo ludens« charakterisiert werden kann. Hier widersprechen wir H. Röhrs, wenn er sagt, daß der spielende Mensch »eine Metapher des Menschseins schlechthin« sei.[140] Gewiß ist das Spiel, wie auch das explorative Handeln beim Menschen besonders ausgeprägt – aber es setzt das stammesgeschichtliche Überlebensprogramm nicht außer Kraft.

Welche Konsequenzen sind zu ziehen?

Eine erste Konsequenz liegt auf der Hand: Je interessanter eine Arbeit ist, je mehr man dabei selbst gestalten und Verantwortung tragen kann, desto weniger besteht das Bedürfnis, Aktions- und Triebpotentiale in der Freizeit abzubauen und desto geringer wird auch die Gefahr der aggressiven Langeweile. Unser Streben muß also dahingehen, die Arbeit interessanter zu machen, die Entfremdung der Arbeit abzubauen, dem Arbeitenden Freiräume zu geben für exploratives, konkurrierendes und kooperatives Verhalten. Solange Arbeit unbefriedigend ist, langweilig und eintönig, solange wird die Freizeit ihre Probleme mit sich bringen.

Die zweite Konsequenz bezieht sich auf die Freizeit selbst. Hier muß der Anēr, um dem Sog der aggressiven Langenweile zu entkommen, souverän mit seinen Möglichkeiten umgehen. Selbstverständlich können Spiel und Sport einen breiten Raum einnehmen, besonders dann, wenn die Aktions- und Triebpotentiale vielseitig eingesetzt werden. Andererseits sind diese Möglichkeiten, wie wir gesehen haben, begrenzt; es kann daher sinnvoll sein, in anderer Form weiter zu arbeiten, etwa in der Kommunalpolitik, in Bildungsinstitutionen, sozialen Einrichtungen, in der Landwirtschaft oder »do it yourself« zu Hause. Gewiß läßt sich keine Regel aufstellen für »sinnvolles Freizeitverhalten«; unbedingt erforderlich ist jedoch die Einsicht in die verhaltensbiologischen Zusammenhänge, die Einsicht in die Möglichkeiten und Grenzen des Spielens und in die Notwendigkeit des Abbaus überschüssiger Potentiale.

Freizeitpädagogik

Angesichts der hohen Bewertung der Freizeit werden heute in die Freizeitpädagogik geradezu »messianische Erwartungen«[124] gesetzt. Verhaltensbiologisch gesehen, kann vor einer solchen Euphorie nur gewarnt werden: Die »Freizeitgesellschaft« kann leicht zu einer Zeitbombe werden.

Nach allen bisherigen Überlegungen ergeben sich für die Freizeitpädagogik zwei Konsequenzen.

Zunächst einmal ist jede der angeführten pädagogischen Strategien – Förderung natürlicher Aktivitäten, naturanaloge Zwänge, Einsatz von Funktionslust, Exploration, Konkurrenz, Kooperation – zugleich ein Teil der Freizeitpädagogik: Die Fähigkeit, Aktions- und Triebpotentiale aus Einsicht und Lust einzusetzen, sich also selbst zu fordern, gilt für Arbeit und Freizeit gleichermaßen. Die Funktionslust beispielsweise bezieht sich ja nicht nur auf handwerkliches oder technisches Können, sondern ebenso auf spielerisches oder sportliches Können. Das Erlernen einer Sprache kann für den Beruf relevant sein, ebenso aber auch für die Freizeit, für gemeinsames Handeln mit Menschen anderer Nationen. Der Slogan, daß man in der Schule für das Leben lernen soll, bezieht sich ebenfalls auf Arbeit und Freizeit. Im übrigen könnte die Schule tendenziell mehr für die Freizeit tun, indem sie entsprechende Aktivitäten aufnimmt: spielerische, sportliche, musische usw.

Neben der Freizeitpädagogik in dem Sinne, daß Pädagogik immer auch Freizeitpädagogik ist, gibt es noch eine Freizeitpädagogik im engeren Sinne. Hier geht es um pädagogische Maßnahmen in der Freizeit und für die Freizeit. Da die Schule auch bei bestem Willen nicht alle Sportarten in ihr Programm aufnehmen kann, muß es außerschulische Möglichkeiten geben, das notwendige Können für Freizeitaktivitäten zu erwerben. Man denke etwa an spezielle Kampfsportarten, an musikalische oder andere künstlerische Fertigkeiten. Im Rahmen einer solchen Freizeitpädagogik sollte man aber auch, gemäß den oben genannten Überlegungen, an neue Arbeitsfelder in der Freizeit denken. Zu empfehlen wären also Kurse zum Erwerb sozialer Tätigkeiten, wie Babysitting, Altenbetreuung, Behindertenpflege; Tätigkeiten wie Landschaftsschutz, Tierschutz, Gartenarbeit; zu denken ist auch an eine konkrete politische Bildung in dem Sinne, daß sich mehr Menschen in der Kommunalpolitik einsetzen, überhaupt in der aktiven Gestaltung des politischen Lebens.

Eine Sonderstellung nimmt der Animateur ein: Er ist von Berufs wegen für die Freizeit zuständig und hat dafür zu sorgen, daß die aggressive Langeweile nicht überhandnimmt. Den Animateuren sei empfohlen, bei ihrer Arbeit darauf zu achten, daß die Aktions- und Triebpotentiale der Kunden mit Lust und Einsicht eingesetzt werden und daß sie animiert werden, sich langfristig selbst zu fordern. Als Pädagoge hat der Animateur somit die Aufgabe, sich beim Animierten letztlich überflüssig zu machen.

Die Erkenntnisse der Verhaltensökologie in der Führung

Führung in Tiersozietäten

Vor Eintritt in eine verhaltensbiologisch fundierte Theorie und Praxis der Führung wollen wir drei Tatsachen festhalten.

1. Der Mensch lebt in Sozietäten; diese sind durch gemeinsames Handeln charakterisiert; gemeinsames Handeln erfordert eine zuständige Entscheidungsinstanz; diese nennen wir Führung. Da Führung zwangsläufig den Entscheidungsfreiraum des einzelnen einengt, bedarf das Phänomen der Führung in einer freiheitlichen Demokratie einer besonders sorgfältigen Untersuchung.[49, 72]

2. Die zahlreichen in der Literatur dargestellten Theorien und Modelle der Führung – F.E. Fiedler, O. Neuberger, M. Irle, J. Morel, T. Meleghy, M. Preglau, A.B. Weinert u.a. – beruhen durchweg auf den Geistes- und Sozialwissenschaften; die Ergebnisse der Verhaltensbiologie wurden bisher nicht in Betracht gezogen.

3. Die grundlegenden Ergebnisse der Verhaltensbiologie bestehen in der Erkenntnis des Fortbestehens unseres (spontanen) Trieb- und Instinktsystems und dessen Angepaßtsein an die ursprünglichen Lebensbedingungen der Natur. Aufgrund unserer reflexiven Denkfähigkeit und der dadurch entstandenen Zivilisation werden die stammesgeschichtlich vorgesehenen Aktions- und Triebpotentiale nicht mehr abgerufen; das »verhaltensökologische Gleichgewicht« ist zerstört.

Die Erkenntnisse der Verhaltensökologie führen zu zwei unbedingt notwendigen Verhaltensweisen: Einschränkung der Ansprüche als Voraussetzung für die Aufrechterhaltung unserer ökologischen Lebensgrundlagen; und selbstgesteuerter Abbau überschüssiger Trieb- und Aktionspotentiale als Voraussetzung für die Eingrenzung aggressiven oder sonstigen (selbst-)zerstörerischen Verhaltens.

Geht man auf dieser Basis an das Phänomen der Führung heran, so liegt es nahe, zunächst einmal die Führung in Tiersozietäten zu untersuchen. Brauchen wir noch zu betonen, daß diese Untersuchung als wichtige Information dient und nicht als Legitimationsbasis für eine »naive« Übertragung auf menschliche Führung?

Selektionsvorteile der Sozietätenbildung

Zahlreiche Tierarten leben in mehr oder weniger großen, mehr oder weniger straff organisierten Sozietäten. Man denke an die Schwärme bei Fischen oder Vögeln, an die Horden der Schimpansen oder die Trupps der Paviane, an die Rudel der Hirsche, Rehe oder Wölfe, an die Hackordnung bei Hühnern oder Tauben usw. Selbstverständlich konnten sich solche Sozietäten in der Evolution nur herausbilden, weil sie Selektionsvorteile mit sich bringen – Selektionsvorteile, die für den Menschen deswegen so interessant sind, weil er selbst ein Hordentier ist. Tatsächlich liegen die Selektionsvorteile auf der Hand.

Der erste Vorteil eines geselligen Zusammenschlusses besteht im Schutz der Individuen: »Mexikanische Weberknechte ballen sich zur Tropenzeit zu Tausenden in Klumpen zusammen. So schützen sie sich vor Austrocknung« ... »Die Kaiserpinguine der Antarktis überstehen die schweren Winterstürme, indem sie, eng aneinandergedrängt, ihre Wärmeabgabe herabsetzen. Sie überdauern so Stürme von über 100 Stundenkilometern und Temperaturen von −60 ° Celsius.«[32]

Der Zusammenschluß gewährt aber nicht nur Schutz gegen die Unbill der Natur, er gewährt auch Schutz gegen Feinde. Dies gilt bereits für die lockeren Zusammenschlüsse der Schwärme, wie sie bei den meisten Fischen der hohen See oder bei zahlreichen Vogelarten vorkommen. Die Schutzwirkung kommt dadurch zustande, daß Raubfische bzw. Raubvögel sich immer nur ein einzelnes Beutetier schnappen können; bei Schwärmen müssen sie erst mühsam versuchen, ein solches abzusprengen.

Ein zweiter Vorteil besteht in der gemeinsamen Verteidigung und im gemeinsamen Angriff. »Dohlen greifen einen Hund an, der eine Dohle im Maul trägt. Rhesusaffen und Paviane attackieren jeden, der sich an einem Jungen vergreift.«[32] Bei der Verteidigung stehen sich die Sozietätsmitglieder unter Umständen bis zur Selbstaufopferung bei, und zwar nicht nur, wenn es sich um die eigenen Jungen handelt. Dieses altruistische Verhalten ist zwar nicht für den Betreffenden selbst, wohl aber für die Sozietät insgesamt von Vorteil. Beim Menschen wird dies besonders deutlich: Man denke etwa an die Kamikaze-Flieger in Japan oder die Selbstaufopferung einzelner Befreiungskämpfer im Guerillakrieg. Die Selbstaufopferung beim Menschen ist allerdings – durch das reflexive Bewußtsein bedingt – die Ausnahme. In der Regel ist die Aufopferung einzelner für die Sozietät auf Zwangsmaßnahmen zurückzuführen.

Die Tatsache, daß man gemeinsam stark ist, zeigt sich auch beim Angriff. So jagen Wölfe, Hyänen, Löwen und andere Raubtiere ihre Beute gemeinsam, wobei sie besondere Jagdstrategien entwikkelt haben. Wolfsrudel kreisen ihre Beutetiere ein, Hyänen wechseln sich beim Hetzen ab, Löwen veranstalten regelrechte Treibjagden.

Damit ist schon ein dritter Vorteil der Sozietätenbildung angesprochen: die Arbeitsteilung. Diese kann sich – außer auf die gemeinsame Jagd – auf die Brutpflege beziehen oder, beispielsweise bei der Blattschneiderameise, auf äußerst spezifische Aufgaben, wie Schutz, Transport von Blattstücken und deren Verarbeitung zu Nährböden für Pilze.

Ein vierter Vorteil der Sozietätenbildung liegt in der Entstehung von Traditionen, durch die individuell erworbene Vorteile an nachfolgende Generationen weitergegeben werden können. Bei den Tieren wird dieser Vorteil allerdings erst bei den Affen realisiert. Ein bekanntes Beispiel hierfür ist das Kartoffelwaschen der in Japan lebenden Makaken, das eindeutig als Traditionsleistung nachgewiesen wurde.

Ein fünfter Vorteil der Sozietätenbildung sei hier nur kurz angeführt, da wir im Zusammenhang mit der Führung noch einmal auf ihn zurückkommen werden: die besondere Qualifikation des Leittieres, des Führers. Tatsächlich zeichnet sich das Alphatier im allgemeinen durch Kraft, Mut und Intelligenz aus – Eigenschaften, die aufgrund der leitenden Funktion dieser Tiere der gesamten Sozietät zugute kommen.

Die genannten Vorteile der Sozietätenbildung sind sozusagen von evolutionärer Logik: Gemeinsamkeit gewährt (logischerweise) Schutz, Arbeitsteilung erhöht (logischerweise) Leistung, der qualifizierte Führer garantiert (logischerweise) die besseren Überlebenschancen. Das bedeutet selbstverständlich nicht, daß sich Sozietäten aufgrund rationaler Überlegungen herausgebildet haben. Sozietäten sind vielmehr dadurch entstanden, daß beispielsweise Elterntiere zusammenblieben, Familien, Sippen usw. Die Leittiere wurden auch nicht aufgrund ihrer besonderen Qualifikation »gewählt«; sie haben vielmehr versucht, sich durch Kraft, Mut und Kampf Vorteile zu verschaffen – Freßvorteile, Fortpflanzungsvorteile und dergleichen. Die so entstandenen Sozietäten bewährten sich aber zunehmend durch ihre immanenten Selektionsvorteile.

Wir betonen die innere Logik der angeführten Vorteile deswegen, weil bei der Entwicklung des Menschen seine Lebensform in Sozietäten zunächst ebenfalls ein Produkt der Evolution war. Aber auch *nach* der Herausbildung seiner reflexiven Fähigkeiten, d.h. also: auch nachdem die Evolution durch Eigenverantwortung abgelöst wurde, behielt der Mensch das Leben in Sozietäten bei. Die Ratio mußte zwangsläufig die immanenten Vorteile der Sozietät erkannt haben. Bezüglich der Größe oder der Form der Sozietäten hat der Mensch jedoch in erheblichem Maße in sein Horden-Leben eingegriffen.

Rangordnung

Unter Rangordnung versteht Lorenz »ein Ordnungsprinzip, ohne das sich ein organisiertes Gemeinschaftsleben höherer Tiere offenbar nicht entwickeln kann ... Sie besteht ganz einfach darin, daß von den in einer Gemeinschaft lebenden Individuen jedes einzelne weiß, welches stärker und welches schwächer ist als es selbst, so daß sich jedes von dem stärkeren kampflos zurückzieht und es seinerseits von dem schwächeren erwarten kann, daß dieser kampflos weicht, wann immer eins dem anderen in den Weg kommt.« [94]

Bekannte Beispiele sind die Rangordnungen bei Wölfen und

Hunden, bei Pavianen, Schimpansen und anderen Affen, bei Hirschen, Rehen, Schweinen sowie in Form der Hackordnung bei Hühnern, Tauben usw. Weniger bekannt ist, daß es auch bei Fledermäusen eine strenge Rangordnung gibt. V.B. Droescher schreibt dazu: »... es kann vorkommen, daß eine Fledermaus merkt, wie eine andere Fledermaus gerade ein Insekt anpeilt. An minimalen individuellen Stimmunterschieden erkennt sie auch, wer von den ihr meist persönlich bekannten Genossen der Glückliche ist und ob es sich um eine schwächere oder stärkere Fledermaus handelt. Fühlt sie sich überlegen, so stößt sie einen Ultrawarnschrei aus und schnappt dem Finder die Beute vor der Nase weg.«[28] Kurios mutet uns die Rangordnung bei dem in Vorderindien lebenden Malabar-Bärbling an. Über ihn schreibt Droescher: »Innerhalb der Bärblingsfamilie gibt es ebenfalls eine feste Rangordnung, die bei gleichaltrigen Jugendlichen durch Wettschwimmen festgelegt wird, zuweilen auch durch gegenseitigen Rammstoß oder Flossenschlag. Der Ranghöchste der Gruppe steht in Ruhezeiten ganz normal waagrecht im Wasser. Alle seine Untergebenen müssen hingegen ›Haltung‹ annehmen. ›Haltung‹ bedeutet Schräglage; Kopfteil nach oben, Schwanz nach unten. Je tiefer der Rang, desto steiler muß die Schräglage sein.«[28]

Die Tatsache, daß alle Tiersozietäten eine mehr oder weniger straffe Rangordnung aufweisen und dementsprechend eine zentrale Führung, ist kein Zufall. Hier kommt vielmehr eine innere Logik zur Geltung. Eine Sozietät ist ja eine neue Einheit. Das bedeutet, daß die Sozietät als ganzes – zumindest in gewissen Bereichen, z.B. bei der Verteidigung oder beim Jagen – eine zentrale Entscheidungsinstanz für gemeinsames Handeln haben muß. Fehlt eine solche Instanz, so zerfällt die Sozietät als solche und wird zu einer Menge von Individuen. Die evolutionäre Sozietätenbildung konnte somit gar keinen anderen Weg einschlagen als über Rangordnung und Führung, oder evolutionsgerecht ausgedrückt: andere Mutationen sind als Sozietät mit den angeführten Vorteilen nicht denkbar.

Die Rangordnung erfüllt zugleich eine weitere notwendige Bedingung jeder Sozietät: die Einschränkung des individuellen Handlungsspielraums zugunsten des gemeinsamen Handelns nach außen. Tatsächlich wird ja durch die Rangordnung die Anzahl der

Kämpfe innerhalb der Sozietät reduziert. Jeder weiß, wer zuerst fressen darf, wer den Vorrang bei der Fortpflanzung hat etc.

Gewiß gehen einer solchen stabilen Hierarchie Rangordnungskämpfe voraus. Solche Kämpfe sind aber nicht nur ökonomischer, als wenn die Kämpfe um Nahrung, Revier oder Fortpflanzung ständig neu ausgefochten werden müßten; außerdem können sie zu einem Zeitpunkt stattfinden, an dem von außen keine Gefahr droht.

Sind also Rangordnung und Führung konstitutive Merkmale der Sozietät schlechthin, so ist doch deren Ausprägung in den Tiersozietäten recht unterschiedlich realisiert: Es gibt straffe und lokkere Rangordnungen, starre und flexible. Auch innerhalb der Primaten sind die Unterschiede erheblich.

Eine straffe Hierarchie engt die Freiheit der Individuen ein und erhöht so die gemeinsame Wirkung, eine weniger straffe läßt dem einzelnen Individuum mehr Spielraum, z. B. bei der Nahrungssuche, der Reviersuche, der Brutpflege und erhöht so die Flexibilität der Anpassung. Auch können nur in Sozietäten mit hohen individuellen Freiräumen Erfindungen gemacht und gegebenenfalls tradiert werden.

Führungsqualitäten

Der Führer der Sozietät trifft die Entscheidungen, die für die Gesamtheit maßgebend sind: Er ist verantwortlich für die Nahrungsbeschaffung – seien es Weidegründe oder Jagdgründe –, für Verteidigung oder Angriff, für die Erhaltung der inneren Ordnung usw. Er ist, kurz gesagt, verantwortlich für die Aufrechterhaltung oder Verbesserung der Lebensbedingungen der Sozietät. Nun ist klar, daß ein qualifizierter Führer, der die Lebensbedingungen der Sozietät verbessert, für die jeweilige Sozietät selbst von großem Vorteil ist. Darüber hinaus ist anzunehmen, daß sich Qualifikationskriterien entwickelt haben, die ein Individuum zur Führung einer Sozietät befähigen. Nur so wird ja die Qualifikation des Führers zum evolutionären Selektionsvorteil.

Bezüglich der Führungsqualifikation scheinen in der Literatur einige Unklarheiten zu bestehen. So betont Lorenz immer wieder die Erfahrung als wichtige Eigenschaft des Führers, er spricht sogar von der Weisheit der »Senatoren«[94]; andererseits aber definiert er die Rangordnung ausschließlich durch das Kriterium der Stärke im Kampf. Tatsächlich kommen junge, rangniedrigere Tiere nur durch Kampf in Führungspositionen. Auch Droescher schreibt, daß der Führer nicht immer der Stärkste sei, daß vielmehr Alter, Erfahrung und Klugheit entscheidende Eigenschaften seien. Die Beispiele hingegen, die er im Kapitel »Wie wird man Boß?« anführt, sind ausschließlich solche des »erbitterten Kampfes«.[28]

Der Widerspruch läßt sich jedoch in folgender Weise auflösen: Der Kampf und die damit verbundenen Fähigkeiten sind zweifellos von besonderer Bedeutung; andererseits gibt es auch zahlreiche Beispiele, bei denen die Tiere durch zusätzliche intelligente Strategien in Führungspositionen gelangen. So bilden sich, jedenfalls bei Affen, kleinere Untergruppen oder Cliquen heraus, die ihrerseits ihren Favoriten unterstützen. Kommt es zum Kampf mit einem anderen Cliquenführer, so hängt die Entscheidung also auch davon ab, ob es der Cliquenführer verstanden hat, sich die Anerkennung seiner Freunde zu erwerben. Außerdem gibt es offenbar auch schlaue Individuen, die es verstehen, Rivalen gegenseitig auszuspielen. Ein interessantes Beispiel für einen Aufstieg in die Führungsposition beschreibt J. Goodall. Der Schimpanse Mike hatte sich zwei Blechdosen zunutze gemacht, mit denen er beträchtlichen Lärm erzeugte. Er konnte dadurch seine Rangposition verbessern und – zunächst – zum Führer aufsteigen. Die Position wurde ihm freilich wenig später vom bisherigen »Boß« streitig gemacht. Dieser verstand es sogar, die ihm unmittelbar unterstehenden Individuen zu einem Angriff gegen Mike zu mobilisieren. Nun zeigte sich allerdings, daß Mike nicht nur über Intelligenz, sondern auch über Mut verfügte. Nach anfänglicher Flucht drehte er sich um und ging seinerseits gegen die ihn verfolgenden Männer los. Diese waren von so viel Mut derart betroffen, daß sie schleunigst die Flucht ergriffen und Mike dann endgültig als Führer anerkannten. Goodall stellte die Frage, ob Mike auch ohne Hilfsmittel, die er ja immerhin intelligent zu nutzen wußte, zum Führer aufgestiegen wäre.[88] Selbstverständlich läßt sich diese Frage nicht schlüssig beantworten, dennoch zeigt dieses Beispiel, daß auch die Intelligenz beim Aufstieg zum Führer eine Rolle zu spielen scheint.

Wichtiger noch ist die Tatsache, daß der Führer sich nicht nur hochrangeln muß in die verantwortliche Position, sondern sich auch auf Dauer bewähren muß. Hier liegt ein ganz entscheidender Faktor: Ein Tier, das sich nicht bewährt, dem es also nicht gelingt, die Lebensbedingungen der Sozietät zu erhalten oder zu verbessern, bleibt nicht lange in der Führungsposition. Es wird – durch Kampf – vom Betatier abgelöst, notfalls durch den gemeinsamen Angriff mehrerer rangniedrigerer Männer. Zusammenfassend kann man sagen: Bei der Erlangung der Führerschaft spielt der Kampf eine entscheidende Rolle, wenn auch andere Fähigkeiten wie Intelligenz und Mut zumindest beteiligt sind; die Dauer der Führerschaft ist jedoch von der Anerkennung durch die Sozietät abhängig, und auf Dauer bleibt nur derjenige Führer, der durch Erfahrung und Klugheit die Vorteile für die Sozietät wahrzunehmen versteht. Insbesondere muß der »Boß« auch nach innen für Ordnung sorgen, er muß Streit schlichten, für die Einhaltung der Rangordnung sorgen etc.

Ist der Führer erst einmal fest im Sattel, so kann er sich in der Regel problemlos durchsetzen: Die rangniedrigeren Tiere folgen immer nur dem Boß, etwa bei Exploration, Flucht, Angriff. Experimente zeigen, daß immer nur die ranghöheren Tiere nachgeahmt werden, daß man also nur von Autoritäten lernt. Der Führer braucht auch nicht immer handgreiflich zu werden; es genügen oft Drohgebärden oder sonstige Zeichen seines hohen Ranges, um die Sozietätsmitglieder in die Schranken zu weisen.

Logik der Führung

Sozietäten, Führung, Rangordnungen, Führungseigenschaften haben sich evolutionär herausgebildet und bewährt. Der Mensch ist als reflektierendes Wesen nicht mehr an die Selektion der Evolution gebunden; er kann sich die Frage stellen, ob Sozietäten, Führung, Rangordnungen usw. überhaupt sein sollen und gegebenenfalls in welcher Form.

Tatsächlich hat der Mensch schon tiefgreifend in die natürlichen Formen der hierarchisch strukturierten Horde eingegriffen. Er hat die Vorteile der Sozietät erkannt und das gemeinsame Handeln über Nahrungserwerb und Schutzfunktion hinaus zur Herstellung technischer und kultureller Produkte wie Werkzeuge, Waffen, Musik, Tanz oder Spiel ausgedehnt. Darüber hinaus hat er eine Vielzahl unterschiedlicher Sozietäten errichtet – Familie, Betrieb, Verein, Nation usw. –, denen der einzelne gleichzeitig angehört; er hat Sozietäten mit starren und flexiblen, mit straffen und lockeren Hierarchien geschaffen, er hat Massensozietäten zustande gebracht mit all ihren Folgeproblemen.[89, 15]

Stellt man die Frage nach der verhaltensökologisch richtigen Sozietät, nach deren inneren Struktur, nach der richtigen Menschenführung, so kann diese Frage nur beantwortet werden, wenn man die innere Logik der Sozietäten kennt, d. h. die Eigenschaften straff oder weniger straff organisierter Sozietäten, die Auswirkungen von Handlungsspielräumen und Führungsstrukturen. Hier sind aus Unkenntnis der Vernetzung von Strukturen und Verhaltensweisen schon viele Fehler gemacht worden. Wir wollen daher versuchen, die wichtigsten Zusammenhänge darzustellen.

Grundbegriffe

Als *Sozietät* definierten wir eine Menge von Individuen, die sich gelegentlich oder dauerhaft zu gemeinsamem Handeln zusammenschließen. Bei einigen Tiersozietäten, wie z. B. Wolfsrudel oder Löwenrudel, bezieht sich das gemeinsame Handeln nur auf bestimmte Funktionen wie Schutz, Angriff, Jagd usw.; darüber hinaus gibt es individuelle Freiräume, beispielsweise bezüglich der Schlafplätze, des Nahrungserwerbes, des spielerischen Verhaltens. Andererseits existieren auch Tiersozietäten, bei denen es nur noch gemeinsames Handeln gibt, in denen also keine individuellen Spielräume mehr bestehen. Beispiele hierfür sind bestimmte Insektenstaaten.

Eine Sozietät ist also dadurch definiert, daß zumindest gelegentlich gemeinsame Entscheidungen getroffen werden und gemeinsames Handeln erfolgt. Eine Sozietät ohne gemeinsame Entscheidung ist keine mehr. Dies wird besonders deutlich, wenn der gemeinsame Kampf durch den letzten Befehl »Rette sich wer kann!« beendet wird. Die Sozietät wird dann zu einer Menge von Individuen. Würde jede Entscheidung für jedes Individuum zentral getroffen werden, hätten wir praktisch keine Einzelwesen mehr vor uns.

Zwischen diesen beiden Extremen sind alle möglichen Formen von Sozietäten denkbar. Entscheidend ist, daß das gemeinsame Handeln, also das Handeln als Einheit, eine (zentrale) Entscheidungsinstanz erfordert. Diese Entscheidungsinstanz nennen wir *Führung*. Im einzelnen ist es denkbar, daß die Führung durch einen Führer wahrgenommen wird, durch Führungshierarchien mit bestimmten Regeln, durch das Mehrheitsprinzip u. a.

Eine Entscheidungsinstanz wäre nur dann entbehrlich, wenn alle Individuen bezüglich der gemeinsamen Handlungen dieselben Entscheidungen treffen würden – und zwar nicht nur bei vorausgehender Kommunikation, sondern auch in Situationen, in denen ohne Kommunikation entschieden werden muß. Zudem müßte ein solches Modell in jedem Falle und auch für die Zukunft funktionieren. Praktisch käme dieses Modell der Aufhebung der Individualität gleich. So findet sich die Vorstellung auch nur bei den Utopisten der Gleichheit – in der Realität menschlicher Sozietäten ist ein solches Modell noch nie realisiert worden und kann auch aufgrund der Verschiedenheit der Menschen nie realisiert werden.

Als neue Einheit besitzt eine Sozietät logischerweise Führung; Führung bedeutet aber (zumindest für die Führungsfunktionen selbst) Hierarchie – nicht im Sinne einer »heiligen Herrschaft«, sondern im Sinne einer (abgestuften) Entscheidungsinstanz.

Ein zentraler Begriff, den wir hier einführen wollen, ist der *»Individualitätsgrad«*. Unter Individualitätsgrad verstehen wir das Verhältnis des individuellen Handlungsspielraumes zum Anteil des gemeinsamen Handelns. So können beispielsweise die Individuen in einer Affensozietät mehr oder weniger frei ihre Partner suchen, geht es aber um gemeinsamen Schutz, so hört die individuelle Freiheit auf. Jeder muß seinen Platz einnehmen und seine Aufgaben erfüllen.

Die Individuen eines Fußballvereins haben privat jede Freiheit, beim gemeinsamen Spiel sind ihre Aufgaben und Funktionen weitgehend festgelegt.

Wir sprechen deswegen von Individualitätsgrad, weil die Handlungsfreiheit charakteristisch ist für das Individuum. Ist der individuelle Handlungsspielraum gleich Null, wird also jedes Verhalten zu jeder Zeit von der Entscheidungsinstanz gesteuert, so kann man nicht mehr von Individuen sprechen: Wir haben einen Organismus zweiter Stufe vor uns. Eine liberale (!) Demokratie ist durch einen hohen, eine Diktatur durch einen niedrigen Individualitätsgrad gekennzeichnet, ein Verein hat einen höheren Individualitätsgrad als eine »militärische Formation«.

Unterscheidet man Kooperation als gemeinsames Handeln vom individuellen Handeln, so ergibt sich ein weiterer wichtiger Begriff: die *»Kooperationshierarchie«*. Führung bezieht sich nur auf diese Kooperationshierarchie. Der Dirigent führt das Orchester nur, solange es (gemeinsam) spielt. Allerdings kann es dennoch zu einer Ausstrahlung der kooperativen Rangordnung in den Bereich individueller Freiräume hinein kommen.

Für die modernen Sozietäten sind die Begriffe Individualitätsgrad und Kooperationshierarchie deswegen so wichtig, weil der Mensch die ursprünglich eng verbundenen Funktionen des individuellen und des gemeinsamen Handelns mehr oder weniger scharf abgetrennt hat: Ein Industriebetrieb ist eine reine Kooperationshierarchie, die individuellen Freiräume sind in Form des Privatlebens abgetrennt. Dies gilt vor allem für westliche Industrienationen; in Japan beispielsweise ist diese Trennung nicht so scharf vollzogen.

Ein weiterer wichtiger Begriff, den wir sofort definieren werden, bezieht sich auf die Kooperationshierarchie, und zwar auf den Anteil, den die einzelnen Sozietätsmitglieder an den gemeinsamen Entscheidungen haben. Hier sind zwischen dem Extremfall, daß ein einzelner Führer die gesamten Entscheidungen trifft, und dem (nicht realistischen) Extremfall, daß alle Mitglieder denselben Entscheidungsanteil einbringen, alle Übergänge denkbar und großenteils auch vorfindbar. Da es sich um eine Verteilung auf einem endlichen Repertoire handelt, ist es zweckmäßig, den Begriff der Entropie heranzuziehen, also von einer »Entscheidungsentropie« zu sprechen. Wären die Entscheidungsanteile gleichmäßig über alle Individuen verteilt, so würde es sich um die maximale Entscheidungsentropie handeln, läge die gesamte Entscheidung nur bei einem einzelnen Individuum, wäre die Entscheidungsentropie gleich Null. Um jedoch das Maß für die Entscheidungsverteilung nicht von der Anzahl der Sozietätsmitglieder abhängig zu machen, ist es zweckmäßig, die in der Formel für Redundanz (R) durchgeführte Normierung zu benutzen.[19] Bezeichnet man in diesem Falle die Größe R als *Entscheidungsordnung*, so hat diese ihren geringsten Wert (Null) bei Gleichverteilung der Entscheidungsfunktionen, ihren maximalen Wert (1) bei vollständiger Zentralisierung. In der Wirklichkeit der Sozietäten, seien es tierische oder menschliche, findet man eine breite Palette zwischen diesen Extremen.

Es ist klar, daß die Entscheidungsordnung zunächst nur für die Kooperationshierarchie sinnvoll ist – dennoch gibt es auch hier Ausstrahlungen in den Bereich der individuellen Handlungsspielräume hinein. Eine hohe Entscheidungsordnung kann sich dabei etwa so auswirken, daß der Führer auch im individuellen Bereich Entscheidungsprivilegien genießt. Geht die Belegschaft beispielsweise gemeinsam zum Essen ins Restaurant, so hat zwar jeder die volle Freiheit, sich aus den angebotenen Gerichten eines auszuwählen, dem Führer wird jedoch im allgemeinen als erstem die Speisekarte gereicht. In »zwanglosen« Diskussionen in der Privatsphäre kann dem Entscheidungsträger einer Kooperationshierarchie durchaus das größere Gewicht zukommen – sofern seine Funktion bekannt ist.

Insgesamt haben wir somit drei Kategorien zur Charakterisierung einer Sozietät: Rangordnung, Entscheidungsordnung und Individualitätsgrad. Diese können sowohl auf die Kooperationshierarchie als auch auf die Sozietätshierarchie angewendet werden. Diese Kategorien bestimmen in ihrer unterschiedlichen Ausprägung die Eigenschaften der einzelnen Sozietäten.

Die Logik der Sozietäten

Um die innere Logik der unterschiedlichen Sozietäten deutlich zu machen, wählen wir drei Beispiele aus; selbstverständlich gibt es, da auf allen drei Skalen (Rangordnung, Entscheidungsordnung, Individualitätsgrad) sämtliche Größenordnungen möglich sind, unendlich viele Formen von Sozietäten.

Als erstes Beispiel wählen wir folgenden Extremfall: Die Rangordnung sei starr, die Entscheidungsordnung sei maximal und der Individualitätsgrad sei (nahezu) Null.

Diese Konstellation ist charakteristisch für eine strikte Diktatur; in der Demokratie kommt nur das Militär in die Nähe dieses Extrems. In einer solchen Sozietät wird das Aktionspotential jedes einzelnen von der Führung abgerufen, es werden Anforderungen gestellt, die zu erfüllen sind. Dem einzelnen bleibt kein Spielraum, über sein Aktionspotential selbständig zu verfügen, insbesondere nicht durch Einsatz seines explorativen oder aggressiv-rivalisierenden Verhaltens. Die Sozietät gleicht der Struktur nach einem Organismus, der als Ganzes nach außen agiert – zweifellos mit hoher Schlagkraft und Effektivität. Die geballte Befehlsgewalt führt jedoch zwangsläufig zu innerer Starrheit: Das System als Ganzes hat, da alles von der Führung abhängt, nur eine geringe Chance, sich zu verändern. In der Sprache der Evolutionstheorie könnte man sagen: Ein derart straff geführtes System ohne individuelle Freiräume ist bestenfalls an eine ganz bestimmte konstante Umwelt angepaßt. Die Chance einer »Mutation« ist gering, die Evolution eines solchen Systems ist abgeschlossen. (Interessant ist, daß die Starrheit eines solchen Systems auch durch die Basis zustande kommen kann, durch eine extrem niedrige Entscheidungsordnung; die Mitglieder werden dann zum Kollektiv, das solidarisch handelt und damit jede Mutation verhindert.)

Erhöhen wir in einem solchen System den Individualitätsgrad, so gelten die genannten Eigenschaften weiterhin für die Kooperationshierarchie; für die Sozietät insgesamt erhalten wir ein menschlicheres Bild. Die Freiräume werden allerdings durch die strikte Rangordnung und durch die hohe Entscheidungsordnung beeinflußt: Die Menschen werden auch in ihren individuellen Handlungsspielräumen von ihren Aktionspotentialen kaum eigenverantwortlich Gebrauch machen, sie werden sich vielmehr für die erlittene Einengung durch höhere Reizqualitäten und passiven Genuß schadlos halten. Anspruchshaltung und Verwöhnung sind die Folgen.

Nehmen wir als zweites Beispiel das andere Extrem. Die Rangordnung sei beweglich, die Entscheidungsordnung sei minimal (jeder hat etwa gleich viel zu sagen), der Individualitätsgrad sei maximal (jeder kann mehr oder weniger tun, was er will).

Eine solche Sozietät kommt, wenn sie überhaupt noch zu einem gemeinsamen Handeln gelangt, dem Chaos nahe. Ihre minimale Aktionsfähigkeit nach außen macht sie der Konkurrenz unterlegen. Ein Vorteil liegt allerdings im kreativen Potential der Sozietätsmitglieder, das aber aus Mangel an Führung nicht koordiniert werden kann. Es kommt somit zu keiner »Systemmutation«. Verhaltensökologisch kommen Exploration und Konkurrenz zum Tragen, es werden also Aktions- und Aggressionspotentiale abgebaut.

So wenig derartige Sozietäten als solche lebensfähig sind – als Teilsystem in größeren Sozietäten, als Forschungsteams, Quality-circles, Innovationsseminare usw. können sie von großer Bedeutung sein und ihre Vorteile entfalten.

Erhöht man in einer solchen Sozietät die Entscheidungsordnung, strafft man also die Führungsstruktur, so wird die Sozietät in ihrer Kooperationshierarchie handlungsfähig; die individuellen Freiräume können sich hinsichtlich der kreativen Potentiale positiv auf die Kooperationshierarchie auswirken.

Nehmen wir als drittes Beispiel eine mittlere Form der Sozietätsorganisation.

In solchen Formen kann sich aufgrund der individuellen Freiräume exploratives Verhalten und Wettbewerb innerhalb des Systems selbst entfalten. Dadurch wird die Chance, daß kreative Innovationen auf das System durchschlagen, größer. Die flexible Rangordnung hat den Vorteil, daß sich die im Wettbewerb erwiesene Qualifikation in entsprechenden Rangpositionen niederschlägt. Einer besonderen Überlegung bedarf es freilich, inwieweit auch noch die Entscheidungsordnung ohne Nachteile erniedrigt werden kann. Bemerkenswert ist jedenfalls, daß die Erniedrigung der Entscheidungsordnung ein typisch menschliches Bestreben ist – in Tiersozietäten trifft man, soweit wir wissen, nur hohe Entscheidungsordnungen an.

Wir können hier die potentiell unendlich vielen Formen von Sozietäten hinsichtlich der drei genannten Kategorien nicht durchdiskutieren. Tatsächlich lassen sich aber bestehende und denkbare Sozietäten durch diese Kategorien beschreiben und auf ihre Eigenschaften hin untersuchen.

Verhaltenssteuerung kann in vier Formen durchgeführt werden, die zunächst einmal nur aufgezählt werden sollen.

Zwang. Der Adressat befindet sich in einer Zwangslage, wenn ihm – wie die Umgangssprache richtig sagt – »nichts anderes übrig bleibt«. Der Zwang nimmt also dem Menschen die Entscheidungsfreiheit und damit seine Würde. Eine Führung, die von Zwang Gebrauch macht, bedarf daher einer besonders sorgfältigen Legitimation.

Gewiß können Situationen auftreten, z. B. in Notfällen, wo Zwang vorübergehend gerechtfertigt ist. Auf Dauer bedeutet Steuerung durch Zwang jedoch eine Vergewaltigung des Menschseins. Dies wissen auch Diktatoren – sie versuchen daher, sich durch angeblich höhere Instanzen oder vorgeschobene Sachzwänge zu legitimieren. Im Rahmen der vorliegenden Überlegungen wäre Zwang höchstens bei der Durchführung wissenschaftlich als notwendig erkannter Maßnahmen, beispielsweise ökologischer, gerechtfertigt.

Großhirnsteuerung. Setzt man einen Adressaten voraus, der über Erkenntnis- und Reflexionsfähigkeit verfügt, insbesondere auch über die Fähigkeit der Selbststeuerung, so ist es nicht nur human, sondern auch effektiv, ihn über Einsicht zu steuern. Human ist dieses Vorgehen deswegen, weil sein Urteilsvermögen und seine Entscheidungsfreiheit angesprochen werden, effektiv, weil die erforderlichen Handlungen mit Zustimmung des Adressaten durchgeführt werden. Solche Handlungen sind aber prinzipiell effektiver, ja, oft ist es so, daß erzwungene Handlungen (z. B. im Sport) zu Störungen und Krankheiten führen. Die aufgrund von Einsicht erfolgende Zustimmung kann im einzelnen durch die Vermittlung objektiver Erkenntnisse zustande kommen, durch selbstgefundene oder in der Kommunikation gewonnene Erkenntnisse, durch rationale Argumentation etc. Mit S. Freud könnte man hier von einer Steuerung über das »Ich« des Menschen sprechen. Im übrigen spielen sich bei der Großhirnsteuerung im allgemeinen Lernprozesse ab, nämlich solche, die über eine Erkenntnis laufen. Man kann daher diese Form der Verhaltenssteuerung, auch wenn es sich um Erwachsene handelt, der Pädagogik zurechnen.

Verhaltensmanagement. Unter Verhaltensmanagement versteht man nach Robert F. Mager die Steuerung von Menschen durch den Aufbau oder die Veränderung von Reizsituationen.[105] Die Werbung bedient sich seit jeher dieser Form der Steuerung, so etwa wenn Produkte mit Hilfe sexueller Reize verkauft werden oder mit Versprechungen wie höherem Prestige, besseren Lebenschancen usw. In neuerer Zeit wendet sich die Werbung gerne dem Risikobedürfnis zu, sie verspricht Abenteuer, sei es durch ein Auto, durch eine Reise oder durch Computerspiele.

Selbstverständlich funktioniert das Verhaltensmanagement nur, wenn die Steuerungsstrategie vom Adressaten nicht durchschaut wird. Bemerkt er die Absicht, so ist er »verstimmt«, weil er »für dumm verkauft wird«. Tatsächlich umgeht ja die Steuerung über die das Trieb- und Instinktsystem ansprechenden Reize das Großhirn, umgeht also die den Menschen auszeichnende intellektuelle Instanz.

In der Praxis erreicht man also durch Verhaltensmanagement, ähnlich wie beim Zwang, eine Einengung der Entscheidungsfreiheit des Adressaten; sie wird aber von ihm nicht mit Empörung oder Ablehnung quittiert, sondern, durch das Umgehen der Entscheidungsinstanz, gar nicht bemerkt. Man weckt ja, wie es treffend heißt, keine schlafenden Hunde. Mit Freud könnte man sagen: Verhaltensmanagement steuert den Menschen über sein »Es«. Die Möglichkeiten und Gefahren einer solchen Steuerung sind hinreichend bekannt. Gewiß kann auch auf diese Weise Zustimmung erreicht werden: Wer den Adressaten materiell oder sozial belohnt oder dies auch nur in Aussicht stellt, findet ganz sicher Zustimmung.

Programm-Steuerung. Man kann die Entscheidungsfreiheit eines Menschen nicht nur durch Zwang einengen (oder aufheben), sondern auch durch Verhaltensanweisungen, die sehr früh einprogrammiert werden. Hier handelt es sich um frühkindlich erworbene Einstellungen, z. B. moralische oder religiöse »Richtlinien«, die das Handeln weithin determinieren. Man kann solche oft sehr rigiden Einstellungen positiv oder negativ bewerten – etwa Einstellungen zur Sexualität, zur Leistung, zur Tradition etc. –, in jedem Fall sind sie wirksame Steuerungsprogramme, die auch ohne die Anwesenheit einer Steuerungsinstanz funktionieren. Freud spricht hier bekanntlich vom »Über-Ich«.

Nun stehen, wie man ebenfalls seit Freud weiß und erst recht seit der Wissenschaft der Kybernetik der Systeme, die Steuerungsinstanzen des Ich, Es und Über-Ich in einem vernetzten Zusammenhang. Dies bedeutet, daß man bei irgendeiner (zielgerichteten) Steuerungsmaßnahme die Nebenwirkungen, Rückwirkungen, Systemveränderungen zu bedenken hat. Wenn beispielsweise ein Vorgesetzter einen Mitarbeiter für eine Arbeit lobt und dann erklärt: »Ich lobe Sie, weil Sie wieder einmal Anerkennung brauchen«, so hebt die eine Maßnahme die andere auf, ja, es dürfte in der Regel das Gegenteil eintreten: der Belobigte fühlt sich zu Recht beleidigt. Ebensowenig wird man einem leistungsprogrammierten Menschen, der sein Aktionspotential der Sozietät zur Verfügung stellen will, keine Freude machen, wenn man ihm Freizeit als Alternative anbietet.

Wir wenden uns nun der Frage zu, welche Beziehungen zwischen den Kooperationshierarchien und den verschiedenen Möglichkeiten der Verhaltenssteuerung bestehen und welche Konsequenzen sich für die Führung ergeben.

Führungsmodelle

Die einzelnen Formen der Verhaltenssteuerung und die unterschiedlichen Organisationsstrukturen stehen ebenfalls in einem logischen Zusammenhang. So kann in einer straffen Hierarchie, in der die Aktionspotentiale der Sozietätsmitglieder durch Anweisung der Führung abgerufen werden, selbstverständlich nur durch Zwang gesteuert werden oder durch Programmsteuerung, wobei diese vor allem in der Internalisierung von Gehorsamsprogrammen besteht. Zustimmung ist nur über diese Programmsteuerung erreichbar, bestenfalls durch gelegentliches Verhaltensmanagement. Die Zuordnung gilt auch umgekehrt: Zwang und Programmsteuerung funktionieren in einer weniger straffen Hierarchie sicher nicht, denn exploratives und kreatives Verhalten läßt sich nicht erzwingen oder durch feste Programme erreichen.

Weiterhin liegt auf der Hand, daß in einer Führungsstruktur mittlerer Ordnung das Verhalten des Menschen in erster Linie über das Großhirn zu steuern ist. Nur so können sich die Sozietätsmitglieder mit einer Aufgabe identifizieren und ihre explorativen und rivalisierend-aggressiven Aktionspotentiale selbstgesteuert einsetzen. Mutationen erfordern Freiheitsspielräume!

Freilich erhebt sich hier die Frage, ob es der Pädagogik jemals gelingen wird oder ob überhaupt die genetischen Voraussetzungen gegeben sind, sämtliche Menschen über Einsicht und Reflexion zu steuern unter der weiteren Voraussetzung, daß die Reflexion sich auch auf das eigene Instinktsystem bezieht. Bei Menschen, die weder die notwendigen Erkenntnisse verstehen (oder verstehen wollen), noch zur Selbststeuerung und damit zum selbstverantwortlichen Abbau ihres Aktionspotentials fähig sind, ist man – soll Zwang vermieden werden – auf Verhaltensmanagement angewiesen. Dies ist zumindest möglich, denn unter den angegebenen Umständen ist es unwahrscheinlich, daß der Adressat das Management durchschaut. Allerdings – und dies sei ausdrücklich betont – muß der Adressat grundsätzlich die Gelegenheit dazu haben.

Wie aber kann die Führung erkennen, wann Verhaltensmanagement unerläßlich wird? Unseres Erachtens sollte dem Adressaten von vornherein ein, wie wir sagen wollen, »kritisches Vertrauen« in seine kognitiv-reflexiven Fähigkeiten entgegengebracht werden. Dies gilt ja auch im Straßenverkehr: Man vertraut zunächst einmal darauf, daß der Verkehrsteilnehmer sich an die Regeln hält – gleichzeitig aber rechnet man doch mit einem Versagen und stellt sich bis zu einem gewissen Grade darauf ein.

Entscheidend ist dies: Führung muß, gleichgültig, um welche Art von Kooperationshierarchie es geht, Entscheidungen für die Sozietät treffen. Hierzu muß sie das Verhalten der Sozietätsmitglieder in verschiedener Weise steuern: Arbeitsteilung gemäß der individuellen Leistungsstruktur, Vermittlung von Informationen und Erkenntnissen, Kontrolle der Arbeitsleistung, Motivation, Konfliktregelung u.a. Die Art der Steuerung muß – von moralischer Überzeugung einmal ganz abgesehen – von ihrer inneren Logik her mit der Struktur der Kooperationshierarchie in Einklang stehen: Weite individuelle Spielräume implizieren eine Großhirnsteuerung und umgekehrt – geringe Individualitätsgrade implizieren Zwang oder Programmsteuerung und umgekehrt.

Bezeichnet man die logische Einheit von Kooperationshierarchie und Verhaltenssteuerung als *Führungsmodell*, so gibt es zwar unterschiedliche, aber in sich widerspruchsfreie Modelle.

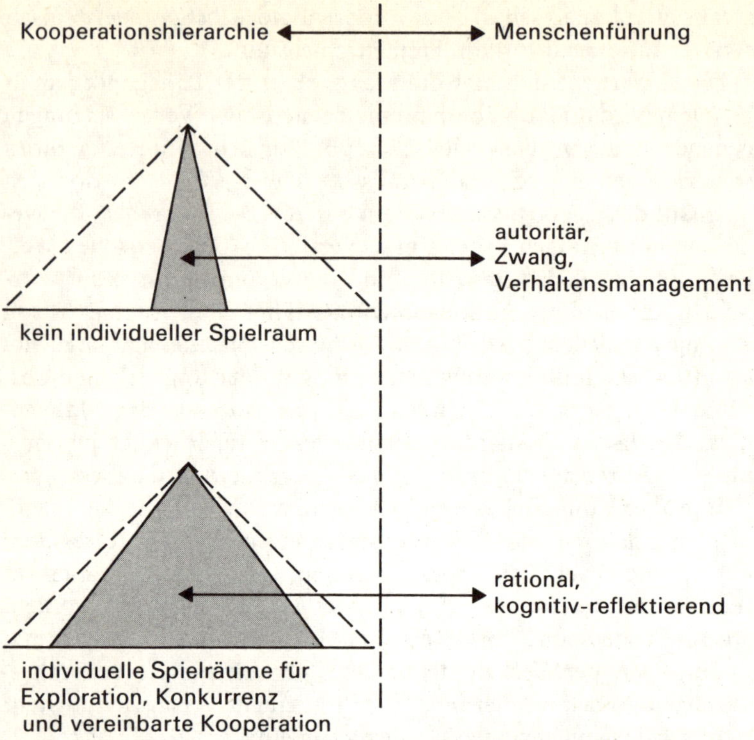

Abbildung 10. *Zwischen Kooperationshierarchie und Menschenführung besteht ein zwingender Zusammenhang. So bedeutet etwa autoritäre Führung Mangel an individuellem Spielraum und umgekehrt: Explorativer Freiraum ist sinnlos, wenn der Mitarbeiter bis ins Detail nach Anweisung zu handeln hat.*

Durch die logische Einheit von Führungsmodellen können bei der Auswahl bestimmter Führungsmodelle nur außerhalb dieser Modelle liegende Kriterien herangezogen werden, beispielsweise ethische, wirtschaftliche, politische oder andere.

Das im folgenden dargestellte Führungsmodell ist nach dem Kriterium eines menschenwürdigen Überlebens ausgewählt.

Anērische Führung

Wir haben versucht, die innere Logik der Sozietäten aufzuschlüsseln: Die einzelnen Parameter wie Rangordnung, Entscheidungsordnung; Individualitätsgrad; die Möglichkeiten der Verhaltenssteuerung; die Korrespondenz der Verhaltenssteuerung mit den Führungsstrukturen; die möglichen Führungsmodelle. Jetzt stellen wir die Frage, welche Sozietäten und welche Führungsmodelle unter der Voraussetzung eines dauerhaften Gleichgewichtes der Verhaltensökologie verwirklicht werden müssen. Im Gegensatz zu anderen Führungstheorien haben wir also in den Erkenntnissen der Verhaltensökologie ein Kriterium für die Bestimmung optimaler Sozietäten und Führungsmodelle.

Die anērische Sozietät

Der Anēr ist, wie wir ausführlich dargestellt haben, der reflektierende, evolutionär erwachsene, sich selbst steuernde Mensch; er weiß insbesondere um die Zusammenhänge der Verhaltensökologie, d.h. er hält seine Ansprüche in Grenzen und baut seine Aktions- und Triebpotentiale aus Einsicht in diese Zusammenhänge ab. Da er sich als verhaltensbiologisch aufgeklärter Mensch selbst kennt, versucht er, trotz Anstrengung der Selbstforderung, sein Lust-Unlust-Verhältnis positiv zu gestalten.

Wir betrachten nunmehr eine anērische Sozietät, d. h. eine Sozietät, die sich aus evolutionär erwachsenen Menschen zusammensetzt, und leiten daraus das angemessene Führungsmodell ab.

Individualitätsgrad. Die Würde des Anēr besteht in seiner Handlungsfreiheit, in seiner Selbstbestimmung. Jede unnötige Einengung dieser Freiheit muß der sich selbst steuernde Anēr als unwürdig empfinden und ablehnen. Die Handlungsfreiheit bezieht sich auf die Grundrechte – freie Partnerwahl, freie Bewegungsmöglichkeiten, freie Berufswahl etc.; sie ist im Rahmen der ökologischen und der sozialen Bedingungen zu maximieren. Das Problem ist dabei folgendes: Mit der Abtrennung der Kooperationshierarchie aus der Gesamtsozietät erhebt sich die Frage nach dem Individualitätsgrad innerhalb der Kooperationshierarchie. In früheren Organisationstheorien und Managementtheorien stellte man sich auf den Standpunkt, daß individuelle Freiräume nicht in die »Organisation«, sprich: Kooperationshierarchie, gehören, sondern in die Privatsphäre. Der »Erfolg« war (und ist), daß die Menschen in ihrer Freizeit den erlittenen Zwang durch hohe Ansprüche auszugleichen suchten (und suchen). Verhaltensökologisch ist dies, wie wir gesehen haben, grundsätzlich falsch.

Der Anēr kann somit nur eine Kooperationshierarchie akzeptieren, die ihm auch in der Phase des gemeinsamen Handelns gewisse Freiräume garantiert, und zwar aus zwei Gründen: Zum einen will der Anēr sein exploratives und aggressives Potential, soweit es geht, in eigener Regie einsetzen können, zum andern weiß er, daß dieser Einsatz der Sozietät und daher letztlich auch wieder ihm selbst zugute kommt. Selbstverständlich kann der »kooperative Individualitätsgrad« nicht so hoch sein wie der rein individuelle, in jedem Falle aber entspricht es dem Selbstverständnis des Anēr, Aufträge der Kooperationshierarchie in eigener Verantwortung zu erledigen, seine explorativen Fähigkeiten im gemeinsamen Handeln einzubringen, in Wettbewerb mit anderen zu treten etc.

Rangordnung. Bei der Rangordnung geht es nicht um die Existenz einer solchen – diese folgt aus der Einheit der Kooperationshierarchie –, es geht um deren Flexibilität. Eine unveränderbare, starre Rangordnung widerspricht dem Prinzip des Wettbewerbs, dem Streben nach höherer Rangposition. Der Anēr muß aber die Chance haben, seinen Rang durch Leistung zu verbessern, sein konkurrierendes Handeln – auch zum Nutzen der Sozietät – mit Aussicht auf Erfolg einzusetzen. Auf der anderen Seite kann die Rangordnung nicht zu »weich« sein: Ein ständiger Wechsel gefährdet die gemeinsame Entscheidungsinstanz und die Hierarchie wird handlungsunfähig.

Entscheidungsordnung. Bei der Entscheidungsordnung geht es, wie gesagt, nicht um die Entscheidungen im Handlungsspielraum des einzelnen, sondern um die Teilnahme an der gemeinsamen Entscheidungsinstanz. Hier zeigt sich, daß die anērische Sozietät eine relativ hohe Entscheidungsordnung aufweist, und zwar aus folgenden Gründen.

In der anērischen Sozietät wird Führung als Aufgabe verstanden, die an geeignete Personen delegiert wird. (Wer geeignet ist, sei anschließend untersucht.) Bei dieser Delegation kann die Entscheidungsordnung gering sein, in der Gesamtsozietät der Demokratie erreicht sie sogar den Wert Null. Dabei muß man allerdings bedenken, daß es sich um fundamentale Sachentscheidungen und vor allem um Personalentscheidungen handelt. Erfolgt die Wahl auf Zeit, was im Prinzip schon deswegen der anērischen Führung entspricht, weil der Anēr beurteilen kann und will, ob die Führungsaufgaben ausreichend bewältigt wurden, so ist die Entscheidung ja auch wieder rückgängig zu machen. Bezüglich der laufend für die Sozietät zu treffenden Entscheidungen hält sich der Anēr jedoch zurück: Er maßt sich nicht an, Führungsaufgaben zu bewältigen, die die Kenntnisse übergeordneter Zusammenhänge voraussetzen, eine intensive Beschäftigung mit der jeweiligen Situation, ein Durchdenken der Konsequenzen u. a. – sofern er sich nicht ausdrücklich selbst diesem Aufgabenbereich widmet. So ist es für einen Studenten schlicht unmöglich, bei der Auswahl eines zu berufenden Wissenschaftlers mitzuentscheiden – es sei denn, er beschränkt sich auf didaktische Qualitätsmerkmale.

Gewiß hängt die optimale Entscheidungsordnung vom jeweiligen Fall ab: Dort, wo Sozietätsmitglieder Sachverstand erworben haben, z. B. Eltern im Bereich schulischer Angelegenheiten, kann eine niedrige Entscheidungsordnung durchaus sinnvoll sein; in einem Großunternehmen mit weltweiten Beziehungen jedoch ist eine Mitbestimmung der Sekretärin ohne Grundlage. Deswegen findet ja in solchen Unternehmungen die Mitbestimmung auch nicht vom einzelnen her statt, sondern über die Gewerkschaft, die ihrerseits die erforderlichen hauptamtlichen Führungskräfte für die Bewältigung der komplexen Führungsaufgaben besitzt. Es gibt aber noch einen weiteren Grund für eine hohe Entscheidungsordnung: die Stabilität der Entscheidungsinstanz. Ein Volksentscheid kann leicht – aus einem zwangsläufig unvollständigen Wissen heraus – zu Entscheidungen führen, die dann sehr bald wieder korrigiert werden müssen.

Insgesamt meinen wir, daß die in unserer liberalen Demokratie funktionierende Entscheidungsordnung, also eine relativ hohe, durchaus im Bereich der anērischen Sozietät liegt.

Ergänzend zur anērischen Sozietät ist zu bemerken, daß die charakteristischen Parameter – maximal möglicher Individualitätsgrad, relativ flexible Rangordnung, relativ hohe Entscheidungsordnung – selbst nicht starr zu sehen sind: sie können je nach Bereich (Unternehmen, Verein, Partei) und Situation (Konjunktur, aktuelle Aufgaben, Größenordnung etc.) unterschiedlich sein. Dennoch kann man innerhalb einer gewissen Bandbreite von einer anērischen Sozietät sprechen. Sie hat ihrer Struktur entsprechend sicher nicht die Schlagkraft einer militärischen Hierarchie oder eines straff geführten Unternehmens, ist auch nicht so chaotisch wie manche linken Organisationen der siebziger Jahre, sie ist vielmehr als Ganzes durch zwei wichtige Eigenschaften gekennzeichnet: Zum einen ist die anērische Sozietät anpassungsfähig, und zwar sowohl im Sinne einer flexiblen Anpassung an aktuelle Situationen als auch im Sinne langfristiger Lernprozesse. Schließlich hängt ja die Lernfähigkeit nicht nur an den Führungskräften; die eigenverantwortlichen Tätigkeiten mobilisieren die Lernfähigkeit aller Mitglieder.

Zum andern aber, und hier liegt der entscheidende Vorteil, ist die anērische Sozietät »mutationsfähig«. Das bedeutet: Die im Handlungsspielraum freigesetzten Potentiale des einzelnen, in erster Linie die explorativen Potentiale, können zu Innovationen führen, die für die Gesamtheit der Sozietät nützlich sind. Selbstverständlich führt nicht jede individuelle »Mutation« zu einer »Systemmutation«, aber die Chance für eine solche liegt einzig und allein im Handlungsspielraum einzelner. In einigen Sozietäten unserer Industriegesellschaft ist dies sehr wohl erkannt worden, beispielsweise im Bereich der Universität. Aber auch Großunternehmen haben ihre ausgegliederten Sozietäten, in denen solche Freiräume garantiert werden und in denen auch tatsächlich Innovationen erzeugt werden. Insgesamt ist jedoch unsere Wirtschaftspolitik viel zu restriktiv; die Initiative der einzelnen wird durch Gesetze, Verordnungen, Bestimmungen und Bürokratismus in geradezu unwürdiger Weise eingeengt.

In den USA und in Japan sind die Freiräume für Eigeninitiative größer; es gibt daher auch weniger Probleme mit Arbeitsplätzen, mit Beschäftigung, mit dem Abbau von Aktionspotentialen.

Dem Verhaltensbiologen fällt noch ein weiteres Phänomen auf: Die anērische Sozietät hat eine auffallende Ähnlichkeit mit der menschlichen Urhorde. Das kann, wenn man bedenkt, daß die Urhorde (noch) durch die Evolution entstanden ist und der Selektion unterworfen war, durchaus als Bestätigung unserer naturwissenschaftlichen Führungstheorie angesehen werden.

Der anērische Führer

Der Anēr erkennt die Notwendigkeit von Sozietäten und damit auch die Notwendigkeit von Führung. Als großhirngesteuerter Souverän ist er dabei derjenige, der Führung legitimiert und Führer beauftragt. Der Auftrag besteht darin, Entscheidungen für die Gesamtsozietät (als Einheit) zu treffen und das gemeinsame Handeln zu steuern. Bei der Durchführung ihrer Führungsaufgabe werden sie von den Mitgliedern der Sozietät kontrolliert.[169]

Im Gegensatz zu früheren Sozietäten, die ihre Führung durch jenseitige oder diesseitige Glaubensvorstellungen legitimierten oder durch verhaltensökologisch naive Paradiesvorstellungen, orientiert sich die anērische Sozietät an naturwissenschaftlichen Erkenntnissen, insbesondere an den Ergebnissen der Verhaltensökologie. Das bedeutet, daß der anērische Führer klare Rahmenbedingungen hat, die er einhalten muß und deren Einhaltung auch kontrolliert werden kann. Solche Rahmenbedingungen werden durch die Ökologie gegeben, durch die Bedingungen, die uns die Umwelt auferlegt, aber auch durch die Verhaltensökologie, durch die Bedingungen, die uns das Trieb- und Instinktsystem stellt.

Zur Erfüllung der verhaltensökologischen Bedingungen gehört beispielsweise die Aufgabe, auch in den Kooperationshierarchien für die Möglichkeit der Exploration, der Konkurrenz und des Einsatzes der Aktionspotentiale zu sorgen. Die Einhaltung dieser Bedingung ist nicht nur für den einzelnen notwendig und für die Kooperationshierarchie von Vorteil, sie strahlt auch auf die individuellen Freiräume aus: Der Abbau der Aktionspotentiale setzt sich in der Freizeit fort, die Ansprüche werden ohne besondere Verzichtsforderungen geringer.

Eine weitere Aufgabe des Führers besteht in der verhaltensökologisch richtigen Verhaltenssteuerung der Sozietätsmitglieder. Der Anēr erwartet, über das Großhirn angesprochen zu werden, er erwartet Aufklärung, Vermittlung von Erkenntnissen, Einsicht in die Probleme und Aufgaben, die es zu lösen gilt. Der Anēr weiß, daß von ihm auch Innovationen erwartet werden und daß er sich sowohl in seinem eigenen Interesse als auch in dem der Kooperationshierarchie anstrengen muß. Der »Führungsstil« ist somit von vornherein klar: Unter der Voraussetzung einer anērischen Sozietät gibt es keine Alternative, auch nicht zeitweise. Man kann ja nicht einmal den sich selbst steuernden und die Zusammenhänge erkennenden Menschen über seine Erkenntnisse und seine Reflexionsfähigkeit beeinflussen und ein andermal versuchen, seine Instinkte und Triebe direkt, also ohne seine eigene Steuerung, zu dirigieren.

Ferner ist klar, daß der anērische Führer durch die ökologischen Außenbedingungen und durch die Logik der Sozietäten in seinen Entscheidungen eingeengt ist – andererseits aber kann er aufgrund der erkannten Zusammenhänge keine gravierenden Fehler machen. Ein solcher Fehler wäre beispielsweise folgender: Setzt der Führer innovative Prozesse an der Basis in Gang, beispielsweise durch Quality-circles oder Kreativgruppen, gibt er also Freiräume für mögliche Mutationen, verhindert aber auf der anderen Seite die Weitergabe solcher Ergebnisse an die zentrale Entscheidungsinstanz, so schadet er der Sozietät in doppelter Weise: Einmal bindet er explorative und aggressive Potentiale für innere Verbesserungen und Mutationen, er zieht also Schlagkraft nach außen ab, zum andern aber nutzt er diese Potentiale nicht, so daß die Vorteile, die aus den Individualmutationen entstehen könnten, niemals zu einer Systemmutation werden können.

Gewiß gibt es innerhalb der notwendigen Rahmenbedingungen noch erhebliche Entscheidungsspielräume. Die Rahmenbedingungen sagen ja noch nichts aus über die spezielle Art des Abbaus von Aktionspotentialen, über die spezielle Richtung der Exploration, über Strategien des Wettbewerbs, über Entscheidungen, über Produktion – seien sie eher materieller oder geistiger Art.

Damit wird ein zweites Kriterium für die Führungseigenschaften des anērischen Führers angesprochen. Das erste Kriterium ist die Einhaltung und Realisierung notwendiger Maßnahmen – hier ist die Erkenntnis das Kriterium für Führung –, im Bereich der Freiräume greift das Kriterium der Anerkennung. Wissenschaftliche Erkenntnis hat ja mit Anerkennung nichts zu tun; wissenschaftliche Erkenntnisse sind wahr oder falsch, sie brauchen und können nicht anerkannt werden. Entscheidungen hingegen, die die Sozietät betreffen, die das Wohl der Sozietätsmitglieder mehren oder mindern, sind der Anerkennung oder Mißbilligung zugänglich.

Die Frage nach den Eigenschaften des anērischen Führers ist also folgendermaßen zu beantworten: Im Bereich der wissenschaftlich notwendigen Maßnahmen muß er über die entsprechenden Erkenntnisse verfügen, sie laufend neu erwerben und überprüfen. Im Bereich der Entscheidungen können sehr unterschiedliche Eigenschaften von Nutzen sein: Handelt es sich um ein Arbeitsteam, beispielsweise um ein Team von Maurern, die eine Arbeit zu erledigen haben, so ist der beste Fachmann in der Regel auch der Führer dieses Teams. In Großunternehmen braucht das nicht mehr so zu sein. Hier werden andere Aufgaben abverlangt, etwa individualitätsgerechte Arbeitseinteilung, Ingangsetzung explorativer Handlungen, Kontrolle internen Wettbewerbs etc.

Eine unbedingt erforderliche Eigenschaft des Führers ist die sogenannte Superzeichenbildung; wir verstehen darunter folgendes: Die Führung ist verantwortlich für die Sozietät, das bedeutet, daß sie die Sozietät als (neue) Einheit erfassen muß, als »Superzeichen«. Das bedeutet weiter: Als Einheit ist die Sozietät immer ein Element in größeren Zusammenhängen – das Unternehmen steht im Zusammenhang von Politik, Wirtschaft und Ökologie[48], die Schule im Zusammenhang von Schulpolitik, Elternschaft, Schülerschaft. Ein Element erhält erst Sinn, wenn es in einem Zusammenhang steht – ein Buchstabe erhält erst Sinn im Zusammenhang eines Wortes –, es kommt also alles darauf an, die Sozietät in übergeordnete, sinnerzeugende, für die Sozietät nützliche Zusammenhänge zu stellen. Man kann auch so sagen: Für den Anēr innerhalb der Sozietät ist diese selbst der Sinnzusammenhang; für den Führer der Sozietät ist sie (auch) ein Element in größeren Zusammenhängen.

Es wird immer wieder die Frage aufgeworfen, ob man zum Führer geboren sein muß. Nun haben wir festgestellt, daß es eine ganze Reihe von Eigenschaften gibt, die ein Führer besitzen muß. So braucht er sicher spezielle Fähigkeiten, z. B. die Fähigkeit, Superzeichen zu erkennen und neue Zusammenhänge zu sehen. Die Aufzählung der Fähigkeiten zeigt jedoch, daß es sich in erster Linie um kognitive handelt, also um solche, die bei ausreichender Intelligenz erlernt und trainiert werden können. Sie rechtfertigen es nicht, von einer besonderen »Führernatur« zu sprechen.

Es gibt indessen noch einen anderen, nämlich einen verhaltensbiologischen Aspekt. Um diesen deutlich zu machen, kehren wir noch einmal zur Tiersozietät zurück.

Der Begriff Führer bekommt selbstverständlich erst Sinn bei Tieren, die in Gemeinschaften (Horden, Gruppen, Rudeln etc.) leben; nur hier kann es Rangordnung und Rangordnungskämpfe geben. Das bedeutet aber, daß der Führer nicht nur über ein hohes Maß an Aggression verfügen muß, er muß diese auch für Rangordnungskämpfe (Machtstreben) einsetzen (nicht nur für Revier oder sexuelle Rivalenkämpfe) und er muß über die Fähigkeit zur Machtausübung verfügen. Wenn diese Fähigkeiten fehlen – z. B. Stärke, Durchsetzung, Versorgung der Gruppe, Streitschlichtung etc. –, fehlt auch die Anerkennung durch die Gemeinschaft; der Führer wird verdrängt. Charakteristisch für den Führer ist somit ein hohes Maß an Aggression, an Machtstreben und Machtausübung. Auch andere Führungstheoretiker sehen das so: Führung ist »im wesentlichen ein Problem der Ausübung von Macht und Einfluß«.[40] Der Verhaltensbiologe ergänzt: Der Führer erfährt seine Lust vorwiegend aus dem aggressiven Triebpotential.[120]

Sehen wir uns die einzelnen Triebe noch einmal an – Nahrungs-, Sexual-, Aggressions-, Explorationstrieb –, so ist, meinen wir, anzunehmen, daß bei den einzelnen Menschen diese Triebe unterschiedlich stark ausgeprägt sind, daß also jeder Mensch ähnlich dem Intelligenzprofil ein »Triebprofil« besitzt.

Die alltägliche Erfahrung stimmt mit dieser Annahme überein: So gibt es Menschen, die ihr Lust-Unlust-Verhältnis vor allem durch den Nahrungstrieb positiv gestalten: die Gourmets. Sie sind im allgemeinen keine Kämpfer und an Führung wenig interessiert. Andere holen sich ihr Lusterlebnis vorwiegend auf sexuellem Bereich, aber auch für den »Don Juan« ist Führung nicht übermäßig attraktiv. Diejenigen, die aus der Exploration ihre höchste Lust schöpfen, die Forscher, Abenteurer, Tüftler usw. sind auch nicht die »geborenen« Führer. Diese findet man unter dem Aspekt des Triebprofils bei denjenigen mit ausgeprägtem Aggressionstrieb. Man darf sich hier nicht von der Tatsache beirren lassen, daß Führungskräfte oft gar nicht aggressiv erscheinen: Die Befriedigung des Aggressionstriebes besteht im Sieg. Wenn die Macht groß ist, genügt für einen Sieg schon eine Drohung, eine Geste, ein Lächeln. Das Schlimmste für den Ranghohen ist jedoch der Verlust an Macht, er zerstört seine Identität.

Traditionelle Führungstheorien im Kontext anērischer Führung

Betrachtet man die bisherigen Organisationstheorien (Managementtheorie, Technologietheorie, Strukturtheorie, Gruppentheorie, Individualtheorie, ökonomische Theorie) und Führungstheorien (Eigenschaftstheorie, Zwei-Faktoren-Führungstheorie, Vier-Faktoren-Theorie, Path-Goal-Theorie u. a.), so kann man die einzelnen Theorien relativ eindeutig in die verhaltensbiologische Sozietätentheorie einordnen. Man kann zeigen, daß sich die einzelnen Theorien durch die Parameterskalen Individualitätsgrad, Rangordnung und Entscheidungsordnung charakterisieren lassen, bzw. durch die den jeweiligen Parametergrößen zugeordneten Führungsmodelle.

Der Begründungszusammenhang der bisherigen Theorien ist unterschiedlich: Einige, wie z. B. die älteren Managementtheorien, gehen von der Organisation aus und gelangen über die Konzeption eines Menschenbildes zur Führung; andere, wie z. B. die Gruppentheorie, gehen vom Menschenbild aus und gelangen über die Führung zur Organisation. Die Kritik, die wir an den bisherigen Theorien üben, bezieht sich vor allem auf zwei Mängel: Der eine besteht in der Mehrdeutigkeit grundlegender Begriffe wie »Effektivität« oder »Zufriedenheit«. Ist eine Sozietät effektiv, wenn sie schlagkräftig ist oder kreativ? Ist ein Mitarbeiter zufrieden, wenn er seine Bedürfnisse kurzfristig und bequem erfüllen kann oder langfristig durch Abbau seiner Aktionspotentiale? Der andere Mangel besteht darin, daß die Organisations- und Führungstheorien punktuell nebeneinander stehen; es gibt kein Kriterium für die Optimalität der einen oder anderen Theorie.

Im folgenden seien die bisherigen Theorien kurz dargestellt und im Kontext der verhaltensbiologischen Sozietäts- und Führungstheorie kritisch beurteilt.

Organisationstheorien

Unter den Organisationstheorien ist die auf F. W. Taylor [152] zurückgehende Managementtheorie ein Stereotyp der straffen Kooperationshierarchie. Die Theorie untersucht, »wie Organisationen beschaffen sein müssen, um produktiv und effizient zu sein«.[170] Die obersten Prinzipien sind nach dieser Theorie die Postulate der Spezialisierung, des hierarchischen Aufbaus der Organisation, der Delegation von Autorität und Verantwortung, des »span of control« und die Unterteilung der Gesamtorganisation in Untergruppen und Abteilungen.

Die Mitarbeiter werden bei der Managementtheorie als Menschen betrachtet, die nur dazu befähigt sind, Arbeiten auszuführen und Anweisungen anzunehmen, die aber keine Eigeninitiative entwickeln, um selbständig und verantwortungsvoll zu handeln.[170]

Dementsprechend werden folgende Steuerungsprozesse empfohlen:

»a) Manipulation, Motivation und Kontrolle des Individuums durch materielle Be- und Entlohnungssysteme und durch geeignete Führungssysteme.

b) Einsatz und Verwendung sogenannter externer Motivatoren …

c) Übernahme aller Verantwortung durch die Organisationsleitung und das Management«.[170]

Es ist klar, daß der Begriff der Effizienz, der hier im Vordergrund steht, von vornherein nur im Sinne von Schlagkraft und Wettbewerb nach außen gesehen wird; Effizienz im Sinne einer Systemmutation ist ja unter den Bedingungen einer derart straffen Hierarchie nicht möglich.

Die Strukturtheorie, zu deren Hauptvertreter M. Weber gehört, ist diesem Rahmen verhaftet, geht aber in anderer Weise auf den (Mit-)Arbeiter zu: Sie stellt die Frage in den Mittelpunkt, »wie eine Organisation die notwendigen Kontrollen über ihre Mitarbeiter ausüben soll, um Effizienz und Effektivität des Organisationsablaufes zu garantieren und dabei aber gleichzeitig die Unzufriedenheit und Frustration der Mitarbeiter, die damit verursacht wird, zu mindern«.[169] Die Antwort lautet: Man hat Regeln, Anordnungen und Normen so zu gestalten und zu handhaben, daß sie beim Empfänger (Arbeitnehmer) als legitim angesehen und verstanden werden.

So begrüßenswert es auf der einen Seite ist, die Frustration der Mitarbeiter durch Einsicht in die Notwendigkeit zu mindern, so deutlich zeigt sich dabei ein Widerspruch zur »Logik der Sozietäten«: Man kann nicht einerseits den Arbeiter auf einige Handgriffe spezialisieren und andererseits von ihm kognitive Fähigkeiten wie Verständnis und Einsicht erwarten. Die Diskrepanz zwischen Hierarchie, Menschenbild und Verhaltenssteuerung führt (erst recht) zu unlösbaren Spannungen.

Weber hat dies erkannt und einige strukturelle Maßnahmen zur Herrschaftsbegrenzung angeführt – Gewaltenteilung, Wahlen, Rechenschaftspflicht –, es fehlt jedoch die dazugehörige Bedingung des Mutationsspielraumes.

Im Gegensatz zu den angeführten Organisationssystemen, die man auch als geschlossene Systeme bezeichnet, gehen die offenen Systeme vom Menschen aus, und zwar von einem lern- und denkfähigen Menschen. So haben sich die Arbeiten der Gruppentheoretiker »vor allem mit Problemen wie Arbeitsgruppe, Leadership, Kommunikation, Mitbestimmung, dem Fällen von Entscheidungen, Motivation und mit Fragen des Engagements des individuellen Mitarbeiters der Organisation beschäftigt«.[170]

Im Vordergrund stehen also Bedürfnisse, Erwartungen und Gefühle der Mitarbeiter. Bei den Gruppentheoretikern werden auch Entscheidungen (nach unten) delegiert. Der Gruppenführer ist verantwortlich für die Ausführung von Arbeitsgängen. Die Organisationsleitung soll sich also darum bemühen, »eine Arbeitssituation zu schaffen, in der der Arbeiter nicht mehr entfremdet ist, sich nicht mehr frustriert oder unsicher fühlt, in der nach Möglichkeit die Interessen, Initiativen und Kräfte der Arbeitsgruppe nicht den Zielen der Organisation entgegenstehen, sondern parallel zu den Organisationszielen verlaufen«.[170] Es geht also um die Erschließung des Reservoirs an Energie, Initiative und Kreativität.

Interessant ist, daß sich die Organisationsleitung aber auch darum bemühen soll, Rivalitäten und Wettkämpfe zwischen Arbeitern auszuschalten.

Auch hier werden Widersprüche deutlich: Die gewährten Freiräume dürfen im Grunde nicht genutzt werden. Die Gruppentheoretiker haben nämlich einen stark kollektivistischen Einschlag, eine niedrige Entscheidungsordnung, sie plädieren stärker für Mitbestimmung als für Selbstbestimmung.

Bei der Individualtheorie spielt die Persönlichkeit eine zentrale Rolle. Die Organisation wird als Mittel gesehen, die höchste Stufe der Bedürfnisse zu erreichen: Selbsterfüllung und Selbstaktualisierung. Die Organisation soll also den Bedürfnissen der Mitarbeiter entsprechend konzipiert, aufgebaut und strukturiert sein. Als entsprechende Führungsmethode wird folgende empfohlen: »Die Organisationsleitung soll darauf achten, daß die Arbeiten und die Arbeitsprozesse an das Individuum echte, fachliche Anforderungen stellen und tatsächliche Herausforderungen an Fähigkeiten, Begabungen und Leistungsvermögen darstellen, so daß der Arbeitnehmer einen Sinn in diesen Arbeitsprozessen sehen kann und sie als Herausforderung an seine geistigen und körperlichen Fähigkeiten wahrnimmt. Das Organisationsmitglied muß in stärkerem Maße durch die Erledigung der Arbeit selbst, also intrinsisch, motiviert werden; es muß durch die erfolgreiche Aufgabenlösung wachsen und dadurch Selbstwertschätzung erreichen, und es muß mit genügend Verantwortung betraut werden, um seine Aufgaben ohne extrinsische Motivationen und Kontrollen autonom erledigen zu können.«[170]

Diese Ausführungen treffen schon weitgehend den Anēr und die anērische Führung. Die als Begründung der Individualtheorie herangezogene Maslowsche Bedürfnispyramide bedarf jedoch in doppelter Hinsicht einer Präzisierung. Zum einen entspringt das Bedürfnis nach Sicherheit keinem Trieb, sondern ist eine typisch menschliche Großhirnleistung. Es bezieht sich somit auf sämtliche triebbedingten und damit als lustvoll erlebten Handlungen. Zum anderen ist es nicht so, daß sozusagen auf der abgesättigten Triebebene der Nahrung oder der Sexualität jetzt »höhere« Bedürfnisse zum Tragen kämen; die Situation ist vielmehr folgende: Die Verwöhnung im Bereich der Nahrung und der Sexualität führt zu überhöhten Aktions- und Aggressionspotentialen. Diese können jetzt nur noch durch Aggression und Neugiertrieb mit den dazugehörigen Werkzeugaktivitäten abgebaut werden. (Der Fall liegt ähnlich wie bei den Lorenzschen Dohlen: Die satten Tiere waren durch Nahrungsangebote nicht mehr zu bewegen, Lorenz mußte den Neugiertrieb einsetzen.) Auch die Selbstverwirklichung bedarf einer Präzisierung: Sie bedeutet, daß der Einsatz des Aggressions- und Neugiertriebes, also von Konkurrenz und Exploration, möglichst in eigener Regie und Verantwortung erfolgt.

Schließlich ist auch der Begriff der Zufriedenheit näher zu erläutern. Verhaltensbiologisch ist eine kurzfristige Zufriedenheit durch rasche und leichte Triebbefriedigung von einer langfristigen, auf dem Einsatz vorgesehener Potentiale beruhenden dynamischen Zufriedenheit zu unterscheiden. Der Anēr ist sich der verhaltensökologischen Zusammenhänge bewußt, er steuert daher in Übereinstimmung mit der anērischen Führung die langfristige, auf Anforderung beruhende Zufriedenheit in seiner Lebensgestaltung an.

Gehen Gruppentheorie und Individualtheorie in erster Linie vom Menschen aus und versäumen es, die Konsequenzen für die Organisation bis ins Detail zu ziehen, so wird dieser Mangel in der sogenannten ökonomischen Theorie behoben. Nach den ökonomischen Theoretikern ist »jede Organisation auf den Beitrag und auf die Teilnahme vieler verschiedener Individuen und Interessengruppen angewiesen, und der Erfolg oder Mißerfolg der Gesamtorganisation basiert letztlich auf den Fähigkeiten, Expertisen, Interessen und Werten ihrer Mitarbeiter, sowie schließlich auf deren Loyalität gegenüber ihrer Organisation«.[170] Entscheidend ist also, daß der Einsatz der Mitarbeiter dem gemeinsamen Ziel dient, wobei dieses Ziel gleichzeitig im Interesse der Mitarbeiter liegt. Im einzelnen werden dabei Rechte, Privilegien, Entscheidungen, Verhaltenssteuerung in Einklang mit der Organisationsstruktur gebracht.

Führungstheorien

Die frühen Eigenschaftstheorien gehen davon aus, daß die Masse der Arbeitnehmer nur materiell motiviert ist, unselbständig und ohne eigene Initiative; die Organisationsleiter hingegen intrinsisch motiviert, verantwortungsvoll, planend etc. Solche Theorien konnten sich nur deswegen längere Zeit halten, weil in der straffen Hierarchie die Untergebenen keine Chance hatten, ihre anērischen Fähigkeiten zur Geltung zu bringen.

In den verhaltenstheoretischen Ansätzen wurde dann das Führungsverhalten in zwei Faktoren aufgegliedert, den »aufgabenzentrierten« und den »mitarbeiterzentrierten« Führungsstil. In den Ohio-Führungsstudien wurde festgestellt, daß aufgabenzentrierte Führer eine höhere Effektivität erreichten, mitarbeiterzentrierte eine höhere Arbeitszufriedenheit. In den Michigan-Führungsstudien wurden die Ergebnisse dahingehend präzisiert, daß der personenzentrierte Führungsstil im Durchschnitt günstiger abschneidet, daß aber für momentane Arbeitsabläufe der produktionszentrierte überlegen sein kann. Dieses Ergebnis ist insofern nicht überraschend, als das aufgabenzentrierte Führungsmodell einer straffen Hierarchie ohne Individualitätsgrad entspricht und damit momentane Schlagkraft erzeugt; das personenzentrierte Führungsmodell ermöglicht hingegen weiterführende Innovationen.

Das Grid-System von R. R. Blake und J. S. Mouton behauptet, daß beide Führungsstile vorhanden, je nach Situation aber unterschiedlich gewichtet sein müssen. Ein Optimum bestehe dann, wenn beide Führungsstile gleichermaßen stark ausgeprägt seien.[9]

Tatsächlich enthält jedoch das Grid-System einen immanenten Widerspruch. »Aufgabenorientiert« heißt nämlich straffe Hierarchie oder, vom Menschenbild her gesehen, der direkt durch Zwang oder Verhaltensmanagement zu steuernde Mensch ohne Eigeninitiative; »mitarbeiterorientiert« heißt demgegenüber der explorative, eigenverantwortliche, sich selbst steuernde Mensch. Beide Menschenbilder sind unvereinbar. Der Widerspruch kann nur so aufgelöst werden, daß – wie in der anērischen Kooperationshierarchie – der Individualitätsgrad hoch ist, zugleich aber auch die Entscheidungsordnung. Die hohe Entscheidungsordnung garantiert die Effizienz des gemeinsamen Handelns, der hohe Individualitätsgrad den Einsatz explorativer Potentiale.

Was die Abhängigkeit der Führung von der Situation betrifft, so ist diese Aussage der Grid-Theorie nur dann richtig, wenn es sich um dauerhafte Situationen handelt, wenn also die Kooperationshierarchie über längere Zeit konstant bleibt. Die Unterschiede betreffen dann das Aufgabenfeld, also beispielsweise Forschungsaufgaben oder militärische Aufgaben.

Ein zeitlicher Wandel von einer straffen Hierarchie zu einer anērischen oder umgekehrt ist insofern problematisch, als man dieselben Menschen ja nicht das eine Mal als anērisch ansprechen kann und das andere Mal als unmündig. Nein – ist ein zeitlicher Wandel der Kooperationshierarchie erforderlich, so muß das den Mitgliedern einer anērischen Sozietät einsichtig gemacht werden.

Zu den mitarbeiterzentrierten Führungstheorien gehört auch die sogenannte Kontingenztheorie von F. E. Fiedler[40]. Er definiert das LPC-Maß (least-preferred-coworker), wobei er den Wert »aus der Beschreibung errechnet, in der der Führer seinen schlechtesten Mitarbeiter (mit dem er jeweils am schlechtesten zusammenarbeiten konnte) darstellt. Fällt die Beschreibung relativ ungünstig aus, ist der LPC-Wert des Vorgesetzten niedrig; beschreibt der Vorgesetzte seinen schlechtesten Mitarbeiter relativ günstig, so hat er einen hohen LPC-Wert.«[109] Aufgrund mehrerer Untersuchungen stellte Fiedler die Hypothese auf, »daß Vorgesetzte mit niedrigem LPC-Wert in sehr günstigen und sehr ungünstigen, und Vorgesetzte mit hohem LPC-Wert in Situationen mittlerer Günstigkeit am effektivsten sind«.[109] Fiedler sagt: »Rücksichtsvolle, weniger strenge, entgegenkommende Führer erreichen die optimale Gruppenleistung in Situationen von mittlerer Günstigkeit.«[40]

Wir können hier nicht näher auf die Kontingenztheorie eingehen; es wird jedoch bereits deutlich, daß die Ergebnisse von Fiedler in den Zusammenhang der verhaltensbiologischen Theorie eingeordnet und in diesem präzisiert werden können.

Schließlich sei noch eine Bemerkung zur sogenannten Path-Goal-Theorie gemacht. Hier wird vom Führer gefordert, daß er die Fähigkeiten seiner Mitarbeiter fördert, daß er bei komplexen Problemen Hilfestellung leistet – zumindest im Sinne einer Initialzündung –, daß er Persönlichkeitsentwicklung betreibt etc. Diese Forderung liegt durchaus im Sinne der anērischen Führung, denn der Anēr ist darauf angewiesen, daß er die erforderlichen Zusammenhänge erkennen kann, und er ist (selbstverständlich) bereit, sich im Rahmen seiner individuellen Struktur weiterzubilden. Eine andere Frage ist die, ob man diese im weitesten Sinne pädagogischen Aufgaben zu den Führungsaufgaben rechnen soll oder ob für die eher pädagogischen Zwecke nicht eigene Teilsozietäten installiert werden sollten.

Zusammenfassende Kritik

Beurteilt man die Organisations- und Führungstheorien im Aspekt der Verhaltensbiologie, so fallen – abgesehen von unpräzisen Begriffen wie »Effektivität«, »Zufriedenheit«, »Günstigkeit« etc. und immanenten Widersprüchen zwischen Organisation und Menschenbild – zwei grundsätzliche Mängel ins Auge.

Der erste besteht darin, daß die evolutionär nicht vorgesehene, vom Menschen künstlich herbeigeführte Abtrennung der Kooperationshierarchie von der Gesamtsozietät nicht gesehen oder zumindest nicht in Betracht gezogen wird. Diese Abtrennung ist aber insofern wichtig, als die Herauslösung der Kooperationshierarchie das Leben des modernen Menschen einschneidend verändert hat.

Das bedeutet, daß bei der Beurteilung von Führungsmodellen auch die gegenseitigen Ausstrahlungen der individuellen Freiräume, des Rangordnungsverhaltens, des Konkurrenzverhaltens usw. berücksichtigt werden müssen. Die Tatsache, daß sich das Arbeitsleben auf die Freizeit auswirkt (und umgekehrt), ist verhaltensökologisch von großer Bedeutung.

Der zweite Mangel besteht in der Willkür der Auswahlkriterien für die eine oder die andere Theorie. Die anērische Führungstheorie ist dadurch ausgezeichnet, daß sie aus verhaltensökologischen Erkenntnissen folgt. Die Grundentscheidung, die ja bei jeder Wahl vorliegt, wird damit auf das humane Überleben schlechthin reduziert.

Beispiel: Wirtschaftsunternehmen

Wir kommen noch einmal zurück zu den beiden als unbedingt notwendig erkannten Verhaltensweisen: Begrenzung der Ansprüche zur Aufrechterhaltung der ökologischen Lebensgrundlagen und (kultureller) Abbau überschüssiger Aktions- und Triebpotentiale. Zum Problem der Ökologie werden wir nachher noch ein Wort sagen; hier geht es um die Beurteilung gegenwärtiger Wirtschaftsunternehmen anhand der vier verhaltensökologischen Abbaukriterien: Fertigkeiten mit Funktionslust, Exploration, Konkurrenz und Kooperation. Wir werfen zunächst einen Blick auf die Wirtschaftspolitik, untersuchen dann das Wirtschaftsunternehmen und geben anschließend ein Beispiel für ein anērisches Unternehmen im Handelsbereich.

Verkrustete Wirtschaftspolitik

Es gehört zu den zentralen Aufgaben anērischer Führung, den Mitgliedern der Sozietät die Bedingungen zu schaffen, ihre Aktions- und Triebpotentiale möglichst in eigener Entscheidung und Verantwortung abzubauen. Tatsächlich werden jedoch in der Bundesrepublik Deutschland durch eine restriktive Wirtschaftspolitik zahlreiche Möglichkeiten von vornherein ausgeschlossen. R. Merklein spricht zu Recht von einer »Verkrustung«, die die Bürgerrechte beeinträchtigen, »jene Bürgerrechte, die nach der allerneuesten (freilich auf uralter Erkenntnis basierenden) Lehre für das wirtschaftliche Wohlergehen, die Beschäftigung inklusive, besonders wichtig sind«.[110] Eingeschränkt werden die Verfügungsrechte der Bürger, ihre Fähigkeiten, insbesondere ihre explorativen, auch tatsächlich einzusetzen und die damit verbundenen Risiken zu übernehmen. Als Beispiel führt R. Merklein das Ladenschlußgesetz an: »Amerikaner dürfen etwa, wenn sie mögen, zu jeder Zeit, die ihnen und ihrer Kundschaft paßt, Läden offen halten. In Deutschland ist das – bei Strafe versteht sich – jenseits von 18.30 und sonntags ohnehin gänzlich verboten. Der Unterschied schlägt sich nieder in der Arbeitsmarktbilanz. Ein dickes Plus gab es dort, wo die Bürger selbst und frei über ihre Ein- und Verkaufszeiten verfügen dürfen und damit auf neue Entwicklungen in der Gesellschaft, wie eine verstärkte Erwerbstätigkeit ehemaliger Hausfrauen und eine damit verbundene Änderung der Kundschaftsbedürfnisse flexibler reagieren: In den USA sind zwischen 1970 und 1984 die abhängig Beschäftigten im Einzelhandel (ohne Hotels, Restaurants und Imbißketten) um 31 Prozent gestiegen; ein beachtlicher Teil von den 2,6 Mill. neuen Arbeitsplätzen sind Teilzeitjobs. Hierzulande dagegen, wo der starre Ladenschluß keine Abendschicht erlaubt (und die Innenstädte verödet und die Lebensqualität niederdrückt), ist die Beschäftigung in diesem Bereich gesunken.«[110]

Der Bürger wird also durch die Wirtschaftspolitik gehindert, seine Aktionspotentiale in eigener Verantwortung einzusetzen – eine verhaltensökologisch falsche Politik, die sich nicht nur für die Wirtschaft negativ auswirkt und die Arbeitslosigkeit erhöht, sondern auch einen Beitrag liefert zum Fehlverhalten vieler Menschen.

R. Merklein führt noch weitere Beispiele an: das Nachtbackverbot und das Postmonopol. Das Postmonopol »sitzt nicht nur behäbig und lahm auf Brief- und Paketzustellung, sondern traditionell auch auf einem jener Bereiche, in denen – wie die Entwicklung in USA jetzt schon signalisiert – Beschäftigungsgewinne großen Stils während der kommenden Jahre geerntet werden können. Die Telekommunikation, der blitzartige Austausch von Nachrichten, Daten, Texten und Bildern zählt derzeit zu den Wachstumsbranchen, in denen der technische Fortschritt besonders heftig ist, in denen neue Güter und neuartige Dienstleistungen entstanden und damit auch die Chancen für neue Arbeitsplätze ständig wachsen.«[110]

Während die USA und Japan das Monopol abgeschafft haben, geschah in der Bundesrepublik das Gegenteil. Die Verfassungsrichter dehnten das Postmonopol auf die neuen Arten der Nachrichtenübertragung aus.

Im Zusammenhang mit verhaltensökologischer und anērischer

Führung ist folgendes interessant: Die angeführten Einschränkungen individueller Handlungsräume stammen alle aus der Zeit des Kaiserreichs – teilweise wurden sie damals als kriegswirtschaftlich notwendig begründet. R. Merklein schreibt dazu: »Bei allen Eingriffen in die individuelle Verfügungsfreiheit, die nun die Wirtschaft lähmen, wird bei genauerer Nachsicht eines deutlich: Sie stammen entweder aus einer weitentfernten Vergangenheit, oder sie versuchen, längst vergangene Probleme erneut zu kurieren oder zumindest ihre angeblich drohende Wiederkehr abzuwenden.«[110] Sie zitiert den »Zug zum Gewesenen« (Ernst Bloch), dem die Eingriffe in die Vertragsfreiheit zuzuschreiben seien und der die Starrheiten am Arbeitsmarkt hervorriefe. Tatsächlich ist aber nicht die Vergangenheit entscheidend, sondern das Menschenbild des unreifen, unselbständigen, zu bevormundenden Menschen, das folgerichtig (!) zu einer entsprechend straffen Hierarchie führt. Nicht der »Zug zum Gewesenen« ist wirtschaftlich und politisch gefährlich, sondern die Vorstellung des unmündigen Menschen; sie ist deswegen so gefährlich, weil sie dem Bürger die Legitimation der Führung entzieht.

Um jedes Mißverständnis auszuschließen, weisen wir noch einmal darauf hin, daß ein höherer Individualitätsgrad mit den positiven Konsequenzen des Abbaus von Aktions- und Triebpotentialen und des Abbaus von Arbeitslosigkeit keinesfalls ein Freibrief für ökologische Willkür bedeutet. Das ökologische Gleichgewicht muß unter allen Umständen wiederhergestellt und aufrechterhalten werden, die Lösung dieser Aufgabe ist dabei selbst wieder nur durch den Einsatz explorativer Potentiale möglich.

Vom traditionellen zum anērischen Wirtschaftsunternehmen

Die extreme Zerlegung von Arbeitsgängen, wie sie vor allem im industriellen Produktionsprozeß als Taylorismus bekannt ist, gehört zu jenen Eingriffen in kybernetische Systeme, die kurzfristig erfolgreich scheinen, langfristig aber ins Gegenteil umschlagen. Wir erinnern hier an jenen Unwissenden, der sich im thermostatisch beheizten Raum dadurch Kühlung zu verschaffen sucht, daß er das Fenster öffnet, oder an jenen, der Aggression dadurch zu verhindern sucht, daß er Frustration vermeidet.

Tatsächlich ist nicht zu bestreiten, daß die Zerlegung der Arbeitsgänge die Produktion zunächst steigerte und dadurch wirtschaftliche Vorteile erbrachte. Auf der anderen Seite, nämlich auf der Seite des derart arbeitenden Menschen, zeigen sich aber die Konsequenzen der vergewaltigten menschlichen Natur: die mechanisierte Arbeit, das Handeln nach strikter Anweisung, oder, anders formuliert, das Fehlen jedes Entscheidungs- und Handlungsspielraumes führt zur Entwürdigung des Menschen und zur »Entfremdung«. Verhaltensökologisch ausgedrückt, kann der so Arbeitende weder seine explorativen noch seine aggressiven Potentiale einsetzen, ja, er kann noch nicht einmal Funktionslust verspüren, da die auszuführenden Tätigkeiten in keinem natürlichen Funktionszusammenhang (mehr) stehen. In bezug auf die Kooperation beruht zwar das gesamte Unternehmen auf gemeinsamem Handeln, der einzelne hat aber nicht als Individuum an diesem Prozeß teil, sondern als (unselbständige) Zelle in einem »Organismus«. Den Sozietätsmitgliedern einer solchen straff geführten Hierarchie dann auch noch Desinteresse, Denkfaulheit, Unbeweglichkeit oder ähnliches vorzuwerfen, ist paradox.

Die weitere verhaltensökologische Folge auf die »Anstrengung ohne Lust« bei der Arbeit ist das vermehrte Streben nach Lust ohne Anstrengung in der Freizeit; auf die sich ergebenden Konsequenzen der aggressiven Langeweile und der Umweltzerstörung haben wir hingewiesen.

Mit der Zunahme der sich aus dem Taylorismus[152] ergebenden Mitarbeiterprobleme sahen sich die Unternehmensleiter zum Handeln gezwungen.[30, 18, 82] Dabei kurierten viele Führungskräfte nur an den Symptomen herum: Es wurden Motivationsprogramme durchgeführt – von Appellen über Vorträge bis zu gemeinschaftsbildenden Betriebsveranstaltungen –, Ausbildungsprogramme, »Meckerstunden« und anderes mehr. Daß derartige Maßnahmen nichts nutzen, ist von vornherein klar: Ohne Exploration, Konkurrenz und eigeninitiierte Kooperation gibt es auch keine Triebmotivation, also keinen dauerhaften Beweggrund. Appelle an die Eigenverantwortung und Selbständigkeit sind nutzlos, wenn keine Einsatzmöglichkeiten dafür gegeben werden, Qualifikationen durch Ausbildung liegen brach, wenn sie nicht abgefordert werden; »Meckerstunden« bringen keine Verbesserung, wenn der, der meckert, den Zusammenhang nicht kennt, in dem seine Tätigkeit steht.

Manche Unternehmen gehen einen Schritt weiter und richten Kreativitätszirkel ein – wobei sie dann allerdings oft die explorativen Ergebnisse der Mitarbeiter nicht auswerten.

Nein – auf Dauer kann der Taylorismus nicht aufrechterhalten werden. Der Anēr verlangt auch im Unternehmen eine anērische Führung. Das bedeutet: individuelle Freiräume, flexiblere Rangordnung mit Möglichkeiten des Aufstiegs, Ermöglichung von Funktionslust durch komplexere Fertigkeiten und ähnliches. Der Übergang zur anērischen Sozietät kann sich dabei nur in zwei Ebenen gleichzeitig vollziehen: auf der Ebene der Organisation und der Ebene der Menschenführung. Stichworte bezüglich der Organisation lauten: Arbeitserweiterung, Integration, Ganzheitlichkeit, neue Aufgabenstellung usw.[82] Dabei geht es um das Zusammenlegen von Arbeiten, die vorher von mehreren Mitarbeitern ausgeführt wurden, aber selbstverständlich nicht so, daß mehrere monotone Arbeiten einfach hintereinander geschaltet werden.

Jetzt wird auch Qualifikation wieder sinnvoll, ja unentbehrlich – freilich eine Qualifikation im Sinne produktiven und kritischen Handelns, im Sinne der Arbeitsschule von G. Kerschensteiner. Für das Mitglied einer anērischen Sozietät lohnt es sich wieder, seine Aktions- und Triebpotentiale in der Arbeit einzusetzen und sich selbst zu fordern.

Die zur anērischen Sozietät gehörige Menschenführung haben wir beschrieben; besonders wichtig ist dabei – neben dem Einsatz der Aktionspotentiale –, daß die Mitarbeiter über die Zielmuster der Gesamtproduktion informiert werden. Um aus eigener Initiative heraus kooperativ handeln zu können, muß man die Zusammenhänge aller Tätigkeiten für das Erreichen gemeinsamer Ziele erkannt haben. Am Rande sei noch bemerkt, daß der aktive, selbständige Mitarbeiter gelegentlich auch unbequem sein kann; andererseits gibt es in einer anērischen Sozietät eine solide Ebene der Konfliktregelung: die rationale.

Unser Beispiel sei die Umgestaltung eines Handelsunternehmens der Lebensmittelbranche mit Selbstbedienungsfilialen von einer »verkrusteten«, straffen Sozietät mit autoritären Organisations- und Führungsstrukturen und lückenloser Überwachung durch ein hierarchisches Inspektorensystem zu einer anērischen Sozietät.

Welche Aufgaben hat die Führung eines solchen Unternehmens zu lösen?

1. Eine Umgestaltung des Arbeitsplatzes des Verkäufers im Sinne explorativer Freiräume kann im vorliegenden Fall nur so aussehen, daß der Verkäufer neue Möglichkeiten der Kundenansprache ersinnt und ausprobiert. Statt passiv auf Anfragen des Kunden zu warten, spricht der kreative Mitarbeiter den Kunden an, fragt nach Wünschen, bietet Hilfe an, berät und empfiehlt entsprechend der Individualität des Kunden.

Eine weitere Maßnahme in der Kategorie »Exploration« ist die Einrichtung von Kreativitätszirkeln, in denen die Mitarbeiter ihre Erfahrung einbringen können, ihre Ideen und Vorschläge für neue Kommunikationsformen. Im Zusammenhang damit werden auch wieder Schulungsmaßnahmen sinnvoll: Die Mitarbeiter selbst haben ja nun Interesse, mehr über den Kunden zu erfahren, über die Möglichkeiten von Betreuungsleistungen, über die Formen von Kontaktaufnahme etc.

2. Hinsichtlich der Konkurrenz zwischen den Mitarbeitern wäre es unklug, etwa das Kriterium des persönlichen Verkaufsergebnisses anzulegen. Zum einen wäre die erforderliche Fairneß nicht gewährleistet, zum andern könnte sich eine solche Konkurrenz zum Nachteil der Sozietät auswirken. Als weniger riskantes, aber gewiß auch effektives Kriterium bieten sich hier die Kundenkontakte selbst an. Auf diese Weise läßt sich insgesamt eine hohe Nachfrage erzielen; außerdem lassen sich Belohnungen mit dem Kreativitätsforum, dem Ausbildungssystem und Aufstiegsmöglichkeiten verbinden.[42]

3. Kooperation in einer anērischen Sozietät besteht nicht nur in der Koordination der Einzelleistungen durch die zentrale Leistungsinstanz – das gilt auch für den Taylorismus –, gemeinsames Handeln beruht außerdem auf der Einsicht in das Funktionssystem

der Sozietät. So können etwa in unserem Beispiel die Verkäufer in der Obstabteilung auf besondere Angebote in der Backwarenabteilung aufmerksam machen und umgekehrt. Die Mitarbeiter wissen, daß sie durch ein solches gemeinsames Handeln letztlich selbst profitieren. Voraussetzung für ein »von unten« getragenes Handeln ist freilich die Erkenntnis der Zusammenhänge des Unternehmens, eine Erkenntnis, die wiederum in Ausbildungssystemen zu vermitteln ist.

4. Die Aktivierung explorativen, konkurrierenden und kooperativen Handelns führt außerdem noch zu Funktionslust: Die komplexe Kundenbetreuung wird insgesamt als interessante Tätigkeit empfunden; die Anstrengung, die zunächst erforderlich ist, nimmt mit zunehmender Beherrschung dieser Aufgabe zugunsten des lustvollen Könnens ab.

Beurteilt man die angedeutete Umgestaltung des Unternehmens unter dem Aspekt übergeordneter Zusammenhänge, so kann man folgendes sagen: Die »Systemmutation« trifft mit Sicherheit auf eine Umwelt, die zu einer positiven Selektion führt. Die Kunden sind nämlich ihrerseits sehr empfänglich für Betreuung; sie lassen sich, wie wir wissen, gerne verwöhnen – wobei wir die Verwöhnung auf diesem Sektor als harmlos erkannt haben. Die anērische Führung verbindet hier – zum Wohle der Sozietät und der Kunden – die Vorteile des Selbstbedienungssupermarktes mit denen des »Tante Emma«-Ladens. (Unser Beispiel ist im übrigen nicht aus der Luft gegriffen, sondern real existent und kann so auch als Bestätigung der Theorie dienen.)

Flow-Erleben, Sucht-Prävention, Menschheits-Moral (1991)

Vorbemerkung

Wir haben festgestellt, daß Verwöhnung als Lust ohne Anstrengung zu verheerenden Folgen führt: zu Umweltzerstörung und Gewalt, zu Drogensucht und »Null-Bock«. Diese Erkenntnis bestätigt sich leider immer wieder aufs neue.

Umweltzerstörung hat rapide zugenommen. So wußten wir, als wir das Buch vor fünf Jahren schrieben, noch wenig vom Ozonloch oder vom Treibhauseffekt. Eine weitere Erkenntnis haben wir hinzugewonnen: Viele Menschen verzichten auch dann nicht auf immer höhere Ansprüche, immer mehr Luxus, wenn sie genau wissen, daß dadurch Umwelt geschädigt oder gar zerstört wird. Das Streben nach Lust ohne Anstrengung scheint blind zu machen gegen die reale Bedrohung unserer Lebensgrundlagen. Hier reicht Aufklärung offenbar nicht aus, hier müssen Alternativen entwickelt werden.[190]

Daß Gewalt in beängstigender Weise zugenommen hat, wird niemand bestreiten. Dies gilt nicht nur für Gewalt und Grausamkeit in Kriegen und Bürgerkriegen, dies gilt auch für die Gewalt im Straßenverkehr, in U- und S-Bahnen, in Fußballstadien oder in Schulen. (s. Spiegel 46/90: Geil auf Gewalt, 18/91: Wachsende Gewalt in U- und S-Bahnen). Es wird auch niemand bestreiten können, daß Gewalt insbesondere in Kreisen der Gelangweilten und Verwöhnten zugenommen hat. In München beispielsweise verüben verwöhnte Jugendliche brutale Überfälle, Jugendliche, die pro Monat mehrere hundert Mark Taschengeld erhalten! Können die Folgen von Verwöhnung noch besser bestätigt werden?

Nichtsdestoweniger wird beharrlich ignoriert, daß Aggression ein Trieb ist, der unter allen Umständen erfüllt werden muß, daß – wenn man Gewalt, Brutalität, Terrorismus etc. vermeiden will –,

Aggression als Leistung[188] eingesetzt werden muß, als Leistung, die mit Sieg belohnt wird, mit Erfolg, Anerkennung, Rang.

Auch die Anzahl der Drogenabhängigen und Drogentoten ist beträchtlich angestiegen, und zwar gerade auch in der Bundesrepublik, die ja in den letzten Jahren immer reicher geworden ist. Vor uns liegt ein Zeitungsbericht (RNZ vom 30.3.91) mit der Überschrift: »Verdoppelung der Zahl der Drogentoten«. »In Hessen«, heißt es in diesem Bericht, »sind im ersten Quartal 1991 genau doppelt so viele Menschen am Konsum harter Drogen gestorben wie im Vergleichszeitraum des Vorjahres«. Das Innenministerium spricht von einem »dramatischen Anstieg«.

Als Ursache wird »die hohe Qualität des Heroins« genannt. Wirklich? Kommt niemand auf die Idee, daß die Ursache im Wohlstand selbst liegen könnte, in der zunehmenden Verwöhnung, im Streben nach immer höherer Lust ohne Anstrengung?

»Null-Bock« tritt heute nicht mehr so spektakulär auf als Protesthaltung gegen Leistungsgesellschaft oder technischen Fortschritt, als zur Schau gestellte Verweigerung, aber er durchsetzt nichtsdestoweniger die Mentalität zahlreicher Menschen unserer Gesellschaft. Wo bleibt der »Bock« auf Arbeit, wenn ständig Arbeitszeitverkürzung gefordert wird? Nun, der »Bock« richtet sich auf die Freizeit, wird man sagen. Aber warum gibt es dann Urlaubslangeweile, Hollywoodparks, Animateure? Nein, wenn alle Triebe rasch und mühelos befriedigt werden, gibt es keinen Beweggrund mehr für Bewegung, kein Motiv mehr für Anstrengung. Im Schlaraffenland gibt es keinen »Bock«, es gibt nur tödliche Langeweile.

Angesichts der verheerenden Folgen dauerhafter Verwöhnung haben wir uns die Frage gestellt, wie man Verwöhnung vermeiden kann. Die Frage ist insofern nicht einfach zu beantworten, als das Streben nach Lust ohne Anstrengung ja durchaus verständlich ist. Es entspringt den reflexiven Fähigkeiten des Menschen, es ist typisch für den homo sapiens. Was sollte ihn dazu veranlassen, auf Verwöhnung zu verzichten? Gewiß – man kann nachweisen, daß Anstrengung aus gesundheitlichen Gründen erforderlich ist; man kann auf alle negativen Konsequenzen von Verwöhnung hinweisen, aber solche Erkenntnisse schlagen bekanntlich nur selten in Handeln um. Es fällt eben schwer, sich selbst zu zwingen, sich selbst zu fordern – wenn man es doch eigentlich nicht nötig hat.

Es bleibt somit nur ein Weg, Verwöhnung zu vermeiden: Die Anstrengung selbst muß lustvoll erlebt oder zumindest mit Lust belohnt werden. Dies entspricht dem evolutionären Gleichgewicht der »Lust-Unlust-Ökonomie«.

Wir haben im vorliegenden Buch diesen Weg aufgezeigt und dabei vier Strategien dargestellt: Funktionslust, Exploration, Konkurrenz und Kooperation.

Funktionslust (s. Abschnitt III) läßt sich dann erleben, wenn das Können ein hinreichend hohes Niveau erreicht hat, wenn die Aktivität selber als lustvoll erlebt wird. Exploration ist die Triebhandlung des Neugiertriebes, sie wird also, wie bei jedem Trieb, mit Lust belohnt. Dasselbe gilt für Konkurrenz: Hier handelt es sich um das Streben nach Anerkennung und Sieg, um die Lust der aggressiven Triebbefriedigung. Kooperation schließlich, als gemeinsames Handeln, schafft Bindung, und diese wird in hohem Maße als lustvoll erlebt.

Nun ist der Ansatz, Anstrengung mit Lust in der angeführten Weise zu verbinden, sicher richtig. Es ist daher auch nicht nötig, die hierzu gemachten Aussagen zu revidieren. Dennoch ist eine Korrektur erforderlich, und zwar in bezug auf die Funktionslust. So ist uns schon vor Jahren aufgefallen, daß die Funktionslust insofern eine Sonderstellung einnimmt, als sie anscheinend nicht durch die Befriedigung eines Triebes hervorgerufen wird. Funktionslust liegt im Können selbst, in der Ausübung einer gekonnten Fertigkeit. Für diese Besonderheit der Funktionslust hatten wir bisher keine hinreichende Erklärung. Diese Erklärung können wir nunmehr nachreichen. Anlaß hierfür ist das Buch von M. Csikszentmihalyi, »Das Flow-Erlebnis«[187]. Wir werden zeigen, daß Funktionslust mit bestimmten Flow-Erlebnissen identisch ist und daß es sich hierbei um die Endhandlung des Neugiertriebes handelt, nämlich um den permanenten Gewinn an Sicherheit.

Wenn wir also auch nur wenig zu verändern haben, so haben wir doch triftige Gründe für eine erweiterte Auflage. Wir haben nämlich neue Erkenntnisse gewonnen, Erkenntnisse, die die schon vorliegenden in wichtigen Punkten ergänzen und erweitern:

Zum ersten handelt es sich um die Erkenntnis, daß das Flow-Erleben durch den Sicherheitstrieb erklärt werden kann und um die daraus zu ziehenden Konsequenzen für Erziehung und Führung, zum zweiten handelt es sich um die Erkenntnis, daß sich (aktiver) Flow – in Verbindung mit Anerkennung und Bindung – in hervorragender Weise zur Sucht-Prävention eignet,

zum dritten handelt es sich um die Erkenntnis, daß sich aus der »Gesamtfitness« einer Sozietät eine Reihe von Tugenden ableiten läßt und daß die Verhaltensbiologie als eine Wissenschaft vom homo sapiens schlechthin den Weg zu einer »Gesamtfitness« der Menschheit aufweisen kann. Dies ist nicht der Ort für eine ausführliche Darstellung der evolutionären Moral; wir können hier nur einige Ansätze und Anregungen vorlegen. Aber dies wollen wir auch tun, denn es ist u. E. höchste Zeit, den evolutionsbiologischen Ansatz der Moral in die Diskussion zu bringen.

Das Flow-Erleben: Lust des Sicherheitstriebes [189]

Das Flow-Erleben nach Csikszentmihalyi [187]

»In einer Welt, die nach gängiger Meinung von der Sucht nach Geld, Macht, Ansehen und Vergnügen beherrscht ist, überrascht es, Leute zu finden, welche alle diese Ziele aus unersichtlichen Gründen hintanstellen: Leute, welche ihr Leben beim Klettern am Fels riskieren, ihr Leben der Kunst widmen oder ihre Energien dem Schachspiel zuwenden.«

Mit diesen Worten von Csikszentmihalyi ist »unser« Problem angesprochen, das Problem, Lust durch Anstrengung zu erleben. Aber: »Was motiviert Menschen, strapaziöse und mit Einsatz und Opfern verbundene Tätigkeiten um ihrer selbst willen auszuführen, ohne Anreize wie Geld, Status, Macht oder Prestige?«

Um herauszubekommen, warum bestimmte Aktivitäten trotz Anstrengung und Risiko mit intensiver Lust durchgeführt werden, hat Csikszentmihalyi Bergsteiger befragt, Schachspieler, Komponisten, Basketballspieler und Chirurgen. Sie alle stimmen darin überein, daß sie ihre jeweiligen Aktivitäten als spannend empfinden, als lustvoll, als »toll«. Charakteristisch ist folgender Kommentar eines Bergsteigers:

»Eines der schönsten Erlebnisse beim Klettern besteht darin, die Möglichkeit jeder einzelnen Position herauszufinden. Jede weist unendlich viele Gleichgewichtsvariationen auf, und aus diesen nun die beste herauszutüfteln, sowohl in bezug auf die jetzige wie auf die nächste Position, das ist wirklich toll!«

Csikszentmihalyi bezeichnet den besonderen dynamischen Zustand, das »holistische Gefühl bei völligem Aufgehen in einer Tätigkeit« als Flow. Entscheidend dabei ist, daß sich Menschen dem Flow-Erlebnis um des Zustandes selbst willen hingeben und nicht wegen damit verbundener äußerer Belohnungen. »Das Erreichen eines Ziels ist wichtig, um eigene Leistung zu belegen, aber es ist nicht in sich selber befriedigend. Was uns in Gang hält, ist das Erlebnis, jenseits der Parameter von Angst und von Langeweile zu agieren: das Flow-Erlebnis.«

Flow-Erleben tritt nach Csikszentmihalyi nur dann auf, wenn die Aktionen im Bereich der Leistungsfähigkeit des Ausführenden liegen, dort allerdings bis an die Grenze gehen. Das wiederum bedeutet, daß sie volle Konzentration erfordern: Man geht sozusagen im Flow auf.

Das Ziel des Flow-Erlebnisses liegt in sich selbst.

Die wichtigste Erkenntnis von Csikszentmihalyi liegt unseres Erachtens darin, daß das Flow-Erlebnis bei ganz unterschiedlichen Tätigkeiten auftreten kann. Das kommt schon in den Beschreibungen des Flow-Erlebnisses beim Klettern zum Ausdruck: Es wird mit dem Lösen von mathematischen oder technischen Problemen verglichen. Aber auch ohne diesen expliziten Vergleich sind die Beschreibungen des Flow-Erlebnisses beim Klettern, Schachspielen, Tanzen etc. von frappierender Ähnlichkeit. So schreibt Csikszentmihalyi: »Autotelische Aktivitäten wurden von den Teilnehmern als dem Entwerfen oder Entdecken von etwas Neuem, dem Erkunden eines fremden Ortes und dem Lösen eines mathematischen Problems sehr ähnlich eingestuft.«

Halten wir fest: Csikszentmihalyi bestätigt das Phänomen, daß Anstrengung mit Lust erlebt werden kann. Voraussetzung hierfür ist ein gewisses Maß an Können: Man muß – wenigstens einigermaßen – Klettern, Schachspielen, Tanzen etc. können, um Flow zu erleben. Aber nicht jedes Können führt zu Flow, zum lustvollen Aufgehen in der gekonnten Aktivität. Dies bedarf einer genaueren

Erklärung. Csikszentmihalyi gibt diese Erklärung selbst nicht. Er spricht daher auch von »unersichtlichen Gründen«.

Hier setzen wir an: Wir werden zeigen, daß die Gründe keineswegs unersichtlich sind, daß es sich beim Flow-Erleben vielmehr um die (lustvolle) Endhandlung des Neugiertriebes handelt. Dies ist freilich nur verständlich, wenn man den evolutionären Sinn des Neugiertriebes erkennt: den Gewinn an Sicherheit.

Das Flow-Erleben als Triebbefriedigung[189]

Wir haben (in Abschnitt II) festgestellt, daß Neugier ein Trieb ist: Der auslösende Reiz ist das Neue, das Ungewohnte, das Unbekannte; die Triebhandlung besteht im Bekanntmachen des Unbekannten, im Lösen von Problemen, in der Exploration; die mit Lust erlebte Endhandlung besteht in der Entdeckerfreude, dem Aha-Erlebnis, dem überstandenen Risiko. Die Spontaneität der Neugier, die »Gier« nach Neuem, kommt im Appetenzverhalten zum Ausdruck, im Aufsuchen neuer Länder, neuer Menschen, neuer Aufgaben – auch wenn diese Suche nach Neuem mit Risiko behaftet ist. Wir haben auch den Sinn des Neugiertriebes angesprochen – den Gewinn an Sicherheit –, an diese Überlegungen wollen wir hier anknüpfen:

Worin liegt denn der Sinn des Erkundens neuer Länder?

Er liegt im Kennenlernen dieser Länder, im Bekanntmachen des Unbekannten, im Gewinn an Sicherheit! Auch wenn wir einen neuen Menschen kennenlernen, vergrößern wir unsere Sicherheit: Der Unbekannte wird zum Bekannten, zum Berechenbaren, zum Vertrauten. Warum lösen wir Probleme? Wir lösen sie, damit es keine Probleme mehr sind. Wir machen aus dem Unbekannten Bekanntes, aus Unsicherheit Sicherheit.

Also: Der Sinn der Neugier besteht darin, das Neue bekannt zu machen und damit die Sicherheit zu erhöhen.

Dabei ist es sinnvoll, nicht nur das Neue zu erforschen, das in unserer Lebenswelt auftaucht. Noch wirkungsvoller ist es, das Neue aktiv aufzusuchen, die Grenzen des Reviers zu überschreiten, neue Probleme zu suchen. Gewiß – das Neue, das Unbekannte ist oft mit Risiko behaftet, mit Unsicherheit. Aber der Einsatz lohnt sich: Je größer die erforschte Umgebung ist, je mehr Probleme gelöst sind, je mehr Wissen man hat, je mehr Neues zu Bekanntem geworden ist, desto größer ist die erreichte Sicherheit.

Für die Anstrengung, die mit dem Aufsuchen des Neuen und mit der Verwandlung von Unsicherheit in Sicherheit verbunden ist, werden wir mit Lust belohnt. Jeder kennt die Lust, die mit der Lösung eines Problems oder mit einer überstandenen Gefahr verbunden ist: Sie reicht vom Aha-Erlebnis bis zum Freudentanz.

Fassen wir zusammen: Der auslösende Reiz des Neugiertriebes ist das Neue, Unbekannte, Unsichere. Ist der Reiz nicht vorhanden, suchen wir ihn auf. Wir sind »gierig« auf das Neue, wir strengen uns an, Neues zu finden: Haben wir das Neue gefunden, machen wir es uns bekannt; es wird unserem Sicherheitssystem einverleibt, wir verwandeln Unsicherheit in Sicherheit! Darin, einzig und allein darin, liegt der Sinn der Neugier. Es ist daher sinnvoll, den Neugiertrieb als Sicherheitstrieb zu bezeichnen.

Kommen wir zurück zum Flow-Erleben! Tatsächlich beschreibt Csikszentmihalyi exakt solche Tätigkeiten, bei denen laufend Unsicherheit in Sicherheit verwandelt wird: Der Kletterer ist ständig auf der Suche nach einem festen Halt, der Schachspieler nach einem guten Zug, der Politiker nach einer richtigen Entscheidung. Dieser Prozeß – der Abbau von Unsicherheit, das Aufsuchen neuer Unsicherheit, der erneute Abbau von Unsicherheit – vermittelt das von Csikszentmihalyi beschriebene Flow-Erlebnis. Damit wird zugleich folgendes klar: Die Unsicherheit darf nicht zu groß sein, sie muß bewältigt werden können. Kann sie nicht bewältigt werden, bleibt also Unsicherheit übrig, entsteht Angst. Die Unsicherheit darf aber auch nicht zu klein sein, sonst wird der Abbau nicht als spannend empfunden, es entsteht Langeweile. Csikszentmihalyi hat somit zu Recht den Untertitel »Jenseits von Angst und Langeweile« gewählt. Flow kann nur durch den Gewinn an Sicherheit erlebt werden, setzt also den Abbau von Unsicherheit – und die hierfür notwendige Konzentration – voraus. An einer Stelle seines Buches beschreibt er genau diesen Sachverhalt: »Ungewißheit bedeutet, daß ein Fließen möglich ist, während absolute Gewißheit statisch, tot, nicht fließend ist...« Auch die Feststellung, daß das Klettern immer etwas Neues bietet, trifft diesen Sachverhalt. Ein Bergsteiger formulierte es so: »Man probiert und probiert, bis eine Lösung gefunden ist.«

Besonders wichtig ist die Feststellung von Csikszentmihalyi, daß das Flow-Erleben nur durch eigene Aktivität entsteht. Die Aufgaben müssen bewältigbar sein, das heißt, die Unsicherheit muß durch eigene Anstrengung in Sicherheit verwandelt werden können. Es gibt nämlich auch eine andere Art von Unsicherheit, eine solche, die man überhaupt nicht bewältigen kann: Unsicherheit durch mögliche Naturkatastrophen, durch mögliche Krankheiten oder Unfälle, überhaupt durch unvorhergesehene Ereignisse. Sie erzeugt daher auch kein Flow-Erleben! Csikszentmihalyi erkennt dies sehr genau. Er stellt nämlich fest, daß nur solche Aktivitäten zum Flow-Erlebnis führen, die der Betreffende »unter Kontrolle hat«. Wichtig sind daher »Erfahrung, Training, Vorsicht, Vorausberechnung, Sicherung, Verantwortungsgefühl, Selbsteinschätzung«.

Zusammenfassend stellen wir fest: Das Flow-Erlebnis erweist sich als Endhandlung des Sicherheitstriebes, sofern die Triebhandlung – der Abbau von Unsicherheit – »fließend« erfolgt und die volle Bewußtseinskapazität (ca. 16 Bit pro Sekunde) in Anspruch nimmt. In diesem Falle nennen wir die Triebhandlung Flow. (Das Flow-Erlebnis bezeichnet ja nur die Endhandlung, also den Moment der erreichten Sicherheit).

Der Triebcharakter von Flow erklärt auch die von Csikszentmihalyi immer wieder getroffene Feststellung, daß eine Flow-Aktivität keiner weiteren Motive, beispielsweise keiner »äußeren Anerkennung« bedarf. Das Flow-Erlebnis kommt ja durch die Tätigkeit selbst zustande: Die »intrinsische« Motivation beruht auf der Lust des Sicherheitstriebes.

Die Tatsache, daß Flow-Aktivitäten intrinsisch motiviert sind, bedeutet nicht, daß andere Motive nicht hinzukommen können. Selbstverständlich lassen sich Extremkletterer, Schachspieler, Forscher, Artisten u. a. – außerdem – auch gerne anerkennen oder bewundern. Dies gelingt freilich nur dann, wenn der Flow mit einer besonderen Leistung verbunden ist, wenn er auf einer besonderen Qualifikation beruht.

In einem Punkt kommen wir allerdings zu einem anderen Ergebnis als Csikszentmihalyi. Er behauptet nämlich, daß das Flow-Erlebnis nicht ohne Anstrengung zu haben sei. Tatsächlich kann man sich aber die Endhandlung eines Triebes auch ohne Anstrengung verschaffen – sei es der Sieg durch Zusehen und Identifikation, sei es der Nervenkitzel des Krimis oder des Abenteuerfilmes. Es gibt also durchaus auch Verwöhnung beim Flow, ja, diese Art von Verwöhnung ist sogar weit verbreitet: Wer hört oder sieht nicht gerne spannende Geschichten, am liebsten im Lehnstuhl oder im Bett? Gewiß, der passive Flow wird nicht so intensiv erlebt wie der aktive – lustvoll ist er allemal.

Nun können wir die Funktionslust erklären: Funktionslust, wie wir sie in diesem Buch beschrieben haben, also Lust am Können, wird nur dann erlebt, wenn dieses Können zum permanenten Abbau von Unsicherheit eingesetzt wird. Die Lust wird somit nicht direkt durch das Können selbst verursacht, sondern indirekt durch den damit erreichten Gewinn an Sicherheit. Funktionslust erweist sich damit als die Lust der Endhandlung des Sicherheitstriebes, als Flow-Erlebnis, sofern sie durch gekonnte Fertigkeiten erzielt wird. Die spezielle Qualität der Funktionslust liegt darin, daß sie nur durch besonderes Können erreicht wird. Das bedeutet, daß eine besonders große Unsicherheitsspanne bewältigt werden kann, was – dem Triebgeschehen gemäß – wiederum zu einem entsprechend intensiven Lusterlebnis führt: Besonderes Können wird mit besonderer Lust belohnt.

Flow als Führungsaufgabe

Wir haben in diesem Buch die Erkenntnisse der Verhaltensbiologie auch auf Führung angewandt. Dabei haben wir gezeigt, daß die Erfüllung des evolutionären Anstrengungsprogramms, der »Einsatz der Aktionspotentiale«, eine biologische Notwendigkeit darstellt, die evolutionär vorgesehene Anstrengung aber zugleich mit Lust zu belohnen ist. Die Lustquellen sind im Triebgeschehen verwurzelt, im Neugiertrieb, im Aggressionstrieb, im Bindetrieb. Wir haben weiter gezeigt, daß es evolutionär falsch und damit auch inhuman ist, bloße Anstrengung als »Arbeit«, als Maloche, als Übel von der Lust abzutrennen und diese – bestenfalls – auf die Freizeit zu verschieben. Der Mensch ist nämlich auf den Ernstfall programmiert, auf das Überleben in einer harten, fordernden Natur.

Führung hat also, so schrieben wir, für den Einsatz der

Aktionspotentiale zu sorgen, für explorative Freiräume, für Konkurrenz und Anerkennung, für Kooperation und Identifikation.

Aus den neuen Erkenntnissen über den Sicherheitstrieb, über Flow und Funktionslust ergeben sich folgende weitere Konsequenzen: Führung hat dafür zu sorgen, daß die Mitarbeiter möglichst viel Flow erleben, also Unsicherheit in Sicherheit verwandeln können. Die so erreichte Lust bedeutet eine hohe, in der Tätigkeit selbst liegende (intrinsische) Motivation. Gewiß sind auch Anerkennung und Bindung fundamentale, nämlich triebhafte Motive, sie wirken jedoch erst nachträglich, d. h. nach einer erfolgreichen Anstrengung. Natürlich kann man auch mit den extrinsischen Motiven »arbeiten« – sowohl von seiten des Mitarbeiters aus als auch von seiten der Führung – aber das Aufgehen in der Tätigkeit selbst, die Identifikation mit dieser läßt sich nur über den Sicherheitstrieb erreichen. Diese Tatsache ist insofern verständlich, als Sicherheit zweifellos eine evolutionäre Vorrangstellung einnimmt. Führung muß also ständig neue Aufgaben stellen, neue Herausforderungen, neue Möglichkeiten für Flow. Insbesondere muß Führung darauf achten, daß die erforderlichen Tätigkeiten, Aktivitäten, Fertigkeiten zur Funktionslust führen, also in den Dienst von Flow gestellt werden.

Die Schwierigkeit, Flow zu organisieren, liegt in der individuell angemessenen Herausforderung, im evolutionsbiologisch gesprochen richtigen Maß an Unsicherheit. Abweichungen nach beiden Seiten, also zu große, aber auch zu geringe Unsicherheit, ziehen schwerwiegende Konsequenzen nach sich:

Ist die Unsicherheit zu groß, kommt also Angst auf, hat der Mitarbeiter vollauf damit zu tun, die Unsicherheit abzubauen. Er kann sich nicht noch mehr Unsicherheit aufladen, er kann keine neuen Aufgaben in Angriff nehmen. Ein ängstlicher Mitarbeiter exploriert nicht, er ist blockiert. Da er auf diese Weise auch keine Leistung erbringt, wird auch sein Aggressionstrieb nicht befriedigt. Der verängstigte Mitarbeiter ist daher oft mürrisch, ungehalten, aggressiv.

Zu große Unsicherheit wird häufig schon durch einen unsicheren Arbeitsplatz verursacht. Dieser sollte daher nicht ohne Not aufs Spiel gesetzt werden. Das Prinzip des »hire and fire« ist falsch. Explorative Energie wird so jedenfalls nicht freigesetzt. Angst kommt aber auch dann auf, wenn die zu erledigenden Aufgaben für den

Mitarbeiter zu schwierig sind, wenn überraschend neue Methoden, Verfahren oder Maschinen eingeführt werden, wenn der Aufgabenbereich plötzlich geändert wird. Es kommt dann zum Auseinanderklaffen von Qualifikation und Anforderung, zur Inkompetenz, also zu nicht bewältigbarer Unsicherheit. Angst kann aber auch dann entstehen, wenn sich jederzeit etwas Unvorhergesehenes ereignen kann, wenn ständig Kontrollen zu »befürchten« sind, Kollegen ausgewechselt werden, Termine geändert etc.

Aber auch der Mangel an Unsicherheit zieht unerwünschte Konsequenzen nach sich: Führt ein Mitarbeiter nur Routinearbeit durch oder wird sonstwie unterfordert, dann ist er seiner Sache zwar sicher, aber gerade deswegen vermißt er das Neue, das Unsichere, das Reizvolle. Es kommt, wie Csikszentmihalyi richtig sagt, Langeweile auf. Werden dem Mitarbeiter in einer solchen Situation keine neuen Aufgaben geboten, wird ihm der Flow am Arbeitsplatz vorenthalten, dann weicht er in die Freizeit aus – real oder in der Phantasie. Ein Unternehmer erzählte uns vor kurzem, daß »seine Frauen« sich am Fließband durchaus wohlfühlten; sie könnten – nach eigener Aussage – so schön »an andere Dinge denken«. Die Mitarbeiterinnen entgehen der Langeweile also durch Phantasiereize. Ein solcher Einsatz von Mitarbeitern ist aber weder für das Unternehmen noch für diese selbst effektiv.

Also: Führung muß Langeweile ebenso vermeiden wie Angst. Positiv ausgedrückt: Führung muß dafür sorgen, daß der Mitarbeiter Flow erlebt, daß er permanent Unsicherheit in Sicherheit verwandeln kann, daß er Anstrengung mit Lust erlebt, daß er Leistung erbringt. Auf diese Weise erfährt er auch Anerkennung und Bindung. Insbesondere hat Führung darauf zu achten, daß sich der Mitarbeiter entwickeln kann: Durch die Bewältigung neuer Aufgaben wächst ja das Sicherheitssystem des Mitarbeiters an, er gewinnt an Wissen, Können, Erfahrung, er braucht also permanent neue Aufgaben und neue Herausforderungen. Das ist keine Mode, sondern ein Gesetz der Evolution.

Es ist uns klar, daß unsere heutige Arbeitswelt vom Ideal des explorierenden Mitarbeiters im allgemeinen (noch) weit entfernt ist. Dies beruht u. a. auf der Ignoranz der Verhaltensbiologie. Diese weist nach, daß viele Übel unserer Zeit – Arbeitsverdrossenheit, Krankheit, Langeweile, Gewalt, Drogenkonsum, Umweltzerstörung – auf gravierende Verstöße gegen evolutionäre Gesetze zurückgehen, auf Verwöhnung, auf die strikte Trennung von Arbeit und Freizeit, auf die Utopie des spielenden Menschen, auf die Utopie der Gleichheit etc., und sie weist den Weg zu einer »evolutionären Führung«.

Flow als Erziehungsaufgabe

Die Erkenntnisse über Sicherheitstrieb und Flow werfen ein neues Licht auf ein wichtiges Erziehungsproblem: auf den Zusammehang von Fordern und Selbstfordern. Ziel der Erziehung ist es ja – unter anderem –, daß sich der Mensch selbst fordert, daß er sein Anstrengungsprogramm erfüllt. Dies wird er freilich nur dann tun, wenn die Selbstforderung mit Lust erlebt wird und zwar mit intensiverer Lust als ohne diese Forderung. Man muß also Kinder und Jugendliche erleben lassen, daß sich eigene Anstrengung lohnt, daß es das »höchste der Gefühle« ist, Aufgaben selbständig zu bewältigen, Siege und Anerkennung selbst zu erringen.

Hier leistet das Flow-Erleben unschätzbare Dienste. In ihm steckt ja das unmittelbare Motiv für Leistung: die »fließende« Begleitung der Anstrengung durch Lust.

Gewiß stellt auch Anerkennung ein starkes Motiv dar für Leistung – Anerkennung ist die Lust aggressiver Triebbefriedigung –, aber Anerkennung wirkt eben nur nachträglich, und gerade bei Kindern und Jugendlichen ist es oft schwierig, klar zu machen, daß erst die »Arbeit« komme und dann das »Vergnügen«, daß sich also die Anstrengung später lohne. Es war daher schon immer ein Traum der Pädagogen, Anstrengung selbst als lustvoll erleben zu lassen. Sicherheitstrieb und Flow-Erleben zeigen den Weg, diesen Traum zu erfüllen: Anstrengung wird dann als lustvoll erlebt, wenn sie zur Befriedigung des Sicherheitstriebes eingesetzt wird. Am wirkungsvollsten sind selbstverständlich beide Motive zusammen, Flow und Anerkennung, sie setzen fast alle Aktivitäten »in Bewegung«.

Im übrigen zeigt sich erneut, wie wichtig es ist, auf die individuelle Struktur des Schülers einzugehen: Wird er permanent überfordert, hat er also ständig Angst, so wird er zwangsläufig demotiviert, aggressiv oder depressiv. Wird er permanent unterfordert, leidet er also unter Langeweile, sucht er seinen Flow auf anderen Gebieten – sei es in der Schule oder anderswo. Die Gleichschaltung der Schüler, die Einheitsschule in welcher Form auch immer, ist somit aufs höchste inhuman und schadet zusätzlich der Gesellschaft.

Um die im Prozeß der Verwandlung von Unsicherheit in Sicherheit liegende Lust als Motiv fruchtbar zu machen, ist folgende zweistufige Strategie anzuwenden:

In der ersten Stufe muß das Erlebnis von Unsicherheit hervorgerufen werden und zwar, wie wir gesehen haben, einer angemessenen, bewältigbaren Unsicherheit. Dies kann dadurch erreicht werden, daß der Adressat verunsichert wird oder daß neue Probleme angeboten oder zugänglich gemacht werden. Ein Meister in der Strategie der Verunsicherung war bekanntlich Sokrates. Er verunsicherte seine Gesprächspartner durch ständiges »Nachbohren«, er trieb sie in die Enge, in die Ausweglosigkeit. War dieser Punkt erreicht, waren die Partner aufs höchste motiviert, die Unsicherheit zu beseitigen – mit Hilfe von Sokrates.

In der Erziehung sollte diese Strategie allerdings mit größter Vorsicht eingesetzt werden: Verunsicherungen können leicht die Grenze zur Angst überschreiten, sie können lähmen und zur Resignation führen. Das beste Beispiel hierfür ist die Umwelterziehung. Werden die – tatsächlich vorhandenen – Schädigungen und Gefahren einfach nur aufgezeigt, so erlebt das Kind das Gefühl von Ohnmacht, von unaufhebbarer Unsicherheit, von Angst. Daraus resultiert dann die resignative Haltung »Ich kann ja doch nichts daran ändern«. Soll Umwelterziehung zu realen Verbesserungen führen, müssen also (zunächst) solche Probleme ausgesucht werden, die bewältigt werden können – durch eigenes und durch politisches Handeln.

Beim Aufstellen neuer Probleme, insbesondere beim Erschließen neuer Problemfelder, ist folgendes zu beachten:

Um aktiven Flow erleben zu können, muß man logischerweise über ein gewisses Maß an Wissen oder Können verfügen: Man muß – zumindest ein wenig – Klettern können, Schachspielen oder Rechnen. Ein hervorragendes Beispiel findet sich bei Pestalozzi: Er ließ die Kinder zum Erlernen des Alphabets jeweils drei oder vier Buchstaben lernen und dann »Wörter daraus formen«. Diese kreative

Tätigkeit läßt die Kinder zweifellos Flow erleben, aber ohne die Kenntnis der wenigen Buchstaben kann die Strategie eben nicht realisiert werden. Man muß also in aller Regel ein Minimum an Anstrengung investieren, man muß den Motor anwerfen – dann wird die Motivation durch Flow bald so groß, daß zur weiteren Exploration auch die Erweiterung des notwendigen Wissens und Könnens in Kauf genommen wird.

In der zweiten Stufe der Strategie muß der Lernende die Unsicherheit möglichst selbständig in Sicherheit verwandeln. Um dies zu erreichen, eignet sich die genetische Strategie (Abschnitt III): Sie hält durch die Verabreichung von Lösungshilfen den Lernenden permanent in der Problemlösungssituation und vermittelt ihm dadurch Flow. Die hohe Motivation durch den genetischen Unterricht ist sogar dann noch vorhanden, wenn der Unterricht (durch Computer) programmiert wird.[191]

Selbstverständlich sollen Kinder und Jugendliche auch außerhalb der Schule Flow erleben, ja dies ist insofern besonders wichtig, als die angestrebte Selbstforderung eigene Initiative voraussetzt. Ein Beispiel aus dem Sport ist das Reiten: Hier muß ständig Unsicherheit abgebaut werden, dazu kommt die aggressive Triebbefriedigung in Form der Beherrschung des Pferdes oder auch in Form von Anerkennung für fortschreitenden Erfolg. Auch die Bindung zum Pferd und zum »Stall« stellt eine hohe Motivation dar. Beim Reiten vereinigen sich zweifellos alle Triebmotive, Anstrengung wird mit Lust erlebt – aber, sagte einmal ein Diskutant, »wie kriegt man das Pferd in die Schule?«

Tatsächlich gibt es viele Möglichkeiten, in der Freizeit Flow zu erleben. So erzählte uns eine Studentin, daß sie (in ihrer Freizeit) Jugendliche in Rot-Kreuz-Kursen ausbilde, und zwar zum ernsthaften Einsatz in Notfällen. Der Zulauf zu dieser »Freizeitbeschäftigung« der Jugendlichen sei enorm. Kein Wunder – die Jugendlichen erleben Flow, Anerkennung und Bindung.

Manche Eltern, so haben wir dies in Diskussionen immer wieder erfahren, haben Sorge, aktiver – und zeitaufwendiger – Flow in der Freizeit könne die Leistungen in der Schule negativ beeinflussen. Das Gegenteil ist der Fall! Flow-Erlebnisse wirken stabilisierend und erhöhen die Leistungsbereitschaft generell.

Sucht-Prävention: Anstrengung mit Lust

Sucht als maximale Verwöhnung

Wir sind keine Experten für Suchtprobleme. Wenn wir dennoch hier einige Überlegungen zum Thema Sucht mitteilen, so hat dies zwei Gründe:

Der erste besteht darin, daß Sucht ganz offenbar etwas mit Lust zu tun hat, und zwar mit Lust ohne Anstrengung, also mit Verwöhnung. Ja, Sucht erweist sich unter verhaltensbiologischem Aspekt als höchste Delikatesse, als Gipfel der Verwöhnung.

Diesen Aspekt haben die traditionellen Suchttheorien offenbar nicht so deutlich herausgestellt. Dies jedenfalls wurde uns anläßlich mehrerer Vorträge und Diskussionsbeiträge zur Suchtthematik mitgeteilt. Wir halten es daher, insbesondere in Anbetracht des unermeßlichen Leides, zu dem die Sucht letztlich führt, für unsere Pflicht, die bisherigen Untersuchungen durch die Sicht der Verhaltensbiologie zu ergänzen.

Der zweite Grund ist der, daß die Verhaltensbiologie nicht nur eine (spezielle) Analyse des Suchtverhaltens zu geben vermag, sondern auch (spezielle) Maßnahmen zur Suchtvermeidung, ja eventuell sogar zur Suchttherapie, aufzeigen kann. Daß hierbei das Fordern eine zentrale Rolle spielt, liegt auf der Hand – allerdings wird sich zeigen, daß es sich um eine spezielle Art des Forderns handelt.

Sucht zielt auf Lustgewinn, verhaltensbiologisch gesehen: auf möglichst lustvolle Endhandlungen der Triebbefriedigung. Dabei kann es sich – entsprechend den unterschiedlichen Trieben – um die Steigerung sexueller Lust handeln, explorativer oder aggressiver.

Der Lustgewinn durch den Neugiertrieb (bzw. Sicherheitstrieb) wird als »Bewußtseinserweiterung« erlebt, als »Erweiterung der Erfahrung und Überschreitung der den Menschen gegebenen Grenzen«.[192] Mit dieser Formulierung beschreibt Lungershausen exakt Appetenzverhalten und Triebhandlung des Sicherheitstriebes, die grenzüberschreitende Exploration. Unter dem Einfluß halluzinogener Drogen sprengt dieses Erlebnis die dem Menschen von Natur aus gegebenen Grenzen und führt so zu extremen Lustgefühlen, und zwar ohne jede Anstrengung.

Eine zentrale Rolle bei der Sucht scheint mir die aggressive Triebbefriedigung zu spielen: die Lust am Sieg. Der Süchtige fühlt sich – im Zustand der Lustempfindung – als stark, als überlegen, als mächtig, als »der Größte«. Er fühlt sich gehoben, er ist »high«. Das Gefühl des Sieges dürfte dabei um so lustvoller sein, je eher der Süchtige sonst zu den Verlierern gehört, zu den Unterlegenen, je weniger er im Stande ist, sich durch eigene Kraft Anerkennung zu verschaffen.

Daß Drogen dazu dienen, die Lust zu steigern, wird von mehreren Autoren bestätigt. Bärsch[6] haben wir schon zitiert (Abschnitt II); er sagt, daß sich durch Drogen der Stellenwert der Lust erhöhe, daß es um die Befriedigung »hedonistischer Wünsche« gehe. Schulz[195] schreibt: »So werden Drogen ganz bewußt als Mittel benutzt, um die eigene Lusterfahrung auszuweiten und zu verstärken. Dabei bricht eine Grunddisposition menschlicher Existenz durch: Streben nach Lustgewinn liegt in der menschlichen Triebstruktur verankert.« Der letzte Satz muß allerdings präzisiert werden. Das Streben nach Lust liegt zwar in der Triebstruktur, das Streben nach immer höherer Lust, nach maximalem Lustgewinn, ist jedoch eine Leistung des Großhirns; daher werden ja Drogen »ganz bewußt« als Mittel benutzt. »Lustgewinn«, schreibt Schulz weiter, »meint deshalb keineswegs einen einzigen ekstatischen Punkt, sondern eine totale Sensibilisierung aller Gefühls- und Empfindungspotenzen.«

Auch Bejerot[186] spricht von »Sucht nach Lust«. »Sucht erscheint als eine Fixierung auf die monotone Stimulation der Lustzentren mit dem Resultat eines repetitiven Verhaltens von enormer Beharrlichkeit. Das erlebte Verhalten ist so lustvoll, daß es bei einer Unterbrechung mit der Stärke und dem Charakter eines natürlichen Triebes erneut angestrebt wird.«

Im Spiegel (Nr. 30/1988) heißt es, daß Heroin »Gefühle absoluten Glücks hervorzurufen vermag«; durch LSD würde jedes Gefühl verstärkt, z. B. die Lust beim Sexualverkehr.

Lungershausen[192] stellt fest, daß »die angestrebte Befindlichkeitsänderung immer auf Lustgewinn bzw. auf Beseitigung von Unlust« ziele.

Im »Suchtreport« wird allerdings Sucht sonst weniger deutlich als Streben nach Lustgewinn aufgefaßt. Typisch sind etwa Passagen wie folgende: »Man muß bei jedem einzelnen Suchtgefährdeten herausfinden, was ihn bedrückt, vor welcher subjektiv als unerträglich empfundenen Realität die Flucht erfolgt, welche Sehnsüchte unbefriedigt schlummern.« (1/91).

Überhaupt haben wir den Eindruck, daß der durch Sucht hervorgerufene Lustgewinn eher tabuiert wird. Das mag seinen Grund darin haben, daß die Süchtigen selbst nicht gerne zugeben, daß es ihnen um Lustgewinn geht. Möglicherweise werden sie darin auch von vielen Betreuern unterstützt. Die Rolle des Opfers – sei es das Opfer eines unglücklichen Schicksals oder einer repressiven Gesellschaft – ist allemal ehrenwerter als die Rolle des Lustsüchtigen.

Sucht erweist sich also zunächst einmal als Reizsteigerung, als »Anspruchsverwöhnung« – vergleichbar mit der Gier nach immer raffinierteren Delikatessen, immer stärkeren sexuellen Reizen, immer mehr Macht. Worin besteht aber das Spezifische der Sucht? Wir meinen (in Übereinstimmung mit den Fachleuten), daß das Charakteristische der suchthaften Verwöhnung in der Abhängigkeit besteht und zwar in der Abhängigkeit von ganz bestimmten »auslösenden Reizen«. Der Süchtige hat keine Alternative mehr. Er ist auf einen ganz speziellen Reiz angewiesen. Er braucht zum Erleben sexueller Lust einen ganz bestimmten Fetisch oder einen ganz bestimmten Sexualpartner, er braucht zum Erleben der Siegeslust ein bestimmtes Aggressionsobjekt oder eine bestimmte Methode, mit der allein er den Sieg erlangen kann.

Ein alltägliches Beispiel ist folgendes: Ein Jugendlicher sitzt vor dem Fernseher und sieht sich einen Film mit Bud Spencer an oder einem sonstigen Helden. Der Jugendliche identifiziert sich (selbstverständlich) mit dem Helden, dem Erfolgreichen, dem Sieger. So erlebt er den Sieg mit, wie es der Werbeslogan »Der Zuschauer siegt mit« durchaus richtig zum Ausdruck bringt.

Verlangt der Jugendliche nun – gemäß der Spontaneität des Triebgeschehens – erneut nach einem Sieg, so greift er (erneut) zu dem Medium, das ihm das lustvolle Gefühl des Sieges ohne jede Anstrengung vermittelt. Schließlich kommt es soweit, daß der Jugendliche nicht mehr die Initiative aufbringt, durch eigene Leistung einen Sieg zu erringen. Unter Umständen hat er auch gar nicht mehr die Qualifikation, sich in irgendeiner Form »hervorzutun«. Braucht er jetzt aggressive Triebbefriedigung, bleibt ihm keine andere Möglichkeit mehr: Er ist auf das Medium angewiesen, er ist im wörtlichen Sinne abhängig geworden.

Das Beispiel macht deutlich: Sucht ist nicht nur ein spezieller Fall von Anspruchsverwöhnung, sondern auch von »Anstrengungsverwöhnung«. Der Lustgewinn ohne Anstrengung wird besonders bei den Drogen deutlich: Die Lust der Bewußtseinserweiterung oder des Siegens wird ohne jede Anstrengung erreicht.

Die physische Abhängigkeit (von Drogen, Alkohol, Nikotin, Medikamenten) ist eine spezielle Form von Sucht, die man zu Recht als Krankheit bezeichnet. Ursache der Krankheit ist aber Verwöhnung – ähnlich wie bei durch Bewegungsmangel verursachter Dickleibigkeit oder Kreislauferkrankung. Ist aber Verwöhnung die Ursache von Drogensucht, so muß die Schuldfrage doch gestellt werden: Wer über die relevanten Erkenntnisse verfügt, handelt verantwortungslos, wenn er sich über die Folgen seines Handelns hinwegsetzt.

Halten wir fest: Sucht als solche ist die extreme Form von Lust ohne Anstrengung, von Verwöhnung. Warum zahlreiche Menschen diesen Zustand aufsuchen, ist eine andere Frage. Wir wollen versuchen, sie im folgenden zu beantworten.

Sucht als Lustausgleich und -gewinn

So wie es Raub oder Diebstahl aus Not gibt, so gibt es Suchtverhalten aus einem Übermaß an Anstrengung ohne Lust heraus. So wie es aber auch Raub oder Diebstahl im Wohlstand gibt, aus Neugier, Abenteuerlust, Angabe heraus, so gibt es auch Suchtverhalten aus dem Streben nach maximalem Lustgewinn. Betrachten wir zunächst den ersten Fall.

Es ist durchaus verständlich, daß auf eine Phase reiner Anstrengung, reiner Maloche, reiner Arbeit das Bedürfnis nach Lust anwächst und zwar jetzt nach Lust ohne Anstrengung. Tatsächlich stehen ja Anstrengung und Lust evolutionär in einem Gleichgewicht. Auf eine Phase anstrengenden Appetenzverhaltens und anstrengender Triebhandlung erfolgt (evolutionär) die Belohnung durch Lust. Greift der Mensch in dieses Gleichgewicht ein, zerstört er die Lust-Unlust-Ökonomie durch ein Lustdefizit, so ist der Ausgleich durchaus »natürlich«.

Evolutionsbiologisch gesehen ist es also geradezu logisch, daß nach reiner »Anstrengung« reine Lust angestrebt wird – sei es durch Mitsiegen beim Zuschauen oder durch Lustgefühle irgendwelcher Drogen.

Diese Erkenntnis zeigt aufs neue, wie wichtig es ist, Arbeit in Leistung zu verwandeln, in eine Tätigkeit mit der Lust des Flow-Erlebens, der Anerkennung und Bindung.

Nun darf man sich aber nicht täuschen lassen: Es sind keineswegs nur die Menschen suchtgefährdet, die um ihre (natürliche) Lust betrogen werden. Das Streben nach Lust ist unersättlich. Auch diejenigen, die schon verwöhnt sind, die keine Anstrengung erbringen müssen, gieren nach Steigerung der Lust, nach absoluter Maximierung. Ja, gerade die Verwöhnten sind noch stärker suchtgefährdet, und zwar aufgrund des menschlichen Umgangs mit dem Gesetz der doppelten Quantifizierung: Braucht man nämlich bereits hohe Reize, um Lust zu erleben, so muß man sie, um weitere Lust zu gewinnen, noch weiter steigern. Wir erleben dies im Wohlstand täglich: Gerade im Wohlstand streben die Menschen ja nach immer mehr Luxus, nach immer neuen Aggressionsmitteln, den anderen zu besiegen, nach immer stärkeren Drogen, um höchstmögliche Lust zu erleben. Aber auch die Anstrengungsverwöhnung begünstigt Sucht. Für den derart Verwöhnten wird ja auch eine für andere geringe Anstrengung als übermäßig erlebt. Es ist klar, daß sie mit um so größerer Lust kompensiert werden muß. Also: Das Ansteigen von Sucht in der Wohlstandsgesellschaft ist die Folge massenhafter Verwöhnung.

Die These von der Sucht als Lust ohne Anstrengung scheint indessen einem anderen Phänomen zu widersprechen: dem Doping. Im allgemeinen dopen sich ja gerade diejenigen, die sich besonders anstrengen: Spitzensportler, Musiker, Schauspieler u.a. Tatsächlich handelt es sich jedoch beim Phänomen des Dopings um keinen Widerspruch zur Verwöhnungstheorie, sondern um eine weitere Bestätigung. Dies geht schon aus der Definition des Dopings nach den Rahmenrichtlinien des Deutschen Sportbundes hervor: »Doping ist der Versuch einer unphysiologischen Steigerung der Leistungsfähigkeit des Sportlers durch Anwendung (Einnahme, Injektion oder Verabreichung) einer Doping-Substanz durch den Sportler vor oder während eines Wettkampfes und für die anabolen Hormone auch außerhalb des Wettkampfes.«

Das bedeutet doch, daß die durch Doping erwartete Mehrleistung eben nicht durch vermehrte Anstrengung erbracht wird, sondern durch fremde Hilfe. Die Droge dient somit nicht, wie beim »normalen« Süchtigen dem direkten, unmittelbaren Lustgewinn, sondern dem mittelbaren, durch gesteigerte Leistung und gewonnenen Sieg errungenen.

Das Verbot von Doping ist somit – auch – ein Gebot der Fairneß, sofern man unter Fairneß die Anerkennung des Leistungsprinzips versteht, also die Anerkennung von Leistung als ausschließliches Kriterium für Erfolg. Doping ist daher eine Form des Betrugs und muß als solche geahndet werden.

Sucht-Prävention und -Therapie

Der Mensch strebte schon immer nach Lust ohne Anstrengung. Es ist ja auch für den sich selbst steuernden Menschen außerordentlich verlockend, das Gefühl der Lust immer mehr zu steigern und das Gefühl der Unlust – und die reine Anstrengung wird ja so empfunden – zu vermeiden. Sucht erweist sich so als geradezu zwangsläufige Konsequenz zunehmenden Wohlstands. Alle Anzeichen sprechen daher für eine weitere Zunahme an Süchtigen.

Was läßt sich dagegen tun, wie läßt sich schon das Aufkommen von Sucht vermeiden?

In der Literatur zur Sucht und Suchtprävention wird unserer Kenntnis nach im wesentlichen davon ausgegangen, daß Sucht durch Lustdefizite zustande kommt und die Prävention daher in der Vermeidung solcher Defizite zu bestehen hat. Als Defizite werden Schwierigkeiten genannt, die nicht bewältigt werden, vergebliche Anstrengungen, Maloche, Routine usw.

Zu den Lustdefiziten gehören auch alle unbefriedigten Triebe, also das Fehlen der jeweiligen Endhandlungen. So schreibt Weber-Hagedorn[196], daß Angst, fehlende Bindung, unbewältigte Konflikte die Suchtgefahr erhöhen. Verhaltensbiologisch gesehen heißt Angst aber permanente Unsicherheit, also unbefriedigter Sicherheitstrieb; fehlende Bindung heißt unbefriedigter Bindetrieb, unbewältigte Konflikte bedeuten – neben Unsicherheit – Mangel an Sieg, an aggressiver Triebbefriedigung.

Nun ist es sicher richtig, daß Lustdefizite nach Ausgleich verlangen und daß dieses Streben nach Ausgleich den Griff zu Suchtmitteln begünstigt, aber Lustdefizite sind eben nicht unbedingt Voraussetzung für Sucht. Auch diejenigen, die sich nicht anzustrengen brauchen und ihre Triebe befriedigen können, greifen gerne zu noch höheren Reizen, zu noch lustvolleren Befindlichkeiten. Das heißt aber: Der Abbau von Defiziten reicht nicht aus, man muß das Streben nach Lust ohne Anstrengung, das Streben nach Verwöhnung stoppen. Dies gilt für sämtliche Triebe. Betrachten wir einmal den Aggressionstrieb. Um sich hervorzutun, um über dem anderen zu stehen, um zu imponieren, bedarf es immer weiterer Aggressionsmittel, immer schnellerer Autos, immer mehr Besitz, Geld, Macht etc. Hier geht es nicht um Defizite, hier geht es um Herausforderung und Sieg.

Also: Es genügt nicht, Defizite auszugleichen, man muß, um jeder weiteren Versuchung nach Lustgewinn entgegenzuwirken, höchste Lust erleben lassen. Damit kommen wir zurück zum Flow, zum aktiven Flow, zum »Tiefen-Flow«. Das Flow-Erlebnis vermittelt, wie wir gesehen haben, die hohe Lust nicht nur am Ende der Tätigkeit, sondern direkt, während der Tätigkeit selbst. Kommen zum Flow-Erlebnis noch weitere Endhandlungen hinzu, wie Anerkennung und Bindung, so wird das Streben nach Lust ohne Anstrengung sehr unwahrscheinlich. Dies gilt insbesondere dann, wenn Flow und Anerkennung real erlebt werden. Die beste Prävention besteht daher in einer interessanten Arbeit, die die Aktionspotentiale in Anspruch nimmt und zur Triebbefriedigung führt, also in einer individuell angemessenen Leistung.

Aber auch in der Freizeit ist ein hohes Maß von Anstrengung mit Lust realisierbar – sei es im Sport, in der Kunst, in sozialen Aktivitäten etc. Dies wird durch Aussagen von Weber-Hagedorn[196] bestätigt: Der Autor stellt ebenfalls fest, daß die beste Prävention darin bestehe, »glücklich zu sein ohne Suchtmittel«. Auch die von diesem Autor genannte Suchtprävention »Entspannung« paßt in dieses Konzept: Entspannung kann man ja nur erleben, wenn vorher Spannung bestand. Genau das ist aber das charakteristische des Flow-Erlebens. Wir präzisieren somit den Weg zur Suchtprävention: Er heißt Flow, Anerkennung, Bindung.

Noch ein Wort zur Therapie. Was ist zu tun, wenn es bereits zur Sucht gekommen ist?

Man muß den Süchtigen auf den angegebenen Weg zurückbringen. Wir erwähnten in diesem Zusammenhang (Abschnitt II) die Therapie von Lorenz: Mitwirkung der Süchtigen im Bergnot- oder Seenotrettungsdienst. Tatsächlich werden bei diesen Maßnahmen alle Bedingungen erfüllt: Anstrengung, Flow (Abbau von Unsicherheit), Anerkennung, Bindung, Konfrontation mit der Realität.

Diese Feststellung erscheint uns deswegen wichtig, weil heute die Therapie des Forderns zwar immer häufiger angewandt wird, die Tätigkeiten aber nicht immer mit der Lust der Triebbefriedigung, insbesondere der Triebbefriedigung des Sicherheitstriebes, einhergehen. Ohne Flow-Erlebnisse, und zwar solche, die durch eigene aktive Aufgabenbewältigung entstehen, bleibt aber auch eine Therapie des Forderns ohne Erfolg.

Menschheits-Moral: Aufgabe der Verhaltensbiologie?

Die Logik der Moral

Damit eine Sozietät, gleichgültig ob es sich um ein Löwenrudel handelt, um eine Fußballmannschaft oder ein Unternehmen, dauerhaft bestehen kann, müssen sich die Mitglieder aufeinander verlassen können. Ohne Zuverlässigkeit in dem Sinne, daß die Mitglieder der Sozietät zu bestimmten Zeitpunkten durch ein bestimmtes Verhalten ihren Teil zum gemeinsamen Handeln beitragen, kann keine Sozietät auf Dauer überleben. Die Sozietät löst sich (als Einheit) zwangsläufig auf, eventuell gehen sogar die Mitglieder zugrunde. Zuverlässigkeit im angegebenen Sinne ist also eine logische Folge gemeinsamen Handelns.

Aber nicht nur Zuverlässigkeit läßt sich aus der »Gesamtfitneß« einer Sozietät ableiten, sondern auch Fairneß, Altruismus, Ehrlichkeit u. a. Was läßt sich noch ableiten? Ist am Ende auch »Gerechtigkeit« eine notwendige Bedingung des Überlebens, sind es die Forderungen des Dekalogs?

Gewiß – die Grundvoraussetzungen selbst lassen sich nicht logisch ableiten; sie sind Wertsetzungen, Forderungen, kybernetisch gesprochen: Soll-Werte. So ist die Forderung, daß eine Sozietät, z. B. die Menschheit schlechthin, überhaupt überleben »soll«, eine Wertsetzung. Es gibt ja durchaus Menschen, die der Ansicht sind, die Menschheit habe es verdient, unterzugehen. Aber wenn die Soll-Werte gesetzt sind, so lassen sich daraus die zu erfüllenden Handlungsweisen, die »Tugenden« ableiten.

Verstehen wir zunächst einmal Moral als Aufrechterhaltung der Gesamtfitneß einer Sozietät, so hat sich »natürlich« die Evolution der Moral nach denselben logischen Gesetzen vollzogen, wie sie unser eigenes Denken bestimmen. Schließlich hat sich unser logisches Denken evolutionär entwickelt, es ist Bestandteil der Evolution, es gibt nur eine Logik.

Freilich entwickelten sich die logisch zwingenden Strukturen und Verhaltensweisen von Sozietäten nicht über Soll-Werte und (logische) Ableitungen – die Fähigkeit der Soll-Wert-Setzung tritt erst mit dem (reflektierenden) Menschen auf, die Evolution als solche ist ziellos –, sie entwickelten sich über die logisch äquivalente Negation. Greifen wir zurück auf das Beispiel der Zuverlässigkeit. Die Aussage: Wenn eine Sozietät überleben will, so müssen die Mitglieder zuverlässig sein, ist logisch äquivalent der Aussage: Wenn die Sozietätsmitglieder nicht zuverlässig sind, kann die Sozietät nicht überleben. (In der Sprache der Logik formuliert heißt dies allgemein: Die Aussage »p impliziert q« ist äquivalent der Aussage »nicht-q impliziert nicht-p«.)

Für die evolutionäre Logik der Sozietätenbildung bedeutet das: Im Laufe der Evolution wurden alle Verhaltensweisen, die gemeinsames Handeln unmöglich machten, ausgemerzt, anders ausgedrückt: In der Evolution konnten nur solche Sozietäten überleben, deren Mitglieder das gemeinsame Handeln ermöglichten, beispielsweise also zuverlässig waren.

Es gibt somit zwei Wege, diejenigen Verhaltensweisen aufzuzeigen, die für das dauerhafte Überleben von Sozietäten notwendig sind. Ableitungen aus dem Soll-Wert und Feststellung der Verhaltensweisen evolutionär gewordener Sozietäten. Beide Wege müssen zum selben Ergebnis führen, von beiden Möglichkeiten wollen wir im folgenden Gebrauch machen. Dabei werden im einzelnen viele Probleme auftauchen, z. B. das Problem, was der Mensch konkret als Sozietät ansieht – Familie, Land, Nation, Glaubensgemeinschaft, Menschheit? –; was es bedeutet, daß der Mensch sich über die Tugenden des gemeinsamen Handelns hinwegsetzen kann; was es bedeutet, daß die Überlebensbedingungen andere geworden sind als noch vor hunderten oder tausenden von Jahren etc. Doch bevor wir auf die Logik der Moral und die speziellen Probleme menschlicher Sozietätenbildung überhaupt und in der heutigen Zeit eingehen, sei an die bisherigen Erkenntnisse über die Sozietätenbildung in der Evolution erinnert:

Im Laufe der Evolution haben sich Tiere zu Sozietäten zusammengeschlossen. Man denke an die Schwärme bei Fischen oder Vögeln, an die Horden der Schimpansen oder die Trupps der Paviane, an die Rudel der Hirsche, Rehe oder Wölfe. Selbstverständlich konnten sich solche Sozietäten nur herausbilden, weil sie Selektionsvorteile mit sich bringen. So gewährt der Zusammenschluß von Individuen Schutz gegen die Unbill der Natur, beispielsweise gegen Kälte oder Hitze, aber auch Schutz gegen Feinde. Das einzelne Tier fällt in einer Sozietät dem Feind nicht so leicht zum Opfer, außerdem ist man gemeinsam stark – sei es in der Verteidigung oder im Angriff. So jagen Wölfe, Hyänen, Löwen und andere Raubtiere ihre Beute gemeinsam, wobei sie wirkungsvolle Jagdstrategien entwickelt haben. Der Angriff kann sich auch – zumindest bei Primaten – auf andere Sozietäten der eigenen Art richten. Weitere Vorteile liegen in der gemeinsamen Aufzucht von Jungen, in der Herausbildung von Traditionen, wie beispielsweise das Aufknacken von Nüssen bei Schimpansen u. ä. Zusammenfassend kann man sagen, daß gemeinsames Handeln erhebliche Vorteile mit sich bringt in bezug auf Überleben und Fortpflanzen.

Halten wir fest: Eine Sozietät ist dadurch gekennzeichnet, daß durch den Zusammenschluß von Individuen eine neue Einheit gebildet wird. Um als Einheit fungieren zu können, also um gemeinsam handeln zu können, muß eine zentrale Instanz vorhanden sein. Eine Sozietät muß somit organisiert sein, sie bedarf einer inneren Struktur. Dies gilt schon für den Organismus als Zusammenschluß von Zellen und Organen: Er hat eine zentrale Entscheidungsinstanz und eine Organisation, die das einheitliche Handeln garantiert.

Im Gegensatz zu einem Organismus, handelt es sich bei einer Sozietät jedoch um den Zusammenschluß von Individuen. Diese sind wiederum durch ihre Selbständigkeit charakterisiert. Eine Sozietät kann daher nur funktionieren, wenn das Verhalten der einzelnen Individuen so koordiniert wird, daß es zu einem gemeinsamen Handeln kommt. Die Ableitung der notwendigen Strukturen einer (durch gemeinsames Handeln charakterisierten) Sozietät und der notwendigen Verhaltensweisen der Mitglieder nennen wir die Logik der Moral; sie läßt sich in die sozietäre Strukturlogik und -Verhaltenslogik aufgliedern.

Sozietäre Strukturlogik

Wir haben festgestellt, daß dann, wenn sich Individuen zu einer neuen Einheit, zu einer Sozietät, zusammenschließen, diese Einheit organisiert sein muß. Sie muß eine Führungsstruktur besitzen, die zentrale Entscheidung und gemeinsames Handeln garantiert. Wie aber wird diese Struktur »personell« besetzt? Dieses Problem hat die Evolution durch die Rangordnungskämpfe gelöst. Wird nämlich die Aggression nicht nach außen benötigt, wird sie für Rangordnungskämpfe eingesetzt. Aber wodurch wird das Individuum motiviert, sich dem Kampf auszusetzen? Immerhin werden – auch bei ritualisiertem Kampf – Energien eingesetzt und Verletzungen riskiert. Nun, das einzelne Tier muß ein Motiv haben, sich dem Kampf zu stellen. Dieses Motiv besteht in den Privilegien, die mit höheren Rängen verbunden sind. So gibt es bei allen Sozietäten in den höheren Rängen Privilegien bezüglich des Nahrungserwerbes und der Fortpflanzung. Die Alphatiere genießen »Vorrang« bei der Fortpflanzung. Bei manchen Sozietäten dürfen sich sogar nur die Alphatiere fortpflanzen. Es lohnt sich also, sich in einer solchen Sozietät »hochzurangeln«. Das »Hochrangeln« ist aber nicht nur für die einzelnen Tiere sinnvoll und vorteilhaft, es ist auch für die gesamte Sozietät von Nutzen. Dadurch nämlich, daß es individuelle Leistungsunterschiede gibt, gelangen nur solche Tiere nach oben, die eine höhere Leistung erbringen. Diese besteht in der Regel im Kampf, es gibt aber durchaus auch andere Möglichkeiten, durch Leistung aufzusteigen. So zählen auch Schlauheit und Erfahrung, Geschicklichkeit oder Erfindungsgeist. Entscheidend ist folgendes: Dadurch, daß die einzelnen Tiere motiviert sind aufzusteigen, gleichzeitig aber nur die Leistungsfähigsten nach oben gelangen, werden die oberen Ränge durch die qualifiziertesten Tiere besetzt. Dieser Mechanismus kommt dann auch der Sozietät zugute: Die qualifizierten Führungskräfte führen die Sozietät am besten, sie finden die besten Futterplätze, sie erfinden die besten Jagdstrategien, sie sorgen für innere Ordnung etc. Die Aggression wird also in »genialer« Weise eingesetzt: Die Belohnung für Leistung, der höhere Rang, bedeutet zugleich einen Vorteil für die Sozietät.

Die Verbindung von Leistung und Belohnung gehört also zur sozietären Strukturlogik. Nur auf diese Weise ist es möglich, den einzelnen zu motivieren, sich anzustrengen und Leistung zu erbringen und diese Anstrengung gleichzeitig für die Sozietät nutzbar zu machen. Die Belohnung von Leistung (in einer Sozietät) ist also nicht eine Erfindung des Menschen, sondern gehört zur Strukturlogik von Sozietäten, sofern man zwei Voraussetzungen macht: individuelle Leistungsunterschiede und Streben nach Belohnung, nach Lust.

Bezeichnen wir den Sachverhalt, daß (in einer Sozietät) die höhere Leistung auch mit höherer Lust belohnt wird, als Gerechtigkeit, so erweist sich Gerechtigkeit als Strukturmerkmal von Sozietäten. Tatsächlich gilt dies auch für menschliche Sozietäten: Auch wir empfinden es als gerecht, wenn jemand, der eine höhere Leistung erbringt, auch eine höhere Belohnung erhält. Wir empfinden es als ungerecht, wenn zwei Menschen, die dasselbe leisten, nicht auch in gleicher Weise belohnt werden. Der Zusammenhang von Leistung und Gerechtigkeit ist überall festzustellen – sei es in Schule oder Arbeitswelt. Wer in der Schule mehr leistet, erhält bessere Noten, wer in der Arbeitswelt mehr Leistung erbringt, erhält höheren Lohn oder sonstige Formen von Anerkennung. Gewiß kann man oft unterschiedlicher Meinung darüber sein, was als Leistung angesehen oder bewertet werden soll, die unterschiedlichen Auffassungen beziehen sich jedoch immer nur auf die Bewertung von Leistung, nicht aber auf den Zusammenhang, daß höhere Leistung auch höher belohnt werden soll.

Gerechtigkeit in diesem Sinne ist also ein Strukturmerkmal von Sozietäten. Dies ist insofern eine wichtige Erkenntnis, als die Gerechtigkeit in der Reflexion über menschliche Moral immer eine besondere Rolle spielte. Dies liegt daran, daß Gerechtigkeit ein Strukturmerkmal ist und nicht ein Verhaltensmerkmal. Gerechtigkeit (im Sinne der Verbindung von Leistung und Lust) gehört zum

Organisationsprinzip jeder überlebensfähigen Sozietät, Gerechtigkeit ist Voraussetzung für die Gesamtfitneß.

Es ist daher völlig falsch, wenn Rangordnungsstrukturen eingeebnet oder aufgehoben werden. Mit der Einebnung entfällt auch Gerechtigkeit. Insbesondere ist die linke Ideologie der »herrschaftsfreien Kommunikation« ein fundamentaler, evolutionsbiologischer Fehler. Nicht die durch Rangordnung gekennzeichnete Führungsstruktur und Kommunikation ist »verzerrt«, wie Habermas sagt, sondern die »herrschaftsfreie« Kommunikation.

Wenn man bedenkt, daß Sozietäten nur durch Organisation und Führungsstruktur funktionieren können, sie also ohne diese gar nicht überlebensfähig sind, so erweist sich die sozialistische Idee der Gleichheit als evolutionär falsch: Jede Verwirklichung dieser Idee ist eine sozietäre Totgeburt.

Halten wir fest: Sozietäten versuchen durch gemeinsames Handeln der unterschiedlichen Individuen die Gesamtfitneß zu optimieren. (Insektenstaaten sind in diesem Sinne keine Sozietäten, sondern Organismen zweiter Ordnung; sie können daher für die Entwicklung menschlicher Sozietäten außer acht gelassen werden). Zu diesem Zwecke werden die unterschiedlichen Beiträge zum gemeinsamen Handeln entsprechend ihrer Bedeutung für die Sozietät belohnt. Die Belohnung reicht von einer (relativen) Sicherheit der Existenz bis zu höchstmöglichen Lustempfindungen in allen Triebbereichen.

Sozietäre Verhaltenslogik

Es ist klar, daß eine Sozietät nur dann als neue Einheit überleben kann, wenn die Individuen mit ihrem Handeln zur Gesamtfitneß beitragen. So ist es beispielsweise für jede Sozietät absolut notwendig, daß beim gemeinsamen Handeln die Individuen sich aufeinander verlassen können. Mit anderen Worten: Zuverlässigkeit ist eine überlebensnotwendige »Tugend«; ohne Zuverlässigkeit kann keine Sozietät auf Dauer überleben. Löwen beispielsweise organisieren, wenn sie auf Gazellenjagd gehen, eine regelrechte Treibjagd: Eine Löwin jagt die Gazelle, die sie aber allein nicht einholen könnte. Daher stehen zwei weitere Löwinnen bereit, die Gazelle im richtigen Augenblick zu überfallen und zu reißen. Man sieht schon an diesem einfachen Beispiel, daß jeder auf seinem Posten zur Gesamtfitneß beiträgt und daß es absolut notwendig ist, sich auf den anderen verlassen zu können. Wenn die Reißer nicht im richtigen Augenblick zuschlagen, bleibt die Jagd erfolglos. Zuverlässigkeit ist also nicht eine vom Menschen erfundene Tugend, sondern eine zur Gesamtfitneß gehörende Verhaltensweise. Eine Sozietät mit unzuverlässigen Mitgliedern könnte sicher nicht lange überleben, oder, anders ausgedrückt: Die »Mutation« Zuverlässigkeit hat sich als erfolgreich erwiesen und wurde daher selektiert.

Eine weitere Tugend ist Konkurrenz, genauer: konkurrierendes Verhalten. Das mag überraschend klingen, wird aber bei näherer Betrachtung sofort deutlich. Konkurrenz sorgt ja dafür, daß die einzelnen Individuen zu den jeweils angemessenen Rängen emporsteigen. Dies liegt nicht nur im Interesse der Individuen, sondern auch im Interesse der Sozietät. Nur eine Sozietät, die durch Konkurrenz zur optimalen Besetzung ihrer Organistionsstruktur kommt, schöpft ihre Leistungsfähigkeit aus. Dies gilt beispielsweise für Fußballmannschaften. Selbstverständlich ist bei Fußballmannschaften, wie bei jeder Sozietät, das gemeinsame Handeln eine absolute Notwendigkeit. Daher wird ja auch zu Recht die Kooperation immer wieder gepriesen. Wenn aber zwei Mannschaften mit gleicher Kooperationsfähigkeit miteinander kämpfen, so ist diejenige im Vorteil, die vorher herausgefunden hat, wer der beste Torwart ist, der beste Stürmer etc. Dies ist aber nur durch Konkurrenz festzustellen. Kooperation und Konkurrenz sind also kein Gegensatz – Konkurrenz steht vielmehr im Dienste einer optimalen Kooperation, sie ist notwendiger Bestandteil der Gesamtfitneß.

Rangordnungskämpfe müssen ausgefochten werden. Das liegt im Interesse der Sozietät. Andererseits muß die Sozietät ihren Bestand erhalten. Der Kampf zwischen Sozietätsmitgliedern darf also nicht tödlich enden. Das bedeutet (logischerweise), daß der Kampf ritualisiert durchgeführt werden muß. Sozietätsmitglieder töten sich in aller Regel nicht; sie setzen ihre Waffen nur gemäßigt ein. (Ausnahmen mag es geben, sie liegen vermutlich im Fortpflanzungsverhalten höherrangiger Tiere; keinesfalls jedoch wird dadurch der Bestand der Sozietät gefährdet.) Entscheidend ist der Sieg über den Rivalen, entscheidend ist es, den Rang zu verteidigen oder zu erhöhen.

Beim Kampf zwischen den Rivalen zeigt sich eine weitere Tugend: die Fairneß. Fair kämpfen heißt, die (übergeordneten) Regeln einhalten, also die Kriterien der Kampfleistung: Kraft, Ausdauer, Geschicklichkeit etc. Unfair kämpfen heißt, sich ohne eigene Leistung Vorteile verschaffen. In menschlichen Sozietäten gibt es bekanntlich zahlreiche Strategien, den Gegner nicht durch Leistung, sondern durch faule Tricks zu besiegen – vom Tritt ans Schienbein über persönliche Verunglimpfungen bis zu raffinierten Intrigen.

Eine weitere Tugend, die sich aus der sozietären Verhaltenslogik ergibt, ist die Tapferkeit. Die Tapferkeit im Kampf nach außen steht im Dienste der Sozietät – sofern sie nicht zur leichtsinnigen Aufgabe des eigenen Lebens führt. Was angemessene Tapferkeit ist, wird also durch die sozietäre Verhaltenslogik bestimmt. Die aristotelischen Kategorien des richtigen Maßes sind also keineswegs willkürlich, sie entsprechen dem optimalen Beitrag zur Gesamtfitneß.

Betrachten wir die Tugend »Tüchtigkeit«. Sie muß im Aspekt der Verhaltensbiologie in drei Varianten aufgeteilt werden: Angemessener Leistungsbeitrag zum gemeinsamen Handeln, Ausschöpfung der individuellen Leistungsfähigkeit zum Vorteil der Sozietät, Verschiebung des Lust-Unlust-Gleichgewichts zugunsten der Sozietät. Darauf kommen wir später zurück.

Eine weitere Tugend erweist sich als Bestandteil der sozietären Verhaltenslogik: die Wahrhaftigkeit. Es ist selbstverständlich, daß innerhalb einer Sozietät das gemeinsame Handeln nur dann funktionieren kann, wenn das Handeln der einzelnen Mitglieder koordiniert ist. Das wiederum setzt eine zuverlässige Rückkopplung voraus, also Wahrhaftigkeit. Eine Täuschung innerhalb der Sozietät würde zu falschen Konsequenzen bei den anderen Individuen führen und so der Gesamtsozietät schaden.

Am Beispiel der Wahrhaftigkeit kann man übrigens deutlich erkennen, daß die Tugenden nur für die eigene Sozietät gelten! Kooperation, Zuverlässigkeit, Pflichterfüllung, Altruismus, Wahrhaftigkeit gelten für die eigene Sozietät, da sie Gesamtfitneß aufrechterhalten oder steigern. Im Kampf gegen andere Sozietäten gelten diese Tugenden nicht – im Gegenteil. Nehmen wir noch einmal das Beispiel des Fußballs. Selbstverständlich gilt hier die Tugend der Wahrhaftigkeit nur für die eigene Sozietät, Mitglieder der gegnerischen Sozietät können durchaus getäuscht werden, ja, hier wird

Täuschung sogar zur »Tugend«. Die Täuschung des Gegners nützt der eigenen Sozietät und ist daher »moralisch«.

Wir können hier nicht alle Tugenden [174] untersuchen, die sich aus der sozietären Verhaltenslogik ergeben, in jedem Falle gilt:

Das Funktionieren einer Sozietät ist an bestimmte logische Strukturen und Verhaltensweisen gebunden. Nur so kann eine Sozietät überleben und gedeihen. Die Evolution von Tiersozietäten konnte somit gar nicht anders verlaufen: Diejenigen Verhaltensweisen, die zur Gesamtfitneß notwendig sind, wurden selektiert.

Gewiß kann man bei Tiersozietäten (noch) nicht von Moral sprechen, da die Tiere diese Verhaltensweisen instinktiv durchführen, also durchführen müssen. Sie haben keine Entscheidung, sie können sich nicht anders verhalten, sie können nicht lügen oder täuschen. (Bei einigen Tieren, z.B. Hunden, Vögeln, Affen, hat man allerdings schon Ansätze beobachtet.)

Der Mensch hat durch die Fähigkeit der Reflexion die Möglichkeit, aus den Erfordernissen des gemeinsamen Handelns auszuscheren – allerdings kann er sich, sofern er als Sozietät überleben will, der inneren Logik der Moral nicht entziehen. Vereinfacht gesagt: Das Tier lügt nicht, der Mensch kann es, aber er darf es nicht. Die Sozietät muß es verhindern. Hier liegt der Ursprung menschlicher Moral.

Sozietäre Moral des Menschen

Auch der Mensch entstammt evolutionär gewordenen Sozietäten. Andererseits aber ist er dadurch ausgezeichnet, daß er auf sich selbst reflektieren kann, daß er Freiheit gewonnen hat, daß er also auch anders handeln kann. Betrachten wir zunächst einmal die Möglichkeiten, die der Mensch hat, in einer Sozietät anders zu handeln als es der evolutionären Logik entspricht.

Hier ist als erstes festzustellen, daß er sich – auf Kosten der Gesamtfitneß – Vorteile verschaffen kann, so beispielsweise durch Lügen, Täuschen oder Heucheln. Lügen wird ja erst durch Reflexion möglich, durch die Freiheit, die Wahrheit zu sagen oder auch die Unwahrheit. Heucheln setzt den reflektierten Umgang mit Moral voraus.

Die Reflexionsfähigkeit befähigt den Menschen insbesondere dazu, den anderen ebenfalls als Individualität zu erkennen, sich in ihn hineinzuversetzen. So kommt es beispielsweise zum Neid. Neid kann es nur bei solchen Wesen geben, die in der Lage sind, sich in die Gefühle des anderen hineinzuversetzen. So weiß der Mensch, daß ein anderer, der Anerkennung genießt, Sexualität oder Delikatessen, eine hohe Lust empfindet. Empfindet er selbst im Augenblick keine solche, so kommt es zum Neid. Neid kann aber auch dauerhaft sein, beispielsweise der Neid auf Privilegien höherer Ränge.

Aber es gibt auch andere Gefühle, die zu Recht als »menschlich« bezeichnet werden, beispielsweise das Mitleid. Auch dieses ist nur möglich, wenn man weiß, daß der andere in ähnlicher Weise Leid erleben kann, wie man selbst. Im übrigen ist es nur ein weiterer Schritt, die Überlegung anzustellen, daß man selbst in Situationen geraten kann, die dann das Mitleid anderer erregen.

Ganz entscheidend ist folgender Sachverhalt: Aufgrund der Tatsache, daß der Mensch sich in andere hineinversetzen kann, daß er dessen Gedanken und Gefühle kennt, kann er den anderen strategisch »behandeln«. So weiß jeder Mensch beispielsweise, daß Anerkennung mit Lust verbunden ist, er strebt ja selbst danach. Möchte er nun einen anderen Menschen für seine Zwecke einspannen, so kann er ihm durch – geheuchelte – Anerkennung, also durch Schmeichelei, zur Lust verhelfen. Macht er sich aber zur Quelle der Lust für den anderen, so kann er damit »rechnen«, daß dieser ihm wohlgesonnen ist und ihn unterstützt – eine uralte rhetorische Strategie.

Der Mensch erkennt aber nicht nur die Gemeinsamkeiten, also gemeinsames Denken und Fühlen, er erkennt auch individuelle Unterschiede. So bemerkt er die Unterschiede in der Intelligenz, der Leistungsfähigkeit, der individuellen Struktur. Je genauer er nun diese Unterschiede kennt, um so genauer kann er den anderen manipulieren, er kann ihn mit aller Raffinesse steuern.

Der Mensch kann sich aber nicht nur über die sozietäre Verhaltenslogik hinwegsetzen, sondern auch über die sozietäre Strukturlogik. Er kann Gerechtigkeit als Verbindung von Leistung und Belohnung auf den Kopf stellen. Er kann Rangordnungsstrukturen einebnen oder zerstören, d. h. er kann die Sozietät vernichten – wie er sich ja auch selbst vernichten kann.

Um jedoch die Gesamtfitneß einer menschlichen Sozietät aufrechtzuerhalten, muß die Verhaltens- und Strukturlogik der Sozietät erfüllt werden. Auch eine menschliche Sozietät kann nur überleben, wenn die Tugenden der Kooperation, der Zuverlässigkeit, der Wahrhaftigkeit etc. eingehalten werden.

Da aber dem Menschen – und nur dem Menschen – »Zuwiderhandlungen« möglich sind, muß verhindert werden, daß diese Zuwiderhandlungen stattfinden und letztlich die Sozietät zerstören. Die Moral des Menschen besteht also zu einem wichtigen Teil darin, die Tugenden der Gesamtfitneß – trotz anderer Möglichkeiten – aufrechtzuerhalten. Es ist daher auch kein Wunder, daß im Dekalog[174] oder im Koran im wesentlichen dieselben Gebote stehen, nämlich diejenigen, die für die Gesamtfitneß unbedingt notwendig sind. Was in der evolutionären Entwicklung von Sozietäten sich als unbedingt notwendig erwiesen hat und damit selektiert wurde, muß dem Mensch, der auch anders handeln kann, vorgeschrieben werden. Er darf nicht töten, er darf nicht lügen, er darf die leistungsgerechte Rangordnung nicht zerstören, also nicht in (gerechte) Besitzverhältnisse eingreifen, er darf sich keine ungerechtfertigten Vorteile verschaffen usw.

Da diese Forderungen für das Überleben von Sozietäten absolut notwendig sind, müssen sie den höchsten Stellenwert erhalten; traditionellerweise waren sie religiös abgesegnet. Verstöße gegen die sozietäre Moral werden (von den jeweiligen Sozietäten) entsprechend hart bestraft.

Auf der anderen Seite gelten solche Handlungen, die der Sozietät in besonderer Weise zugute kommen, beispielsweise besondere Tapferkeit, Hilfsbereitschaft oder auch Verzicht auf Belohnung, als moralisch hochwertig. Ob freilich der moralisch Hochstehende durch diese Anerkennung nicht doch einen Ausgleich für seinen besonderen Einsatz erhält, sei dahingestellt.

Halten wir fest: Die sozietäre Moral des Menschen stimmt mit der evolutionären Moral überein. Die Übereinstimmung beruht darauf, daß der Mensch durch Erkenntnis und Erfahrung zu denselben notwendigen Tugenden des gemeinsamen Handelns gelangt wie die Evolution. Da jedoch der Mensch als reflektierende Individualität ausscheren kann, muß die notwendige Moral festgeschrieben und abgesichert werden.

Tatsächlich erweisen sich – aufgrund der Reflexionsfähigkeit des

Menschen – mindestens zwei weitere Tugenden als notwendig für menschliche Sozietäten: Toleranz und Mäßigung.

Toleranz setzt voraus, daß jeder eine eigene Individualität ist mit eigenen Gedanken, Gefühlen, Wertungen, Vorstellungen. Damit dennoch gemeinsames Handeln stattfinden kann, die Gesamtfitneß also erhalten bleibt, müssen individuelle Spielräume vorhanden sein. Diese können unterschiedlich groß sein – in jedem Falle enden sie an den Erfordernissen des gemeinsamen Handelns. Toleranz gibt es auch nur innerhalb der eigenen Sozietät, gegenüber feindlichen Sozietäten wird sie unsinnig. Hier geht es ja nicht um Gemeinsamkeit, sondern um Gegnerschaft. So ist ja auch im Krieg zwischen Gläubigen und Ungläubigen (von ihrer jeweiligen Sicht aus) nichts von Toleranz zu spüren.

Die überall als Tugend angesehene Mäßigung geht auf die Fähigkeit des Menschen zurück, sich über das evolutionäre Gleichgewicht der Lust-Unlust-Ökonomie hinwegzusetzen. Der Mensch suchte ja schon immer, Lust zu steigern und Unlust zu vermeiden. Dabei – man denke an den Lustgewinn beim Essen oder der Ausübung von Macht – kommt es zwangsläufig zu Schädigungen seiner selbst oder der Sozietät. Verwöhnung ist eine Untugend des Menschen; sie zerstört letztlich die eigene Sozietät und muß daher, wie andere zerstörende Handlungsweisen auch, unbedingt verhindert werden.

Alle bisherigen Aussagen zur Moral, bei Tieren oder Menschen, gelten für die sozietäre Moral, d. h. für die eigene Sozietät. Die Forderung »Du sollst nicht töten« ist für die eigene Sozietät überlebenswichtig, gegenüber einer feindlichen Sozietät gilt das Gegenteil. Damit ist klar: Die Entwicklungsmöglichkeiten menschlicher Moral liegen nicht in den Tugenden selbst, sondern in der Ausweitung des Geltungsbereichs der ursprünglich sozietär gebundenen Moral.

Ausweitung des Geltungsbereichs sozietärer Moral

Wir haben festgestellt, daß sich Moral ursprünglich immer auf die eigene Sozietät bezieht. In der eigenen Sozietät wird ritualisiert gekämpft, in der eigenen Sozietät gilt Zuverlässigkeit, Treue, Wahrhaftigkeit etc. Gegenüber anderen, feindlichen Sozietäten gelten andere »Gesetze«. Hier ist unter Umständen auch Töten erlaubt, ja, geradezu gefordert. Was innerhalb der Sozietät Mord ist, ist nach außen Pflicht oder gar Heldentum.

Vor einiger Zeit wurde heftig darüber gestritten, ob die Äußerung eines Bürgers, Soldaten seien Mörder, tolerabel sei. Aus der Sicht der sozietären Moral sind Soldaten keine Mörder, denn Verteidigung oder auch Angriff richtet sich nach außen auf feindliche Sozietäten. Sieht man allerdings (utopischerweise) die gesamte Menschheit als eine einzige Sozietät an, könnte man den Ausspruch verstehen – nur: Dann gibt es auch keine Soldaten mehr im definierten Sinne.

Sozietäre Moral, also Moral nach »innen« und »außen«, gibt es in Glaubenskriegen, im Krieg zwischen Nationen, zwischen Banden, zwischen tödlich verfeindeten Familien etc. Auch politische Gegner werden oft als Todfeinde aufgefaßt, d. h. im Sinne einer anderen Sozietät. Beispiele sind die IRA oder andere terroristische Banden.

Entscheidend ist nun folgendes: Der Mensch kann – im Gegensatz zum Tier, das instinktiv in seine Sozietät eingebunden ist –, Sozietäten trennen, verbinden, wechseln, ausweiten.

Zur Trennung von Sozietäten werden die Mitglieder oft durch propagandistische Mittel manipuliert. So wurden im 2. Weltkrieg die Russen als Untermenschen bezeichnet, die Juden als das Unglück schlechthin. Werden auf diese Weise Völker oder Gruppen zu feindlichen Sozietäten gemacht, so gelten für sie die moralischen Kategorien nicht, sie sind zur Vernichtung freigegeben, man kann sie belügen, täuschen, erniedrigen, quälen, töten. Dies ist ja auch heute noch das Schicksal vieler Minderheiten oder Andersgläubiger.

So wie es dem Menschen möglich ist, andere Sozietäten als Feinde anzusehen, so ist es ihm aber auch möglich, ursprünglich feindliche Sozietäten in eine größere Sozietät zu integrieren. Man denke an die frühere Kleinstaaterei und an die Kriege, die zwischen europäischen Nationen geführt wurden, beispielsweise zwischen Deutschland und Frankreich. Heute sind diese Länder in einem geeinten Europa integriert und gehören damit in gewisser Weise zur selben Sozietät. Das bedeutet wiederum, daß die moralischen Kategorien der eigenen Sozietät auch für diese neuen Mitglieder gilt. Das letzte Beispiel war die Wiedervereinigung Deutschlands. Standen sich hier vor kurzem noch zwei feindliche Sozietäten gegenüber, bei denen das Ausspionieren, das Täuschen, Lügen und – von seiten des sozialistischen Teils her – sogar das Töten an der Tagesordnung waren, so gehören heute die Menschen der ehemaligen »beiden deutschen Staaten« zur selben Sozietät. Das bedeutet, daß jetzt die moralischen Kategorien für beide Teile gelten, insbesondere das Nichttöten, das Kooperieren, das gegenseitige Helfen. Was also vor kurzem noch im Sinne der feindlichen Sozietäten als moralisch galt oder zumindest als erlaubt, z. B. das Einsperren oder Töten des Gegners, wird jetzt – nach der Vereinigung – als Zuwiderhandlung angesehen, als unmoralisch, als Verbrechen.

Die unterschiedlichen Maßstäbe beziehen sich also gar nicht auf die Moral als solche – diese ist immer dieselbe – sie beziehen sich vielmehr auf die Abgrenzung der Sozietäten. Ja, man kann am moralischen Handeln sozusagen ablesen, welche Sozietät als die eigene angesehen wird und welche als eine feindliche. In der eigenen Sozietät gilt die (sozietäre) Moral: Zuverlässigkeit, Wahrhaftigkeit, Hilfsbereitschaft etc. Umgekehrt gibt es zwei Möglichkeiten: Wenn getäuscht, gelogen, gequält, erniedrigt oder gar getötet wird, so wird entweder die Sozietät als eine feindliche angesehen, oder es handelt sich um Verstöße gegen die Moral innerhalb der eigenen Sozietät. Wenn beispielsweise Ausländer in unserem Lande sich nicht im selben Maße an die moralischen Regeln halten, beispielsweise was Eigentum oder aggressives Handeln betrifft, so kann man nicht einfach auf eine andere, insbesondere niedrigere Moral bei Ausländern schließen, man muß vielmehr vermuten, daß sie unsere Gesellschaft (noch) nicht als ihre eigene Sozietät ansehen.

Die Probleme, die dadurch entstehen, daß ursprünglich gegnerische Sozietäten zusammen mit der eigenen eine größere Sozietät bilden, lassen sich bei kleinen Gruppen sehr deutlich erkennen. So ist beispielsweise das Täuschen beim Mannschaftssport gegenüber der gegnerischen Mannschaft durchaus erlaubt, ja sogar erwünscht, aber keinesfalls in der eigenen Mannschaft. Spielen aber beide Mannschaften oder Teile derselben zusammen gegen einen anderen Gegner, beispielsweise bei Nationalspielen, so gelten jetzt (plötzlich) die internen Regeln für die eigene Sozietät. Solche Umstellungen sind für die Menschen nicht immer einfach. Man muß ja jeweils wissen, ob es sich im Augenblick um die eigene Sozietät handelt oder um eine gegnerische.

Andere Beispiele sind die Parteien in einem demokratischen Staat. Sie sind einerseits Gegner, andererseits gehören sie der übergeordneten Sozietät der Nation an. Überwiegt die Gegnerschaft, so läßt sich das an den eingesetzten Mitteln erkennen: Es wird gelogen, getäuscht, geheuchelt, es gibt keine Toleranz, es werden Strategien ersonnen, den Gegner auszuschalten oder zu entmachten. Schließen sich nun mehrere Parteien in einer Koalition zusammen, so ändern sich die Mittel erheblich, sie nähern sich der Moral der eigenen Sozietät an. Kommt es gar zu einem Kampf nach außen, zu einem Krieg oder einem Katastropheneinsatz, so werden die moralischen Tugenden über alle Parteien hinweg angewandt.

Insgesamt handelt es sich bei integrierten aber dennoch eigenständigen Sozietäten um Variationen der internen Moral. Auch eine integrierte Sozietät kann nur dann auf Dauer überleben, wenn die in ihr vertretenen Sozietäten und Mitglieder sich an die Tugenden der Gesamtfitneß halten, wenn Gerechtigkeit herrscht, wenn sich die Mitglieder aufeinander verlassen können, wenn man mit der Wahrhaftigkeit des anderen rechnen kann etc. Aus gutem Grund gibt es daher Gesetze, die für alle gelten und die ein Zuwiderhandeln bestrafen.

Obwohl der Integrationsprozeß in den letzten Jahren und Jahrzehnten vorangeschritten ist, gibt es immer noch die interne und externe Moral: Für die »Verbündeten« gelten gemeinsame Gesetze und Regeln, die sich an der Gesamtfitneß orientieren, gegenüber dem Feind gelten andere Regeln. Hier wird immer noch das Töten des Gegners einkalkuliert, hier werden immer noch Strategien ersonnen, andere zu unterdrücken oder gar zu vernichten.

Es ist indes nicht verkennbar, daß die Integration immer weiter um sich greift, es ist nicht verkennbar, daß die Menschheit immer mehr zu einer einzigen Sozietät wird, in der dann – logischerweise – nur noch die sozietäre Moral gelten würde. Die Chancen, daß die Menschheit zu einer Sozietät wird – freilich zu einer Sozietät aus Sozietäten –, sind nicht schlecht, wenn man bedenkt, daß schon zahlreiche Vereinigungen vorher feindlicher Sozietäten stattgefunden haben.

Die Chance, die gesamte Menschheit als eine einzige Sozietät anzusehen und damit die interne Moral als die einzig gültige zu etablieren, ist durchaus vorhanden. Schon heute gibt es eine Reihe von Institutionen – Rotes Kreuz, UNO, Menschenrechte, Genfer Konvention etc. – die auf diese Integration der Menschen schlechthin gerichtet sind. Weitere Prozesse in dieser Richtung beziehen sich auf die Sowjetunion, auf den weltweiten Handel, auf die Hilfe bei Katastrophen usw. Auch der Krieg im Irak zeigte, daß moralische Verstöße gegen die interne Moral, also Aneignung fremden Eigentumes oder gar Töten von Menschen, nicht mehr geduldet werden. Es erscheint also durchaus als möglich, daß in absehbarer Zeit die Menschheit zu einer solchen Sozietät zusammenfindet, in der dann die interne Moral (als Gesamtfitneß) festgeschrieben wird. Es gibt dann keinen äußeren Feind mehr – es sei denn man ziehe einen solchen im Weltraum in Betracht.

Freilich müßte es dann auch Sanktionsinstanzen geben, die Verstöße gegen die Moral ahnden – ganz so, wie dies in einem demokratischen Staat der Fall ist. Die Menschen haben nun einmal die Möglichkeit, gegen moralische Prinzipien zu verstoßen, um sich eigene Vorteile zu verschaffen, es ist daher eine absolute Notwendigkeit, dies zu verhindern – auch wenn es sich um die gesamte Menschheit handeln sollte.

Im übrigen wurde immer wieder auf die Gesamtmenschheit als Sozietät hingewiesen und hingearbeitet. Immer wieder werden feindliche Sozietäten bei kriegerischen Auseinandersetzungen ermahnt, im anderen den Menschen zu sehen, menschlich zu handeln, den anderen in seinen Menschenrechten zu achten. Auch im Christentum ist der andere der Mensch schlechthin. In der Praxis der Kirche wurde dieser Gedanke allerdings nicht durchgehalten. Man sah im Ungläubigen oder im Andersgläubigen eben nicht den anderen Menschen, man sah in ihm vielmehr den Feind, der letztlich vernichtet werden mußte.

Hier kommt der Verhaltensbiologie eine ganz entscheidende Aufgabe zu: Die Verhaltensbiologie hat ja den Menschen schlechthin vor Augen, den Homo Sapiens, und nicht die Verschiedenheit der Kulturen. In der Verhaltensbiologie geht es um Triebhandlungen, um Aggression, Sicherheit, Sexualität, Bindung, um den menschlichen Umgang mit den Trieben und dem Mitmenschen. Diese fundamentalen Probleme sind aber für alle Menschen dieselben! Tatsächlich sind doch die sogenannten »finalen Tugenden« nichts anderes als die evolutionär gewordenen sozietären Tugenden – angewandt auf die Sozietät Menschheit schlechthin.

Sozialwissenschaften und Geisteswissenschaften haben in erster Linie die Unterschiedlichkeit der Kulturen untersucht und beschrieben. Die Verhaltensbiologie interessiert sich weniger für diese Unterschiede, sie sieht den Menschen als reflektierende Natur und als solche ist er auf der ganzen Welt derselbe. Die kulturellen oder rassischen Unterschiede sind – so interessant und wichtig sie im einzelnen sein mögen – verhaltensbiologisch gesehen eher oberflächlich, zufällig, marginal. Der den Verhaltensbiologen gelegentlich gemachte Vorwurf des Rassismus ist daher völlig absurd.

Also: Die Verhaltensbiologie ist aufgerufen, die Gesamtfitneß der Menschen in Betracht zu ziehen und aufrechtzuerhalten. Hierfür müssen die Randbedingungen festgestellt und die logischen Konsequenzen gezogen werden. War unter evolutionären Bedingungen das Wachstum von Sozietäten ein Selektionsvorteil, so gilt heute genau das Gegenteil: Die weitere Vermehrung der Menschheit, die weitere Ausbeutung der Erde bedeutet den Untergang[190]. War (unter evolutionären Bedingungen) eine riskante Exploration von Nutzen, so werden Risiken heute, z. B. die Atomtechnik, zur Bedrohung der Menschheit. War die Erfindung von Waffen früher ein Vorteil der betreffenden Sozietät, bedeuten sie heute den möglichen Untergang der Menschheit. Bedeutete früher der Wohlstand eine größere Chance zum Überleben, wird die Verwöhnung heute zum Bumerang.

Halten wir fest: Bei der Ausweitung der sozietären Moral auf die Gesamtmenschheit müssen (selbstverständlich) die besonderen Bedingungen dieser Sozietät beachtet werden: Der begrenzte Lebensraum, das Fehlen äußerer Feinde, die weltweite Kontrolle etc. Es gibt indessen keinen anderen Weg: Wir »fallen« nur dann nicht, wie Lorenz sagt, wenn wir die ökologischen Zusammenhänge unseres Lebensraumes, aber auch unserer eigenen Handlungsmotive erkennen. Nur so können wir unser gemeinsames Handeln mit den heutigen Lebensbedingungen in Einklang bringen.

Wir sind im Augenblick noch nicht in der Lage, die zahlreichen Konsequenzen der evolutionären Moral für Führung und Erziehung im einzelnen aufzeigen. In der Führung reichen sie von der sozietären Moral in Politik und Wirtschaft bis zum gemeinsamen Handeln der Menschheit zur Erhaltung der Lebenswelt, in der Erziehung vom Erlernen notwendiger Tugenden durch gemeinsames Handeln in Schule, Familie und Verein bis zur Akzeptanz des Menschen schlechthin als Angehöriger einer einzigen Sozietät. Aber wir sind fasziniert von dieser Aufgabe und werden weiter (lustvoll) an ihr arbeiten [184].

Literatur

1 Allerbeck, K./Hoag, W.: Jugend ohne Zukunft. Einstellungen, Umwelt, Lebensperspektiven. München 1985.
2 Alshuth, D.: Die wissenschaftstheoretischen Voraussetzungen der kybernetischen Pädagogik und deren Kritiker. Diss. Universität Heidelberg 1982.
3 Amthauer, R.: Intelligenz-Struktur-Test. Göttingen 1955.
4 Angst, W.: Aggression bei Affen und Menschen. Berlin, Heidelberg 1980.

5 Baacke, D.: Die Fünfzehn- bis Achtzehnjährigen. München, Wien, Baltimore 1979.
6 Bärsch, W.: Der Drogenkonsum – ein Problem im Leben junger Menschen. In: Meyer, E. (Hrsg.): Kinder und Jugendliche in seelischer Not. Braunschweig 1982.
7 Balluseck, L. v.: Zum Exodus Jugendlicher. In: *Beilage zur Wochenzeitung das parlament* B. 30/79.
8 Bertalanffy, L. v.: Biophysik des Fließgleichgewichts. Braunschweig 1953.
9 Blake, R. R./Mouton, J. S.: Verhaltenspsychologie im Betrieb. Düsseldorf 1968.
10 Blechschmidt, E.: Die Erhaltung der Individualität. Neuhausen, Stuttgart 1982.
11 Bottomore, T. B.: Elite und Gesellschaft. München 1974.
12 Bresch, C.: Zwischenstufe Leben. Evolution ohne Ziel? Frankfurt 1979.
13 Broderick, C. B.: Kinder- und Jugendsexualität. Reinbek 1970.
14 Buss, A. H.: The Psychology of Aggression. New York 1961.

15 Canetti, E.: Masse und Macht. Hamburg 1984.
16 Castner, H./Castner, Th.: Jugend zwischen Überfluß und Mangel. In: *Beilage zur Wochenzeitung das parlament* B. 21/80.
17 Changeux, J. P.: Der neuronale Mensch. Hamburg 1984.
18 Cube, F. v.: Allgemeinbildung oder produktive Einseitigkeit? Stuttgart 1960.
19 Cube, F. v.: Kybernetische Grundlagen des Lernens und Lehrens. Stuttgart 1982.
20 Cube, F. v.: Technik des Lebendigen. Stuttgart 1970.
21 Cube, F. v.: Gesamtschule – aber wie? Stuttgart 1972.

22 Cube, F. v.: Erziehungswissenschaft – Möglichkeiten, Grenzen, politischer Mißbrauch. Stuttgart 1977.
23 Cube, F. v.: Extremismus und Exodus – Konsequenzen für die politische Bildung. In: *Beilage zur Wochenzeitung das parlament* B. 21/80.
24 Cube, F. v.: Probleme Jugendlicher und pädagogische Interventionen aus der Sicht der Verhaltensbiologie. In: Meyer, E. (Hrsg.): Kinder und Jugendliche in seelischer Not. Braunschweig 1982.

25 Dawkins, R.: Das egoistische Gen. Berlin 1978.
26 Ditfurth, H. v.: Der Geist fiel nicht vom Himmel. Hamburg 1976.
27 Ditfurth, H. v.: Laßt uns denn ein Apfelbäumchen pflanzen. Hamburg 1985.
28 Droescher, V. B.: Die freundliche Bestie. Oldenburg 1971.
29 Droescher, V. B.: Nestwärme. Düsseldorf, Wien 1982.
30 Drucker, P. F.: Die Praxis des Managements. Düsseldorf 1970.
31 Dzwillo, M.: Prinzipien der Evolution. Stuttgart 1978.

32 Eibl-Eibesfeldt, I.: Liebe und Haß. München 1976.
33 Eibl-Eibesfeldt, I.: Der vorprogrammierte Mensch. München 1973.
34 Eibl-Eibesfeldt, I.: Grundriß der vergleichenden Verhaltensforschung. München 1974.
35 Eibl-Eibesfeldt, I.: Die Biologie des menschlichen Verhaltens. Grundriß der Humanethologie. München 1984.
36 Eigen, M./Winkler, R.: Das Spiel: Naturgesetze steuern den Zufall. München, Zürich 1975.
37 Endres, A.: Umwelt- und Ressourcenökonomie. Darmstadt 1985.
38 Enquete-Kommission des Deutschen Bundestages: Jugendprotest im demokratischen Staat. Bonn 1982.
39 Eysenck, H. J.: Die Ungleichheit der Menschen. München 1975.

40 Fiedler, F. E.: Das Kontigenzmodell: Eine Theorie der Führungseffektivität. In: M. Kunczik: Führung – Theorien und Ergebnisse. Düsseldorf, Wien 1972.
41 Fiedler, F. E.: Persönlichkeits- und situationsbedingte Determinanten der Führungseffizienz. In: E. Grochla (Hrsg.): Organisationstheorie, 1. Teilband. Stuttgart 1975.
42 Fischer, G. H.: Interaktionsstrategie im Absatzmarketing. Gernsbach 1982.
43 Freud, S.: Elemente der Psychoanalyse, Bd. I. Stuttgart, Hamburg, München 1978.
44 Fricker, R./Lerch, J.: Zur Theorie der Sexualität und Sexualerziehung. Weinheim 1976.
45 Fromm, E.: Anatomie der menschlichen Destruktivität. Stuttgart 1974.
46 Fromm, E.: Lieber Fliehen als Kämpfen. In: *Bild der Wissenschaft* 10/1974.

47 Fromm, E.: Die Seele des Menschen. Ihre Fähigkeit zum Guten und zum Bösen. Stuttgart 1979.

48 Galbraith, J. K.: Die moderne Industriegesellschaft. München 1967.
49 Gamm, H. J. (Hrsg.): Führung und Verführung. Darmstadt 1984.
50 Gehlen, A.: Der Mensch – seine Natur und seine Stellung in der Welt. Wiesbaden 1978.
51 Giesecke, H. (Hrsg.): Freizeit und Konsumerziehung. Göttingen 1968.
52 Gish, D. T.: Fossilien und Evolution. Neuhausen, Stuttgart 1982.
53 Gitt, W.: Logos oder Chaos. Neuhausen, Stuttgart 1980.
54 Golas, H. G.: Berufs- und Arbeitspädagogik für Ausbilder. Essen 1979.
55 Gordon, T.: Managerkonferenz. Hamburg 1979.
56 Gruhl, H.: Das irdische Gleichgewicht. Düsseldorf 1982.
57 Grzimek, B./Grzimek, M.: Serengeti darf nicht sterben. Berlin 1959.
58 Gutmann, F. u. a.: Die Anwendung der Evolutionstheorie auf die Entwicklung der vielzelligen Tiere. In: Kindlers Enzyklopädie »Der Mensch«, Bd. I. Zürich 1982.

59 Haase, H.: Mediale Gewaltdarstellung und ihre Effekte. In: *Beilage zur Wochenzeitung das parlament* B. 21/84.
60 Hacker, F.: Aggression. Wien, München, Zürich 1971.
61 Haeckel, E.: Generelle Morphologie der Organismen. Berlin 1866.
62 Haken, H.: Erfolgsgeheimnisse der Natur. Synergetik, die Lehre vom Zusammenwirken. Stuttgart 1983.
63 Haller, M. (Hrsg.): Aussteigen oder rebellieren. Jugendliche gegen Staat und Gesellschaft. Hamburg 1981.
64 Harlow, H. F./Harlow, M. K.: Social Deprivation in Monkeys. *Scient. Americ.* 1962.
65 Hartmann, E. v.: Das Problem des Lebens. Bad Sachsa 1906.
66 Hassenstein, B.: Verhaltensbiologie des Kindes. München, Zürich 1973, 1980.
67 Hassenstein, B./Hassenstein, H.: Was Kindern zusteht. München 1978.
68 Hassenstein, B.: Instinkt, Lernen, Spielen, Einsicht. München 1980.
69 Haßler, G.: Welt ohne Notausgang. Bern 1984.
70 Heigert, H.: Der »Wertewandel« der Gesellschaft. *Süddeutsche Zeitung* 4/85.
71 Hilke, R./Kempf, W. (Hrsg.): Aggression. Bern, Stuttgart, Wien 1982.
72 Höhn, R.: Stellenbeschreibung und Führungsanweisung. Bad Harzburg 1970.
73 Hornstein, W.: Unsere Jugend. Über Liebe, Arbeit, Politik. Weinheim, Basel 1982.

74 Illies, J.: Der Jahrhundertirrtum. Frankfurt/Main 1983.
75 Inglehart, R.: Wertwandel in den westlichen Gesellschaften: Politische Konsequenzen von materialistischen und postmaterialistischen Prioritä-

ten. In: Klages, H./Kmieciak, P. (Hrsg.): Wertwandel und gesellschaftlicher Wandel. Frankfurt, New York 1979.
76 Irle, M.: Macht und Entscheidungen in Organisationen. Frankfurt, Weinheim, Basel 1982.

77 Jugendwerk der Deutschen Shell: Jugend '81. Bd. 1. Hamburg 1981.
78 Jugendwerk der Deutschen Shell: Jugendliche und Erwachsene '85. Generationen im Vergleich. Bd. 1–Bd. 5. Opladen 1985.

79 Kaiser, G.: Jugendkriminalität. Rechtsbrüche, Rechtsbrecher und Opfersituation im Jugendalter. Weinheim, Basel 1982.
80 Kaiser, G.: Jugendliche Gewalttätigkeit. Ausmaß, Erscheinungsform, Erklärungsversuche. In: *Bürger im Staat* 4/1982.
81 Kalikow, Th. J.: Die ethologische Theorie von Konrad Lorenz: Erklärung und Ideologie, 1938 bis 1943. In: Mehrtens, H./Richter, S. (Hrsg.): Naturwissenschaft, Technik und NS-Ideologie. Frankfurt/Main 1980.
82 Kern, H./Schumann, M.: Das Ende der Arbeitsteilung? Rationalisierung in der industriellen Produktion. München 1984.
83 Kerschensteiner, G.: Das Grundaxiom des Bildungsprozesses. 1917.
84 Kornadt, H.-J.: Grundzüge einer Motivationstheorie der Aggression. In: Hilke, R./Kempf, W. (Hrsg.): Aggression. Bern, Stuttgart, Wien 1982.
85 Kreikebaum, H.: Strategische Unternehmensplanung. Stuttgart 1981.
86 Küng, H. u. a.: Christentum und die Weltreligionen. München 1984.
87 Kummer, H.: Aggression bei Affen. In: Hilke, R./Kempf, W. (Hrsg.): Aggression. Bern, Stuttgart, Wien 1982.

88 Lawick-Goodall, J. v.: Wilde Schimpansen. Hamburg 1975.
89 Le Bon, G.: Psychologie der Massen. Stuttgart 1982.
90 Levi-Strauß, S.: Strukturale Anthropologie. Frankfurt 1981.
91 Leyhausen, P.: Verhaltensstudien an Katzen. Berlin, Hamburg 1975.
92 Leyhausen, P./Lorenz, K.: Antriebe tierischen und menschlichen Verhaltens. München 1968.
93 Liedloff, J.: Auf der Suche nach dem verlorenen Glück. München 1982.
94 Lorenz, K.: Das sogenannten Böse. München 1974.
95 Lorenz, K.: Über die Wahrheit der Abstammungslehre. In: *n + m* 1/64.
96 Lorenz, K.: Der Mensch, biologisch gesehen. In: *Studium Generale* 24/71.
97 Lorenz, K.: Die Rückseite des Spiegels. München 1977.
98 Lorenz, K.: Die acht Todsünden der zivilisierten Menschheit. München 1973.
99 Lorenz, K.: Vergleichende Verhaltensforschung. Grundlagen der Ethologie. München 1982.
100 Lorenz, K.: Der Abbau des Menschlichen. München 1983.
101 Lorenz, K./Kreuzer, F.: Leben ist Lernen. München 1981.

102 Lorenz, K./Wuketits, F.M. (Hrsg.): Die Evolution des Denkens. München, Zürich 1983.
103 Lorenz, K. u. a.: Ethologie des Menschen. Aspekte menschlichen Verhaltens im Blick der Ethologie. In: Psychologie des 20. Jahrhunderts. Zürich 1978.
104 Lüdtke, H.: Jugendliche in organisierter Freizeit. Weinheim, Basel 1972.

105 Mager, R. F./Pipe, P.: Verhalten, Lernen, Umwelt. Weinheim 1972.
106 Mayr, E.: Evolution und die Vielfalt des Lebens. Berlin, Heidelberg, New York 1979.
107 Mayr, E.: Die Entwicklung der biologischen Gedankenwelt. 1984.
108 Mayr, E. u. a.: Evolution. Spektrum der Wissenschaft. Heidelberg 1984.
109 Meleghy, I.: Die Kontingenztheorie effektiver Führung nach Fiedler. In: Morel, J./Meleghy, T./Preglau, M.: Führungsforschung. Göttingen, Toronto, Zürich 1980.
110 Merklein, R.: Ständig Angst zu versagen. In: *Der Spiegel* 13/85.
111 Meves, Ch.: Verhaltensstörungen bei Kindern. München 1983.
112 Meyer, E. (Hrsg.): Kinder und Jugendliche in seelischer Not. Braunschweig 1982.
113 Mohr, H.: Biologische Erkenntnis. Stuttgart 1981.
114 Monod, J.: Zufall und Notwendigkeit. München 1971.
115 Montagner, H.: Kind und Kommunikation. Olten 1981.
116 Morel, J./Meleghy, T./Preglau, M.: Führungsforschung. Göttingen, Toronto, Zürich 1980.
117 Morris, D.: Der nackte Affe. München 1968.
118 Morris, D.: Der Menschen-Zoo. München, Zürich 1969.
119 Mudrak, E. (Hrsg.): Nordische Götter- und Heldensagen. Reutlingen 1961.
120 Münkler, H.: Macchiavelli. Frankfurt/Main 1982.
121 Mummendey, A.: Zum Nutzen des Aggressionsbegriffes für die psychologische Aggressionsforschung. In: Hilke, R./Kempf, W. (Hrsg.): Aggression. Bern, Stuttgart, Wien 1982.

122 Nahrstedt, W.: Freizeitpädagogik in der nachindustriellen Gesellschaft, 2. Bd. Neuwied, Darmstadt 1974.
123 Neuberger, O.: Organisation und Führung. Stuttgart 1977.

124 Opaschowski, K.: Freizeitpädagogik. Regensburg 1970.
125 Opaschowski, K.: Arbeit, Freizeit, Lebenssinn. Opladen 1983.

126 Paulik, H. (Hrsg.): Der Ausbilder im Unternehmen. München 1978.
127 Plack, A.: Der Mythos vom Aggressionstrieb. München 1973.
128 Plack, A.: Wie oft wird Hitler noch besiegt? Düsseldorf 1982.
129 Piaget, J.: Das Verhalten: Triebkraft der Evolution. Salzburg 1980.

130 Pilz, G./Moesch, H.: Der Mensch und die Graugans. Frankfurt/Main 1975.
131 Popper, K. R.: Die offene Gesellschaft und ihre Feinde. Bern 1975.
132 Popper, K. R.: Objektive Erkenntnis. Hamburg 1973.
133 Popper, K. R./Eccles, C.: Das Ich und sein Gehirn. München 1982.
134 Portmann, A.: Erhaltung und Erscheinung als Aufgabe der Lebensbedingungen. In: *n + m* 8/1965.

135 Radnitzky, G.: Die Evolution der Erkenntnisfähigkeit, des Wissens und der Institutionen. In: Evolution und Menschenbild. Hamburg 1983.
136 Rieder, H.: Warum sind Ringen und Raufen im Vorschul- und Schulsport verpönt? In: *Motorik* 4/80.
137 Riedl, R.: Die Ordnung des Lebendigen. Systembedingungen der Evolution. Hamburg, Berlin 1980.
138 Riedl, R.: Biologie der Erkenntnis. Berlin, Hamburg 1980.
139 Riedl, R./Kreuzer, F. (Hrsg.): Evolution und Menschenbild. Hamburg 1983.
140 Röhrs, H.: Das Spiel – eine Grundbedingung des Lebens. In: Kreuzer, K. J. (Hrsg.): Handbuch der Spielpädagogik. 1983.
141 Rommel, M.: Abschied vom Schlaraffenland. Stuttgart 1983.
142 Rosenkranz, H./Geissler, K. A.: Pädagogik für Ausbilder. Wiesbaden 1977.

143 Scheuerl, H.: Das Spiel. Weinheim, Basel 1979.
144 Schmidbauer, W.: Diskussionsbeiträge in: *Bild der Wissenschaft* 11/74.
145 Schmidt, F.: Grundlagen der kybernetischen Evolution. Krefeld 1985.
146 Schoeck, H.: Ist Leistung unanständig? Zürich 1978.
147 Selg, H.: Aggression. In: Handbuch psychologischer Grundbegriffe. München 1977.
148 Sinus: Die verunsicherte Generation. Jugend und Wertewandel. Ein Bericht des Sinus-Instituts im Auftrag des Bundesministeriums für Jugend und Familie. Opladen 1983.
149 Sinus: Jugend privat – verwöhnt? Bindungslos? Hedonistisch? Ein Bericht des Sinus-Instituts. Opladen 1985.
150 Smith, A. E.: Die Naturwissenschaften kennen keine Evolution. Stuttgart 1982.
151 Spitz, R.: Vom Säugling zum Kleinkind. Stuttgart 1967.

152 Taylor, F. W.: Die Grundsätze wissenschaftlicher Betriebsführung. München 1919.
153 Taylor, G. R.: Das Geheimnis der Evolution. Frankfurt 1983.
154 Teilhard de Chardin, P.: Der Mensch im Kosmos. München 1964.
155 Tinbergen, N.: Instinktlehre. Vergleichende Erforschung angeborenen Verhaltens. Berlin, Hamburg 1952.

156 Tinbergen, N.: Tiere untereinander. Hamburg 1967.
157 Tippelt, R.: Projektstudium. München 1979.
158 Tippelt, R./Becker, U.: Jugendforschung in der Bundesrepublik. Ein Bericht des Sinus-Instituts. Opladen 1984.
159 Türk, K.: Grundlagen einer Pathologie der Organisation. Stuttgart 1976.

160 Uexküll, J. v.: Kompositionslehre der Natur. Frankfurt 1980.
161 Verres, R./Sobez, J.: Ärger, Aggression und soziale Kompetenz. Stuttgart 1980.
162 Vester, F.: Phänomen Streß. Stuttgart 1976.
163 Vester, F.: Neuland des Denkens. Stuttgart 1981.
164 Vester, F.: Unsere Welt – ein vernetztes System. München 1983.
165 Vollmer, G.: Evolutionäre Erkenntnistheorie. Stuttgart 1975.
166 Vollmert, B.: Polykondensation in Natur und Technik. Karlsruhe 1983.

167 Wagenschein, M.: Verstehen lernen. Weinheim 1975.
168 Weber, A./Gehlen, S.: Seelisches Gleichgewicht durch Laufen und Yoga-Übungen. In: Meyer, E. (Hrsg.): Kinder und Jugendliche in seelischer Not. Braunschweig 1982.
169 Weber, M.: Wirtschaft und Gesellschaft. Tübingen 1972.
170 Weinert, A. B.: Lehrbuch der Organisationspsychologie. München, Wien, Baltimore 1981.
171 Weizsäcker, C. F. v.: Der Garten des Menschlichen. München, Wien 1984.
172 Werbik, H.: Zur terminologischen Bestimmung von Aggression und Gewalt. In: Hilke, R./Kempf, W. (Hrsg.): Aggression. Bern, Stuttgart, Wien 1982.
173 Whitehead, T. N.: Führung in der freien Gesellschaft. Köln, Opladen 1955.
174 Wickler, W.: Die Biologie der zehn Gebote. München 1981.
175 Wickler, W./Seibt, U.: Das Prinzip Eigennutz. Ursachen und Konsequenzen sozialen Verhaltens. Hamburg 1977.
176 Wieser, W.: Organismen, Strukturen, Maschinen. Frankfurt/Main 1959.
177 Wieser, W.: Konrad Lorenz und seine Kritiker. München 1976.
178 Widmer, K.: Junge Menschen und ihr Umfeld in Konflikten und Nöten. In: Meyer, E. (Hrsg.): Kinder und Jugendliche in seelischer Not. Braunschweig 1982.
179 Winckler, E./Schweighardt, J.: Expedition Mensch. Heidelberg 1982.
180 Wuketits, F. M.: Zustand und Bewußtsein. Hamburg 1981.

181 Zander, E. u. a.: Führungssysteme in der Praxis. Heidelberg 1972.
182 Ziehe, T.: Worum geht es in der Narzißmus-Diskussion? In: *Neue Sammlung* 21/81.
183 Zinnecker, J.: Jugend heute – Lebensentwürfe, Alltagskulturen, Zukunftsbilder. In: Deutsche Jugend 1/82.

Ergänzende Literatur 1991

184 Alshuth/v. Cube: »Evolutionäre Führung – Die Manipulation der Triebe in Politik und Wirtschaft« (erscheint 1992).

185 Bastian, H. G.: Leben für Musik. Eine Biographiestudie über musikalische (Hoch-)Begabungen. Mainz, London 1989

186 Bejerot, N.: Sucht nach Lust. Eine biologische und sozialpsychologische Theorie der Sucht. In: Dan, J. Lettieri/R. Welz (Hrsg.): Drogenabhängigkeit. Weinheim 1983.

187 Csikszentmihalyi, M.: Das Flow-Erlebnis, Stuttgart 1987.

188 v. Cube, F.: Besiege deinen Nächsten wie dich selbst – Aggression im Alltag, München 1989.

189 v. Cube, F.: Gefährliche Sicherheit – Die Verhaltensbiologie des Risikos, München 1990.

190 v. Cube, F./Storch, V.: Umweltzerstörung – Tatsachen, Ursachen, pädagogische Konsequenzen, in: Heidelberger Jahrbücher, Nr. XXXIV, Heidelberg 1990.

191 Kübler, H.-D.: Über die Lernerfolge computergesteuerter genetischer Lehrprogramme, Diss, Heidelberg 1990.

192 Lungershausen, E.: Mit dem Leben nicht fertig werden? Suchtreport 1/89.

193 Mohr, H.: Natur und Moral, Darmstadt 1987.

194 Riedl, R.: Evolution und Erkenntnis, München 1987.

195 Schulz, P.: Drogenszene – Ursachen und Folgen, Frankfurt 1974.

196 Weber-Hagedorn, B.: Notrufsäule im Kopf, Suchtreport 2/91.

197 Wuketits, F.: Gene, Kultur und Moral, Darmstadt 1990.

Sachregister